尊厳概念の転移

小島毅
加藤泰史
［編］

法政大学出版局

尊厳概念の転移　目次

編者前書き

比較研究による人間観の再構築に向けて

小島毅

1.

本論文集は科学研究費補助金（学術変革領域（Ａ））「尊厳学の確立」（領域代表者：加藤泰史）（令和五～九年度）のなかのＡ０３班「アジア・イスラムなどの非欧米圏の尊厳概念の構築」（研究課題番号：23H04851／研究代表者：小島毅、以下「非欧米圏班」と称す）が行っている研究成果に基づいている。

学術変革領域という制度や「尊厳学の確立」の概要については加藤による「編者後書き」に譲るが、非欧米圏班の目的はいわゆる近代西洋とは異質な世界各地の伝統文明、なかでも特にアジアの思想文化を対象にして「尊厳」という概念について調査分析し、他の諸班に比較の材料として提供するとともにこの概念自体の有効性を再検討することにある。ただし日本から発信する尊厳学研究であることを意識して班の構成員は日本を含む東アジア地域研究者がほとんどで、加えて西アジアのイスラム思想の専門家が一名となっている。

「尊厳学の確立」はその前身としてやはり加藤を代表とした「尊厳概念のグローバルスタンダードの構築に向けた理論的・概念史的・比較文化論的研究」（基盤研究（S）、研究課題番号：18H05218）を持ち、その研究成果は本書と同じく法政大学出版局から数種の論文集として刊行されている（『尊厳と社会』上・下、『東アジアの尊厳概念』、『尊厳と生存』、『問いとしての尊厳概念』など)。それらのなかでも非欧米圏への目配り、ないしは非欧米圏の視座は絶えず意識してきた。現代社会が抱えている諸問題に対する提言としての学術的立場からの発信は、従来ともすると近代西洋文明の視点に偏りがちであった。そしてそれが現場を生きる人々の感覚と乖離し、あたかも空から降ってくる聖なることばとしてありがたく押し抱かれはするものの、実際の解決策としての有効性には疑問符を付けて受け止められる事例も往々見受けられる。私たちはその反省に立ち、一つの活路として非欧米圏の伝統思想(ここでは「西洋を模倣した近代化がなされる以前に当該社会を主導していた思想文化」という程度の意味で用いる)を尊厳という観点から分析し、これらを総合化することで尊厳という概念を修築することを意図している。非欧米圏班の作業を進めるにあたっては、これと対応するかたちで設けたA〇二班「現代の「被造物の尊厳」などの新たな尊厳概念を踏まえた欧米圏の尊厳概念史の再構築」(研究代表者:馬場智一)との相互参照・合作協力を重視しており、後掲の二〇二三年九月の企画はその一つである。

ではこの与えられた使命をどのように達成していくか。以前から尊厳(ラテン語 dignitas)という概念が西洋文明由来の特殊なものであることは指摘されてきた。「尊厳」というこの単語(その各国語訳)がそれぞれの文化圏でどういう内実を持つ概念だったかを考察するような狭義の概念史的方法は、西洋以外の地域(=非欧米圏)の伝統文化についてはあまり有効でない。基盤(S)の研究作業を進める際、この点に鑑みてすでに必ずしも「尊厳」という語にこだわるのではなく、当該地域においてそれに相当する役割を有すると思われる概念(意味内容が西洋の dignitas に近いのではなく、思想文化全体のなかで占める位置が似ている概念)を比較対象に選んで分析する試みもなされた(たとえば東アジアにおける「性」)。こうした経緯を踏まえて、非欧米圏の作業は単なる語彙比較ではない、もっと思想の内実に入り込んだ比較が行える手法を模索することから始まった。

そこで非欧米圏班がまず取り組むことにしたのは、「人間」の捉え方の異同を明らかにするという課題である。それをなんという語彙で表現するにせよ、言語を操る主体が人間であるかぎり、「人間」を意味する概念は必ずどの文化にも存在し、したがってどの言語にもそれを表現する語彙が見つかるはずである。

もちろんそれが現代の生物学で認識対象となっている種、ホモ・サピエンス・サピエンスと完全に一致するとは限らない。発話主体にとって、たとえば奴隷は仲間でないので「人間」に含まれないかもしれない。「夷狄」はまっとうな人間とは異なり「禽獣」に近い存在かもしれない。あるいは女性は「われわれ男性が構成する社会」の外部にあると思念され、語彙からして「人間」の指示対象から排除されているかもしれない（man のように）。あるいは現代科学が実在対象とする生物界をはみ出して、「仏」や「餓鬼」や「畜生」と並列される一つの「世界」の構成員のことかもしれない。とはいえ、それらは「われわれがそうである者」を意味する語としては共通している。

これらの諸「人間」概念は、西洋文明との邂逅によってそれぞれが近代化されていく。すなわち近代西洋思想が編み出した「人間（英語で human. 以下同じ）」という概念、「個人（individual）」・「自由（freedom, liberty）」・「平等（equality）」・「権利（rights）」・「尊厳（dignity）」などの諸概念がその周囲を囲繞しているこの概念にその地位を譲ることになる。その際に異文化間の翻訳行為が生じた。それは単純に human を「人間」と訳して理解すれば解決するような問題ではなかった。

一般に思想文化的な語彙は異言語間の翻訳において機械的に対応する全く同義の語彙に置き換えることは困難である。とりわけ「人間」やこれにまつわる上記諸概念はそうならざるをえない。その濃淡はさまざまながらも、もともとの伝統文化が生来の「人間」概念に持たせていた意味合いを受け継ぎ、西洋文明自体のなかで使われていた human の用法（もっとも、それもまた英語の human とフランス語の humain とドイツ語の menshlich との間には相違があるわけだが）とは異なる、それぞれの独自の色を帯びて今日に至っている。私たちはこの現象を転移と呼ぶことにする。

「転移」とは『広辞苑』によれば「場所をうつすこと。場所がうつること」を基本義とし、医学・化学・

心理学におけるそれぞれの学術用語としての意味が列挙される。類義語として「変移」や「遷移」を挙げることができ、在来の語彙がどのような変質を被ったかという視点からはそれらのほうが適切にも思えるけれど、ここではあえて近代西洋の概念が異文化に移された際、その外部にあった在来文化の人間観と接触することでどのような現象をもたらしたかという観点から「転移」を選択した。医学用語「転移」が病原体や癌細胞が移動することでもたらす身体組織の変化を、化学用語「転移」が結晶の変化など物質状態の変化を、そして心理学用語「転移」が以前の学習によってもたらされる後発学習への効果を、それぞれ意味することとの比喩的対応関係を考慮している。非欧米圏班がこの一年半で取り組んできたのは主としてこの問題であり、本論集は『尊厳概念の転移』と題してその成果を披露するものである。

2.

二〇二三年四月の領域発足以降、如上の方針に基づいて非欧米圏班では次のように研究会を開催してきた。氏名に＊を付したのが班の研究分担者である。

・二〇二三年

七月一日（二松学舎大学九段キャンパス）中国近代の人間論――「科学と人生観」論争百周年を記念して

小島毅＊　唐君毅の「自作主宰」――人格尊厳の根拠として

中村元哉＊　「科学と人生観」論争後の張君勱の人権思想と中華民国憲法――人間の尊厳の制度的基盤

牧角悦子＊　周作人「人の文学」に見る中国近代知識人の「人間」観

コメント：石井 剛
九月九日（東京大学本郷キャンパス）尊厳概念史の諸問題――人間論の比較思想的検討
趙晟桓　東学の気化的人間観
馬場智一　現代フランス語圏における被造物の尊厳の思想的源泉に関する研究計画と先行研究との関連性
宇佐美公生　尊厳と権利――尊厳概念不要論を手がかりに
津田栞里　西洋の尊厳概念史に対する3つのアプローチ――尊厳概念史におけるカントの〈脱魔術化〉再考に向けて
清水正之＊　日本の伝統思想をめぐって――その方法的視点
ギブソン松井佳子＊　近代日本文学における人間観――私小説と尊厳をめぐる考察
菊地達也＊　イスラム教における人間観――カラーマと義務賦課の観点から
十二月十日（京都大学吉田南キャンパス）東アジアの「反・東アジア的」人間観念――否定性・緩和ケア・総合的人間
郭旻錫　朴鍾鴻哲学における創造的人間観
土屋宣之「揺れる情（こころ）」の緩和ケア――病棟で本居宣長を考える
小倉紀蔵＊「総合的人間」の生命感覚――ニーチェと日本群島文明的アニマシー
・**二〇二四年**
五月十八日（日本教育会館）尊厳概念の近代日本への転移
エディ・デュフルモン　中江兆民思想における尊厳と自由・平等観――フランス共和主義の導入を中心として
前川健一＊　近代仏教における縁起と尊厳

犬塚悠＊　和辻哲郎における尊厳概念
商兆琦　丸山眞男の「尊厳」認識――その公私研究を手がかりに
コメント　中島隆博
五月三十一日（東京大学本郷キャンパス）
陳文松　一種〈尊嚴〉各自表述：日治中期殖民地台灣人的人格與尊嚴為何？――以《台灣民報》系列期刊之言論為中心
陳建守　戰後臺灣「尊嚴」的概念史

本書の諸論文の多くはこれらの会における報告をもとにしている。そのほか、本班の特任研究員金光来の論文と、イスラム思想について依嘱した青柳かおるによる論文、そして劉蔚之の中国語による既発表論文の邦訳を収載した。劉論文掲載の経緯については個別論文紹介のなかで後述する。

編集方針としては、右の研究会ごとに順次並べるのではなく、全体として有機的な構成を持たせようと試みた。すなわち第Ⅰ部を「文化伝統のなかの人間観」と題して近代西洋思想が影響を与える以前の状況を扱った論考を並べた。後段で主要対象となる中国がここに見えないのは、私たちとしてはすでに以前の研究（『東アジアの尊厳概念』など）において部分的にこの問題に取り組んだと認識しているためであるが、転移について調査した成果をフィードバックし、今後また立ち戻って考察を深めていく必要があると自覚している。第Ⅱ部・第Ⅲ部は日本・朝鮮・中国・台湾におけるその転移の諸相を扱った諸論考を並べる。それ以外の地域については、第Ⅰ部でのみ言及しているイスラムを含めて、今後検討すべき課題として残っている。とりあえずこうした配列によって、私たちの現在の到達点を、それがあくまで中途であることを肝に銘じつつ公刊するものである。

3.

本書掲載の諸論文について簡潔に紹介する。なおこれは編者小島の視点によるものであり、執筆者の意図したところとは異なるかもしれない。あえてこのようにまとめることで、一見バラバラな諸論考で私たちが目指している方向性を（しかも単一・不動とは言えない指向性を）示しておきたい。

第Ⅰ部「文化伝統のなかの人間観」は東アジア諸地域およびイスラム教の人々が近代西洋と出会う以前にどのような人間観を持っていたかを扱う。他のアジア諸地域やそれ以外の「非欧米圏」を欠く偏りについては、今後の研究でそれぞれの専門家に協力を仰いでいきたい。また中国については『東アジアの尊厳概念』のいくつかの論考を参照していただきたい。

小倉紀蔵「日本群島と総合的人間」は、日本を群島文明という視点から捉え、大陸に生まれた大文明の「通底哲学」と対比してその人間観を分析する。普遍を称する巨大な文明は群島にも伝わって二重性が生じたが、現在はさらに群島の大文明化、大陸文明の担い手たる《人間》化が進行して崩壊・腐敗・絶望をもたらしていると指摘し、アニマシズム的世界観に生きる（ニーチェの言う）「総合的人間」のその多様性に由来するさまざまな人間観の考察が必要である。

清水正之「伝統思想における尊厳概念――十七・十八世紀の日本思想とその方法から」は、鎌倉時代に強烈な超越的思考があったとしたうえで、それが室町時代に次第に減じ、十八世紀には従来の自然観と社会契約説的視点との接合できない対立様相を呈し、それを受けて、本居宣長は相対主義を唱えつつそれへの執着を批判し、安藤昌益は小中華たる日本を再度相対化したとする。後者の相対主義の徹底の中に尊厳概念が再構築される可能性を求める道がある。

土屋宣之「揺れる情（こころ）」の緩和ケア――病棟で本居宣長を考える」は、清水とは逆に宣長の思考の中に現代的課題に対処するヒントを見出そうとする。「もののあはれ」を一種の情趣とする通念に抗して宣長は「ことに当たりたる人」の「こころ」を練ることとつなげて説いた。医療者として日々の緩和ケアを実践する中で「情（こころ）は、感（うごく）ことによって、存続している」のであって、そこに尊厳性の回復を見ることがある。

金光来「人間と動物の本性は同じか異なるか――朝鮮朱子学の人物性同異論争」は、標題どおり人と物（動物）の「性」をめぐる十八世紀の論争を扱う。「理は一」に重点を置けば人と物は本質的に同じとなり、「気の分殊」に重点を置くと人性と物性は異なることになる。四端七情理気論と称される理と気の関係を如何に説明するかの議論から展開して、人間性とは何かを問うこの論争は、人間存在の道徳的優位性を際立たせる厳格な倫理説となっていった。

菊地達也「イスラム教における人間観――カラーマと義務賦課の観点から」は、この二つの概念を扱う。カラーマという尊厳の語義に近いアラビア語を分析すると、神と人間の関係づけが（カント的ではなく）西洋カトリック的な尊厳概念に近い。またタクリーフ（義務賦課）すなわち「神が被造物に対して自らの法に従うよう義務づけること」が神学・法学の中でどのように議論されたかを見ることで、解釈する学派によってイスラム教的人間観は大きく変わることがわかる。

青柳かおる「イスラームにおける尊厳と尊厳死――ファトワーの分析を中心に」は、ファトワーすなわち一般信徒の質問に対するウラマーの回答・法的裁定を資料として尊厳概念がイスラム社会でどのように議論されているかを紹介する。本論集に入れたい内容として菊地氏を通じて青柳氏に依頼し、特別に寄稿していただいたものである。内容上は「転移」の面もあるが、編集の都合上ここに配した。ピアスや脱毛などの行為が女性に認められるかどうかの判定や消極的尊厳死についての事例が取り上げられ、そこでは尊厳の西洋近代的概念を経由することなく、イスラムの教義による議論がなされているという。

第Ⅱ部「尊厳概念の転移（日本）」の諸論考は近代日本の思想家たちの人間観や彼らが尊厳概念を咀嚼した言説を取り上げ、そこに存在する問題点を指摘する。

エディ・デュフルモン「中江兆民思想における尊厳と自由・平等観――フランス共和主義の導入を中心として」は、フランス語思想書の翻訳作業を通じて兆民思想がどのように形成されたのかを論じる。彼は「自由」と並べて「自尊自重」・「独立自尊」を強調し、フランス人の著作を通じてカント哲学を咀嚼することによって個人を道徳的主体と捉える。彼において語彙としての「尊厳」は伝統的用法を離れていないが、他の表現によって近代的な尊厳概念を重視していた。

前川健一「近代仏教における縁起と尊厳」は、標題どおり仏教者が「尊厳」概念にどのように対処したかを扱う。取り上げるのは島地黙雷・清沢満之・渡辺海旭・矢吹慶輝・椎尾辨匡、いずれも浄土系諸宗派の人である。島地に始まる相互性への着目が仏教的概念の「縁起」と結びつき、「縁起」が相依相関を意味するようになって「尊厳」を説明するのに用いられた。相互性を前提とする仏教の世界認識が「尊厳」にカント的な人間観とは異なる位置付けを施したとする。

ギブソン松井佳子「〈弱さ〉の尊厳の提起――日本の「私小説」における日常生活の実相に導かれて」は、自然主義文学とほぼ同時に登場した「私小説」（国木田独歩・田山花袋・志賀直哉・葛西善蔵ほか）を取り上げ、そこに描写される日常生活を営む人間の心身の脆弱性を検証することによって近代合理主義に基づく尊厳概念について再検討する。〈弱さ〉の尊厳概念は自律した合理的存在という人間観とは異なって、個別の人間の生の真相に依って立つものである。

犬塚悠「和辻哲郎における尊厳概念――人間存在の否定性」は、彼の倫理学において共同体の成員となりうるものという関係的尊厳概念と絶対空に根差した絶対的尊厳概念の双方が見出されるとして、その二面性をつなぐ論理を解き明かす。和辻の理論は脳死問題などの現在の具体的な課題を考える際にも参照しうるし、その「人間」論を動物に拡張して捉えることも可能である。彼の言う動的構造を再評価することは、個と共同体の理解を深める鍵にもなる。

商兆琦「自由と徳性――丸山眞男の尊厳認識」は、丸山の言説についての読解である。尊厳とは人々が異なる価値を追求するために生じる自由選択の問題である。他者の価値観に付き従うことなく、また他者に自説を強制することもなくすには、すべての個性が尊重に値するという普遍的な信仰を樹立する必要がある。それには個々人が「精神的貴族主義」の精神を獲得する必要がある。それを可能にするのは差異性と平等性の両方を考慮する民主主義社会のみである。

第Ⅲ部「尊厳概念の転移（東アジア）」の諸論考は日本以外の国・地域を対象とする。

まず韓国についての論文が二篇ある。

趙晟桓「東学の気化的人間観」は、一九世紀後半に流行した東学について、その教えを体系化した崔時亨を論ずる。彼は教祖崔済愚が説いた「侍天主」の主体を女性や子供にも広げた新しい人間観を展開した。また天主を伝統的な「気」の思想と結び付け、天地は父母、万物は同胞とし、道徳の範囲を自然界に拡張した。捕食や労働も気化という概念で説明したこの思想は、近代的な「自由な個人」とは異なる「天地」の視点を備えた人間観である。

郭旻錫「朴鍾鴻哲学の創造的人間観における尊厳の問題」は、二〇世紀半ばの哲学者の思想を紹介する。彼は朴正熙政権で「国民教育憲章」を起草した人物であるが、他方で「創造的論理」の構築を掲げて人間尊厳の問題を具体的に考察しようとしていた。身体をもつ人間たちの運命共同体が国家民族という主体を構成する。人間の創造は行為的制作を通じて天地の生成に参与する。そこには自己疎外を創造のための条件とみなして能動的なものと評価する性格もあった。

次に二〇世紀前半の中国に関する論考四篇を置いた。

小島毅「唐君毅の自作主宰」は、現代新儒家のひとり唐君毅の人間観を一九五八年の新儒家宣言に至る過程から論ずる。彼は青年期に西洋の科学主義を信奉していたが、抗日戦争の時期にドイツ観念論と結びつけて儒教的な伝統思想を再評価するようになる。大日本帝国・中国共産党・蔣介石政権といった個人をないがしろにする政治権力に終始抵抗して、彼は香港を拠点にしてひとりひとりの主体性の発揮こそが究極の「自由」であるとする論理を構築した。

中村元哉「張君勱の憲法制定活動からみる「人間の尊厳」の思想的基盤」は、やはり現代新儒家として宣言に加わった張君勱のもう一つの面、中華民国憲法起草者としての政治思想について紹介する。彼は国民党や共産党と異なる政党の領袖として人格・人権を尊重する憲政の重要性を主張し、それはわずか二年間だったが施行された。彼は儒教的な道徳を欧米諸国の憲法体制に融合させる新たなタイプの国家を構築しようとした。

牧角悦子「周作人「人間の文学」に見る中国近代知識人の「人間」観」は、魯迅（本名周樹人）の弟で同じく文人として活躍した周作人が、一個の個体として認知される「人」を発見していく様相を紹介する。彼は日本を通じて西洋近代思潮を汲み取り、旧来の儒教道徳に基づく小説を「人間的でない文学」だと斥けて新しい道徳に基づく文学を提唱する。文学それ自体の価値を言うものではないが、そこには「人」という語を古典的語義から解放しようという意図が窺える。

石井剛「「科学と人生観」論争とその綻び――一九二〇年代中国における尊厳の位置」は、人生観派と科学派の論争を、やや先行するウェーバーの『職業としての学問』についてのドイツでの議論を参照しながら論じる。前者の張君勱が科学そのものから価値の選択と判断は生じないと主張したのに対し、後者の丁文江は論点をややずらして中国における儒教流派間の対立図式を持ち込む。そこには両者が共有する意識がもたらした礼節の問題という逸脱が顕現していた。

続いては、台湾を対象とする論考二篇である。

陳文松「日本統治時代の台湾人の尊厳とは?――『台湾民報』系の言論を中心に」は、二〇世紀前半の台湾知識人たちや彼らと関わった日本の知識人の尊厳論を分析する。台湾で個人の尊厳が話題にのぼるのは、第一次大戦のパリ講和会議を契機とする民族自決論に始まる。政治的に議会を開設して民意を反映することで全体としての台湾の尊厳を確立する必要が主張され、また日本官憲とりわけ警察が権威的に振る舞うことへの抵抗の呼びかけとして語られていた。

陳建守「戦後台湾における尊厳の概念史」は、中華民国による台湾接収以降の民主化運動の歩みと絡めながら、台湾における人権の発展史を概観するとともに、新聞・雑誌に現れた尊厳の語義や用法を分析する。一九七〇年代にまず法的側面から、やがて社会的・文化的側面において人権問題としての尊厳概念が定着し、一九八八年の李登輝政権誕生を経て九〇年代の民主化の中で広く共有される用語となり、総統選挙のキャッチフレーズに採用されるに至った。

最後に掲載した劉蔚之「教育学者張彭春の思想過程とその「世界人権宣言」に対する影響（一九二三―一九四八）」は、本書唯一の既発表論文（中国語）の翻訳である。分量は他の諸論文の二倍に相当するが、この論集に掲載する意義が大きいと判断し、著者の了解を得て収録した。

この論文の主題は、国連の「世界人権宣言」作成に携わった張彭春という人物の生涯とその思想である。大陸（中華人民共和国）では習近平政権のもと、「中国の民主」という語に象徴されるような、西欧文明とは異なる独自の歴史と価値を持つ中華文明が喧伝され、時に前者に対する優越性が主張される。張彭春もそうしたゲームの駒として利用され、「世界人権宣言には彼が提案した儒家思想由来の用語が盛り込まれている」

と強調する論文が相次いで発表されている。劉論文はこれを実証的に覆し、「張彭春は伝統思想の素養をあまり持たず、人権宣言作成過程での発言は人類が共有する普遍的価値に基づくもの」として、彼を政治的な曲解から救出している。

劉説を是とするか否とするかは論文を読んで個々人が主体的・自律的に判定してもらいたい。ただ少なくとも言えることは、一八九五年以降の日本による植民地統治、一九四五年から中華民国の下での蔣介石・蔣経国父子による統治を経て、自力で勝ち取った民主化の成果を享受しつつ、しかもなお大陸との関係という課題を本質的に抱えている台湾において、人権が尊重されるべき対象としてひときわ強く意識されているということである。

それに引き比べて、私たち日本の研究者は尊厳概念を空中楼閣として弄んではいまいか。そのことは小倉が提起した「総合的人間」の問題、清水の言う「相対主義の徹底」にもつながる、私たちに課せられた宿題であろう。

第Ⅰ部　文化伝統のなかの人間観

1　日本群島と総合的人間

小倉紀蔵

1．群島としての日本

1・1　通底哲学と非通底哲学

本稿ではまず、これまでの「人間」という概念自体が、大文明的な世界観を標準に考えられすぎていた、ということを問題提起したい。このことは、近年議論されている「世界哲学」という概念とも強く連関している問題である。

哲学的にも思想的にも、「人間」とはそもそも、西洋や中国といった大文明が生み出し、継続して絶え間なく議論されてきた「あるもの」を指している。近代以降は西洋の「人間」概念が支配的になったが、近代以前の東アジアでは中国の「人」概念が支配的であった。本来は西洋や中国といった地域の限定性が介在しているので特殊な概念であるはずなのだが、それが大文明という支配的イデオロギーとセットになっているので「普遍的」な概念として錯視され、君臨した。尊厳概念の研究においても、主にこのような主流で支配的な「人間」（西洋）、「人」（東アジア）を前提として考究してきたという決定的な落ち度がある。支配的ヘゲモニーの世界観の優越を糾弾する「世界哲学」という観点からいっても、このことは徹底的に批判されるべきであろう。

大文明によって議論され規定された「人間」「人」概念を無条件に前提としてしまうことが、どのような問題を引き起こすのか。〈大文明においてこそ「人間」その他の諸概念が徹底的に議論され考究されてきたのだから（非・大文明においてはそうでないのだから）、そのように鍛錬された概念を土台にすることは悪いことではない〉という見解も当然あるであろう。これは一九九〇年代に活発になった多文化主義の議論でも問題になった考え方である。しかし、この考えはやはり大きな問題を孕んでいる。多文化主義の議論で批判されたように、西洋の哲学・思想の伝統はほぼ全面的に（白人の）男性によって構築されてきたものであり、女性が排除されている。これは、東アジアの中国文明における「人」の哲学的概念においても同断である。

多文化主義の議論では中心的な批判の的にはならなかったが重要な論点もある。本稿に関していうなら、以下のような論点だ。

大文明はことごとく、大陸において起こっている。このことが意味することは大きい。〈大文明が大陸以外の地において生まれていない〉ということを自明視し、疑いを持たないこと自体が問題なのである。このことに関して本稿では、日本という群島が育んだ人間観がいかに哲学的考察の対象外に置かれてきたかについて指摘する。

さらに、人類の大文明においては男性中心主義的な世界観が支配してきたことと関連して、性や親族の規範に関してもきわめて男性中心主義的な世界観が強く関与している。このことが人間観の形成において大きな影響を与えていることを、わたしたちは正確に認識する必要がある。〈性や親族の規範が男性中心主義的でない文化においては、人間そのものに関する考え方も当然異なるはずだ〉という認識を持たねばならない。

このこととも関連するが、大文明における男性中心主義的な道徳観が人間概念に与える影響も大きい。道徳という観念に対する性や親族の規範の影響は大きいし、それがそもそも男性中心主義的な基盤の上に成り立っているという認識をわたしたちは明確に持たなければならない。たとえば朱子学の「性即理」という命題も、男性中心主義的な中国の性や親族の規範のもとに成り立つものなのであって、これを文明的・文化的な文脈から切り離して無条件に「真」と認定してしまうことは、間違いなのである。つまり「性即理」はなんら普遍的な真理ではなく、それが成り立つ風土や社会から切り離してしまえば成り立たないかもしれない命題なのである。

ヨーロッパにおいても中国においても、「人間」や「人」概念は社会の統治や支配のために、あるいは宗教的な説明体系のために、人為的につくり出され、劇しい議論を経て改変され続けてきたものである。もしたとえば西洋哲学の理性という概念を受け入れてしまうのならば、その時点で西洋の風土から生まれた世界観を普遍的なものとしてしまうことに加担してしまうことになる。世界哲学や多文化主義という議論を十分に咀嚼したいまのわたしたちは、そのような過ちを繰り返してはならないはずだ。

「世界哲学」はその使命のひとつとして、「大文明の哲学」「人間中心の哲学」「理性中心の哲学」「男の哲学」などを解体しようとする。

もしこの世界哲学を徹底するなら、「西洋対非西洋」という図式も解体しなくてはならない。つまり、たとえば「西洋哲学」に対して「東洋哲学」を対抗させて、後者によって前者を批判する、というような営みも間違っているのである。なぜなら、たとえば「中国哲学」によって西洋哲学を批判しようという場合に、その中国哲学も「大文明の哲学」「人間中心の哲学」「理性中心の哲学」「男の哲学」であるなら、これは単に「旧哲学」陣営のなかでのヘゲモニー闘争にすぎないはずだからである。そして実際に、たとえば朱子学などは、「大文明の哲学」「人間中心の哲学」「理性中心の哲学」「男の哲学」そのものである。

以上のことを前提にして本稿では、「群島文明としての日本」における人間観について考察するための準備作業をしてみることにする。

1・2　群島とは

日本は群島(archipelago)である。海のなかに浮かぶ多数の島から成り立っている。このことを主題にしてわたしは「群島文明の生命感覚」という論文を書いた。[1] 以下に、その内容の一部を要約してみたい。

◆日本というのは、海上に浮かぶ一万以上の島々の陸上で生活するひとびとの国家である。つまり島国であり、群島国家である。

◆群島は地球上のいたるところに分布している。そのなかで日本は、西ヨーロッパ(イギリス・アイルランドから地中海・多島海)、東南アジア諸国、カリブ海諸国と並んでもっとも典型的な群島といってよい。緯度の観点でいうなら、日本は西ヨーロッパと並んで、温帯地域にある群島の代表といえる。日本群島はまた、中国という巨大な文明を持つ大陸に隣接している。このように、古代からの巨大な文明圏に近接している群島は、日本(中国)と東南アジア(インドおよび中国)、そして西ヨーロッパ(ギリシア、ローマ、エジプト、小アジア、メソポタミア)である。

◆しかし〈地理的に群島である地域が文明的にもかならず群島である〉とはかぎらない。たとえば日本群島は、歴史上つねに文明論的な意味で群島的であったわけではない。中国の律令制度を受け入れた時期(七世紀半ばから十世紀)や、西洋近代の法・政治・軍事システムを導入した明治期は、群島性を捨てて大陸性を身につけた時期である。日本は、海洋性を発揮して中国・朝鮮との交流を活発に行っていたときに大陸文明化し、その交流を遮断し海洋性を忘却するときに非大陸文明化した。要するに、日本群島は海洋性を前面に出すと大陸文明化し、海洋性から離脱すると群島文明化したわけだ。群島性と海洋性は、かならずしも一致しないだけでなく相反もするのである。

◆群島に文明はあるのか。伝統的な旧弊の文明観からすれば、〈島に文明などない〉という差別的な考えに傾きやすいであろう。島は文明の果つる地であるというのが、大陸文明中心主義の考え方である。これは東アジアの伝統的な世界観においては特に強い考え方だった。中国が文明（この場合は絶対的に単数である）の中心であるという世界観は、ゆるぎなかった。この巨大な文明の中心の周縁には、たとえば朝鮮のように、自らをほぼ完全に中国文明と同一化することを自己の生存戦略とする国家もあった。朝鮮は地理的には半島であるが、文明論的な自己意識は大陸そのものであったのであり、その立場から見るならば、日本のような島は文明から全的に遮断された未開の地ということになる。

◆「島には文明はない」という命題は無論、ある意味で正しい。しかしその場合の文明という語は、西洋でも東洋でもよいが、伝統的な旧弊の文明観によるものである。

このような旧弊の文明観は、そもそも西洋文明国家による「野蛮で未開な非文明地域」への侵略・征服・支配を正当化するものであって、現在では道徳的に到底容認できないものだとされている。

◆〈大陸にも群島があり、群島にも大陸がある〉というのが、筆者の文明論の基本的な考え方である。

◆群島のアイデンティティを構成している大きな部分は、〈大陸の文明によって蔑視されている〉ということではないだろうか。群島のひとびと（特に知識人）は、大陸の「文明的」なひとびとから蔑視されていることをもちろん知っている。特に日本のように中国という大文明のすぐそばに位置している群島においては、大陸文明から見ると自らが極度に未開で非文明的であるという自覚を強烈に持っていた（階層的には知的な支配層がそうだった）。このうちの一部分は、大陸文明への憧れと劣等感をそのまま認めて自己を大陸文明と一体化させようとしたが、別の一部分では、その劣等感をむしろ逆回転させて、〈大陸文明の欠如態がむしろ

（1）小倉［二〇二三］二〜二〇。

日本のよさである〉というねじれたアイデンティファイをすることになる。本居宣長がその究極の人物であることは言を俟たない。しかしこの「非大陸文明的アイデンティティ」は単に自己意識的にねじれているのではない。生命・自己・社会・自然・世界などに関して、大陸文明的な存在のしかたとは根源的に異なる感覚を保持し、継承してきたという側面がある。

◆その根底には、理念・普遍性などに対する根源的不信感があった。つまり群島文明には、帰納的（反演繹的）思考、経験主義（反理念・反理性主義）、そして反超越主義などの傾向がある。日本社会にはこれらが顕著に認められる。しかしこれは日本に特殊なものではない。たとえば、これらの特徴をヨーロッパでももっとも強く持っているのはイギリスである。デイビッド・ヒュームはスコットランドの哲学者・歴史家であったが、彼は〈人間は知覚の束である〉といって大陸的な理性的人間観を否定し、また〈因果関係というものはなく、われわれが因果関係だと思っているものは慣習にすぎない〉といった。理念・普遍性・演繹性などを重視する大陸文明的哲学とは正反対の立場を明確に打ち出した。

◆東アジアにおいても、日本はたとえば中国の大陸文明的な演繹的・理念的な性善説を完全には受け容れなかった。

◆「群島文明」にはこのような特徴がある。だが「群島」に固有で本質的な文明が不動・不変のものとしてであるということではない。

◆またこれは決して「文明の決定論や本質主義」ではない。〈ある特徴を持った文明が原理的に確固たるものとして存在し、すべての現象はそこから生じるものであって、そこに住む人間はそれにがんじがらめになってしまう〉ということではないのである。

◆群島は、大陸から完全に分離されているのではなく、つねに大陸との関係性のなかで自らの文化的・文明的なふるまいをしている。大陸の文明を移入しながら、それを海の力で相対化・分解しつつ、風土や文化に合わせて再構成するのである。

◆大陸文明は、普遍主義・理念主義・本質主義・超越主義などを基盤とせざるをえない傾向を持つ。大陸では、あたらしい世界観が発生したり伝播すると、従来の世界観を一掃する。陸続きで侵略や略奪が横行し、革命や政変が伝播しやすく、政権を維持するためにもそれを打倒するためにも、超越的な神・理念・価値を切実に必要とするのである。

◆群島文明は大陸文明を排除するのではない。包摂し、相対化するのである。そしてそれを保存する。大陸文明の残滓も群島文明の伝統も弁別せずに「古層」や「通奏低音」として、残存しやすいのだ。

◆これまでの思想史、哲学史、文化史、文明史などほとんどの記述は、大陸文明中心主義によってなされてきたのではないか。そのようにわたしは考えている。

以上が、前掲論文の前半部分の要約である。

このような認識を土台として、本稿ではさらに日本群島の多数多様な人間観の一端について考えてみたい。

2. 《人間》の不在

2・1　日本群島には《人間》はいなかった

日本群島には、《人間》はいなかった。

この《 》つきの《人間》というものは、大陸文明の担い手として個別性と普遍性をあわせもつ社会の最小単位の存在者のことである。統合的な《一》なる原理によって説明づけられ、統合体としての全体と厳密に論理的に関連づけられたミクロコスモスとしての存在者である（《一》なる原理に関しては後述）。

「未開」な日本群島にはホモ・サピエンスはいたが、《人間》はなかなか出現しなかった。ここで「未開」に「 」(鉤括弧)がついているのは、「旧弊の文明観や大文明の立場から見て」という含意を示す。本稿の見解として未開とみなす、という意味ではない。

日本群島が大陸から蔑視されたのは、大陸中心主義的な文明的理由によるものだが、その理由の根底には、〈日本群島には《人間》がいない〉という欠落があった。

日本群島にかかわるすべての文明論・文化論・思想史・哲学史は、この事実から出発しなければならない。だがそれらのほとんどは、〈日本にも《人間》がいた〉ということをあまりにも自明なこととして前提しすぎている。あたかも九世紀や十三世紀や十六世紀の日本群島に、大陸と同じような《人間》が暮らしていたかのような認識を前提としすぎている。わたしは、そのような無自覚な認識から出発するあらゆる文明論・文化論・思想史・哲学史は、無意味であると考える。なかったものを虚構しているからである。

2・2　中国には《人間》がいた

大陸文明に視座を置いて見てみよう。すると、日本群島には《人間》が住んでいるようには見えないのである。

日本群島は中国文明的世界観でいう「夷狄」のカテゴリーに属していたが、これは「《人間》と獣の中間レベルの存在者」という意味を持っていた。《人間》ではないが、教化によっては《人間》になりうる可能性を持っていると考えられた。中国文明中心主義によって規定されたこのような人間観は、近代以降の世界観から見ると前近代的であって、意味がないだけでなく間違っているとされる。もちろん、中国を夏(華)としてその外縁を夷とする華夷秩序的世界観は、現代の観点からいうなら間違っているといえるだろう。しかし夏(華)と夷の区別は意味のないものだったのではない。中華的文明を享受している地域の《人間》と、そうでない地域の「人間もどき」(夷は半獣半人の存在者である)を区別することは、政治・外交・安全保障的な意味を持つだけでなく哲学的に重要な意味をも持っていたのである。

それは、《人間》を論理整合的に定義し、それと「全体」との関係を厳密に規定していないようなプラットフォームは、文明国家としてはありえない〉という普遍的な世界観にもとづいている。《人間》が定義されておらず、したがって存在してもいないような地域と、文明国家とを混同することは決してできない。なぜなら前者は端的に「未開」であり「原始的」なのだから、文明国家の行動様式(礼)に反する暴力的な行為をほしいままにする可能性が高いからである。

特に中国では先秦時代に、《人間》を道徳性と結びつけて定義する孟子の哲学が生まれた。興味深いのは、中国文明が国際的な国家として中華と夷狄の区別をあいまい化した時期には、孟子の《文明的＝道徳的人間》の哲学は人気がなく、ほぼ忘却されていたという事実である。典型的な例は唐の時代であり、この時代は国際化の度合いが著しく、それと連動して仏教が哲学界の主流であった。

孟子的な《文明的＝道徳的人間》の哲学が主流になったのは、唐の国勢が傾きはじめたあと、特に北宋の時代になってからである(韓愈から宋学への流れ)。北方の異民族に圧迫された南宋の時代に、孟子の文明哲学は絶頂期を迎える。つまりこの時代こそ、「華夷の別」を極度に強調しなくてはならない時代だった。別のことばでいうなら、《文明的＝道徳的人間》が住まう文明国家と、そうでない「未開」で「野蛮」な半獣半人がうごめく地域を、哲学的に明確に区別しなくてはならない「文明の危機」の時代であった。

2・3 群島の文明化、《人間》化というプロジェクト

以上のような認識の枠組みにおいては、群島日本には文明もなく、《人間》もいなかった。

ただ、歴史上何度か、日本群島も大文明や《人間》を取り入れて社会改革をしようとした時期があった。

もっともラディカルにそれを行ったのはもちろん、近代期であった。明治維新以後、現在にいたるまで、日本群島の大文明化と《人間》化のプロジェクトは継続して進行している。その時期に、たとえば〈社会の中心は女性ではなく男性である〉とか、〈わが国にも父系の家父長制がある〉とか、〈武士にはキリスト教と同じようなエートスがあった〉などと語られたのは、すべて「未開」な日本群島を大文明の陣営に強引に組み込ませるための偽造であり捏造であった。

福沢諭吉は、〈わが国にはもともと大文明もなかったし《人間》もいなかったのだから、これから文明開化してそういうものを採り入れよう〉と語った思想家であった。かなり正直であったといえるし、歴史を直視しているといえる。だが井上哲次郎やその弟子たち、あるいは新渡戸稲造などは、〈わが国にももともと騎士道徳や《人間》の人格・品格・尊厳といった概念があった〉と語ったのだから、歴史の偽造という観点からいうなら、福沢よりも罪が数段重い。

明治以降の日本の歴史の偽造と、群島の大文明化、《人間》化というプロジェクトが極限的な崩壊・腐敗・絶望をもたらしているのが二十一世紀の現在であるといえるだろう。

3.《一》の不在

3・1 日本には《一》がなかった

日本はいかに「未開」であったのか。そのメルクマールは多数多様であるが、もっとも抽象度を高くして語るならば、〈ひとつの理念によって世界全体をカテゴライズして抽象化するという方法を持つことができない〉という点が、「未開の証明」なのである。日本の文化・社会の歴史をひもといてみるなら、ひとつの理念によって全体をカテゴライズし、抽象化するという意志にも能力にも乏しかったことが理解できるであろう。短い期間それができたり、しようとしたことはあるが、それは外来の大文明による支配を自ら希求したときであった。

構造主義的理念によれば、「野生」や「未開」の地の集団にも、固有の構造や秩序が見出される。〈構造や秩序は「文明」のみにあって「未開」の地にはない〉と考えられていた世界観からすれば、構造主義が大きな前進であったことは事実であろう。しかし、この考えはふたつの点で問題を抱えている。ひとつは、ポスト構造主義によって暴かれたことであるが、構造や秩序はそもそも大文明においても恣意的・歴史的かつ抑圧的なものであり、その「普遍性」の主張は暴力的な権力の行使であった。もうひとつは、巨大な普遍的文明における構造や秩序と、ある特定の部族・集団・民族などが持つ特殊な構造や秩序は、その性質が非常に異なるという点である。

ここでは後者に焦点を当てて考えてみたい。

人間が集団で生きていくときに、その集団においてなんらかの構造や秩序が存在することは、他の動物種と同じことであって、なんらホモ・サピエンスに特別なことではない。重要なのは、いかなる構造や秩序なのか、ということなのだ。

いかなる地域や共同体においても、構造や秩序は存在する。だがそれを、普遍的で巨大な文明の構造や秩序と同一視してはならない。

東アジアにおいて、中国文明や（中国化された）インド文明といった普遍的で巨大な文明が持つ構造や秩序の堅固さは、強力な《一》という理念を中核とした全体支配への意志に満ち溢れたものである。小さな人間集団しか支配できない文化・慣習・掟には、この強力な《一》という理念が欠如している。

日本という地域にも、このことは当てはまる。日本群島には、《一》が欠如している、ないしそれが弱いのである。典型的な例をひとつだけ挙げるとするなら、天皇・公家の勢力と武家の勢力とがひとつに収斂することがなかったという事実が重要であろう。いわゆる権威と権力の分離という現象である。日本群島の場合はさらにいうなら、天皇・公家と武家だけでなく仏教という勢力があったので、厳密にいえば支配理念の二重性ではなく、聖俗合わせた三重性が機能していたわけである。しかもこの三つの世界観には、西洋のキリスト教のような同一性はなかった。

このような混在性は、権力構造のみならず、日本群島の文化・社会全般において顕著な特徴である。結局日本群島が大文明の陣営にはいったのは、律令制度実施期を中心とした国家の黎明期から平安時代までと、明治維新以後に権力と権威と聖性の三つのベクトルを統合して《一》の統治を実現しようとした二つの時期のことであった。

しかし日本群島の歴史の大部分を占めていたのは、《一》という統合的理念を打ち立てることができない「未開」の状態なのであった。

それではこの「未開」性は、どこに淵源しているのであろうか。

そのことに関して「群島」という概念を使って考察してみようというのが、筆者の企図なのである。

3・2　日本に《一》がまったくなかったわけではない

もちろん日本群島の歴史上、《一》がまったくなかったわけではない。先に述べたように、律令制度実施期と明治以降は、日本が《一》を導入して統体的な統治を行った時期である。

前者も後者も、大文明の中心地から直接的に、《一》のシステムを電撃的に導入した。

つまり日本群島は絶海の孤島だったのでもないし、大陸文明の流入をつねに拒絶したのでもないし、大陸文明を理解できなかったわけでもない。むしろ大陸文明の動向には敏感で、それといかなる距離をとるべきかという戦略についてはつねに感度を鈍らせないように振る舞った。そういう意味では日本群島は「未開」ではなかったし、素朴でもなかった。つまり日本群島は「無思想」だったとしても、その「日本の無思想」というものが、自然に生まれたわけではないし、群島性という性格から本質的に流出するものでもない。

認識が自己オリエンタリズムに陥ってはならない。思想史の流れを正確に理解しなくてはならない。日本群島の「無思想」は本質ではないのである。日本群島は自覚的に《一》を吸収し、そして自覚的にそれを捨てたのである。

《一》の統合システムを積極的に吸収し、それが定着する段階になると、平安時代にも昭和時代にも、日本はその《一》を嫌悪し廃棄してしまう、ということを行なった。ここに群島文明の性格が反映しているといってよいかもしれない。

4. 生命観の問題

4・1 保守的な共同主観に対抗する

日本群島のアニマシズム的世界観[2]においては、〈なにがいのちなのか〉ということを、合議や共同主観という不安定な方法によって決定する傾向が強い。このことによって、「いのちのありか」や「いのちのあり

(2) アニマシズムに関しては、小倉［二〇二二］参照。〈なにがいのちであるのか〉の定義はなく、個人、集団、共同体などの共同主観によっていのちのありかを決定するという帰納主義的な生命観をいう。〈万物に生命が宿っている〉とするアニミズムとは異なる。〈日本群島にはアニミズムはない〉あるいは〈日本群島のアニミズムの伝統は弱い〉と考えるのが筆者の立場である。

かた」が保守的に決められてしまうという傾向も強い。合議や共同主観が歴史主義的に機能してしまう場合に、年長者や男性や世襲者などといった抑圧的な属性をもった構成員の議論や主観が、有無をいわさずに支配力を持ってしまう可能性が高いからだ。

この共同主観は、実際は保守主義者たちの既得権的な利益を擁護するために排他的に機能している場合が多いのだが、「共同体全員のため」というあいまいで反証困難な理屈によって正当化されていることが多い。そして「多勢に無勢」ということばがよく示すように、その利益独占共同体の抑圧的な共同主観に対して、底辺や外部や新参勢力の側から反抗することは容易ではない。「昔からこうやることに決まっているのだ」「みんながそう思っていることに同意できないなら出て行け」などというきわめて暴力的な脅しが、日本群島の共同体では横行してきたし、現在でも横行している。日本群島的文化のもっとも醜悪で唾棄すべき側面のひとつが、ここに見苦しく露呈しているといってよい。

この保守的かつ歴史主義的な「いのち」主義に対する抵抗の方法として、「あたらしい美意識」の提起が、日本群島では数多くとられてきた。

それは、超越的な真理や普遍的な理念に依拠して演繹的に議論するという訓練を受けておらず、〈そういうもの自体を無化することが正しいことだ〉という信念を持っている共同体の構成員に対しては、理路整然とした反論や論理的な反証などということがそもそも無効であることが多いからである。また、抵抗や反抗をする側にしても、超越的な真理や普遍的な理念に依拠した演繹的な議論をすることが得意でないだけでなく、そもそもそういう行為自体に意味を見出さないことが多い。したがって、抵抗や反抗は、「あたらしい美」という〈いのち〉の提示というかたちで感性的に行われる傾向が強い。そして現実的に日本群島の歴史上でそういう抵抗や反抗を行ってきた勢力は、平安時代の女（あはれ・をかし）、平安から鎌倉時代にかけての没落貴族（幽玄）、鎌倉時代の新仏教勢力（他力・臨終即平生・身心脱落など）、鎌倉から室町時代の周縁的武力集団（あっぱれ・婆娑羅など）、室町時代の被差別階層（わび・さび・花）、江戸時代の周縁的武士（犬死や衆道など）、同じく江戸時代の反社会的勢力（いき）といった、社会の周縁や底辺にうごめくひとびとが多かったのである。

すなわち、大陸文明の地であるなら、あたらしい宗教や理念や超越性や普遍性によって旧勢力を打倒する場面において、日本群島では、あたらしい革新的な美意識を劇的に掲げることによって、旧時代の抑圧的な共同主観という壁を破壊しようとしたのである。この反逆は、ときに暴力をともなうこともありはしたが、それは組織的な集団によるものではなく孤立した一匹狼的なものである場合もあり、それ以外のほとんどの場合は、非暴力という顕著な形態をとった。反逆と破壊は、物理的暴力ではなく美的生命のちからによって行われたのである。

このことを正確に理解することが、日本群島文明の性格をつかむ第一歩となる。

4・2　〈女系いのち〉の日本文化

日本群島の歴史をひもといてみるとそこに浮かび上がるのは、〈女系いのち〉による文化の強靭さである。ただしそれはつねに〈男系いのち〉によって脅かされ、支配され、破壊されてきたので、注意深く歴史を見ないと、案外見逃してしまうものかもしれない。もっともわかりやすいのは無論、平安時代の貴族階級に属する女性たちによる絢爛たる文化である。しかし実はそれ以外にも、日本群島の歴史を彩る〈女系いのち〉の強靭さは、大陸文明のそれと比べると著しい。

〈女系いのち〉は、女性だけによって担われたのではない。この群島では、男性たちも率先して〈女系いのち〉を実践してきた。クロス・ジェンダード・パフォーマンス（CGP：ジェンダー交差の文化行為）がきわめて盛んだったことが、それを証明している。

平安時代の貴族文化や室町時代の阿弥系文化や江戸時代の大衆文化のほとんどが、いわゆるCGPであった。このCGPの全体を貫いているのが、〈あいだのいのち〉という独特な群島文明的生命感覚であった。生命は、個体にも集団にも宿るが、それとは別に「あいだ」にも偶発的に立ち現われる、とする生命観である。

明治維新以降の大文明化の時期に、このCGPは徹底的に弾圧され、「西洋近代化」という看板のもと、いのちは男性化された。それと同時に性の自己同一化も極度に進行した。そのあげくの果てが、男性中心帝国による侵略と戦争であった。だが巨大な戦争の遂行にも、実は女性的な〈あいだのいのち〉とCGPが必要だった。日本の戦争は「ますらをぶり」一辺倒では遂行できず、「たをやめぶり」が総動員された。戦争は女の顔もしていたのである。

戦後になると日本的平和主義者たちが「いのち」という語を使って、戦争反対や資本主義への批判を展開した。そこにも〈女系いのち〉の生命力が脈々と受け継がれていた。しかしいつしか「いのち」主義者のいう生命は、アナーキーな〈あいだのいのち〉ではなく個別的な生物学的・肉体的生命になってしまい、政権の掲げる生政治に対抗できる観念ではなくなってしまった。

以上が、この群島における生命と性との関係のあらましである。

4・3　CGP（クロス・ジェンダード・パフォーマンス）の日本文化

男性中心主義ではなく女性の視座から日本群島文化を眺めてみる、ということが重要である。しかし実は、CGPの背景には、〈男性と女性をあまりにも截然と分離してしまうことに対する違和感〉も、日本群島文化のなかで脈々と引き継がれてきたという事実がある。

男性と女性の境界線を無化したり、あいまい化したりすることは、ある時代の日本群島文化のなかではむしろ主流のふるまいであった。

紀貫之の「土左（佐）日記」を見ていただきたい。「をとこもすなる日記といふものを、をむなもしてみむとてするなり」「男も（漢文で）書くという日記という行為を、女もしてみようと思って、（かなを使って）書いてみる」。

ここで重要なのは、紀貫之は男であるにもかかわらず、男と女の境界を越えようとしているということである。これこそがCGPである。そして、女になるときに彼が使う文字は、かなであった。つまりここには、「漢字・漢文は男、かなは女」という区分があるが、その区分は実は明瞭ではなく、その証拠に「土左日記」は漢字かな混じり文で書かれているのである。すべてがかなであれば、「漢字は男、かなは女」という二項対立が成立するであろう。しかしそうではなかった。書字の方法は、「漢字とかなの混淆」というものだった。ここにも、男と女というジェンダーを明確に二分化しない文化の作法というものがあるだろう。

平安時代には、和歌が隆盛する。桓武天皇が開いた京都では、最初の百年間、つまり桓武天皇の大文明的な意志が強く残存していた時期には、漢文・漢字中心の文化が花開いた。平安時代は、日本における中国的漢文中心文明の再建という使命をになって始まったのである。しかし百年経って桓武天皇系の大文明的意志が弱まると同時に、主に中級から下級の貴族たちによって、反漢文中心文明のうねりが起きてくる。

その中心に、紀貫之がおり、和歌があったのだ。

平安時代における和歌という行為こそ、究極のCGP的行為であった。

歌人たちはなにをしたのか。こぞって、女性と男性の境界を越えようとしたのである。

風が吹けば「あはれ」と思って涙をこぼす。花が咲けば生の終わりを予感して涙を流す。思いを寄せるひとと別れれば、袖を涙で濡らす。ただ濡らすだけではない。しとどに濡れて、袖をしぼると涙がしたたり落ちるほど、泣くのである。もちろんこれはことばによる表現にすぎない。しかし、これは男の歌人たちが女になって表現したと考えるべきである。そしてこの伝統がある日本では、のちに武士たちも、たたかいの最中に涙をこぼしたり、あはれを感じて寂寥感や生への否定感に包まれるのである。これは、平安時代に女性化した言語表現によって、その後の男性中心主義的な武士の世界も女性化した事例である。

このように日本群島では、〈男性と女性の境界があいまいである〉という文化の特徴が著しい。これは、単に文化だけの問題ではなく、社会構造も影響している。つまり、西洋や中国のような男性中心主義的な家父長制が、前近代の日本では制度化されていなかったということが、結局は文化の性格にかなり大きな影響を与えている。

4・4 「男ｖｓ女」ではない

日本におけるＣＧＰの起点が紀貫之だったという事実が、ことさらに重要である。

彼の手になる『古今和歌集』の「仮名序」を、もういちど精細に読み解いてみる必要がある。これは、単に中国文明的な詩の思想を日本の歌の思想に変換したものではない。中国対日本という国家単位のアイデンティティーの表明としてとらえるだけでは、この「仮名序」の意味はわからない。これは、ジェンダーの思想を語ったテクストでもあるのだ。「中国＝男、日本＝女」という二項対立の構図に落とし込んでしまえば単純化できるが、紀貫之はそうしなかった。実際、日本の文化の担い手はもちろん女だけではなかった。「中国＝男、日本＝男女のＣＧＰ」というずらしによって、二項対立を撹乱したのである。

和歌とはなにか。

『新古今和歌集』以後の和歌というのは、男が女のふりをして、女の生命感覚を繊細なことばで表現しようとした芸術だった。そこが『万葉集』との決定的な違いだった。

そのような「ＣＧＰの芸術」としての和歌の起点に、紀貫之がいた。

一目見し君もや来ると桜花今日は待ち見て散らば散らなむ　紀貫之

（ほんのわずかお目にかかっただけのあのお方がまたひょっとして来て下さるかもしれないと、桜の花よ、今日はためしに待ってみて、それから散るのならば散ってしまいなさい）(3)

貫之は詞書でこの歌について「あひ知れりける人の云々」と説明しているが、実は男女の恋の歌として読まれるべきものであることを彼は熟知している。つまりここでは貫之が、「待つ女」のふりをしてCGPをしているのである。

だが和歌のCGPは、〈自分とは違う性の立場に立って、その異性のひとの気持ちを読む〉という行為だけをいうのではない。

和歌を詠むという行為自体、繊細で刹那的な「反男性的生命感覚」を磨き上げ、それを数少ない音節によって極限的に表現するという世界観的実験であった。先の貫之の歌も、百歩譲って貫之の語るとおり、男女の恋の歌でなかったとしても、そこで男どうしが通い合わせた感覚は、きわめて女性的だったといえる。つまり、貫之がわざわざ、〈この歌は男女の恋をうたったもののように見えるがそうではなく、近しい友人のことをうたったのだ〉と言い訳がましく語れば語るほど、むしろ男女をめぐる「女性的」な感性がすでに男と男のあいだに浸透していたことを示してしまうことになった。(4)

（3）小町谷［二〇一〇］五五。

（4）ちなみに日本では男色は十世紀に始まり、十一世紀には貴族層に浸透し始めたといわれる。服藤［二〇〇〇］二一七。

4・5　CGPは男による女への支配なのか？

明治時代の極度に男性中心的な価値観のもとでは、このような「女性的」生命感覚は、端的に嫌悪され、価値の低いものとして扱われた。和辻哲郎や鈴木大拙といった第一級の思想家たちですら、その価値観から自由でなかった。だがそれは、「文明開化」という名の男性中心主義化のイデオロギーに染まった価値観なのであって、日本群島文明[5]の特質を忘却した「逸脱の時代」における誤った思想であった。

平安時代の歌人たちの生命感覚を「女性的」と規定すること自体がそもそも誤りであった。なぜならそれは女性だけによってつくられたものではなく、男性がCGPを通してつくったものでもあるからだ。つまりそれは文字通り「女性そのもの的」であったのではなく、「男が女の生命感覚を模倣した生命感覚」なのであった。「女性的」であったとはいえるだろうが、「女性そのもの的」ではなかった。ここが、その後の日本群島文明の構築にとって、決定的に重要なことだった。

日本群島文明史を虚心坦懐に眺めてみれば、平安時代のCGPの文化は、その後もこの群島の中心的な世界観として承継されていったことがわかる。

藤原定家を中心とした『新古今和歌集』の世界観、連歌や能の世界観、さらに定家の美学を承継した「わび・さび」の世界観、俳諧や「いき」の世界観など、日本群島文化の基底には、つねにこのCGPの生命感覚が生き生きと流れていた。

この歴史の流れを否定的に評価しようとするなら、以下のようになる。

紀貫之以後の男性貴族たちが懸命に体現しようとした「女性的」な生命感覚は、男性が女性に憧れて模倣したものにすぎなかったわけだから、そこには誤解や歪曲がかならず介在していた。そもそも「女性的」な生命感覚を「繊細」で「刹那的」とみなすこと自体が、男性側からの強いバイアスが加えられた歪曲であるといえる。たとえば『古事記』の冒頭では、自我を獲得したのは女性のほうが男性より早かったわけだし、むしろ秩序意識という没自我性に閉じ込められた男性よりも、女性のほうが確固たる自己主張に長けていたのだといえよう。筆者のことばでいうなら、日本群島文明においては、女性こそ〈個別的な生命〉〈個別的な自己〉を堂々と主張した初めての性だったといえるのだ。

それなのに平安時代の男性貴族たちは、自分たちが理想化した「女性的」な生命感覚を「女性そのもの的」とみなして、結局、女性というものを男性化してしまったという批判も、提起しうるわけである。

だがここでは、この問題に対して次のように考えたい。

平安貴族男性たちは、なにに対して抵抗しようとしたのか。

それは、端的に「男性的なもの」への抵抗なのではなかった。もし「男性的なもの」への抵抗であったのなら、彼らは端的に「女性的なもの」と同一化するという方向性を選択したであろう。しかし彼らの意識は、そうではなかった。彼らは「女性的なもの」と「男性的なもの」との境界を攪乱し、性による世界観の分断を越境しようとしたのである。

彼らは実は、「男性的なもの」ではなく「大陸文明的なもの」に抵抗したのである。普遍的で演繹的な《一》の統体的秩序を形成しようとする欲動に突き動かされた大陸文明に自己を同一化してしまうなら、日本群島的な生命感覚は死滅するにちがいないという、強い不吉な予感を彼らは持っていた。

紀貫之らの「やまとことば革命」は、桓武天皇による平安京遷都から百年後のできごとであったことを想起されたい。桓武は百済系の天皇であり、それ以前に奈良で「やまとことば化」していった日本群島文明を、

（5）本章では個々の文化活動に関しては「日本群島文化」、それらを総合して語るときには「日本群島文明」という語を使用している。

正統な中華文明に改革しようとした大陸文明論者であった。その文明運動が、八世紀の終わりから百年つづいたのだが、そのあいだは漢詩・漢文の全盛時代であって、やまとことばの生命感覚は抑圧されたのだ。しかし百年後に桓武の直系が途絶えて、それとともに文明戦争は急転回した。大陸文明一辺倒であった平安京は、突如、やまとことばの復権をともなって群島文明化したのである。もちろんこの国の主流文化はあくまでも大陸文明であった。漢文の知的世界が衰えたわけではまったくなかった。しかし、大陸文明の全面的支配という事態を避けるために、必死に「女もしてみむとて」という画期的な宣言をしたのである。これは、中国という巨大な文明の周縁に位置する地域として歴史上はじめて行いえた、果敢な文明論的行為なのだった。

彼らが探しもとめた日本群島的な生命感覚は、まさに「女性的」なものだった。「大陸文明」が「男性的」とイコールでないのと同様、「群島文明」が「女性的」とイコールでないのは当然だ。だが、平安貴族男性は、群島文明のサバイバルのために、必死で「女性的」な生命感覚を身につけようとした。その果てに偶発的に生まれたのが、「男性的」でも「女性的」でもない、まさに「CGP的」な文化なのだった。

5. 総合的人間とは

5・1 生命の軽視

これまで本稿では、大陸文明的な人間観とは異なる日本群島的な「ひと」のあり方に関していくつかの論点を挙げてみた。このほかにも論じるべき問題は数多い。

たとえば「生命の軽視」という問題がある。

西洋近代的な大文明こそが真の文明であるという固定観念が浸透している現代日本では、〈生命を大切にする〉ということ自体が文明的行為そのものである。〈生命を大切にしないのは「非文明」であり、「野蛮」であり、「未開」である。したがって日本文明は生命を大切にするものであるべきだ。だから日本文明は生命尊重の本質を持っている〉という倒錯した詭弁が信念体系として保持されることとなった。〈生命尊重が日本文化の本質だ〉などというのは、単なる捏造である。つい八十年まえまでは、〈日本人は生を軽んずる立派な国民〉という観念が主流であった。

したがって、日本文化に関して戦後に書かれた書籍などで、〈日本人は生命尊重の本質を持っている〉というような認識を臆面もなく披露するようなものは、信用してはならない。そういう著者は、また時代が変わって〈生を軽んじることこそが高い文明の表徴である〉という言説が主流（大文明）になれば、その言説に合わせた日本文化論を書くに違いない。

日本群島ではそもそも、生命を個別的なものと考えたり普遍的なものと考えたりする世界観が弱かったのだから、個別的な生命や普遍的な生命を大切にするという考え自体も弱かったのである。むしろ日本人が大切にしたのは偶発的な〈あいだのいのち〉なのであって、これのためなら個別的な生命や普遍的な生命などどうでもいい、という感覚が究極にまで追求されたのが、日本群島であった。

逆説的だが、〈生命尊重という観念が真理である〉という条件下においては、尊厳のことを深く思考することはできない。つまり、〈生命の軽視という観念をどのように深く思索するか〉という方向性が欠如している場合に、尊厳の概念について深く考えることはできないのである。

5・2　総合的人間

これまで大文明の世界観によって自明とされてきたことを問い返すことによって、はじめて世界哲学的な次元で尊厳のことを考えることができるだろう。

その際に参照すべきもののひとつとして、ここではニーチェの「総合的人間（der synthetische Mensch/ the synthetic man）」という概念を紹介しておこう。(6)

たいていの者どもは人間を断片的個別的にあらわしているにすぎない。それらを寄せ集めてはじめて、ひとりの人間があらわれるのである。全時代、全民族は、この意味では何か破片めいたものをもつ。（中略）このゆえに、ひとは、それにもかかわらず綜合的人間の出現のみが問題であることを、断じて見そこなってはならない。(7)

この「綜合（総合）的人間」とは完璧な人格をもつ人間のことなのか？　中国文明でいうところの「聖人」や「君子」のようなものなのか？　大陸文明における道徳的で普遍的な《人間》のことをいっているのか？　そうではない。逆である。まったく逆である、といってよい。

類型的な人間のもっている凡庸さとは何か？　事物の裏面を必然的なものとして解さないこと。すなわち、不良の状態を、あたかもそれなしですましうるかのごとく攻撃することである。一方を他方とともに甘受しようと欲しないこと、――事物の固有性の或る部分のみをよしとして、その他の部分を廃棄したがることによって、その事物の、状態の、時代の、人物の典型的性格を、抹殺し消去したがることである。凡庸な者どもの「願望」は、私たち他の者が攻撃するそのものである。すなわち、彼らは、理想を、なんら有害な、悪しき、危険な、疑わしい、絶滅する力をもったものがそこには取りのこされているはずのない何ものかとしてとらえるのである。私たちの洞察するところはこれとは逆である。すなわち、私たちは、人間のあらゆる生長とともにその裏面もまた生長せざるをえないと、最高の人間とは、そうした概念が許されるとすれば、生存の対立的性格を生存の栄光や唯一の是認として最も強く体現している人間そのもののことにちがいないと、洞察する……通常の人間どもはこの自然性格のまったく取るに足らない一角一隅をしか体現することが許されていない。彼らは、諸要素の多様性と諸対立の緊張とが、言いかえれば人間の偉大さにとっての前提条件が発生するやいなや、ただちに徹底的に没落する。人間はより善くなるとともにより悪しくならざるをえないということ、これはこのような不可避性を言いあらわす私の定式である。(8)

総合的人間とは、字面から連想させるような完璧な人間のことではない。統合的な《一》なる世界観を持たず、普遍的で超越的な理念の土台もなく、ただ矛盾する諸方向への動きとはたらきとを乱反射的に現象させる生命の場である。

世界のなんらかの総体的考察のうちでそれっきり安らうということへの深い嫌悪。(9)

総体と総合は異なる。総合的人間というのは、総体的考察をする人間という意味ではない。逆なのだ。総合的人間というのは、総体的考察をまったくしない人間の謂なのである。そういう人間を、大文明的な意味

(6) 詳しくは小倉［二〇一二］を参照のこと。
(7) ニーチェ［一九九三］四〇〇。
(8) ニーチェ［一九九三］三九九〜四〇〇。傍点の強調は原文。
(9) ニーチェ［一九九三］一七。

では《人間》とは呼びにくい。したがって、大陸の大文明の認識の枠組みにおいては、そういう《人間》でない存在者を軽侮し、抑圧し、糾弾してきた。もっと統合的で総体的な《一》なる理念に則って生きよ、というわけだ。

しかし本稿で述べたいのは、そのような非総合的人間のみを範型とするような大文明哲学的人間観によっては、尊厳の概念も決して解明されることはない、ということだ。

そのために今後、非大文明的世界観が多数多様に存在する日本群島における、さまざまな人間観を考察していくことが重要であると思われる。

参考文献

ニーチェ、原佑訳『権力への意志　下　ニーチェ全集13』、ちくま学芸文庫、一九九三年。

服藤早苗「性愛の変容――中世成立期を中心に」、『女と男の時空【日本女性史再考】③おんなとおとこの誕生　古代から中世へ【上】』、藤原書店、二〇〇〇年。

小町谷照彦訳注『古今和歌集』、ちくま学芸文庫、筑摩書房、二〇一〇年。

小倉紀蔵『弱いニーチェ』、筑摩選書、筑摩書房、二〇二二年。

小倉紀蔵「群島文明の生命感覚」、比較文明学会創立40周年記念出版編集委員会編『人類と文明のゆくえ　危機に挑戦する比較文明学』、東海教育研究所、二〇二三年。

2 伝統思想における尊厳概念
十七・十八世紀の日本思想とその方法から

清水正之

1. はじめに

本稿は、非欧米圏の尊厳概念の再検討という全体的主題のなかで、日本の伝統思想における問題を課題とする。

一九八〇年代から九〇年代にかけ、第一次の脳死問題をきっかけとして生命倫理の課題に直面した哲学・倫理学研究の領域で、この課題でも多くの議論が交わされた。「尊厳」の概念の有無、あるいはその内容は一貫して問題になってきたが、とくに伝統と尊厳という問題構成の中では、仏教・儒教・神道・国学等の伝統思想が、吟味の対象とされた。この動向の中で、そもそも「伝統思想」にいわゆる「生命の尊厳」は成り立つだろうかということが大きな問題となったといえる。

確実な答えには、当時至り着かなかったというべきだろう。尊厳という概念の有無を、西洋の哲学・倫理学の概念と比較することは、考えられるひとつの理路であるが、西洋の概念を対照する規範とするかぎり、その視点からは厳密に「尊厳」にあたるものはない結論に導かれることは予想された。

「尊厳」は西洋の近代的視点からは、個人の自立・自由、そして普遍性の概念と深い関係を持って成立する。したがって、簡明にいえば、「個人の確立」があったか、自由の概念があったか、という問題の拡がりも問われる。

当研究グループの出発点のひとつとして参照されたジョン・C・マラルドの議論は、現代の尊厳と人権の関係の世界的かつ複雑な様相に対して、尊厳概念の「曖昧さ」を指摘する。(1) マラルドによれば、尊厳概念には、「三つの成分」が存する。一つに、尊厳は高貴な社会的地位にともなうものであること、二つに社会的立場にかかわらず「高貴」とみなされる人の振る舞いや資質がまずあること。(2) 三つとしては尊厳は「あらゆる人間の内なる平等で不変で生得的に固有な性質」に依拠する。この三つの成分を合成するところに、曖昧さが宿るとマラルドは、ローゼンらに議論をふまえて提示する。マラルドによれば、この第三の意味すなわち人間は根本的に平等で、価格がつけられず、そうした存在として扱われるべきだという命題には、三つの仮定がはたらく。第一に人間が独立した個人として現実に存在している、第二に人間である事に対して生得的で生来のものであるという仮定、第三に人間は尊厳が承認される仕方で扱われるべきであるゆえ、尊重に値する、というのである。この三つの前提から、個人の「人格」が重要となるとともに、あらゆる「人格」は他者に向けられる「尊敬」に依存する、それによって他者関係に依存するという、対立する要素をもつこととなる。すなわち、二重の曖昧さを引き起こすのである。(3) ちなみにマラルドは、尊厳概念の「曖昧さ」の克服に、和辻哲郎の倫理学からヒントをえようとする。その意義については、本論では直接の対象とはしない。

現時点で、あらためて尊厳を問い直す当研究プロジェクトの共通理解として何人かの論者がふれたこのマラルド論文に沿うと、西洋の尊厳概念が「伝統的な曖昧さ」を含むなら、東洋・日本の伝統的概念にむきあうという私たちも又、別の意味で、当の伝統自体の〈伝統的な曖昧さ〉に直面する。その中には、道徳的であれ、制度的であれ、「尊厳」には「尊敬」ないし上位者への敬意という現代の概念と共通な要素もあるが、個としての人格という概念については、根本的な差異が存在する。(4)

本論文では、当面、マラルド論文等、哲学倫理学領域の成果を参照しつつ、多義的で曖昧な尊厳概念の定義からではなく、歴史的素材を、思想史的ないし解釈学的な解釈から立ち上げるという方法を敢えてとることですすめていく。

西洋由来の概念はふさわしくないとは断定もできないが、ふさわしくないという判断がありうることも明確に意識しつつ、方法論的問題を十八世紀およびその直前の前史の日本思想の展開の中に考えていく。その意味は後述することとしたい。

(1)ジョン・C・マラルド(高畑祐人訳)「尊厳概念の再概念化――和辻哲郎の視点から」、加藤泰史・小島毅編『尊厳と社会(上)』第I部第2章、法政大学出版局、二〇二〇年、四九～一〇五頁

(2)日本の伝統思想でも同様な点は指摘できる。清水正之「日本の思想における尊厳と尊貴――世界における人間の位置」、前掲『尊厳と社会(上)』第I部第1章(一七～四七頁)において、日本の伝統的〈尊厳〉が、社会関係における上下、あるいは尊貴性につよく連関していることの諸相を論じた。

(3)ジョン・C・マラルド前掲書、四〇頁。

(4)清水正之「生命倫理の「場」としての日本――社会的合意と自己決定をめぐって」、小原信・森下直貴編『日本社会と生命倫理』(以文社)所収、一九九三年、九～二二頁を参照のこと。

2．世界における人間の位置としての尊厳——前史から

本論では、主に近世十八世紀を考察の対象とするが、それにあたっては関連した先立つ思想に触れ、問題の所在を明らかにしておきたい。伝統思想においては、尊厳という言葉は近代的意味での「尊厳（dignity）」は使われなかった。[5] もともと上位者の厳めしさを意味していたが、近代的な意味を覆う用法はない。しかし他方で近代の「尊厳」概念に近似するものとして、世界にないし宇宙における人間の〈優越的位置〉の表現という形で述べられていたことは指摘できるだろう。

本稿は近世を対象とするが、前史として中世期から兼好法師の『徒然草』（十四世紀中期、一説によれば一三四九年頃）を引いておきたい。

この書は、仏教的無常感の表現という定型的な理解が一般的である。しかし内容的には、極めて多彩である。たとえば、二一一段をとりあげる。この段では、順境のときも逆境のときも、自分のことも他人のことも深く頼まないという態度こそが障りのない生き方であるとのべたあと、兼好法師はいう

> 人は天地の霊なり。天地は限る所なし。人の性、何ぞ異ならん。寛大にして極まらざる時は、喜怒これに障らずして、物のために煩はず。[6]

この箇所は、『書経』の「天地は万物の父母なり。人は万物の霊なり」等、中国思想の伝統をふまえたものであるとされる。『徒然草』一般に、仏教的な無常感を述べたものとして知られるが、たとえば人の身に付けるべき教養について、聖人の教えに通じることを「第一」とし、中国古代の士たるものは「六芸」を身

につけることを必須とすることにふれ、中国的教養の重要性を説いている。この「天地の霊」もまたそうした中国的伝統の中での、人間の位置付けにかかわるものであり、あえていえば近世以前の「尊厳」というにふさわしい表現といえるだろう。この中国的表現の徳川期にはいってからの展開は後に述べる。

室町期に入ってあらたに伝来したキリシタン思想もまた、人間の世界における位置をもって、人間の尊厳についてふれている。

(5) なお近代日本の哲学翻訳の経緯をみるにふさわしい『哲学字彙』(明治十四年)では「Dignity」の訳語として「品位・威儀」があげられ、明治十七年版も同様、最後の明治四五年版『英独仏和哲学字彙』では「品位、威望、威徳、威儀、威厳」と訳語が増えている。「尊厳」がいつ定着したかは目下審らかにしないが、これら訳語は個人倫理の色合いが強く、Dignityが人間の上下関係にかかわってきた傾向を示しているかもしれない。漢語・古典語としての「尊厳」は「尊くいかめしい」「重々しくいかめしい」およびその様を指す語として、『荀子・致士』、日本では『日本書紀桃源抄』(十五世紀)また、「尊敬」の意味では、古活字本毛詩誦十八(十七世紀)等の用法が『日本国語辞典』等で、挙げられる。

『大漢和辞典』(平成十一年版)では「たっとくおごそか」として『司馬相如、対禅文』『後漢書爰延傳』『孔子家語入官』から例示する。漢語・古典語の「尊厳」については小島毅「東アジア伝統思想の「尊厳」」(『思想』二〇一七年第二号所載)を参照されたい。

なお近代語としての「尊厳」については、上原麻有子の「尊厳の意味を求める日本の女性たち――初の女性解放運動の担い手」(第七五回日本倫理学会・主題別討議「尊厳概念の思想史的射程」)と題する発表・報告(『第七五回大会報告集』、二〇二四年九月二八日)のなかで、「語源が不明である「尊厳」という語」が、「女性存在の知的解放の必要性に気づいた女性たちによって、日本語に導入された」として、与謝野晶子の平塚らいてふへの批判(「平塚さんと私の論争」一九一八年)のなかで、平塚の「尊厳な」という語の使用、与謝野の「女性の尊厳を維持しつつ」また「個人の尊厳と可能性」等の使用をしていることを指摘している(同報告五〇頁)。

(6) 兼好法師『徒然草』、日本古典文学大系、二八二頁。

キリシタン書としてよく知られた『妙貞問答』（一六〇三年頃編集か）から引用する。作者ハビアンは、もと京都臨済宗大徳寺の僧であったが、その後改宗して日本人イエズス会士となった（一五八六年）。徳川期に入り一六〇六年頃棄教したとされる。一六〇二年ハビアンと面会し議論した記録を林羅山が残している。『妙貞問答』はキリシタン側の護教論を展開したものである。上巻では儒教、仏教、道教、神道の教義と、キリシタンの比較が論じられるを論じた下巻からとなるが、ここでは下巻から引用する。

ハビアンの議論は、もちろんキリスト教の創造説および創造主（「万像（万物）の作者」）デウスをめぐるカトリックの教義に沿うものである。すなわち、あらゆる生命を等価とみる仏教の主張に対して、動物・禽獣と人間の命の違いがあることから議論を始めている。それによれば、万物は世界の創造主の「作」になる。存在物はすべて四つの元素、地水火風からなる。この「四大」からからつくられたのが、四種の存在、すなわち人間・禽獣・草木そして他の無機的存在である。また人の身体は「空」を加えた「五大」からなるが、存在物の中で人間のみが「物の理」を知り、「是非」を論じることができる。それは人間が「アニマ・ラショナル」（理性魂）を有するからであり、唯一「往生」（天国にいく）することができるのである[7]（下巻一五六頁）。以上の論拠から人間の生命のほうが他の生命より優秀であると述べる。

また、ここでいう霊魂こそ「我は人に非ず、人は我に非ず、格別にして[8]」（下巻一六一頁）というように個別存在としての人間を、独立した個人、自由なる意志を有する存在を根拠付けるものであり、優秀さとしての〈尊厳〉（尊厳ないし尊さという言葉は使っておらず、あくまで鳥獣との差異として語っている）に関わっている、と説いている。ここでも世界における人間の位置という視点から、尊厳が説かれているというべきであろう[9]。

キリシタンの伝来時期の後期は、近世儒教の胚胎の時期にあたる。キリシタンの当初の論争相手は専ら仏教、それも無の宗教を奉じる禅仏教であった。そのキリシタンの論争の相手も徳川期に入ると儒教となる。その劈頭にあたるのが、林羅山との論争である。

林羅山の記録『排耶蘇』（一六〇六年）等を見ると、そこでは、キリシタンの説く地球球体説への批判、霊魂が始め有って不滅であるとする霊魂論への批判、朱子学的理気論に立っての万物の作者天主（デウス）という概念への批判、同じく理気論の「太極」説の優位性などが羅山によって記されている。万物の上下の位置配置と、物理人事に通有する朱子学的世界観からの、地球球体説への論駁が象徴的な形で主となり、〈尊厳〉をめぐる直接的な議論ではない。

ただし、世界における人間の位置という視点からは、キリシタンと儒教とは世界の究極の組成原理あるいは主宰者の有無については相容れない違いはあるが、宇宙世界を、元素的なものを含めた階層性と捉えるところには、一定の自然哲学・自然思想としての形式的類似性はあった。しかしこの時期における背景を異にする二つの体系の出会いは、羅山の言に明瞭なように、交わることはなかった。キリシタンの存在の記憶は、このあと長く、儒教の展開にも国学の形成にも影のように意識され続けることとなった。

ちなみに排耶書の中で、ハビアンの棄教後の作とされる『破提宇子』（一六二〇年頃成立か）がある。そこでは、「本源に智徳がないなら、人間にそなわる智徳は何から出てくるのか。本源にこそ智徳は具わっているであろう」というキリシタンの宇宙の「作者」を前提にした問いに対して、「柳は緑、花は紅、これは只自

（7）『妙貞問答』、日本思想大系25「キリシタン書・排耶書」岩波書店、一九七四年所収。なお引用に当たっては、片仮名を平仮名にした。以下の引用も同じ。

（8）日本思想大系25所収。

（9）なお本稿の主題とは重ならないが、人間の生命の「格別」さを、当時のカトリックの宣教師たちの人文主義的教養との関連、その霊魂論がヨーロッパから中国、日本にどの様な影響をもたらしたかについては、神崎繁「魂の位置――一七世紀・東アジアにおけるアリストテレス『魂論』の受容と変容」『中国――社会と文化』第十九号（中国社会文化学会、二〇〇四年）三一～五五頁が、浩瀚な視点論点を提供し示唆に富む。

然の道理也」として自然ないし天然の「現成」ととらえ、天地と共に、鳥獣の動き、草木が開き枯れることなど、すべて「自然の事」として答えている（日本思想大系、四二九頁）。先の『妙貞問答』のなかで、仏法側の「万物一体」の説に対して「万物一体と云論議をばやめ玉へ」と強く否定していた当の立場に、ハビアン自身が回帰したように見える。[10] いずれにしても伝来の自然思想であると共に、後の国学的な儒教批判を彷彿させる議論があることに注意したい。ハビアンの『破堤宇子』の、人間には「気質の欲」と「義智をおもう道心」があり、道心の涵養こそが義理に達する道である、という朱子学に基づく主張からは、道徳心の自然の内在性にこそ人間の特権性があると、棄教後のハビアンはみているといえよう。

林羅山の反耶蘇の議論の重要な位置を占める天・地・人の概念は、物理的な配置ないし宇宙観であると共に、上下定分の理として、倫理・道徳の局面でもとらえられていた。その世界観の中では、人間は、朱子学においても鳥獣草木よりも一段と高い価値的位置を有していたのであった。

3. 相対的な知の成立とそのありかた

室町期は一般に思想の場面から中世的といえる超越的な契機が減じていく。鎌倉時代の強烈な超越的志向が、次第に現世的な価値に移行する時期といえる。もちろん宗教一揆の多発などあるが、日本に布教に来たルイス・フロイス等の証言では、庶民の信仰はいよいよさかんになる一方、他方で、一部の禅僧のように、そうした民衆の宗教的耽溺をきわめて冷めた態度で見ている知識層が存在していることがわかる。知識ある人々の反宗教的態度は、僧に限らず、儒教、仏教、道教、神道と、諸価値に地政学的にも歴史的も直面してきた日本の〈知性〉のあり方に関わっていた。

フロイスの『日本史』[11]には当時の日本の宗教事情が活写される。基本的には、キリシタンの布教という視点、またその立場からの国外への報告という眼差しの上になりたっているものであり、解釈には一定の留保が必要であるが、宗派・宗教の具体的在り方への同時代の観察的なまなざしはきわめて興味深いものがある。

室町期は、活発な宗派の活動の反面、ゆるやかな「無の哲学」、ないし無神論的傾向が顕著になる。全体的には禅的な風景、無神論的風景が大きな傾向をつくっていたことがうかがわれる。織田信長の「偶像を見下げる」態度を筆頭に、「若干の点で、禅宗の見解に従い、霊魂の不滅、来世の賞罰などないとみなした」（2-一〇〇頁）傾向が各宗派の指導的僧侶の言葉を通して生き生きと描かれている

各宗派の活動について、簡単にみておこう。「無の宗教」と呼ぶものが宗教者にひろまっていたというフロイスの指摘が、よくわかるのは例えば以下の描写である。天台宗のある僧についての記述である。天台の僧はフロイスにいう。

日本の宗教が立脚している一点を打ち明けよう。それはすべて学識ある者が確信していることだが、人間は懐妊される以前、その起源は無であったように、最後に死んだ時にもそれと同じく無に帰するということだ。そしてたとえ貴僧らは、幾人かの雄弁な説教師がうわべだけの言葉と大いなる弁舌をふるって、まるで来世があるかのように民衆を確信させるように詭弁を弄しているのを耳にしても、それらはすべて無知な人々を欺く瞞着、仮言、方便だとご承知ありたい。それゆえ、拙僧には貴殿らの教えは

（10）「破堤宇子」日本思想大系25所収。
（11）以下フロイスの『日本史』からの引用は、『完訳フロイス日本史』全一二巻（松田毅一・川崎桃太訳、中公文庫、二〇〇〇年）による。巻数―頁で表記した。

真実であり、はなはだ適切で理にかなった証明に立脚したものと思われる（1－一五六頁）。

あるいは真言宗の仏僧たちはいう。「キリシタンの説く」デウスなるものは、自分たちが敬っている「大日（如来）」とまさに同一のもので、その相違は言葉の上だけのことだ、と言った」とフロイスは描く（1－一〇六頁）。

大和の国桃尾に住む一隠遁者は、こう語る。

私は十六歳で信仰の道に入り、四〇年以上もの間、片手で食事の支度をし、もう一方の手では、現世の後で人は無に帰するという禅宗の教えを書いて来た。ところが御身らは私には霊魂は不滅で、世界の創造者、人類の救い主が存在すると確信なさる。私が御身から伺うことは私にとっていとも新奇であるが、私は今まで執筆してきた書き物を全部焼いてしまおうと固く誓った（1－三三頁）。

また

禅宗の人々は、自分たちがホンブンと称し黙想によって考察する、かの混沌（カオス）はキリシタンのデウスと同じものだ、と言った（1－一〇六頁）。

その他、民衆にひろまっていた法華、浄土については、説伏しようとした法華がやってきたこと、浄土の宗徒は「中断することなく「南無阿弥陀仏」の呼称を、街頭でも、家の中でも、売買の際にも、つねに種々の旋律でもって繰り返すほど、熱心におこなうのである。そして多くの男女、ことに現世のことに無頓着となり、自らの霊魂の救いということに専心している老人たちは、信心の業として、死んだり、力尽き果ててしまうまで……阿弥陀の名を……呼び続ける」と描いている（1－二四〇〜二四一頁）。

その他、神道についても、祇園のまつり、住吉大明神の祭礼の見聞（1－一四頁）が描かれる。

こうした宗教事情について一般の布教にとっても有利であったとフロイスはいう。それは宗教宗派が、夫婦であっても別の宗派に属するなど、強く個人を支配しない現実である。

しかし、彼らは相当ひどい混迷さと暗愚にとらわれていたから、我らが彼らを相手にするには苦労を要したとはいえ、彼らは良き本姓と判断力との持ち主であったから、後には真理をいっそう効果を収めて把握するに至った。我らにとって日本のこのように異なった宗派や相反する諸見解があることは大いに有利なことであった。……もし総ての日本人が一致して唯一の宗旨に団結していたとしたならば、我らの教えを彼らに受け入れさせることはきわめて困難であったろう（1－一二〇）。

ハビアンもそうした知識人のひとりといえるだろう。諸宗派に通じた教養人が存在し、かれらは既成宗派およびその立脚する原理に対して、相対的態度をとりながら、仏教諸宗派、神道、それらの教養に通じ習熟し、それぞれに距離を取りつつも、知識・宗教的情操をもつものたちが存在するという問題である。フロイスは、具体的に名を挙げて、そうした知識人を報告している。二、三の実例をあげておく。

例えば、一人の医師がキリシタンとなり受洗した。「彼は若狭の生まれで、養方軒と称し、日本の言葉に長じていた。彼は生来善良であり、自らの霊魂を救うことに熱心であったので、キリシタンとなった後、妻子をかの地方に残して下（九州—注）に赴き……司祭たちの伴侶として過ごした。（彼はイエズス会員となり）イエズス会が日本文典や、非常に膨大な辞書を編纂できたのは彼の協力によるところ多大なものがあった。その間、異教徒に説くためのキリシタンの教理書が完成したのも、彼の協力があったからで、彼は我々に、自分が精通していた日本の諸宗派や故事について知識（アンティグアイダーデス）を授けた」（1－九三頁）。

山田ショウ左衛門という人物については、「日本の諸宗派にはなはだ精通している点では国内でも希有の人物であり、それらは宗派の一つの中に心の平安を見いだしたいと切に望んでいた。」と紹介されている。ショウ左衛門によれば、天台については同派の振る舞いに満足できなかったといい、浄土については「笑うべきもの、学識に価しない」、真言については「大日は第一質量に似ている」とする。また禅宗については「来世の生命には無関心、四大に加え第五番目の本質を「無」と名付ける」点をフロイスが指摘したのに対しては、彼は答えて「……第五の本質は古代で「天」と読んだものであるが、なお創られた元素である。デウスは最高の本質の完全なる者である。見えず滅びない実体」であり、「理性的霊魂が人間にあたえられている」と答え、その点を評価して、キリシタンに改宗したと記す[12]（1－九五〜九九頁）。

なお前述の様に、全体としていわゆる本稿に関わる「尊厳」が取り上げられている部分はほぼ見えない。ただ、比叡山の僧と「殺すなかれ」という規範をめぐる議論が紹介された部分がある。僧の「人が、生命あるものを殺すことを御身は大したことではないとお思いかどうか」という質問に、キリシタン側は、「命の質」からこれに答えた記述がある（1－一一五〜一一六）。霊的な存在であること、被造物であることの自覚こそが、生命の尊厳に関わっていたことが了解できるだろう。

4．十七世紀における朱子学の批判と新たな相対主義の生成

徳川時代の初頭、十七世紀は、それまでの仏教的世界観が、徐々に儒教の公的学問の位置付けにとってか

われる時期である。前に触れたとおり、林羅山（一五八三―一六五七）を主として、儒教・朱子学が徳川の体制を思想的に支える背景となり、世俗的影響力が顕著になったのが十七世紀であった。他方で、朱子学の定着にともなって、徐々に朱子学への批判がめばえ、その影響を受けつつ儒学の外からは、国学という反儒教の思想的動向が、あらたな人間観や人倫観を提示することになり十八世紀につらなる。

キリシタンの伝来の後期は、この近世儒教の胚胎の時期にあたる。キリシタンの当初の論争相手は専ら仏教、それも無の宗教を奉じる禅仏教であったが、キリシタンの論争の相手も徳川期に入ると儒教となる。その劈頭にあたるのが、林羅山との論争である。

前述の林羅山の記録『排耶蘇』（一六〇六年）等をも見ると、そこでは、キリシタンの説く地球球体説への批判、霊魂が始め有って不滅であるとすることへの批判、朱子学的理気論からの万物の作者天主（デウス）という概念への批判、太極説の優位性などが、羅山によって記されている。地球球体説への朱子学的世界観からの論駁が主で有り、尊厳をめぐる直接的議論ではない。

羅山の『三徳抄』（時期不詳、一六二四～四三年以降か）から引く。ちなみに、三徳とは、朱子の『中庸章句』であげる智仁勇のそれぞれを又その連関等をといた朱子学の入門書である。

---

(12) その他二例を掲げる。

「サンチョ」は日本の諸事に精通し、諸宗派のことに造詣が深かった。そして彼ははなはだ身分の高い人であったし、キリシタンはつねに彼を尊敬し……デウスのことをもっとも上手に、またもっともてきぱきと説きうる人の一人である、……（1―一七四頁）。また、曲直瀬道三は医師であり、のちに学則を残している。優れた学者であって、漢学に精通し、また、あらゆる宗派に深い知識を有し、雄弁家でもあった。その答弁書にきされている。すなわち、人は肉体を配慮するが「永遠に滅びることのない霊魂の健康を保つために、より以上の注意を払い力を注ぐべきことはしごく当然のことであろう」（3―一八二頁）。

天地ノ間ニイキトシイケルモノ、人ヨリ貴キモノハナシ。去レバ、其心中ニ万物ノ理ヲソナヘテ、天地ノ心ヲ其心トシテ、道理ト心ト一ツニシテカハリナシ。此心アキラカニシテ、思フ所モ行フ所モクラカラヌヲ、「明徳ヲ明ニス」ト云也(13)(『三徳抄』、一七五頁)。

林羅山の反耶蘇の議論の重要な位置を占める天・地・人の概念は、物理的な配置ないし宇宙観であると共に、「上下定分の理」として、倫理・道徳の局面でもとらえられていた。その世界観の中では、人間は、鳥獣草木よりも一段と高い価値的位置と結びついていたことは明白である。

林羅山ら朱子学者への懐疑は貝原益軒(一六三〇~一七一四)からはじまり、伊藤仁斎等の古学、古義学と展開する。大方の基軸は、朱子学の物に内在する普遍的理とされるものへの懐疑であり、人間に内在する性を理と捉え、リゴリズムを生むことへの反撥、日常的な倫理こそ重視すべきではないか、というような論点を呈出した。そうした反朱子学の動向の中で、とりわけ象徴的な意味をもったのが荻生徂徠(一六六六~一七二八)およびその学派である。

徂徠は、朱子学が学の目的とした「聖人」に対して、制度を制作したという意味での古代の聖人(先王)とみる見方を提示した。聖人は道徳の目標ではなく、道は古代の理想の政治の事績だとして、朱子学が学の目的とする「聖人」の絶対性を否定し、制度の作為者としての「聖人」観に転換した。

なかでも徂徠学派に属した太宰春台(一六八〇~一七四七)は、その立場は徂徠とは必ずしも一致しないが、〈尊厳〉をめぐる議論では、国学・神道的なものとの対立的議論をたて、重要な位置を占めている。後代にまで影響を与えた『弁論書』(一七三五)で春台はいう。

本論との関係でいえば、伝統的に儒教が優越的な位置を与える人間という存在への批判、またその限りでの生命の尊厳へのあらたな思想的対置への異義申立である。

春台は、「道」という概念を、徂徠を踏襲して、争闘状態をおさめて聖人が立てた「道」であるととらえる。その点で、人間は禽獣とは異なる動物であるが、そのままでは情欲につきうごかされる。そこで聖人は礼義仁を制定したというのである。

春台は日本の「三本の鼎」とされる儒・仏・神道を視野におさめつつ、神道なるものの虚妄と、儒教すなわち中国の古代の聖人の教えの優越性を以下の通り主張する

日本には元来道といふこと無く候。近きこの神道を説く者いかめしく、我国の道とて高妙なる様に申候へ共、皆後世にいひ出したる虚談妄説にて候。日本に道といふこと無き証拠は、仁義、礼楽、孝悌の字に和訓なく候。凡日本に元来有る事には必和訓有之候、和訓なきは日本に元来此事無き故にて候。礼儀といふこと無かりし故に、神代よりより人皇四〇代の比までは、天子も兄弟、叔姪、夫婦になり給ひ候[14](『弁道書』二四頁)。

仁義、礼楽、孝悌の中国語に対応する和訓がないことをもって、日本には「道」は無かったと断言する。そうした規範的道なきゆえに古代日本は近親婚が行われた。簡明にいえば、日本の本来的なありかたには、人間を禽獣と隔てる思想的根拠は無かった、ということとなる。

同書を太宰春台は、「儒仏神道の同異」を説くことからはじめている。まずは神道について、聖徳太子が神道を加えて「鼎の三足」と称したという伝説に対して、太子の時代には、神道は「儒道」「仏道」という

(13) 日本思想大系28、『藤原惺窩・林羅山』岩波書店、一九八〇年。
(14)『弁道書』日本思想闘諍史料』第三巻、名著刊行会、一九六九年所収。

ような「道」とされてはいなかったこと、「本朝の古」については神武より三十代の欽明天皇までは「本朝に道といふ事未有らず」と断じる(同書一頁)。

聖徳太子の功績は「制作の聖」ともいうものであり、けっして虚名では無いが、「中華の聖人の道」は解明しなかった。元来、神道は我国の道では無い。神道はそもそも中国の聖人が「民を導く」必要上たてたもので(「聖人以神道設道」)、朱子学者は「君子は理を明らめて鬼神に惑ふこと無し」と説くが、「天の命、鬼神のしわざは」聖人であっても畏れて敬うほか無く、民をあざむく方便ではけっして無かった。

それに対して今の世でいう神道は、仏法に儒者の道を「加入して建立したる物」にすぎない。神道に似ている真言宗の加持の法もまた、周代の「巫祝の所作」に似ていると考えられる。神道は「周易」にいう鬼神に仕える「神道」とおなじことであり、治国平天下にはかかわりがなく「君子の学ぶべき事」ではない(同書四頁)と、春台は説く。

他方、仏教は、インドの伝説にあるごとく、「人間に居ること、を桎梏の如くに」とらえ、身を自在にして「浮世の情欲」からはなれ「心一つを安楽に」と思いついたものである。「士農工商の業」をなさない「乞食の業」である。

日本の知識ある者が直視するシンクレチズム的状況に、春台がどのように向き合ったか、儒道がいかなる意味をもつと考えたかが、窺える所説である。春台の視線は、キリシタンとの対決の時期と比べ、神道にきびしく仏道に批判的である。基本的に人は「形は人に似て候へども心は禽獣に異ならず」という存在であり、「情欲」によって「争闘」がおきる。

人も本は禽獣の如くなりしを、聖人婚姻の礼を制し、男女の別を立て淫乱をきんじたまひてより、夫婦の道始り候。……人も本は禽獣の如く信もなく義もなく、相争ひ相奪ひ、相殺し相害するのみなりしを、聖人是に信義を教て、朋友の道を立たまひ候（十五頁）。

争闘の解決に、神妙なる「智恵の人」に帰服してゆだねてきたのである。なお人情の情欲は、制することはできない。孟子が「心性」を議論したこと、宋儒が「心性を説く」ことはみな仏者のまねである（二一頁）。「聖人の道には心を治ることを教へざれども、禮義を守れば心おのづから治り候」。これが「孔子の道」でもある（二二頁）。

今の日本を見ると、中華の聖人の道がおこなわれて、「天下の万事」が「中華を学」でおり、「中華の書」そのものの理想には及ばないが、「天下は全く聖人の道にて」治まっている。

以上が太宰春台の説く所であった。

春台の思想は、日本にそのままでは〈尊厳〉などなかったではないか、それを正したのが聖人の教えであり孔子の道であった、という「中華」を盾に取った厳しい日本観であったといえる。朱子学に対抗する古文辞学からの立場であれ、日本に人間の価値を決定する〈尊厳〉など本来なかったのだというこの主張はその後も「中華」を信奉する側からの厳しい問題提起となったといえよう。この書は、多くの反駁を呼び起こす。国学の創始者のひとり真淵が激しく反対の論陣をはり、その後も国学者からの反駁が続くきっかけをつくった。

太宰春台の考え方も、室町期から持続する神・儒・仏に直面する知識人の一つの形であったといえるだろう。春台自身からは、キリシタンこそ脱落するが、相対主義にひたされていく知をどの様な方向で解いていくか、そのなかで人間の位置をどうとらえるかへの一つの応答であったといえよう。

5. 国学の反駁――賀茂真淵の自然

影響の範囲から、賀茂真淵（一六九七～一七六九）の『国意考』（一七六四起稿、一七六九年完成か）をみておこう。『国意考』は、太宰春台の『弁道書』の、とくに日本の神道についての議論にむけて後年、対抗的に書かれた書である。真淵によれば、人間の社会のありかたは禽獣のそれに異ならない、むしろ禽獣より劣るといえる面もある。人間の世には対立もあるが、所詮犬の喧嘩にすぎず、おさまっていく。仁義礼智などなくても人間社会は成り立っているのである

真淵は「古学」という学問を主張するが、万事簡素で道徳的強制もなくおさまっていた上代をあきらかにする学だという。その手段は万葉集を始めとする「いにしへの歌」を学び、おのれの読む歌を修錬することであった（『歌意考』）。儒教の影響を断ち切るために歌詠を通じて「心言」を倣うならば、上代の理想が実現する、これが「古へ学び」の構想である。

真淵は、和歌は治乱興亡の要であり、治国平天下の道を説く儒教が「理り」を説き、逆に世に争いをもたらすことに対して、和歌は「和らぎをもたらす」というのである（『万葉秘説』）。『国意考』そのものから引用する。

（中国は）かくのごとく世々みだれて治まれることもなきに、儒てふ道ありて天が下の理りを解きぬ。げに打聞たるには、いふべきことも、ならざるべう覚ゆれど、いと小さく、理りたるものなれば、人のとく聞きうるにぞ侍る。先ものの、世の治まり、人の代々伝ふるをこそ貴め、さる理り有とて生きてある天が下の、同じき似て異なる心なれば、うはべは聞きしやうにて、心にきかぬことしるべし（『国意考』）。

儒道は、天下の道の理をとくが、それはそれらしいが天下のありようを「小さく」理屈付けたものである。真淵の見方では、この世は治まっていたかに見えるが、その人々の内心にふみこめば、我慢しがたい心情に満ちあふれており、虚偽を孕んだ存在である。それが日本では儒道がなくても、おさまってきたのは、人間がもつ「直き心」である。反乱であれ、その心情が歌に詠まれることで他者の心情にからめとられていく。その直さゆえ、偽りを抱いた存在が、他者の共感にからめとられて神への信仰と天皇への崇敬におさめとられていく、これこそが古代の理想社会であった。こうした思想に、近世の人欲肯定の潮流を認めることができよう。

或人問、さらば、古へは皆あしき人はなきか、世は乱れざるかと。答、此問はまたよく直きてふ意をしらぬ故なり。凡およそ心の直ければ、万に物少なし、もの少なければ、心にふかくかまふることなし。さて直きにつきて、たまたまわろきことをなし、世を奪んともおもふ人も、まゝあれど、直き心より思ふことなれば、かくれなし。かくれなければ、忽に取ひしがる。よりて大なる乱なし。直き時は、いさゝかのわろき事は常あれど、譬へば村里のをこのものゝ、ちからをあらそふごとくにて、行ひしづめやすき也（同、三八六頁）。

徂徠等の多様な人間からなる人間社会という認識を共有しつつ、対抗的に展開された国学の思想であった。真淵に〈人間の位置〉による尊厳はなりたたない。

又人を鳥獣にことなりといふは、人の方にて、我ぼめにいひて、外をあなどるものにて、また唐人のくせなり。四方の国をえびすといやしめて、其言の通らぬがごとし。凡天地の際に生とし生るものは、みな虫ならずや。それが中に、人のみいかで貴く、人のみいかむことあるにや。唐にては、万物の霊とかいひて、いと人を貴めるを、おのれがおもふに、人は万物のあしきものとかいふべき（同、三七九頁）。

中国では「万物の霊」などと意って人間の位置をたかめるが、人を鳥獣の異なるとは、人間側からのうぬぼれであり、「唐人」の癖でもある。真淵は万物一体的な自然思想を主張する。

世の中の生るものを、人のみ貴しとおもふはおろか成こと也。天地の父母の目よりは、人も獣も鳥も虫も同じこと成べし。夫が中に、人ばかりさときはなし。其さときがよきかとおもへば、天が下に、一人二人さとくば、よきことも有べきを、人皆さとければ、かたみに其さときをかまふるにつけて、よりに、よこしまのおこれるなり。（中略）よりてちひさき事はあれど、大なることなし。たとへば、犬の、其里に、多く他の里の犬の来る時は、是をふせぎ、其友の中にては、くひもの、女の道につきては争へども、ただ一わたりの怒にして、深くかまふることなきがごとし（同、三八六頁）。

人倫のあり方を〈自然〉に対比したこれらの比喩は、一つは、「さかしら」「理」によって争いのたえぬ人間社会の現実に対してであり、一つは、「教へねども」「ことゆく」（同、三八二頁）はずの人間社会の本来的な〈事実〉に向けてである。前者からは、「さかしら」「理」は「唐国」の風儀への批判であり、儒教に対するナショナルな批判ともいえるが、後者の方向からは、対儒教の議論をこえた独自の人倫観が帰結されよう。たおやかな自然に思想の根拠をおく議論は、棄教後のハビアンの心境とも通じたといえる。ハビアンのカトリック的自然法からの離脱をみたとき、国学の提起した問題は、日本特有のあらたな自然の定位でもあったといえよう。

西洋の尊厳概念の形成に大きな意味をもったものは、自然法思想であり、社会契約説であるといえる。あえていえば、春台（また徂徠の）の聖人観は、社会契約説にちかく、真淵的視点は、あえていえば、自然法的ともいえる自然思想といえるだろう。伝統思想における概念の曖昧さは、自然思想と作為ないし社会契約説的視点が、二元的な対立に置かれることに関わっていると思われる。十七〜十八世紀の日本思想の様相は、その内実は異なるが、伝来の自然観・自然思想と社会契約説的視点との接合できない対立という様相を呈しているといえるだろう。

6．十八世紀・知的相対主義の二つの形——本居宣長と安藤昌益

6・1　本居宣長における相対主義と絶対主義

十八世紀を代表するのは、本居宣長である。概して十八世紀の思想は、十七世紀の政治性とはことなり、さらに文化というべきものへの探求の眼差しの存在を指摘できるだろう。

背景には、儒学の反朱子学をふくむ多様化、西洋についての知見を得ることができた新井白石の存在、その白石から少なからぬ影響をうけた蘭学の進展等が考えられる。

以下は宣長の知と相対主義をめぐる言説である。宣長はいう。

宣長の関心が広く世界に及んでいたことはよく知られる。

（蘭学を学ぶものは）あめつちのあひだ、いづれの国も、おの〳〵其国なれば、必ず一むきにかたよりなづむべきにあらず、とやうにおもむけいふめり。そはかのもろこしにのみなづめるよりは、まさりて

一わたりさることゝは聞ゆれども、なほ皇国の、万の国にすぐれて、尊きをば、しらざるにや、万の国の事をしらば、皇国のすぐれたるほどは、おのづからしるらむものを、なほ皇国を尊むことをしらざるは、かのなづめるをわろしとするから、たゞなづまぬをよしとして、又それになづめるにこそあらめ、おらんだのにはあらぬ、よのつねの学者にも、今は此たぐひも有也(15)(『玉勝間』七の巻、二〇)。

宣長の見方はこうである。蘭学を学ぶものは、オランダ国一辺倒にならない点で、中国になずむよりましにきこえるが、それでもわが皇国を万国に優越した国として尊ばない点は、中華思想の中国一辺倒とくらべれば、相対主義的である点で優れているといえるが、一辺倒にならない相対主義に「なづんで」いるとみえる。こうした学者は、現代では、蘭学者以外にもその類いの学者はいる、というような要旨である。

『玉勝間』等に窺える本居宣長の関心は、蘭学、世界地理、博物誌、民俗誌、琉球語・朝鮮語・中国語・梵語の音韻と日本語の比較などの言語学的関心、等々、多岐にわたる、また落とせないのは、医師としての李朱医学(後世方)、古医方、オランダ医学の知見、蘭学一般への関心などにわたる。そのほかにも若いときの集中的なまなびからはじめ、晩年までの折々に読み続けている漢籍の知見、漢詩の実作・知識、さらに若いときに浄土宗に結縁したこと、晩年の浄土教を読む日課(村岡典嗣『本居宣長』)など宣長の学の全体をしめすものである。そして宣長の場合は、相対主義と絶対主義との微妙な位置付けに関わっていたと言える。

宣長の場合、相対主義の萌芽は、かれの日本絶対主義に帰結した。もちろん宣長にも普遍の感覚は存在した。ひとつは宣長が古事記伝等から着想した天地の創造は、万国共通であるがその伝承が、日本のみに残ったとする普遍性の主張であり、他方は、本来の人情なるものが、たまさか漢意等でゆがんだものとなったとして、本来普遍性をもつという思いなしである。ただしその場合、普遍の人情の変わらぬあり方は、固有の風儀や人間のあり方の中でゆがむ。その実例が、中国の中華思想であり、儒学であり、漢意であったといえよう。こうして古層の普遍性は担保される。

だがその相対主義も、上述の引用にあるように、日本こそが尊ばれるべきことを主張する。一国になずまないにしても、なずまないこと自体、すなわち相対主義自体に執着することを批判するように、絶対主義の確立への一段階とされることに帰結する。

6・2 安藤昌益――もう一つの特殊への着目と相対化

ほぼ同時代の安藤昌益（一七〇三～一七六三）は、宣長との比較でいえば、中華思想を批判しつつ、いわば小中華というべき日本という境域を、再度相対化するものといってよい。彼は、すべての人が「直耕」する「自然世」という理想社会を想定し、現実の社会を作為の社会、「法世」として批判し、貪り食うだけの士・工・商をうみだした、とみる。儒学・仏教・神道などが力をもっているが、それらは「法世」での上下尊卑を理屈づける教えに外ならない、とする（『自然真営道』）。

昌益の日本の対外的環境をふまえた見方は、日本という境域からさらに東夷・南蛮・北狄・西戎へと目を向け関心を寄せる。『統道真伝』では、いわゆる蛮族の篇をおくのである。そのなかに、アイヌがいる。アイヌについて、昌益は日本から見て「東夷」としてえがく。

東夷国。日本ヨリ北、海上僅カニ十里ヲ隔テ松前ノ嶋有リ。是レヨリ北方、陸続クコト五百余里、東夷ノ地ナリ[16]（『統道真伝』五・万国巻、九一頁）。

（15）『玉勝間』日本思想大系40『本居宣長』、岩波書店、一九七八年所収。
（16）『統道真伝』五・万国巻。安藤昌益全集一二、農文協、一九八五年所収。

その地は、聖人や釈迦の「偽経・妄説」がないため、「欲心」を持たない、と昌益はいう。昌益にとって蝦夷は理想の境域であった

其ノ心術ハ拙クシテ、金銀ノ通用無キ故ニ欲貯・貴奢・邪巧無ク、上下ノ支配無キ故ニ争戦・奪ヒ奪ハルル乱世無シ。松前ノ方ヨリ犯掠無キ則ハ貪リ至ルコト無ク、犯シ掠メ有ル則ハ蜂起有リ。是夷人私ノ罪ニ非ズ（『統道真伝』万国巻、九一頁）。

聖釈ノ偽教・妄説無キ故ニ欲心無ク、金銀ヲ与フレバ之ヲ投ゲテ用ヒルコト無シ。学問・文字ノ制ヒ事無ク、其ノ心ハ直廉ナリ（『統道真伝』九二頁）。

作為の社会への批判は、中国からみて「東夷」たる日本の境域のさらにむこうの「東夷」に着目することで、相対化しようとするのである。しかもそこは、儒教仏教の影響を受けない、理想の境域である。昌益はめずらしくオランダ学に傾倒しており、宣長の蘭学評価と対比させると、オランダを理想視した面があると指摘される。その点はさらに考察が必要であるが、中華思想を、またそれに影響される日本という境域を、オランダ・西洋の知識で、二重に相対化し、理想の境域をみてとるという昌益の思想は、極めて興味深い。

本居宣長の相対化は、結局の所、中華思想を西洋学で相対化しつつ、結局日本対中国の二元的対立のなかでの、ナショナリズに帰結した。安藤昌益の議論は、日本という境域自体をさらに文化的にもうひとつ別の境域を対置させることで相対化した。天地を「転定」と標記し、「男女」と書いて「ヒト」とよませる昌益の思想、すなわち自然や人倫関係を相互性・相依性（「互性」）ととらえるその思想の本質と、この境域の対

置、思想的志向に自体にある相対化との関わりは深く関わる問題であるといえるが、本稿では、以上とする。

7. おわりに――少数民族問題

本研究は、非欧米圏での尊厳概念をふまえ、尊厳概念の再構築をめざすプロジェクトであるが、本稿では、そのうち日本の伝統思想から材をとって、論じた。

冒頭で触れたマラルド論文は、人権に着目するなかで、尊厳概念をいわば忌避する現代の傾向をふまえて、あらためて尊厳をその根源的意味から再考するものであった。他方で私たちは、日常的に「尊厳」という語をもちいるし、新聞雑誌でも同様である。尊厳概念の反省的な対応を、日常言語としての有効性との落差をどうのように考えるべきであろうか。

安藤昌益の蝦夷地の議論に関わって、最後に日本での少数民族問題、とくにアイヌ民族問題についても、ふれておきたい。アイヌ新法と通称いわれる正式名称「アイヌの人々の誇りが尊重される社会を実現するための施策の推進に関する法律」が二〇一九年四月一九日国会で成立し、同年五月二四日に施行された。この法律では、目的、定義、基本理念等の条文において「尊厳」の語は一度も使用されず、「民族としての誇り」と表現される。

この法律の成立に影響をあたえた国際的動向はいくつかあるが、二〇〇七年九月一三日に国際連合が採択した「先住民族の権利に関する国連宣言（United Nations Declaration on the Rights of Indigenous Peoples）」を参照すると、Article 43においてのみ「dignity」がつかわれている。（「本宣言で認められている権利は、世界の先住民の生存、尊厳および福利のための最低限度の基準をなす」）。宣言自体は、「集団および個人としての人権の享有」（第一条）「先住民の自己決定権」等、まさに権利の宣言となっており、そのなかで、尊厳を根拠にすることには明確な抑制がうかがわれる。これは「尊厳」を問題にする際の国際的環境といえる。

他方で、アイヌ新法に先だつ新聞雑誌の論説解説では、「尊厳」が使用されることが多々あった。成立後の記事からは、ほぼ「尊厳」の使用がさけられている。(17)

安藤昌益では、蝦夷の境域は、日本の作為に満ちた制度、道徳に影響をうけていない境域とされ、金銀にけがされぬ理想の境域とされていた。私たちは、現代ではアイヌに伝わる神話伝説などから、アイヌの自然観は、人間と神的存在と動植物を平等に、相互に主体が入れ替わる自然を、この世界の構成要素したきわめて〈人間的な〉世界が描かれる。こうした自然観こそがアイヌの世界であることを今の私たちは、知っている。この一事からでも、日本という境域とは別種の「人間の位置」が示唆される。

人権上の概念であるにとどめられない「尊厳の概念」を実質的に考える必要性、あらためて自然や宇宙の中における「人間の位置」ということと必要性が、私たちのまえに広がっているといえるだろう。

人のかけがえのなさ、どのように再定義するか。太宰春台の日本観は、現代の「西側のインパクト」のまえで相対化されかねない私たちの現実に通じていよう。先崎彰容は本居宣長を扱った近著のなかで、伊藤仁斎や荻生徂徠、本居宣長の学の形成を野口武彦にならって、「西側」(中国大陸)からのインパクトとみ、幕末維新期の「新しい西側」からのインパクトと比喩的に暗示的に捉えている。(18)

尊厳をめぐる国際的環境は、またあらたな西側からのインパクトといえる。私たちは問題をどうとらえ、どう解いていくか。近世を中心に、知の相対主義とその形をふりかえったのも、安藤昌益的な意味における〈相対主義の徹底〉の中に、逆にいえば、結局は自文化の優越性に帰着した宣長的な擬似的相対主義(二元論的相対主義)とは異なる方法のなかで、尊厳の概念が再構築される可能性を考えてみたかったからであった。

（17）一九九七年の旧「アイヌ新法」成立時は、「尊厳」を用いる新聞記事がいくつか見られるが、二〇一九年の新法成立時は、その時期の前後の記事には「尊厳」の語は見られず、少数民族の「権利」の視点の記事が大勢を占める（札幌「北海道立アイヌ総合センター・図書情報資料室」記事データベースによる）。

（18）先崎彰容『本居宣長――「もののあはれ」と「日本」の発見』新潮選書、二〇二四年。

参考文献

井出勝美『キリシタン思想史研究序説』、ぺりかん社、一九五五年。

海老沢有道『日本キリシタン史』塙新書、一九六六年。

加藤泰史・小島毅編『尊厳と社会（上）』、法政大学出版局、二〇二〇年。

五野井隆史『日本キリスト教史』、吉川弘文堂、一九九〇年。

河野純徳『聖フランシスコ・ザビエル全書簡』、東洋文庫、五七九－五八二、平凡社、一九九四年。

釋徹宗『不干斎ハビアン』、新潮社、二〇〇九年。

森和也『神道・儒道・仏教――江戸思想史のなかの三教』、ちくま新書、二〇一八年。

ルイス・フロイス（松田毅一・川崎桃太郎訳）『日本史』、全十二巻、中公文庫、二〇〇〇年
和辻哲郎全集、特に第一〇巻・十一巻『倫理学』上・下、第十二巻・十三巻『日本倫理思想史』上・下、岩波書店、一九七五年。

山泰幸『江戸の思想闘争』、山泰幸、新潮社、二〇一九年。

渡辺浩『日本政治思想史――十七～十九世紀』、東京大学出版会、二〇一〇年。

先崎彰容『本居宣長――「もののあはれ」と「日本」の発見』、新潮選書、二〇二四年。

E・ハーバート・ノーマン『忘れられた思想家』上・下、岩波書店、一九五〇年。

テッサ・モーリス＝スズキ、市川守弘『アイヌの権利とは何か』かもがわ出版、二〇二〇年。

知里幸恵編訳『アイヌ神謡集』岩波文庫、一九七八年。

リチャード・シドル（マーク・ウィンチェスター訳）『アイヌ通史』岩波書店、二〇二一年。

榎森進『アイヌ民族の歴史』草風館、二〇一五年。

山田孝子『アイヌの世界観――「ことば」から読む自然と宇宙』講談社学術文庫、二〇一九年。

3 「揺れる情（こころ）」の緩和ケア

病棟で本居宣長を考える

土屋宣之

1．緒言――緩和ケアと「こころ」

故スティーブ・ジョブズ氏（アップルCEO）は、「死んだ後も自分の意識（こころ）が存続するかも」と亡くなる直前に語っている。

私は、京都医療センターで緩和ケアチームを立ち上げてから、約三〇年になる。この間、癌患者・ご家族のこころが日々変わることに何度も遭遇し、その都度、私のこころも揺れてしまい、どうしたらいいのかと、何度もカンファレンスを開いて悩んできた。時には、「昨日約束したのに、また違ったことを言っている」と、怒ったこともあった。そうすると、患者と医療者の間に築いてきた大切な信頼感も揺らいでくる。うまくいかなくなるのである。

生きている人々がみんな持っている、この「こころ」が、緩和ケア領域では、最も大切な、また、みんなが頭を抱えることもある大きな問題となっているのだ。

最近になって、ようやく私は、「癌患者・ご家族のこころは揺れるものだ」と認めてしまえば、私のこころも揺れて当たり前であると思え、悩むことが随分と少なくなった。

自分の死を具体的に見つめている患者様の「こころ」が揺れるのは、当たり前なのであり、このことに気付くのに、三〇年もかかったということである。

ここで、私の医師としての経験の概略を記す。

研修医からの三八年間の外科医時代があり、その間、癌の手術は約三五〇〇人になる。そのほかに、進行癌で手術が無理だった方が約一五〇〇人おられ、これらの患者さんの中で、看取らせていただいた方が約一五〇〇人になる。

次に、外科医の時代と並行して、緩和ケアチームを作って三〇年になり、緩和ケア病棟を作って一三年である。この間に、看取らせていただいた方は約二〇〇〇人であり、合計、約三五〇〇人の患者さんを看取ったことになる。

本稿は、この大切な「こころ」というものが、いつも動いている、いつも変化している、いつも揺れている、という話をしたい。

その際、今から三〇〇年前、江戸時代の中期の国学者で、大思想家でもある本居宣長をとりあげる。彼の著作としては、「古事記伝」、「玉勝間」、『源氏物語』の研究書、『論語』（孔子）の研究、「もののあはれ論」などが有名である。

本居宣長が、これらの有名な国学の研究を生業《なりわい》とせず、二〇歳時の京都遊学（五年間）を境に、町医者を死ぬまで続けていたことに驚いた。町医者（診療所）の収入が、生涯、自分と家族を養う生業だったのである。この診療記録を、彼は「済世録」と名付けている。診療所の記録であって、カルテではない。「済世録」の「済」は救済の「済」であり、医療とは、民を救済する、民を安んじる、民を楽にすることだと「済世録」に書いている。三〇〇年前の江戸時代中期に、本居宣長は、生涯、「緩和ケア」をされていたのである。

胆毒丸や六味地黄丸という漢方薬の製剤・調剤の工夫を詳しく書いており、極上品を選んで、念には念を入れて製薬した、と記している。五二歳の時の年間記録には、病家四四八軒、調剤八一六五服、謝礼（収入）九六両余と記している。また、国学の講義中に、外診（往診）のために中座した、とも書いている。[1]

本居宣長は、「情」という言葉を「こころ」と読んでいる。「こころ」とは、あいまいに不安定に動くもの、だと言っている。[2]

現代でも使っている「同情」という言葉がある。宣長はこれを、相手と同じこころに成ること、と言っている。相手と同じ揺れているこころに成るわけで、緩和ケアでは、頭を抱えてしまう瞬間である。

「感情」という言葉がある。宣長は、よろずのことに触れて感く（うごく）ひとのこころ、と言っている。「感情」の「感」を「うごく」と読んでいる。

「感動」という言葉は、うごくこころ、そのものである。

もし、患者・家族と共感が得られたら、患者・家族・医療者の情（こころ）の安心につながるのである。もし、この「情（こころ）」が、患者様が亡くなってからも、この世に存続しているとすれば、この「こころ」に聞いてみたいことがたくさんある。

癌患者様の癌の受容の有無は、こころが揺れた後に辿り着いた、その結果に過ぎない。癌を受け入れられない人は、それでいいと思うのである。私は、癌を受け入れるのは、諦めにつながっているのではないか、と思うことがある。癌を受け入れない方が、患者様は楽なのではないかとさえ思う。

患者様は、亡くなる直前には、見栄も、外聞も、恥も、プライドもなくなってしまう。直截、怒り、後悔、恐怖、悲しみが現れてくる。

次に、そのもう一つ奥にある本体が出てくる。それが、全てを失う寂しさである。

この寂しさが、人間の情（こころ）の本体だと思っている。

私自身も、この「こころ」の本体と向き合いながら死にたい、と思う。

私は、いつも大切に思っていることがある。それは、患者様とお別れしたあとの御家族が、今後の人生の中で、後悔を引きずられないように配慮しなければいけない、ということである。

2.「あはれ」と「こころ」

本居宣長の「もののあはれ」論を読んでいると、「もののあはれ」とは、患者・家族の「揺れる情（こころ）」そのものではないかと思えてくる。町医者をして緩和ケアを実践してきた彼も、きっと同じことを思っていたような気がする。
「もののあはれ」は、紀貫之の「土左（佐）日記」に出てくる、と宣長は言っているし、紀貫之の『古今和歌集』の序にも「もののあはれ」が出てくることは、有名である。[3]
宣長は、「和歌」の歴史の上での「あはれ」の用例を調査して、「もののあはれ」とはどのような情（こころ）のことかを、下記のように説明している。
「あはれ」とは、情（こころ）の深く感ずることを言う。そして、うれし、をかし、たのし、かなし、こひし、おもしろき、さびしき、情（こころ）のことだ、と言っている。ただ、悲しみだけを言う言葉ではない、と言うのである。

（1）本居［一九七三a］、服部［一九七三b］一三五―一三七。
（2）本居［一九六八c］九九―一〇〇。
（3）本居［一九六九b］二〇二、小林［一九七七］十三節および二十七節を参照。

人の情（こころ）が、事にふれて感（うごく）時、それは、すべて「あはれ」なのだ。
「揺れる情（こころ）」は、みんな「あはれ」なのである。
人の情（こころ）というものの有りようは、人々が「わが心」と気楽に考えている心より深いのである。
人の情（こころ）が、事にふれて感（うごく）、事にふれて直接に親密に感（うごく）、その充実した、生きた情（こころ）の働き、が「あはれ」なのである。(4)

本居宣長は、「もののあはれ」を知る「道」を語った、思想家なのだ。

入院していたAさんは、有名なオペラ歌手である。病棟のホールに寄付されたグランドピアノで、弾き語りで「花は咲く」を、何回もスタッフみんなといっしょに歌った。東北大震災直後の「花は咲く」の歌詞とメロディーは「もののあはれ」そのものであった。

人は、悲しんで、あきらめて、怒りにふるえて、泣き崩れるときこそ、こんな歌を唄えるのである。

「もののあはれ」を知る「揺れる情（こころ）」は、患者・家族を救うのだ。あとに残る家族への、患者さんからの大切な贈り物なのである。宝物なのである。

涙はあなたの贈り物、と私は考えている。

緩和ケア病棟に入院しているBさんは言ってくれた。

先生、辛い痛み・息切れ・怖い夜は、私が生きている証拠ですよ。

情（こころ）とはなんと強いのであろう。患者さんは、自分が生きている証が欲しいのであり、ということは、それだけ、生きていくことの難しさと不安に恐れ戦いているのである。

しかし、生きている拠り所が、こんなに辛く、こんなにしんどいことしか、もう残っていない、と思うときでも、連れ合いや子供・お孫さんが面会に来ると笑顔が溢れてくる。天涯孤独の患者さんには、この喜びはない。

やはり、情（こころ）の触れ合いに勝る、生きている証は無いのである。

3. 「もののあはれ」とは

「感動」(うごくこころ)が認識を誘い、認識が感動を呼ぶ動きを重ねているうちに、豊かにもなり、深くもなり、遂に、自立する喜びに育つ、と本居宣長は言っている。その時、「もののあはれ」が現れてくるのである。(5)

この喜びとは、必ずしも楽しいこととは限らない。辛く悲しいことでも、認識を共有できたという感慨が、喜びに繋がるのだ。辛い苦しみでも、共有できたということが、感慨を生み、家族との一体感を認識し、そのことで安心を得られるのだ。患者さんが安心を得られるということが、いかに難しくて、いかに大切なことであるかは、緩和ケアをしていると痛感する。

患者さんは、御家族や緩和ケアスタッフが、自分の情(こころ)を共有してくれた、と気づけば感動される。頬はこけて痩せ細った患者さんが、溢れる涙を拭わずに、手を握り合い、ご家族と抱きしめあっておられた。このあふれる涙は、情(こころ)を温め、スタッフも癒された。

やはり分かり合えるということの、美しさを体験させていただいたように思う。

母上の血のにじむような看病の果てに、患者さんは、窓から見える赤い寒椿を愛でて、微笑を残して永眠された。情(こころ)とは、赤い寒椿を愛でた情(こころ)とは、きっとこの世に、これからも存続するのではないかと、直観的に感じた。

(4) 本居[一九六八c]九九、小林[一九七七]一四五。
(5) 本居[一九六八c]一〇〇、小林[一九七七]一四五―一四六。

クラシック音楽をいつも聞いておられた患者さんは、きっと、あの世でも、ご家族と一緒に、ヴァイオリン協奏曲を聞いておられるんだろうなと思った。

ヴァイオリン協奏曲を聞いていた情（こころ）はやはり、今もこの世で聞いているような気がするのである。

本居宣長は、物のこころをわきまえ知ることが、即ち「もののあはれ」を知ることとなり、と言っている。そして、世間のことをよく知り、ことに当たりたる人は、情（こころ）が練れてよし、とも言っている。宣長は、「もののあはれ」を単なる一種の情趣と受け取る通念から逃れようとして、こころを砕いていたのである。(6)

4.「情（こころ）の息吹き」を感じること

言霊《ことだま》という言葉がある。「もののあはれの情（こころ）」が言葉に乗り移って、この世に存続しているのか。言い換えれば、日本人の「情（こころ）」がこの世に存続し続けているのか。

遺族会に勇気を出してやって来ていただいた方々は、今、あたかも故人が目の前に居るように、生き生きと話される。おしみなく涙も流される。いい御供養になっていると思うが、その一方で、ひょっとして、故人の「情（こころ）」が同じ会場に存続しているようにも感じられる。

私の孫の一歳前後の情（こころ）の成長を見ていると、体の成長とは別に、新しい情（こころ）が生まれてくる瞬間を見ているようにも感じる。この新しい情（こころ）は、赤ん坊の情（こころ）として、独立して生まれてくるようにも思う。肉体とは別の、独立した情（こころ）を感じる。情（こころ）の成長、言い換えれば、感情のよみがえりを感じる。

この世に存続している感情（うごくこころ）が赤ちゃんの情（こころ）のなかに、よみがえってくるようである。患者さんと情（こころ）を共有できるということは、この世に「もののあはれ」という情（こころ）が存続し続けているからではないだろうか。

父上を亡くされた娘さんが、新盆の大文字の送り火を見に行って、見も知らぬ隣の女性と手を繋いでいて、気が付くと、お父さんと話をしていましたと、奇跡の夜のことを涙ながらに語ってくださった。父上の情（こころ）が、やはりこの世に戻ってきたのだと思った。

「もののあはれ」とは、やはり、「情（こころ）の息吹き」を感じることだと思う。大文字の夜に存続している情（こころ）も、きっと、この世に生きているのだ。

5. 情（こころ）は、感（うごく）ことによって存続している

サッカーワールドカップ・カタール大会（二〇二二）における、日本のサポーターの試合終了後のスタジアムの清掃も、代表イレブンの試合終了後のロッカールームの掃除・整頓も、ロッカールームのテーブルの上に置いてあった五羽の折鶴も、この日本人の心映えは、本居宣長の言葉を借りれば、「もののあはれ」に入ると思われる。

また、アフガニスタンの広大な砂漠に灌漑用水路を作り、緑の大地に変えた、中村哲先生（医師）の心映えも、「もののあはれ」だと思う。凶弾に倒れてしまわれたのには、本当に言葉がない。

（6）本居［一九六九b］二四一。

情（こころ）は、感（うごく）ことによって、存続しているのである。

行方不明になった子供さんを探し出した、ボランティアに命を懸けるお爺さんも、子供の感情（うごくこころ）を感じ取ったのではないであろうか。このお爺さんの心映えも、「もののあはれ」に間違いない。

私は、一九九五年の阪神・淡路大震災の時、芦屋の精道小学校の救護所に、京都医療センターの薬剤を持って、急行した（二泊三日）。この時、被災された人々の感情（うごくこころ）の存続を確かに感じることができた。そして、共有できたのである。今でも、特異な体験として鮮烈に情（こころ）に残っている。この感動も、また、「もののあはれ」そのものなのである。

二〇一一年の東北大震災の時、ボランティア、D－MAT（災害派遣医療チーム）、自衛隊の方々、福島原発を守った人々、外国からの救援隊の人々、被災しながら助け合って生き続けている人々の情（こころ）が溢れていたのを覚えている。

6. 死を見つめながら、「尊厳性」を保つ

緩和ケア病棟入院中のCさんは、「こころの安心」は横へ広がり、「魂の平安」は上から降りてくる、と言っていた。Cさんには、子供さんや、お孫さんがたくさんおられる。たくさんの家族の情（こころ）に囲まれて安心し、天上におられるご先祖の魂に守られていると、喜んでおられる。Cさんは、自分の死を見つめながら、「尊厳性」を保っておられるわけである。

緩和ケアスタッフが患者さんと情（こころ）を共有することができたとき、患者さんが自分のこころを許すことができれば、それは安心に繋がる。

人が安心を得る、とはどういうことであろう。安心とは、納得しても、諦めても、決心しても、もう未練はないと思えば、得られる物だ。しかし痛みと戦っている人は、なかなか安心を得られない。鎮痛剤で一時だけでも痛みから解放されれば、つかの間の安心が得られる。安心を得られるもう一つの方法は、信仰を持つことだ。人は安心を得るために、いろいろな努力をしているのである。

患者さんのFさんは、音もなく散ってゆく桜の花のように、切なさが私の肩につもりつもっていきます、と言われた。Fさんは、積もり積もった切なさを背負いながら、しかし情（こころ）を共有してもらった安心感に浸って逝かれた。

緩和ケアとは、非力であることを痛感するが、ひょっとすると、日本人の情（こころ）を受け継いでいく哀切な仕事を受け持っているのかもしれない。

7. 情（こころ）は「分裂を知らない直観」

小林秀雄は語る。

本居宣長の「情（こころ）」についての思索は、和歌や物語（『源氏物語』）のうちから「あはれ」という言葉を拾い上げることから始まった。

このことが、彼が情（こころ）と呼ぶ「分裂を知らない直観」を形成した。(7)

（7）小林［一九七七］一五八。

この直観は、曖昧な印象でも、その中に溺れていればすむ感情でもなく、眼前に、明瞭に捕えることができる、和歌や物語の具体的な姿であり、その意味の解読を迫る、自足した表現の統一性である。

宣長は「情（こころ）」の曖昧な不安定な感（うごき）を知っていた。

それは、「とやかくやと、くだ〱しく、めめしく、みだれあひて、さだまりがたく」、決して「一トかたに、つきゞりなる物にはあらず」と知ってはいたが、これを本当に納得させてくれたのは、「源氏物語」であった、と小林秀雄は言っている。さらに、これに加えて、『源氏物語』は「ひとの情（こころ）のあるやうを書るさま」、「くもりなき鏡にうつして、むかひたらむがごとくに」「もののあはれ」を記している、とも言っている。[8]

宣長は、「ひとの情（こころ）のあるやう」（揺れるこころ）が直に心眼に映じてくる「道」があるとも言っている。

宣長は、町医者としての診療の中で、この、感（うごく）情（こころ）を見る心眼を獲得したのだが、この心眼を獲得する「道」があることを、強調している。もし、宣長が町医者ではなかったら、この心眼を獲得することはできなかったのではないかと、私は思っている。

この「道」のことを、宣長は「まことの道」とも言っている。

また、宣長は、こうも言っている。即ち、事物の知覚の働きは、何を知覚したかで停止せず、「見るにもあかず、きくにもあまる」という風に進展する。

宣長が、「よろずの事に触れて、感（うごく）ひとの情（こころ）」と言うときに、考えられていたのは、情（こころ）の感（うごき）の、そういう自然な過程であった。[9]

宣長の眼前にいる不治の病と闘っている患者さんたちは、宣長さんは自分の情（こころ）を理解してくれている、という安心感に包まれていただろう。

患者のKさんは、弘前城のお堀を流れる花筏と一緒に、私の哀しみも流れていきました、と嬉しそうに言われた。

8. 尊厳性の回復

「もののあはれ」を知るとは、理解しやすく、扱いやすく、持ったら安心のいくような、一観念ではない。煎じつめれば、「もののあはれ」を全く知るために、「一身を失う」こともある。そういうものだと言いたかった本居宣長の情（こころ）を推察しなければ、彼の「もののあはれ」論は読まぬに等しい、と小林秀雄は評論している[10]。

江戸時代に、末期がんで人生を全うして逝く患者さんは、一身を失う過程で、「もののあはれ」を体感し、尊厳性を保ったまま、本居宣長と共に、生き切ることができたのであろう。

患者さんは、自分の情（こころ）が揺れていることに、長い時間が経過すれば（一か月間とか二か月間とか）、気づいてくる。この気づくことが、冷静さを取り戻し、余裕が生まれてくる。残念ながら、患者さんを救うことはできなくても、解決策は見つからなくても、患者さんの情（こころ）に「安心」が生まれてくることがある。

患者さんの情（こころ）に、この「安心」が生まれてくると、不思議なことに、せん妄が消失したり、笑

（8）これに関する議論は小林［一九七七］十五節を参照。
（9）本居［一九六九b］一九〇、小林［一九七七］一五八、二八三。
（10）これに関しては小林［一九七七］十五節で議論している。

顔が生まれたり、尊厳性が回復してきたり、周りへの思いやりを取り戻したり、私は感心するのだが、新しい情（こころ）の境地に踏み込んでいかれたりする。

このことは、本当にびっくりする。人間の情（こころ）の力の偉大さに圧倒される。その患者さんの情（こころ）は、ご家族の情（こころ）の中にも存続している。存続した情（こころ）は、ご家族の宝物になるのである。

入院中のMさんは、「先生、雪が降ってきました。雪が眠りに降りて来ているようです。私も雪と一緒に眠れるかもしれません。痛みも和らぐ夜になったらいいのに」と合掌された。私も、合掌して、そんな夜になりますように、とお祈りした。

9．よろづの事の心を、わが心にわきまへ知る

本居宣長は、「あはれ」という言葉の本質的な意味合いは何かという問いの内に摑まれた「直観」の事を、「よろづの事の心を、わが心にわきまへ知り、その品にしたがひて感ずる」事、と簡単に表現している。[11]

入院中のRさんには、もう子どもを抱きあげる力は残っていない。頬に触れ、もみじ手を見つめることはできるのだが。でも、私の母が、また孫を抱きあげて、頬寄せ合って、手を堅く握って、よちよちと歩かせてくれると思います、と言われた。

間違いなく、愛情は存続している。愛情は本能の中に組み込まれている。

Rさんの母上は、Rさんと同じように、やつれて来ている。しかし、眼だけは生き生きとして、その光には凄みが出てきた。Rさんの愛情を受け止めて、引き継いでいくには、それ相応の覚悟と決意がいるようだ。

自然と、当たり前のように、愛情が存続していくのでは、どうもなさそうだ。すごい力が必要なようである。

10．こころの闇も残る

本居宣長は、存続する意識・情（こころ）を、「もののあはれ」と表現している。

患者さんは、人生の最期が近づいてくると、しきりに昔の想い出を話し始める。家族との想い出、学生時代、両親のこと、旅行に行ったこと、スポーツの想い出、仕事のこと、奥様とのなれそめ等だ。これらは、明らかに、患者さんの「記憶」である。

緩和ケアとは、患者さんの情（こころ）の経過を、情（こころ）の変遷を、情（こころ）の浄化を、苦しみを、怒りを、寂しさを、見届けさせていただく仕事なのかもしれない。

入院中のTさんは、「ベートーベンのバイオリン協奏曲を聞いていると、音色があの世へ響いて、母と一緒に聞くことができます。その音色が引き金になって、母の記憶がよみがえり、母の「言霊」が溢れて来て、私と母の架け橋となります」と言われた。記憶力の底知れぬ働きと、Tさんの意識の中に生まれてきた母上のヴィジョンのありがたさに、私も落涙した。

入院しているYさんは、沛然と降る雨の中で、「桜と一緒に濡れていると、私のこころの闇を洗ってくれると思いました」と教えて下さった。

こころの闇は、誰にでもある。

(11) これに関しては小林［一九七七］十五節を参照。

私はこの闇も、この世に残るような気がしてならない。

11.「もののあはれを知る」とは何か

小林秀雄の言うように、本居宣長の「もののあはれ論」の課題は、もののあはれとは何かではなく、「もののあはれを知る」とは何か、であった。(12)

「人の実の情（こころ）を知るを、もののあはれを知るといふなり」と言っている。

「人の実の情（こころ）は知りがたい。こんなに不安定なものは無いからだ。感情は動くなり、と言って、心はうごくものだからだ」とも言っている。

また、「心に深く感《あはれ》と思ふ事あれば、必ず長息（ながいき、嘆息）をする故に、その意より転じて、ものに感ずることを、ながむる（なげく）とも言ふなり。」とも書いている。「物思ふときは。常よりも見る物きく物に心のとまりて。ふと見出す雲霞木草にも目のつきて。つく〴〵と見らるゝものなれば。かの物おもふ事を奈我牟流といふよりして。其時につく〴〵と物を見るをもやがて奈我牟流といへるより。後にはかならずしも物おもはねども。たゞ物をつく〴〵見るをもしかいふ言ふ事にはなれるなるべし」と言っている。(13)

長息（ながいき・嘆息）すると言ふ意味の「ながむる」が、つくづくと見る意味の「ながむる」に成長する、とも言っている。(14) もの事の実情を知る、その知り方を表わす言葉が「ながむる」ことなのだ。本居宣長は、このように、単純に「ながむる」という基本的な情（こころ）の感（うごき）を、最も大切な、「もののあはれを知る」とっかかりと思っているのである。

要するに、「もののあはれを知る」とは、情（こころ）が出会うものをつくづくとながむる最初の基本的なものだと言うことである。

「もののあはれ」をつくづく「ながめて」、情（こころ）が感（うごき）、声を出して率直に泣くことは、自然の流れであって、最初のこの泣き声も、大切な「もののあはれ」であると言っている。

人間とは、時には、泣きたくても泣けないことがある。おもいきり泣けたらいいのに、哀しくても声に出して泣けないことがある。率直に、声を出して泣き叫ぶことが大切だ、とも言っている。この率直な最初の泣き声（叫び）が、歌になり、震えが舞踏になるのを、ひたすら待つのだそうだ。捕えどころのない哀しみの嵐が、自ずから声の「かたち」となって出てくるのを待つのだ。声に出して泣くことによって、己を具体的な哀しみへと導いてくれて、素直に哀しみに耽ることができるのだ。素直に哀しむことができれば、情（こころ）は自ずから平安を取り戻す。

声に出して泣き叫ぶことで、感情（うごくこころ）を表出することが、できるのだ。

12. 言霊の働き

本居宣長は、『古事記』の注釈をこころざしたとき、まず中国から伝来した物語から離れて、いにしえのまことの意（古言）を訪ねなくてはいけない、と考えた。この古言を得ることは、「萬葉」をよく読むことだ。

（12）本居［一九六八c］九九。
（13）本居［一九六八c］一二四、小林［一九七七］二六七、四五二。
（14）本居［一九六八c］一二三。

今から（三〇歳のころから）『萬葉』をいそしみ学びなば、このこころざしを遂げることができる。高きところを望まず、いましめさとして、こころをこめて、深く考え、繰り返し問いただして、いにしえのこころ詞《ことば》をさとりえて見れば、「低きところ（ひききところ）」を固める大切さが分かる。また、「低きところ」を固めるために、全人格を働かせて、そこに現れてくる意味が、どんなに豊かなものかを悟るには、大才を要する、とも言っている。[15]

全く個人的な語感を、交換し合い、即座に翻訳し合うという離れ業を、われ知らず楽しんでいるのが、私たちの尋常な談話である。国語という巨きな原文の、巨きな意味構造が、私たちの情（こころ）を養ってきたからなのだ。この巨きな原文の、巨きな意味構造が、万葉集から綿々と日本人の情（こころ）のなかに受け継がれてきているのである。

宣長は、そこに、「言霊」の働きと呼んでいいものを、直に感じ取っていた。

『萬葉集』に現れた「言霊」という古言に含まれた言霊の本義を問うのが問題ではなく、現実に、誰もが経験している俗言《さとびごと》の働き、という具体的なものと合体して、この同じ古言が、どう「転義」するか、その様を目のあたりに見ることが肝腎なのだ。[16]

患者のFさんが子供さんを抱きあげると、子供さんは、唇をすぼめて「ママ　ママ」と呼んでいた。

今でも、この、「ママ　ママ」という言霊が、「私のはらの内のもの」に、なっている。

本居宣長は、『古事記』『萬葉集』『源氏物語』『古今和歌集』の、「古言」を得るためには、あたかも「物の味を、みづからなめて、しれるがごと」き親しい関係を、古言との間に取り結ばなければならない、と言っている。それは、結ぼうと思えば、誰にでもできる、私たちと古言の間の、尋常な健全な関係なのだ。古言は、私たちにとって、外物でも死物でもない、と宣長は大変強く思っている。言葉の生き死にとは、私たちの内部の出来事であり、それは、死んで生まれ変わるという風に、言葉を用いてきた私たちの言語経験の歴史である。言い換えれば、言霊とは、一度は死んで、また生まれ変わって、「おのがはらの内のもの」になってきたのだ。連綿と、引き継がれてきているのだ。存続してきたのである。

本居宣長が着目したのは、古言の本義よりも、むしろ、その転義だったのだ。

「古言は、どんな対象を新たに見つけて、どのように転義し、立ち直るか」、その現在の生きた働き方の中に、言葉の過去を映し出してみる人が、古言の伝統をみずから味わえる人なのだ、とも本居宣長は言っている。

言葉とは、「用ひ方」「いひざま」「いきほひ」などとよんでいいもの、どうしても外物化できぬ私たちの情（こころ）の働きを、直に表わしているものなのだ。[17]

宣長は、言葉の問題を扱うのに、私たちに使われる言葉というものに、外から触れる道を行かず、言葉を使いこなす私たちの情（こころ）の働きを、うちから摑もうとしている。うちから摑んだ、その情（こころ）が「もののあはれ」に結びつくのだ。[18]

言葉という道具を使うのは、たしかに私たち自身だが、私たちに与えられた道具には、私たちにはどうにもならない、私たちの力量を超えた、道具の「さだまり」というものがあるようだ。言葉という道具は、あんまり身近にあるものだから、これを「おのがはらの内のもの」とし、自在に使いこなしている時には、私たちは、言葉と合体して、その「さだまり」を意識しないが、実は、この「さだまり」に捕えられ、その内にいるからこそ、私たちは言葉に関して自在なのだ。宣長は、そこに、その「言霊」が生きているという実感を持ったのである。

---

(15) 本居［一九六八b］八六。
(16) 小林［一九七七］二七四。
(17) 小林［一九七七］一五八、二七七。
(18) 小林［一九七七］二七四。

宣長の考えをまとめて見ると、古言はいつの間にか自然に、今言に移り変わるが、言語機能の基本的な構造は変わりようがなく、これは、おそらく、私たち日本民族の情（こころ）の「本質的な連続性」に見合っているのだと、言っているようである。

日本民族の情（こころ）は、やはり存続し続けているのだ。

入院患者のFさんは、「昨日孫が五人も来てくれました。孫の声が言霊になって、今朝もまだ私の情（こころ）につもりつもっています。切なくて涙が止まりません」と言われた。

言霊とは、じっとながめていなければ、消えてしまう灯明（もののあはれ）である。生き切るために灯し続けなければならない情（こころ）の光なのだ。

13.「尊厳性」を保つとは何か

私たちは、話をするのが、特にむだ話をするのが大好きだ。言葉という便利な道具を、有効に使うために、どう使うかは後の事で、先ず何を措いても、生の現実が意味を帯びた言葉に変じて、語られたり、聞かれたりする、それほど明瞭な人間性の印しはないであろうし、その有用無用を問うよりも、まずそれだけで、私たちにとっては充分な、また根本的な人生経験である。

要するに、情（こころ）に浮かんだことを、素直に率直に言葉にすることが大切なのだ。うまく語ろうとか、うまく表現しようとか、は関係ないのである。

私は、人間が「尊厳性」を保っているとは、情（こころ）に浮かんだことを、素直に率直に言葉にすることができる、そのことだと思っている。

この人生という主題は、ごく普通には、どういう具合に語られるのか。それを、宣長は、「とくに何かの目的があって語られるのではなく、ただ、情（こころ）に込めがたいという理由で、人生が語られると、おおかた人の情（こころ）のありようが見えてくる、そういう具合に語られる」と言っている。(19)

人生を生きてきて、味わわれる私たちの経験の世界が、即ち、あるがままの人生として語られる物語の世界でもあるわけである。誰にとっても、生きるとは、物事を正確に知ることでは無いであろう。そんな格別なことを行うより先に、誰でも、ごく普通に人生を生きているのだ。そして、ごく普通の意味で、見たり感じたりしている、私たちの直接経験の世界に現れてくる物は、すべて私たちの喜怒哀楽の情（こころ）に染められていて、そこには無色のものがはいってくる余地など無いのである。それは、哀しいとか楽しいとか、まるで人間の表情をしているような物にしか出会えない世界だと、言っても言い過ぎではない。

それが、生きた経験、およそ経験という物の、いちばん基本的で、尋常な姿だと言っていいのだ、と宣長は考えているのである。

癌末期の患者さんの情（こころ）は、即ち、正直で素直で率直な、この状態にあるのだ。

14．言霊は絶対に必要

本居宣長の「言霊」についての考え方をまとめてみよう。

「言霊」という言葉は、『萬葉集』が初出である。母国の言葉という意識、これに寄せる鋭敏な愛着、深い

(19) 本居［一九六九b］一九〇―一九一。

信頼の情（こころ）から、先ず、ほころび出た言葉であることに間違いない。生活経験が教えてくれるところだが、順境が、却って人を眠らせてしまうことがあり、逆境にあって、はじめて自己を知る、ということもある。

「言霊」という言葉が、盛んに使われ、理解されるようになって、言霊にも、己を摑み直すということが起きる。そういう時代が到来する。時代の「おもむき」とは、言霊のそういう歴史的生態を指す、と宣長は言っている。まるで、言霊が生き物で、生命力にあふれていると、言っているようだ。萬葉の時代から、言霊は消えそうになりながら復活し、まるでその時代の「おもむき」を体現し、姿を変えながら環境と折り合いをつけて、子供のように生まれてきて、再生し生き延びてきたのだ。

この言霊の生命力を、本居宣長は、「いともあやしき言霊のさだまり」と言っている。[20]また、宣長が「詞の玉緒」で究明したことは、私たちが言霊を持っているのは、あたかも、私たちが肉体を持っているが如きものだ、と言うことだった。ここで、宣長は、素直に率直に感嘆し、言霊の生命力に魅せられているのだ。

言霊の受け渡しがなければ、他人との付き合いを温めることもできず、恋愛も結婚もできない。言霊は、間違いなく、日常生活に必須のものだ。

父親の最期となるであろう退院を支える娘さんは、最期と言わずに、「お父さん、長生きしてよ」と言われた。日本語とは、本当に温かい言葉である。表面の意味のその奥の魂の叫びを、淡々と、阿吽の呼吸で伝えてくれる。娘さんの父上への愛情は、この一言に溢れている。これぞ、「言霊」なのである。

日本語に宿っている言霊は、日本人の情（こころ）の中に生き続けている。

「もののあはれ」を知るという働きの中では、言霊は絶対に必要な存在なのである。

15.「揺れる情（こころ）」と緩和ケア

現実主義者で、俗人であり、三重県松阪の人々のあるがままの生活の中へ、素直で率直な情（こころ）を持って、自ら進んで埋没していった本居宣長は、日々、学者としての活動を怠ることなく、町医者として住民を済民する医療の中へ踏み込んでいった。宣長が診ている病気と現代の病気に大差はない。疾患は昔も今も同じである。しかし、医学は進歩してきた。宣長の目の前で苦しんでいる三〇〇年前の松阪の人々の疾患は、現代よりも治りにくかったと思う。それだけ、緩和医療の占める割合は大きかったであろう。緩和ケア医が体験する苦しみは、宣長の方が、私たちより多く味わっていたと思う。ここに、本居宣長への連帯感・共感が、強く深く感じられるのである。揺れる情（こころ）の中で、もがき苦しんでいる宣長に「同情（同じこころを持つ）」できるのだ。宣長の情（こころ）と私の情（こころ）が一体化するのである。

患者さんと対話していると、時々、こちらが返答に窮することがよくある。

このとき、こちらは、何か答えなければいけない、こんな気まずい沈黙は、患者さんが困ってしまうのに、と思いがちだ。

こんな時、最近は、「宣長さんなら、どんなことを考えるんだろう」と自然に頭に浮かんでくることがある。すると、案外、静かな温かい（いい意味での）沈黙の時間が流れる。焦っていないこちらの心理状態・表情が、患者さんにも伝わるようだ。私と患者さんとの間に、大切な安心できる時間が訪れるのである。

(20) この項の議論は小林［一九七七］二十七節を参照している。

本居宣長なら、素直に率直に、あるがままの事を考えるんだろうな、と私が思ったとすると、穏やかな私の表情を見て、患者さんも冷静になり、安心し、患者さんの方から、また、話し出されることもある。素直に率直に、という意味は、患者さんと同じ情（こころ）になって（同情）、患者さんなら、きっと、いまこんな心理状態なんじゃないかと、素直に率直に思うわけだ。こんな状態で患者さんを見つめると、自然に、次の言葉が出てくる。不思議である。すると、患者さんは、この主治医は自分の気持ちを分かってくれている、自分の気持ちに寄り添ってくれている、と思ってくれるわけである。患者さんと、太い絆ができるのだ。主治医は、如何にして、患者さんの素直な率直な情（こころ）を把握できるか、そして患者さんにどう寄り添っていけるか、にかかっていると思う。

「揺れる情（こころ）」は、揺れながら、一休みできる艀《はしけ》を求めているのかもしれない。また、揺れながら、この艀から出ていくことになるのであるが。

緩和ケアとは、解決策もなく、正解もなく、患者さんを喜ばすことも余りないけれども、安心を与え、信頼感が生まれ、なんでも許してみようと思ってくれる、「港」に成れたらいいのだ。これが、ほんとうに難しいのであるが。

宣長が診療中に感じていた喜びを、ひょっとして、今、私は感じているのではないかと、体感することがある。この、実体験は、すごくうれしくて、宣長さんと友人になれた、と思える。国学の思想の授業をしている最中でも、患者さんから連絡があれば、宣長は授業を中断して外診（往診）に向かった。医学が進歩した現代でも、厚労省は在宅癌医療を推進している。医学が今ほど進んでいない江戸時代では、より一層、在宅医療が中心にならざるをえなかった。在宅療養では、我が家にいる、という安心感が、すでに患者さんの情（こころ）の中に備わっている。ここが、現代の緩和医療との大きな相違点である。江戸時代の方が、現代より、緩和医療がゆきとどいていたのだ。

16. この世に存続する情（こころ）

入院中のFさんとの、絶対忘れられない繋がりをご紹介しよう。

Fさんと私の間には、深い情（こころ）のつながりが生まれていた。そして、Fさんは、充実した毎日を過ごしていた。そのうち、残念ながら、病状が進行して行き、衰弱が始まった。最期が近いと、お互いに思うようになった。私が立ち会い、リビングウィル（生前遺言）も書き終わった。しかし、だんだん、しんどさが増してきた。もうすぐ、意識が遠のくかもしれないと思い、頑張って、一泊二日の外泊もして、ご家族とのお別れ、お孫さんたちとのお別れも済ますことができた。

この頃は、毎朝、訪室すると、「先生、まだ生きています（笑顔）。まだ、お迎えが来ません」と言って、首を傾げていた。その頃は、まだ、私も、「そんな心配はいりませんよ。もうすぐ、きはりますから」と言って、お互い、笑っていた。ところが、ある朝から、「先生、もう、死なせてください。もう、思い残すことはありません。なごりおしくもありません。孫とも会ったし。もう、死なせてください」の一点張りになった。私も、実は、もう死なせてあげてもいいのに、と思うようになった。Fさんの情（こころ）と同じ情（こころ）になっていたのである。

そうすると、毎日、顔を合わすのが、辛くなってきた。Fさんは、もう、完全に、逝きたがっているのだ。ここまでお互いに共感し合い、同情（同じこころに成る）し合っていたから、Fさんの最期の望みを叶えてあげられない無力感が襲ってきた。毎日が辛かったし哀しかった（この時のFさんの哀しみも、もののあはれ、である）。

それでも、勇気を出して、気分転換と、気持ち良い朝の空気を吸うために、車いすで、毎朝、散歩に出かけていた。しかし、Fさんの顔には、もう、微笑みは現れない。

実は、Fさんは、最期に、私を救ってくださったのだ。

「先生、やっと、あした、お迎えが来ます。苦労をかけて、ごめんなさいね。ありがとうございました」、私は、「それはよかったねえ」と言ってしまった。たぶん、私の顔は、本当に良かった、という表情になっていたのだと思う。Fさんは長い時間、合掌していた。

Fさんは、本当に、翌日の、陽が沈むころに永眠された。

人間とは、自分の最期の時期に、安心感に包まれると、お迎えが来るのが分かるのかもしれない。

安心感に満たされた情（こころ）が、この世に存続することを願う。反対に、暗闇に包まれた情（こころ）が残らないように、頑張っていこうと思っている。合掌。

17. この世に残る「もののあはれ」

日本人の情（こころ）の奥底に流れている、「ひととなり」（日本人らしさ）を形成しているものが「もののあはれ」であると言っても、おかしくはない。

「もののあはれ」とは、日本人の情（こころ）の奥底に、普段は気づかれることなく、また意識されることなく、連綿と流れ続けている「言霊」なのだ。

言霊は、人が会話をするとき、山に向かって叫ぶとき、それがこだまとなって戻ってくるとき、海に向かって話しかけるとき、空や星に向かって祈るとき、音声に乗って広がっていく。さらに、ドラマや映画の中に音声に乗って残る。そして、日本人の魂の中に残る。引き継がれていく日本人の命の中に残る。

言霊は日本人の記憶（意識）がこの世に残るための依り代《よしろ》になるのだ。

そして、「もののあはれ」も、こうしてこの世に残る。

意識がこの世に残るという意味は、日本人特有の、伝統を絶やさないという努力と、もう一つは、この世とあの世との繋がり（橋渡し）の役を果たすため、ではないだろうか。あの世へ見送った方のことを、情（こころ）に浮かべるとき、また、その方に情（こころ）の中で話しかけるとき、言霊が必要なのだ。亡くなった祖父や祖母からの、返答が聞こえて来るのである。

18. 意識・感覚を共有するという特技

宣長は、上代人のこの言語経験が、上代文化の本質をなし、その最も豊かな鮮明な産物が、『古事記』であると、見ていた。その複雑な「文体《かきざま》」を分析して、その「訓法《よみざま》」を判定する仕事は、上代人の努力の内部に入り込む道を行って、上代文化に直に推参するという事に他ならない、そう考えていた。

ところで、この努力の出発点は、「書籍《ふみ》というもの」を「日本国の言《ことば》もて読みならう」、というところにあった。即ち、訓読と言うものが、漢字による国語表現の基礎となったと、宣長は言っている。

自国の文字も知らずに、格段の文化を背景に持つ漢語を受け取ったが、自国語への適応は成功しなかった国はたくさんある。しかし、日本語の「仮名《かな》」のように、漢語から直接に生み出されたものはない。

本居宣長は、いかに、日本人の言《ことば》に「言霊」が乗り移ったかを、真剣に考えただけでなく、乗り移った言霊、それ自身を、率直に素直に、信じきったのだ。

宣長が信じた「古言《ふるごと》」に宿った「言霊」が、現代語にも乗り移っているという事実に気づいている現代人は極めて少ない。
宣長にとって、『古事記』とは、吟味すべき単なる歴史資料でなかったし、何かを導き、なにかを証する文献でもなかった。そっくりそのままが、古人の語りかけてくるのが直ちに感じられる、その古人の「言語《ものいい》のさま」であった。耳を澄ませて、しっかりと聞こうとする宣長の張りつめた期待に、「古事記の序」の詞《ことば》が応じたのである。[21]
本居宣長は、「古事記伝」を書いている時、同じ上代の一般の人々の歴史感覚と同じだと思っていた。
宣長の、上代の人々と意識・感覚を共有するという、この特技は、もしかすると、町医者として患者さんの気持ちと共感したいという情熱と共通するところがあったのではないか。

19.「揺れる情（こころ）」と日本人

さて、ここからは、本居宣長と親しくなった私の、独りよがりの私見を記していく。

それは、揺れる情（こころ）は日本人の伝統である、ということに気づいた点だ。

まず、日本には色とりどりの四季があり、その中での無常観が尊ばれている。

従って、日本人の情（こころ）も、常ならず揺れているのだ。

日本列島は南北に長く、いろいろな島々からできている。よって、気候に差がある。そして、この自然の中に八百万の神がいる。自然界の万物に神様が宿っている。そして、中庸を目指し、物事を受容する能力が高く、応用が利き、人の話をよく聞き、外国文化を素直に取り入れる。粘り強く、喜怒哀楽をあまり外には出さない。何事にも控えめで、自分の意見を変えることに、やぶさかではない。誤りを認め、相手を尊重する。こういう、度量の広い人を好み、「和」を尊び、自己主張を控える。日本語には、仮名文字（ひらがな、カタカナ）、ローマ字、漢字、がある。一つの漢字の、訓読《よみざま》は、幾通りにも読める余裕を残している。それぞれの文字に言霊が宿っている。この「言霊」と「揺れる情（こころ）」のおかげで、日本人は上代からずっと生き延びてきたのかもしれない。言霊とは言葉の霊である。霊《たましい》がこの世に残るからこそ、日本人の魂も存続してきたのだ。

揺れる情（こころ）は、柔らかく、風になびき、ぽっきりとは折れない。癌末期の患者さんとそのご家族は、情（こころ）が揺れることによって、くじけずに、諦めずに、粘り強く、これから迎えなければならない最期への旅路を、素直に率直に周りの方々の助けを受け入れて、手を繋いで安心して歩んで行こうとしているのだと思う。

20. 宣長の「言霊」と情（こころ）

最後に、本居宣長が考えていた「言霊《ことだま》」について、見つめてみよう。

彼が『古事記』から直に聞いた、古代の人々の音声には、まさに、「耳に聞こえたるままにて、その外に何も無きことぞ」という、彼の信念が乗っている。物のたしかな感知ということで、宣長に一番痛切な経験をさせたのが、この古代の人々の直に聞こえる音声だった。このことを明らかにすることが、宣長のライフワーク

(21) 以上、この項に関しては、本居［一九六八d］、一―一四八。「古事記伝　一之巻、二之巻」を参照。また、小林［一九七七］二十八節から三十節を参照。

になった。上代の人々の声を、実際に宣長は『古事記』を通して聞いている、ということの証明である。

彼が言っている、「目に見えたるまま」という意味は、月日火水はそのまま見えている、声は耳に聞こえる、香りは鼻から嗅がれる、風などは身に触れて分かる、また心などは思念《おもう》ということで存在が分かるということがある。『古事記』に出てくる諸々の神は、今こそ目には見えていないが、上代の人々には、目に見えていた。このことが宣長の信念だ。その中でも、アマテラスオオミカミ（天照大御神）は、今（宣長の時代）でも、諸人の目に見えていた。

宣長にとっては、これは理屈ではなく、実体験だったのである。

このように考えると、『古事記』の「神代の巻」を本当に知るとは、「神代」とか「神」とか言う言葉に感知していた「言霊」の、そっくりそのままの力に捕えられることだった。「神代」とか「神」とかいう言葉は、勿論、上代の人々の生活の中で、生き生きと使われていたもので、宣長は「神代の神は、今こそ目に見え給はね、その時代には目に見えたる物なり」と端的に言っている。宣長は、有る物へのしっかりした関心、具体的な経験の徴《しるし》としての言葉が、言葉本来の姿であり力である、と言っている。(22)

そのことを彼は、文《あや》とも言っている。

日本の古代の人々は、山や海や川に、神が宿っていると信じ、それぞれに名前をつけていた。神に名前を付けたのだ。それは、名前に言霊が宿るのは当然だったからだ。上代の人々は、特別な人に霊力が宿っているのではなく、全ての人が発する言葉に霊力が宿っていると思っていた。

上代の人は日本のことを、「言霊のさきはう国」（言霊が豊かに栄える国）と呼んでいた。いかにも、「さきはう国」とは、ことだまが盛んに生き生きと話されていた国、と分かるような表現である。宣長も、この、さきはう、という表現が大好きなようだ。縄文時代、弥生時代（仏教伝来以前の時代）には、言霊は生き生きと使われ、文字の伝来が遅れたのではないか。極論すれば、「言霊のさきはう国」には、文字はいらなかったのだ。

当然のことだが、『萬葉集』に撰修されている和歌も、文字に表されたのが萬葉の時代であっただけで、言霊の宿る「歌」は、もっともっと、それ以前から、日本人の間で歌われていたのだ。私は、そのころの、言霊が横溢している歌を聞きたかったし、更に、本居宣長と一緒に歌ってみたかった。

小林秀雄は言っている。「言霊のさきはう国」にあって、「言挙《ことあ》げ」する者の情（こころ）は、言葉で充満していて、言葉のほかに、「わが思ふ事」など入ってくる余地は無い。思ふという事《わざ》をしてくれるのは言葉に他ならないからだ。私の話を聞いている相手は、語っている私の音声の文《あや》を、耳で辿ることが、私の思いを、直に理解することに他なるまい。この時、私が確かに思っているのは、話をしている、ということだけである。「言挙げす」という事は、「言霊のさきはう国」においては、神と共に幸いであれ、という言葉に尽きるのだ。(23)

(22) 以上、『古事記』に関する小林秀雄の議論を参照した。小林［一九七七］二十八節、二十九節、三十節。
(23) 本居［一九七二］一二三。小林［一九七七］三十五節を参照。

参考文献

『本居宣長全集』筑摩書房、所収の著作名と巻数は以下の通り。各巻の解題も参照している。

「宇比山踏」第一巻、一九六八a。

「玉勝間」第一巻、一九六八b。

「石上私淑言」第二巻、一九六八c。

「紫文要領」第四巻、一九六九a。

「源氏物語玉の小櫛」第四巻、一九六九b。

「詞の玉緒」第五巻、一九七〇。

「くずばな（くず花）」第八巻、一九七二。

「古事記傳　一」第九巻、一九六八d。

「古事記傳　二」第十巻、一九六八e。

「古事記傳　三」第十一巻、一九六九d。

「古事記傳　四」第十二巻、一九七四。

「本居宣長随筆　第二巻　護園談餘」第十三巻、一九七一。

「済世録」第十九巻、一九七三a。

服部敏良「醫師　本居春庵」、「済世録」第十九巻、「月報16」、一九七三。

吉川幸次郎「鈴舎私淑言――宣長のために「その一」から「その二十」『本居宣長全集』「月報1～20」筑摩書房、各巻の附録。

小田切秀雄「文藝評論史上の宣長のこと」、「玉の小櫛」第四巻、「月報8」、一九六九。

小林秀雄『本居宣長』新潮社、一九七七。

与謝野晶子譯「紫式部日記」「和泉式部日記」「蜻蛉日記」『現代語譯国文学全集　第九巻　平安朝女流日記』非凡閣、一九三八。

4 人間と動物の本性は同じか異なるか

朝鮮朱子学の人物性同異論争

金光来

1. はじめに

朝鮮朱子学史には、人間の内面の本質をめぐる二つの大きな概念論争があった。一六世紀半ばの四端七情理気論弁と、一八世紀半ばの人物性同異論争（湖洛論争）がそれである。四端七情理気論弁が朱子学の理気二元論のもとで人間の道徳感情の生成や発出プロセスを解明しようとしたものであれば、人物性同異論争はその感情の出所である「性」の実体、言い換えれば天から賦与された理が人間の心にどのように存在するかを確認するものである。

人物性同異論争は、四端七情論を深化させる過程で現れたものであり、四端七情論とは表裏の関係にあるものといえるが、両論争の争点にはともに、朱子学の基本命題である理気の「不相雑、不相離」が深く関わっていた。というのは、朱子学では世界の構成を宇宙万物の存在原理としての理と、物質を形成する質料としての気で説明し、両者はまったく別の二物であるが、現実世界での両者は相離れず、単独で存在することができないというからである。なお、理は人間感情の説明においては善情の根拠とされた。

四端七情理気論弁では、李滉（嶺南学派）は理気の不相雑に重きをおき、道徳感情の四端の根源を理に求め、「四端理発、七情気発」としたが、李珥（畿湖学派）は現実世界での理気の不相離に重きをおき、論理的整合性を求め、「四端七情気発理乗一途」とした。前者が理から強い理念性を見出そうとしたのに対して、後者は現実世界全体の合理的説明を優先したということができる。

一方で、人物性同異論争の争点は、人間の本性を純理の「本然の性」と見るか、すでに気の影響を受けている「気質の性」と見るかの問題であったが、これを四端七情論と関連して考えれば、前者はまさに不相雑の理重視の立場であり、後者はまさに不相離の論理的整合性重視の立場といってよい。しかし、人物性同異論争の実情を見れば、不相雑の嶺南学派の内部からは不相離の気質の性が主張され、意見が対立し、不相離の畿湖学派の内部からは不相雑の本然の性が主張され、意見が対立したのである。

本稿の目的は、以上のような四端七情理気論弁と人物性同異論争の間に確認される「説明論理の不一致」に注目し、その原因を明らかにすると同時に、人物性同異論争の持つ思想史的な意味を考えてみることである。最後に一つ断っておきたいのは、「人物性」というタイトルだけを見れば動物の本性に関してもかなりの時間を割いて論じているかのようであるが、実際に人物性同異論争の関心はもっぱら人間に向けられているといってよい、ということである。

2．人物性同異論争前史——四端七情理気論弁の争点

朝鮮朱子学史における四端七情理気論弁は、人間の道徳感情の根源を朱子学の概念である理・気をもって解明しようとする試みであったが、その起点となったのが、四端七情の理気分属をめぐって始まった李

滉（一五〇一〜一五七〇、字は景浩、号は退渓）と奇大升（一五二七〜一五七二、字は明彦、号は高峯）の間の論争である。二人の論争は、七年にわたる攻防の末、一旦終息したが、その後おおむね奇大升の見解に同調する李珥（一五三六〜一五八四、字は叔献、号は栗谷）の登場によって再燃した。

朱子学によれば、天下万物はみな「理と気の合」からなる。理は形而上の道であって、天地が万物を生ずる根本原理であり、気は形而下の器であって、天地が万物を生ずる際の材料となる。すなわち天下万物は、気が凝集して形が作られ、理がそれに付着して出来上がる。それゆえ、理と気は性質を異にするまったく別の二物（決是二物）であるが、現実世界での両者は、渾淪としていて分開することができない。「不相雑、不相離」の関係である。そして本体論の基礎概念としての理気は、同時に人間存在の解明においては心性論となり、人間の心の働きを規定する概念として機能する。つまり、理と気の矛盾対立が説かれ、道徳的に理を中心とすべきとされた。

なお、「四端」とは、人間が生まれながらに持っている道徳感情の総称で、『孟子』公孫丑上に見える「仁の端」の「惻隠の心」、「義の端」の「羞悪の心」、「礼の端」の「辞譲の心」、「智の端」の「是非の心」を指す。これに対して「七情」とは、『礼記』礼運に見える「喜」「怒」「哀」「懼」「愛」「悪」「欲」のことであり、「学ばずして能くする」ものである。

ここでまずは、四端七情理気論弁の争点を整理しておきたい(1)。

李滉の四端七情論は、人間の善性の証明を目的とし、人間の道徳感情の根源を理に求める。すなわち李滉は、四端と七情を理と気にそれぞれ分属し、「四端理発、七情気発」と主張した（理気互発の二情論）。

（1）四端七情理気論弁について書かれた日本語文献を紹介すれば次のようなものがある。裵宗鎬著・川原秀城ほか訳『朝鮮儒学史』、知泉書館、二〇〇七、川原秀城・金光来編訳『高橋亨朝鮮儒学論集』、知泉書館、二〇一一。

これに対して、心性論における論理的整合性を重んずる奇大升は、具体的事物における理気の不相離を強調する。すなわち、性より発する人間の情は一つであり、四端は人間感情の全体を指す七情の中の「善一辺」にすぎず、四端理発、七情気発とすれば、理と気が完全に分離してしまい、理気不相離の原則と矛盾すると反論したのである（理気共発の一情論）。

奇大升の強い批判に遭った李滉は、理気の不相離を自説に反映させ、「四端は理が先に発して気がそれに随い、七情は気が先に発して理がそれに乗る（四端理発而気随之、七情気発而理乗之）」と修正するが、それは形式的な修正にすぎず、なお「理気互発」を固守することは少しも変わらなかった。

一方で李珥の四端七情論は、基本的に奇大升と変わらない。彼は四端が七情中の善一辺であることを再確認したうえ、李滉の理気互発説に対しては、「理気は渾融しているものであって、属性上もともと相離れることができない。心が動いて情になるときには、発するのは気であり、発するゆえんは理である。気がなければ発することはできず、理がなければ発するところがない（理気渾融、元不相離。心動為情也、発之者気也、所以発者理也。非気則不能発、非理則無所発）」と反論する。天・人を一貫した論理で説明しようとする李珥にとって、「天地の化」はただちに「吾心の発」であり、天地の造化に理化と気化が両立しない以上、人間の心発にも理発と気発が両立するはずがないのである（気発理乗一途説）。(2)

3. 人物性同異論争の発端と展開

3・1 論争の先駆

「人物性同異」に関する議論は、一八世紀の初めに李珥の流れをくむ畿湖学派の内部で本格化したが、同テーマに関しては、断片的ではあるが、その議論が一七世紀半ばに李滉の流れをくむ嶺南学派においてすでに始まっていた。李徽逸（一六一九〜一六七二、字は翼文、号は存斎）・李玄逸（一六二七〜一七〇四、字は翼昇・翼升、号は葛庵）・李嵩逸（一六三一〜一六九八、字は応中、号は恒斎）の兄弟間の議論と、丁時翰（一六二五〜一七〇七、字は君翊、号は愚潭）・李栻（一六五九〜一七二九、字は敬叔、号は畏庵）の師弟間の議論がそれである。

（2）そもそも矛盾を抱えているこの朱子学の課題を理解するうえで、のちの丁若鏞（一七六二〜一八三六、字は美庸、号は茶山・与猶堂）の解説は大いに参考になる。丁若鏞によれば、理気の「不相雑、不相離」のもとで、李滉は専ら人間の性情について論じており、李珥は自然と人間を統一的に説明しようとしたという。

「退渓や栗谷より以降、四端七情論はすでに斯学の大訟となっており、もとより後生末学のあえて容喙するところではない。だがかつて両家の文字をとって反復検証したことがある。その検証によれば、両家の理字気字は、字形は同じであるが、字義は判然と異なっている。思うに、退渓が論じたところの理と気は、専ら吾人の性情について立説したものであって、理は道心であり、天理や性霊にあたり、気は人心であり、人欲や血気にあたっている。それゆえ「四端は理が先に発して気がそれに随い、七情は気が先に発して理がそれに乗る」という。およそ心の発するところは、天理・性霊から来たものが本然の性の感発であり、人欲・血気から来たものが気質の性の触発であるからである。他方、栗谷が論じたところの理と気は、天地万物を総括して立説したものであって、理は無形であり、事物の所由然にあたり、気は有形であり、事物の体質にあたっている。それゆえ「四端七情より以て天下万物にいたるも、気が発して理がそれに乗らないことはない」という。およそ事物が発動するのは形質をもっているからであり、この形質がなければ、たとえ理があっても発動のしようがない。それゆえ未発の前に理が先に存在しても、その発動にあたっては気がかならず先に動く。栗谷の主張はすべてそのことにもとづいている」（『与猶堂全書』第一集・詩文集・巻二一・西巌講学記「退渓栗谷以後、四七已成大訟、固非後生末学所敢容喙。然嘗取両家文字、反復参験、則其云理字気字、字形雖同、字義判異。蓋退渓所論理気、専就吾人性情上立説。理者道心也。天理分上也、性霊辺的也。気者人心也。人慾分上也、血気辺的也。故曰四端理発而気随、七情気発而理乗。蓋心之所発、有従天理性霊辺来者、此本然之性有感也。有従人慾血気辺来者、此気質之性有触也。栗谷所論理気、総括天地万物而立説。理者無形的也、物之所由然也。気者有形的也、物之体質也。故曰四端七情以至天下万物、無非気発而理乗之。蓋物之能発動、以其有形質也。無是形質、雖有理乎、安見発動。故未発之前、雖先有理、方其発也、気必先之。栗谷之言、其以是也」）。

李徽逸と李玄逸は人物性相異を主張し、人物性俱同を唱える弟の李嵩逸と対立したが、[3]李嵩逸が、理は一であるため、気質の違いはあっても、人物みな同じ五常の性を具えると主張したのに対して、[4]李徽逸は、一原という観点からすれば人物の性は同一といえども、異体という観点からすれば両者の性は相異なるとし、理論的に人物性俱同が成立することは認めながらも、現実においては人物性相異が正当であると反論した。李徽逸によれば、性の概念は気質の中から性の本体を指していう天命の性と、天命の性が気質に堕ちている状態の気質の性に区別することができるが、現実的な意味を持つ性は気質の違いによって、人物間だけでなく、人同士や物同士でもそれぞれ異なり、気質の昏明によって性にも善悪がありうるという。[5]なお、李玄逸の見解も兄の李徽逸のそれと変わらなかった。

丁時翰と李栻の間の論争もよく知られている。[6]人物性相異を主張する丁時翰は、同じ天命が賦与されるが、人と物の形気には偏全通塞の違いがあるとし、人の形気は正しく、物の形気は偏っているため、各々の性には違いがないことはないといった。これに対して弟子の李栻は、理を天に浮かんだ月に譬え、人を含む万物はその月をそれぞれ含み持つとし、気質の清濁と偏全によって反映する月光に違いはあるものの、みな一つの月を含んでいるため、具体的個体に流行の気質的な違いはあっても、その本体としての性は同一であると反論した。

少し時代が下った一八世紀の初めには、いよいよ李珥の畿湖学派においても人物性の同異をめぐって議論が起きる。朴世采（一六三一〜一六九五、字は和叔、号は玄石・南渓）・金昌協（一六五一〜一七〇八、字は仲和、号は農巌・三洲）・権尚游（一六五六〜一七二四、字は有道・季文、号は癯渓）などがのちの「湖洛論争」に先立ち、同テーマについて議論を交わしていたことがそれである。[7]

朴世采は『中庸章句』天命之謂性章の朱熹注の「人物は性を同じくする」に反対して人物性相異を主張し、金昌協もまた、同朱熹注に疑問をいだき、『孟子集注』生之謂性章の朱熹注に見える「人性と物性は相異なる」を支持した。

一方で権尚游も、朱熹の注「渾然たる太極の全体はそれぞれ一物の中に具わらないことはない（其渾然太極之全体、無不各具于一物之中）」（太極図説解）に疑問を持ち、兄の権尚夏（一六四一～一七二一、字は致道、号は遂菴・寒水斎）に質正したことがあるが、それに対して権尚夏は次のように答えた。

太極の一原たることを論ずれば、むなしく何のきざしも見えない（沖漠無朕）けれども、万象はその中に森然としている。これが朱子のいわゆる「一太極を統体す」（太極図説解）である。その万殊たることをいえば、万物の中にも一理が貫通している。これが「各々一太極を具う」（同上）である。……そもそも物は、形体があって初めて、まさに彼此をのべることができ、彼此があって初めて、大小をいうことができ、大小があって初めて、偏全をいうことができる。……人と物の性を論ずるときには、かならず説かねばならない道理がある。けだし気がなければ、理はよるところがなく、理がなければ、気は主宰するところがない。天は陰陽五行をもって万物を化生する。気は形を成し、理もまたこれに賦す。性の名が立つゆえんである。ただその気質の稟には、万不斉がある。理は気に寓されるゆえ、性にもまた万不斉が生じざるを得ない。(8)

（3）劉明鍾［一九八五］九一～九七。
（4）『恒斎集』続集巻一・書・上存斎兄を参照。
（5）『存斎集』（韓国文集叢刊所収）巻二・書・答曹聖求効良問目を参照。
（6）劉明鍾［一九八五］九七～一〇五。
（7）裵宗鎬［一九七四］二〇五～二〇七。
（8）『寒水斎集』巻二一・雑著・太極図説示舎弟季文兼示玄石「論其一原、則沖漠無朕、万象森然。此所謂統体一太極也。語其万

性の本体（太極の理）は、最初から完全である。性に偏全のあるのは、気のなすところにすぎない。気が全ければ、性も全く、気が偏れば、性も偏る。そのことはどうして疑うことができようか。それゆえ栗谷（李珥）は、人の性が物の性ではないことが「気の局」であり、人の理がただちに物の理であることが「理の通」である、というのである。(9)

権尚夏によれば、人物の性いずれも、もともとは同一の一理であるため、不全ではないが、気が形を成すため、万不斉の偏りを持つようになり、気質の稟の偏全にしたがって、その性（太極の理）にも偏全が生じざるを得ない。そもそも理とは、万物一原の理として人と物を相通ずる（理の通）が、具体的な個体はそれぞれ個別の性を稟受し、個別の性をもって局限される。万物それぞれの性は、気をうけて形を成すことによってできあがる（気の局）、というのである。

以上の議論を整理すれば、①性というものは気質的制約を超越した普遍的本体とし、まだ気質が影響する前の理を認めて性と措定する立場（人物性倶同論）と、②性というものは気質的制約下にある個体的様相とし、すでに気質が影響して何らかの変化が起きている理を性と措定する立場（人物性相異論）という、性の概念に対する認識の差ということができよう。

3・2　論争の深化――湖洛論争

湖洛論争の経緯

朝鮮朱子学史における人物性同異論争は、李珥から宋時烈（一六〇七～一六八九、字は英甫、号は尤庵）につながる畿湖学派の嫡伝、権尚夏の門下で本格化した。宋時烈の高足として有名だった権尚夏は、清風の黄江

（現在の韓国忠清北道堤川市寒水面）において講学し、門人が非常に多かったが、その門下にはいわゆる「江門八学士」[10]とよばれる優れた弟子たちがいた。なかでも特に韓元震（一六八二〜一七五一、字は徳昭、号は南塘）と李柬（一六七七〜一七二七、字は公挙、号は巍巌）が傑出していたが、この二人がまさに人物性同異等の問題を俎上にのぼせた当事者である。

韓元震と李柬の間には最初、①人物はいずれも五常を十全に具えているかどうかの問題と、②人間の感情が発出する前に心の本体には気質の善悪があるかどうかの問題が議論されていたが、次第にその見解に相違が生じ、対立はかなり深刻なものとなって、それ以降この問題は同門の諸学者にも波及した。

韓・李二人の見解を簡単に示せば、まず韓元震が、人は五常をすべて具えるが、物は五常の一部を具えるのみとして人物性相異を主張したのに対して、李柬は、人物はいずれも五常を十全に具えており、ただそこには気質の粋駁による違いがあるのみとして人物性相同を主張した。二人がこの問題を師の権尚夏に質正したところ、権尚夏は韓元震の人物性相異を支持した。以後、論争の熱気は学界を賑わせ、やがて議論は洛下（ソウル）の学者にまで波及した。

殊、則万物之中、一理貫通、此所謂各具一太極也。……凡物有形体、然後方可言彼此。有彼此、然後方可言大小。有大小、然後方可言偏全。……若論人物之性、則又有其説。蓋非気則理無所寓、非理則気無所宰。天以陰陽五行化生万物、気以成形、理亦賦焉、性之為名、於是乎立矣。唯其気質之稟、有万不斉、故理寓於気者、亦不得不有万不斉」。

（9）『寒水斎集』巻二一・雑著・太極図説示舎弟季文兼示玄石「性之本体、初無有不全、而其所以有偏有全者、気之為也。気全則性全、気偏則性偏、又何疑乎。是以栗翁之言曰、人之性非物之性者、気之局也。人之理即物之理者、理之通也」。

（10）韓元震（一六八二〜一七五一、字は徳昭、号は南塘）、李柬（一六七七〜一七二七、字は公挙、号は巍巌）、尹鳳九（一六八三〜一七六七、字は瑞膺・瑞応、号は屏渓）、蔡之洪（一六八三〜一七四一、字は君範、号は鳳巌）、李頤根（一六六八〜一七三〇、字は可久、号は華菴・華巌）、玄尚璧（一六七三〜一七三一、字は彦明、号は冠峯）、崔徵厚（一六七五〜一七一五、字は成仲・誠仲、号は梅峯）、成晩徵（一六五九〜一七一一、字は達卿、号は秋潭）をいう。

この議論において江門八学士の中の尹鳳九・崔徴厚・蔡之洪などは人物性相異に賛同し、李縡（一六八〇〜一七四六、字は煕卿、号は陶庵）・朴弼周（一六八〇〜一七四八、字は尚甫、号は黎湖）・魚有鳳（一六七二〜一七四四、字は舜瑞、号は杞園）などは人物性相同に同調したが、あいにく湖中（忠清道）に居住する学者のほとんどが人物性相異に同調・共鳴し、洛下（ソウル）の学者はおおむね人物性相同を主張したため、世間では前者を湖論または湖学といい、後者を洛論または洛学といった。「湖洛論争」あるいは「湖洛是非」とよばれるゆえんである。

湖洛論争の争点

湖洛論争の当事者たちは、自らの思想的・理論的な共通基盤である李珥の理通気局説のもとでそれぞれ論を組み立てていった。洛論の李柬は理の普遍性を重視して「理通」を強調し、湖論の韓元震は気の局限性に注目して「気局」を強調する立場を取った。

湖洛論争には重要な議論が二つあった。一つは、人性と物性の偏全を問題とした「人物性同異論」であり、もう一つは、人物性同異論から派生した、心の未発における善悪の有無を問題とした「未発心体本善・有善悪論」である。

まず人物性同異の問題に関していえば、人物性同論（洛論）は、「理一」に重点をおき、人のみならず物（主に動物）もまた、仁義礼智信の五常の徳を性として賦与されたとして、人性と物性は本質的に同じであると主張した。物が人と異なる点は、ただ気質の性の不全（気局）にある。偏っているのは気質であり、本然の性ではないという。

これに対して人物性異論（湖論）は、「気分殊」に重点をおき、物は気を稟受するのに偏りがあるため、稟受した理（性）もその影響を受けているとして、人性と物性は本質的に異なると主張した。

もう一つの争点である「未発心体」に関しては、人物性同論（洛論）が、心は気の精爽（最も清らかで精密な成分）によってつくられているため、未発の段階では不善がなく（未発心体本善）、ただ感情が発する際、初めて善もあり不善もあると主張したのに対して、人物性異論（湖論）は、心は気質であり、気質には清濁の不斉があるため、心体自体にも善悪がある（未発心体有善悪）と主張した。

以上のような意見の対立をごく簡単に対比すれば、本然の性と気質の性、いずれを「性」として措定するかの問題であるが、この対立の根本的な原因は、朱熹による相反する二つの解釈にあるということができる。嶺南学派の議論においてもすでに問題となっていたことであるが（第三章・第一節）、朱熹は『中庸章句』天命之謂性章の注では「人物は性を同じくする」と述べ、『孟子集注』生之謂性章の注では「人性と物性は相異なる」と述べているからである。

4．人物性同異論争の言説

4・1　人物性異論──権尚夏・韓元震・尹鳳九

権尚夏

すでに触れたが、権尚夏（一六四一～一七二一、字は致道、号は遂菴・寒水斎）は李珥から宋時烈につながる畿湖学派の嫡伝として、自身の門人の韓元震と李柬によって本格化した人物性同異論争を唱道した人物である。先に述べた通り（第三章・第一節）、彼は李珥の理通気局説と朱熹の理同気異説にもとづいて人物性異論を展開しているが、それに関連して、権尚夏の性説からもっとも注目すべきは「性三層説」である。

聖賢たちが「性」を論ずるとき、その説は大きく三つある。①「気を除却して、単に理を指してこれをいうもの」、②「各々その気の理を指すも、またその気を雑じえずして言をなすもの」、③「理と気をもって雑じえていうもの」がそれである。すなわち、①もっぱら理を指していえば、太極全体は、物が具えていないことなどないため、万物の性はすべて同一である。これが「一原」である。……②各々その気の理を指していえば、陽は健、陰は順、木は仁、火は礼、金は義、水は智など、その性は同じではない。だがその場合、また気の清濁美悪を雑じえずにのべているため、その健順五常たるものは、なお至善を失っていない。人はその全を得、物はその偏を得ており、人と物の性は同じでない。これが「分殊」である。……③理と気を雑じえていえば、剛柔善悪など、万不斉があるため、人と人、物と物の性は、すべて同じでない。これが「分殊之分殊」である。(11)

権尚夏によれば、①「一原」は理だけを指すもので性とはいえず、人間の本性を説明しているのは②の人物性の不同を述べるところである。彼の説が人物の性の相違を明らかにし、両者の峻別を目的としていることが窺える。性とは李珥が述べたように、理が気と結合して初めて名義が成立するものである。権尚夏の性説は事実上「分殊」と「分殊之分殊」に主眼を置いており、とりわけ「分殊」に焦点があてられているといえる。すなわち、一原の理は万物に共通するものといえるが、この理が気と結合して初めて性となった以上、気の偏全によって性にも偏全が生じ、性は差別的なものにならざるを得ない、というのである。

韓元震

韓元震（一六八二～一七五一、字は徳昭、号は南塘）は権尚夏の高弟であり、湖論の代表的な学者で、洛論の李柬とともに湖洛論争を先導した人物である。朱熹の言論の同異矛盾について分析・考察したかの有名な『朱子言論同異攷』は、宋時烈によって着手され、彼によって完成されたものである。

韓元震は「心」と「性」を論じて「心即気、性即理」と主張し、李珥の「気局」に重点をおき、性説において気質の性を重視した。彼は万物の生成を「気化」「形化」「形化の中の気化」という三層の構造で把握したが、この三層構造を性説に適用したのがいわゆる「性三層説」である。

理はもともと一である。だが、①「形気を超越していうもの」があり、②「気質に因って名づけるもの」があり、③「気質を雑じえていうもの」がある。すなわち、①形気を超越していえば、太極の称がこれである。そのとき、万物の理は同一である。②気質に因って名づければ、健順五常の名がこれである。そのとき、人性と物性は同じではない。③気質を雑じえていえば、善悪の性がこれである。そのとき、人と人も物と物も、また同じではない。[12]

韓元震の考えるところ、①純理としての「万物の一原」にあたるのは、万物が同じくするところの太極の一理であるが、②理は気質に内在することになれば性といわれる。人性と物性は相異なっている。③人同士や

(11)『寒水斎集』巻二一・雑著・論性説「聖賢論性、其説大概有三。有除却気、単指理而言之者、有各指其気之理而亦不雑乎其気而為言者、有以理与気雑而言者。専指理而言、則太極全体、無物不具、而万物之性、皆同矣。是則一原也。……各指其気之理而言、則陽健陰順、木仁火礼、金義水智、其性不同、而亦不雑乎其気之清濁美悪而言。故其為健順五常、猶不失為至善。人得其全、物得其偏、而人物之性不同矣。是則分殊也。……以理与気雑而言之、則剛柔善悪、有万不斉、人人物物之性、皆不同矣。是則分殊之分殊也」。

(12)『南塘集』巻一一・書・同門往復・擬答李公挙「理本一也。而有以超形気而言者、有以因気質而名者、有以雑気質而言者。超形気而言、則太極之称是也。而万物之理、同矣。因気質而名、則健順五常之名是也。而人物之性、不同矣。雑気質而言、則善悪之性是也。而人人物物、又不同矣」。

物同士でも、それぞれ気質の清濁粋駁の差がある。したがって、またその性はそれぞれ相異ならざるを得ない。韓元震は気質の有無と気質の清濁粋駁を基準としながら、理に即して性の三層を説いているのである。

韓元震によれば、①「超形気」は性というより理で、性は②「因気質」、③「雑気質」に限られる。この範囲の中で人物の固有の本性とその相違が議論されるべきという。すなわち、性は理が気質の中に堕ちた後でこそ成立する概念であり、人性と物性は気質を関連づけた「因気質」の次元で比較されるべきということである。韓元震はかくして、本然の性と気質の性を区分することに反対し、いわゆる気質の性だけを性として認め、その気質の性の偏全による理（性）の偏全を主張するに至ったのである。

なお、人の気質の性にも気稟の清濁粋駁の不斉があり、その気稟の中にある性（理）にも善と悪がないはずがない。韓元震が未発の心体にも善と悪がすでに存在すると主張するゆえんである。

尹鳳九

尹鳳九（一六八三～一七六七、字は瑞膺・瑞応、号は屏渓）は、韓元震・李柬などとともに湖洛論争を主導した人物で、強硬な湖論論者である。彼は人獣の根本的な違いを強調することが人間の尊厳を高めることにつながると考え、「人之所以為人」を究明することを自己学問の実践的課題とした。彼からすれば、洛論の主張は「人獣無別」の説であった。

尹鳳九は湖論の「主気」的な立場から、気質の性の中の性は「本然」と見ることができるという。

けだし朱子が『中庸章句』天命之謂性章の中で、すでに「気はそれによって形を成し、理もまたそれに賦与される」とのべている以上、それが異体の理であることは、説明が明白のみならず懇切丁寧でもある。そうであるのに、（洛論は）いま「性は即ち一原の同なり」という。これはどうしたことか。天からいえば、天にあって未だ賦与されるに及んでいない理、これを一原といい、すなわち一本である。万物に賦与されてこれを成すことをなす性、これは異体であり、すなわち万殊である。その形気にしたがって性を成す性は、異体上、絶えて同じでないものではあるが、それぞれ理のみについて単言したものである。それゆえ、これを本然の純善たる性というのである。[13]

尹鳳九の考えるところ、万物同一の理は「天にあって未だ賦与されるに及んでいない理」を指す。性は形を成すとき、その理が形気の中に堕ちているものであり、万物が体を異にするにしたがって不同であるため、万殊という。だがこの異体上の理（すなわち性）も、すなわち理にほかならない。それゆえ単言すれば、「本然純善」というのである。

しかし、たとえ理論上、理のみを単言するといっても、すでに現実は偏と全があるわけで、その異体の偏全によって、それはもはや本然の性ではなく気質の性にならざるを得ない。このような洛論の反論に対して、尹鳳九は次のように説明した。

来論には、たとえ（偏全の）理を単言するといっても、すでに偏全をのべている以上、（偏全の理は）すでに気の使うところになっており、それは本然の性ではなく、すなわち気質の性であるというが、それは足下が万物の一原をもって本然の性とし、人物異体上の理を気質の性としているからである。『朱子語

（13）『屏渓集』巻三〇・書・答洪克念「蓋天命之性章句、既曰気以成形、理亦賦焉云、則其為異体之理者、明白丁寧。今言性即一原之同也、此何謂也。自天言之、在天而未及賦与之理、謂之一原也、即一本也。其賦与万物而為成之者性、謂之異体也、即万殊也。其随形気成性之性、雖是異体上絶不同者、而亦各其単言者。故此謂本然純善之性也」。

類』（巻六二）の中で、朱子は『中庸』の「健順五常の徳（性）」を論じて、「牛の性は順、馬の性は健であって、すなわち健順の性である。虎狼の性は仁、蜂蟻の性は義であって、すなわち五常の性である。ただ稟受したのは少なく、人が完全に稟受したのとは異なっている」という。また『孟子集注』（告子上篇）犬牛人性章では、朱子は「仁義礼智の稟賦は、どうして物（禽獣）の全うすることができるところであろうか」という。これらはすべて、朱子が（湖論のいう）本然の性を論ずるとき、その偏全を嫌がらなかったことを示している。[14]

尹鳳九によれば、湖論のいわゆる本然の性は、洛論のいわゆる気質の性にほかならない。というのは、気質の影響を受けているとはいえ、それがもともと本然の性であることに疑いはなく、現実における人間の性は、その本然の性（洛論のいう気質の性）としか考えられないからである。

4・2 人物性同論——李柬・李縡

李柬

李柬（一六七七～一七二七、字は公挙、号は巍巌）は権尚夏の門人で江門八学士の一人である。洛論の代表的な学者で、韓元震とともに湖洛論争を主導した人物である。

李柬は、韓元震の人物性相異に対して、人性と物性は本質的には同じであると主張し、性を本然の性と気質の性に峻別する。また健順五常の徳は理一の中に含まれていると見て、太極と天命を同一視している。李柬によれば、本然の性は太極・天命・健順五常の徳を合わせていうものであり、人と物の性はいずれも太極・天命・健順五常の徳、すなわち、本然の性を具えるという。

本然からいえば、性と命にはもともと人と物の殊なるところなどない。気質からいえば、正かつ通なる気を得たものは人になり、偏かつ塞なる気を得たものは物になる。だが正通の中にもまた清濁粋駁の分があり、偏塞の中にもまた或通と全塞の別がある。人物の異体に万不斉があるのが、まさにそれである。それゆえ、気質を論ずれば、ただ犬の性が牛の性でないばかりでなく、盗跖の性も舜の性ではない。本然を論ずれば、ただ盗跖の性が舜の性であるだけでなく、物の性もすなわち人の性である。そうであれば、栗谷（李珥）のいわゆる「理通」、朱子のいわゆる「理同」は、この気質に即して、単に本然だけを指してのべたものであり、栗谷（李珥）のいわゆる「気局」、朱子のいわゆる「性不同」も、またこの本然に即して、気質を兼ねてのべたものではなかろうか。[15]

李東の考えるところ、人物の相異はわずかに気の不斉、すなわち陰陽五行の気の正偏と通塞の差によるものである。というのは、人は陰陽五行の正通なるものを稟受するが、物は陰陽五行の偏塞なるものを稟受するからである。

(14)『屛渓集』巻三〇・書・答洪克念「来諭謂雖曰単言理、既言偏全、則已為気所使、非本然之性、而乃気質之性。此左右以万物一原為本然之性、人物異体上理為気質之性故也。語類先生論中庸健順五常之性、曰牛之性順、馬之性健、即健順之性。虎狼之性仁、蜂蟻之性義、即五常之性。但稟得来少、不如人稟得全。又於孟子犬牛人性集註、以為仁義礼智之稟、豈物之所得以全哉。此皆論本然之性而不嫌其偏全也」。

(15)『巍巌遺稿』巻七・書・答韓徳昭別紙・未発詠「以本然言之、性命固無人物之殊。而以気質言之、則得気之正且通者為人、而偏且塞者為物。而正通之中、又有清濁粋駁之分焉。偏塞之中、又有或通全塞之別焉。則是人物異体之有万不斉者然矣。是故論其気質、則非惟犬之性非牛之性也、跖之性非舜之性矣。語其本然、則不惟跖之性即舜之性也、物之性即人之性矣。然則栗谷所謂理通、朱子所謂理同者、非即此気質、単指本然而言歟。栗谷所謂気局、朱子所謂性不同者、又非即此本然兼挙気質而言歟」。

李柬は本然と気質を性の二つの次元と考え、命を本然の理、性を気質の性だけに限定する韓元震の見解に反対した。

人物が一原であることからいえば、天命と五常はいずれも形器を超越することができ、人と物に偏全の殊なるところがない。これがいわゆる本然の性である。人物が異体であることからいえば、天命と五常はいずれも気質によることができる。ただ人と物に偏全があるのみならず、聖人と凡人の間にもまた千階万級がある。偏るところでは、性も命もともに偏り、完全なるところでは性も命もともに完全である。これがいわゆる気質の性である。(16)

そもそも湖論の韓元震は、天命を理一、五常を気質による分殊と考え、なお気質の性を本然の性といい、未発の心体にも善悪があると主張しているが、それに対して李柬は、天命と五常を太極の理一の統体ととらえ、気稟の中の粋然たる天命と五常を本然の性と見て、未発の心体はもともと善であると主張したのである。

李縡

李縡(一六八〇～一七四六、字は熙卿、号は陶庵)は、執権老論の代表的な学者であり、性理学の大家として、湖洛論争においては李柬の説を継承し人物性相同を主張した。湖論の尹鳳九との間に展開された「聖凡心同不同」論争は有名である。彼は特に礼学に精通していたが、冠婚喪祭の実践に活用するために著した『四礼便覧』(八巻四冊)は朝鮮礼学の名著として名高い。

李縡は心を理気の合と見、「性即理」にのっとって、性を聖衆同一の本然の性と、聖衆不同の気質の性に区分する。また心も、その本体の湛一を指している以上、聖衆同一とならざるを得ないとして、「未発本善」

を主張した。

わたしのみるところ、心はもとより気である。だが必ず性（理）と気を合わせてそれをのべて、初めてその意味が完備するものである。それゆえ、昔から心をいうとき、未だ気のみをもってそれを断じたものはない。……だがもし（湖論のように）その中で単に気のみを指していえば、理は一で、気は二であるため、聖人と衆人の心には斉しからざるところが生じるに違いない（原注：この両言は、まさに性を論ずるに、本然と気質の殊なるところがあるのと同じである）。だが気が物をなすにおいて、清濁粋駁の不同はあるけれども、その根本は湛一のみである。心は気の精爽ではあるが、また理を合わせていえば、ただ気の一字に固執することもできない。それゆえ、その本体の湛然は、聖人も衆人も同一とするところである。それは未発のときに見ることができる。(17)

李縡は一歩進んで主理的な立場に立ち、理（性）の能動性・主宰性を強調するに至った。本然の性の性善と、聖人と凡人の性の同一を主張したのがそれである。

---

(16)『巍巌遺稿』巻七・書・答韓徳昭別紙・未発詠「以一原言、則天命五常倶可超形器、而人与物無偏全之殊、是所謂本然之性也。以異体言、則天命五常倶可因気質。而不独人与物有偏全、聖与凡之間、又是千階万級。而偏処性命倶偏、全処性命倶全。是所謂気質之性也」。

(17)『陶菴集』巻一〇・書・答尹瑞膺鳳九心説弁問「窃謂心固気也。然必合性与気言之、其義乃備。故従古言心、未嘗専以気断之。……然若就其中単指気言之、則理一也気二也、聖人衆人之心容有不斉者（此両言正如論性之有本然気質之殊者矣）。然気之為物、雖有清濁粋駁之不同、其本則湛一而已矣。心又気之精爽、而又合理而言之、則不可専著一気字。故其本体之湛然、則聖人衆人一也、於未発時可見」。

天地の間には、理もあれば気もある。理気は相離れもしないが、また相雑じりもしない。気が理に勝つときは乱れ、理が気に勝つときは治まる。要するに、聖賢の千言万語はすべて「理、気の主をなす」という四文字をはずれることはない。孟子の功といえば、「性善」の一言をのべたことより大きいものはないが、それは気質の中から性の字をつまみだして、人々に凡人と堯舜にもともと二性がないことを知らせたからである。[18]

5. おわりに――思想史的意味を考える[19]

朝鮮朱子学史における人物性同異論争は、前の時代の四端七情理気論弁を引き継ぐ議論であり、それとは表裏の関係にあるものである。

人物性同異論争（湖洛論争）の争点は、天から賦与された人間の本性をどのように認識するかの問題であった。すなわち、理と気の結合としての心において、理は気と同時に存在するが、①まだ気の影響を受けていない理＝本然の性に主宰性・実在性を認め、それを人間の本性として措定する立場が人物性同論であり、②すでに気の影響を受けて変化が起きた理＝気質の性（人物性異論ではこれを本然の性という）だけを認識の対象として認め、それを人間の本性として措定する立場が人物性異論である。

だが、上記の争点からは、四端七情理気論弁（第二章）と対比してみれば興味深い点が浮かび上がる。すなわち、理気の不相離に重きをおき、論理的整合性を求め、人間感情全体に対して気発理乗の一途しか認めない李珥の畿湖学派から、理気不相雑と強く結びつく本然の性が主張され、学派の内部に学説の対立が起きているのである。このようなことが対立の構図を逆にしてそのまま嶺南学派でも起きていることは本文で述べた通りである。

これは何を意味しているのか。

その原因は、遡ってみれば、程頤によって理が新しく発見され、理が気の世界を背後で支え秩序づける存在として措定されたこと、そして朱熹によって両者の関係が「不相雑、不相離」として説明されたことにあるといえる。なお、朱熹の理気論には無為の存在であった理を実体化し、気から超越したものとみなす部分が混在している点も重要である。

その結果、このような条件からは人間存在を説明するにあたって論理の適用が連動しない矛盾が生じることになる。四端七情理気論弁と人物性同異論争に関していえば、次のような結果をもたらす。

すなわち、理気不相雑の、理を重視する（四端七情理気論では善情の根源を理に求める・人物性同異論では人間の本性を本然の性と措定する）立場に立てば、そこから見出される説は、四端七情理気論では原理主義的で厳格な倫理説となるが、人物性同異論では人獣無別・人獣無分の異端説と批判される。

（18）『陶菴集』巻一〇・書・答尹瑞膺癸亥「天地之間、有理有気。雖不相離、亦不相雑。而気勝理則乱、理勝気則治。要之聖賢千言万語、都不外於理為気主四字矣。孟子之功、莫大於道性善一言。蓋於気質之中、拈出性字、使人知人与堯舜之本無二性」。

（19）従来、人物性同異論争の思想史的意味に関しては多様な意見が出されてきた。代表的なものを三つ紹介したい。①普遍と個体の関係に関する概念的論争と把握し、韓国性理学における普遍論争と規定する立場（裵宗鎬［一九七四］二〇四〜二〇五）、②洛論（人物性同論）を主理論（演繹論）、湖論（人物性異論）を主気論（帰納論）と見て、両者を方法論的形式で対照し、帰納的な湖論が演繹的な洛論より進歩的と評価する立場（李丙燾［一九八七］二八二、三八四）、③湖論（人物性異論）の論点が具体的人間や経験的対象を与えられた条件として肯定する立場と見て、実学思想と密接な相関関係がある可能性があると指摘する見解（李楠永［一九九〇］六六）。

一方で、理気不相離の、気（論理的整合性）を重視する（四端七情理気論では人間感情の発出を気発理乗の一途のみとする・人物性同異論では人間の本性を気質の性と措定する）立場に立てば、そこから見出される説は、四端七情理気論では道徳の根源性を弱化させる緩い倫理説と批判されるが、人物性同異論では人間存在の道徳的優位性を際立たせる厳格な倫理説となる。

総じていえば、朝鮮朱子学史における人物性同異論争は、四端七情理気論弁を引き継ぐ朱子学の正統の座をめぐる熾烈な概念論争の最終章であり、そこに見られる意見の対立は、「理」の発明と「不離不離」の命題から来る朱子学の宿命であったということができよう。

参考文献

李喜逸『恒斎集』。
李徽逸『存斎集』（韓国文集叢刊所収）。
権尚夏『寒水斎集』（韓国文集叢刊所収）。
韓元震『南塘集』（韓国文集叢刊所収）。
尹鳳九『屏渓集』（韓国文集叢刊所収）。
李柬『巍巌遺稿』（韓国文集叢刊所収）。
李縡『陶菴集』（韓国文集叢刊所収）。
劉明鍾『朝鮮後期性理學』、以文出版社、一九八五年。
裵宗鎬『韓國儒學史』、延世大学校出版部、一九七四年。
李丙燾『韓國儒學史』、亜細亜文化社、一九八七年。
李楠永「理氣四七論辨과 人物性同異論」、『韓國의 思想』、열음社、一九九〇年。

5　イスラム教における人間観

カラーマと義務賦課の観点から

菊地達也

1．はじめに

イスラム教あるいはイスラム教徒にとっての「尊厳（dignity）」を語ることは、いくつかの理由により難しい。一八～一九世紀の西欧で歴史的に形成された尊厳概念がそのままの形で古典的イスラム思想に内包されていたということはありえず、その意味において近代西欧的な尊厳概念は伝統的なイスラム思想には存在しない。そうであるならば、これまでの尊厳概念研究プロジェクトにおいて、日本や中国の思想文化の研究者が尊厳に類する当該地域の概念や思想を分析したり、西欧から尊厳概念が輸入されたときにいかなる思想上の葛藤が生じたのかを論じてきたが[1]、本稿の執筆者もこれに倣い、伝統的イスラム思想の中に類似概念を見出すか尊厳概念の輸入がもたらした思想的変容、衝突を考察するべきかもしれない。幸いにもイスラム教の宗教用語のなかにはカラーマ（karāma）という尊厳に近い語義をもつアラビア語があり、この語は現代で

（1）加藤［二〇二四］の「第Ⅲ部：非欧米圏の概念史的考察」に収録された諸論考を参照。

はdignityの訳語として一般的に使用されている。実際、この語は、二〇一〇年にチュニジアで発生し「アラブの春」の先駆けとなったジャスミン革命の別称「自由と尊厳の革命（thawra al-ḥurrīya wa al-karāma）」に見られるように、「尊厳」の訳語として用いられている。ただし、後述の通りカラーマという語は多義的であり、神学書や法学書でこの語が使われても尊厳の意で使われているとは限らない。また、尊厳に近い意味で使われる場合でも、前近代のイスラム諸思想においては、預言者、聖者など特別な人間のカラーマが論議の的になることはあっても、人間一般がもつカラーマが賛否の分かれる論題になることはなかったようである。つまり、前近代のイスラム思想史において尊厳は周縁的なテーマであり、人間一般の尊厳について議論が十分に積み重ねられてきたわけではなく、そこに思想的対立や思想上の発展を見出すことは現時点では難しい。

オスマン朝史研究者の小松香織は「オスマン社会における「尊厳」」において「ムスリムにとって現世における「生」と「死」の価値を定める重要な命題が「尊厳」と「名誉」である」（加藤［二〇二四］五三六）とし、「尊厳」と「名誉」を保つための制度としてオスマン朝下の年金制度に注目した。宗教上、尊厳と名誉が現世での生死の価値を決定するという前提は寡聞にして知らないが、典拠は示されておらず「尊厳」と「名誉」にあたる原語が何かも不明である。宗教的には、イスラム教徒としての生と死の価値は、尊厳や名誉よりはむしろ、信ずべきものを信じたか、義務とされたことをおこない禁止されたことをおこなわなかったか、などによって決定されるように思われる（本稿第3節での義務賦課についての説明を参照）。宗教上の規定はさておき、オスマン朝期のイスラム教徒の、必ずしも宗教のみによって規定されるわけではない日々の生活において、一般的な意味での尊厳や名誉が尊重されていた、ということなら、小松の前提はおかしくはない。尊厳が宗教上周縁的なトピックだったからといって、市井のイスラム教徒は宗教のみに基づいて生きているわけではなく、彼らにとって尊厳がどうでも良いものであったわけはないからである。

それどころか、ジャスミン革命の別称「自由と尊厳の革命」からもうかがえるように、「アラブの春」での革命運動では尊厳が中心的な主題の一つであった。一連の革命運動においては共産主義、イスラム主義といった旧来の政治的イデオロギーの影響が比較的薄く、その代わりに、独裁政権下での腐敗や経済的低迷などを背景とした、就職、結婚、教育などを巡る尊厳の毀損が注目された[2]。民主化革命発祥の地チュニジアも含め革命運動の舞台となった地はその後揺り戻しや反動を迎えることになり、個々人の尊厳が毀損されてきた状況が劇的に改善されたわけではない。革命後の今日でも尊厳はアラブ諸社会を考えるための重要なキーワードであり続けていると考えて良いだろう。革命期も革命後も、アラブ人イスラム教徒が大多数を占める社会でカラーマが問題であり続けているのだとしたら、そのカラーマとは、神の啓典とされるクルアーンに由来するイスラム教の宗教用語としてのカラーマなのだろうか、あるいは欧米由来の dignity あるいは dignitas の単なる訳語としてのカラーマなのだろうか、それとも両者の融合体なのだろうか。

この問いに答えてくれるような研究は管見の限りいまだにないようである。その理由としては、イスラム思想研究者が周縁的な概念であるカラーマに注目する可能性は低い、各地の革命運動を当初主導したのはイスラム主義勢力やその関連団体ではなく、当該社会では特に宗教的とは言えない若者たちだったので、彼らがイスラム教の宗教概念を前面に押し出すとは考えにくく、問いを立てようという地域研究者も現れなかった、などが考えられる。さらに、現地の思想界において、革命時に唱えられたカラーマがイスラム教にきちんと立脚するものなのかが議論の的になっていないことも大きな要因だろう。尊厳に関する議論の少なさは、同じく西欧から輸入された民主主義、自由などの概念と比べると奇妙に思える。特に民主主義については、欧米の

(2) 大稔哲也は二〇一一年エジプトでの民主革命に関する著作の総論において、特定のリーダーやイデオロギーが際立っていない点を特徴として挙げている（大稔［二〇二四］六）。同書の執筆者の一人、荻原優が二〇一一年七〜八月におこなったエジプトでの聞き取り調査では、エジプト人が抱えている不満は「公正」「権利」「自由」と並んで「尊厳」に関わるものが多く、尊厳毀損の背景としては治安当局による不当な拘束や海外での生活体験に言及されている（大稔［二〇二四］一五七〜一五九）。

研究者やその背後にある当該社会に「イスラム教と民主主義は両立するのか」という問いが元々あり、それが研究を促進している一方で[3]、イスラム社会の側ではイスラム主義勢力を中心とする西洋型民主主義否定論者と、イスラム教にもとづいて議会制民主主義は肯定されうるという論者との間でずっと論争があった。異教徒の研究者にとっても、現地のイスラム社会においても、民主主義については論議の動機づけがあったのである。

democracy の音写であるディムクラーティーヤ(dimuqrāṭīya)という語で言い表される民主主義は一目で外来語であることが分かるのに対して、尊厳には自然なアラビア語、カラーマが当てられており、カラーマという語に外来由来の意味合いが込められているのかは実は精査してみないと分からない。また、西洋型民主主義否定論者がクルアーンのなかに否定の根拠を見出すことは難しくないが[4]、後述の通りカラーマとそれに関連する語はクルアーンにおいてはそれほど言及されるわけではなく、クルアーン内で人間のカラーマは基本的に肯定されているため、dignitas 的要素を啓典に基づいて否定することは容易ではないだろう。以上のことを踏まえると、カラーマのなかに外来の語義が込められていても認識されないことが多く、外来の思想というイメージが希薄であるため否定論も出にくいのだろうと推測される[5]。

これまで述べてきたように、前近代のイスラム思想史においても、現代イスラム世界での議論においても尊厳はとらえにくい概念であり、先行研究もほとんど存在しない。確かに、クルアーンとハディース(預言者伝承)によって枠組みが設定された、主に尊厳を含意する場合のカラーマに関して、その後のイスラム神学などにおいて論争や概念の変容があった可能性は否定できないし、現代では、特に民主化革命以降にそこで唱えられたカラーマがイスラム思想の文脈から再定義された可能性もあるが[6]、現時点での研究状況や筆者の能力を考えるとそれらを追うことは困難である。そこで本稿はまず、クルアーンから導き出されるカラーマの原義を確認することを目指す。先に述べたように、カラーマは外来由来の意味合いが加えられても気付きにくい語であるため、尊厳概念の変容に関わる将来的な研究の前提としてまずは原義を確定することが必要だろう。幸い、*The Cambridge Handbook of Human Dignity* にはイスラム教に関する章、Maróth (2014) が存在しており、本稿第2節での議論はそれに沿ったものとなる。Maróth 原稿は「イスラム世界における人間の尊厳」と銘打たれているが、紙幅のほとんどはクルアーンから導き出されるカラーマの原義に捧げられている。ほとんど研究がなされていない「イスラム世界における尊厳」をこれから考えるに当たって真っ先に示すべきは啓典での記述であるという判断であったと推測されるが、筆者もこの点については同意する。ただし、Maróth (2014) は個々の人間における尊厳の差異を決定づけるものを概念的に論じてはいない。本稿においては第3節において義務賦課（taklīf）とそれを巡る議論を示すことで、Maróth (2014) を補完したい。カラーマを論じることは、それを授けた神と受け取る側の人間の関係性を示すことでもあり、カラーマと義務賦課を論じることは、人間の宗教上の位置付けを提示することにもつながるだろう。これにより本稿は、近代西欧的な尊厳概念に対応するイスラム教の宗教概念を示すと同時に、イスラム教における人間観の一端を描く。

（3）このような関心は非イスラム教徒が大多数を占める日本でも共有されているようであり、エスポズィト＆ボル（二〇〇〇）など、民主主義とイスラム教の関係を問う著作が複数翻訳されている。自由概念とイスラム教との関係については、まだ翻訳はないが Rosenthal (1960) がよく知られている。

（4）たとえばクルアーン一二三章八八節「（神は）ありとあらゆるものの主権を掌握し」、一二章四〇節「本当に（有効な）判定は神だけが下したもうもの」は、神の主権の根拠、国民主権否定の論拠となる。なお、クルアーン和訳には井筒［一九六四］を用いたが、文脈や本稿での用語法に応じて適宜変更した箇所もある。

（5）本書第I部第6章として収録された青柳論文によると、現代のウラマーによる生命倫理を巡る議論では、尊厳という語に西洋思想由来の要素とイスラム教由来の要素が重ね合わせられることもあるが、イスラム教の教義に抵触する西洋思想由来の要素については深入りした議論を避けているようにも見える。

（6）革命で示された尊厳概念を踏まえたものではないが、Maróth (2014, 158–159) では現代ヨルダンの首席カーディーによる尊厳論が紹介されている。

2. クルアーンにおける人間とカラーマ

2・1 神と人間と自然

「神こそは万物の創造主（khāliq）。あらゆるものを世話し給う」（Q39: 62）とあるように、クルアーンにおいて神とそれ以外の万物はそれぞれ、khāliq（創造者）、khalq（被造物、あるいは makhlūq）として位置づけられ、後者は前者によって創造されただけでなく「世話」の対象になる。khalq は人間だけでなく神以外の森羅万象をも包含する「被造物」を含意するが、同時に「創造」という行為、および「人間」をも意味しうる。本節ではまず人間と人間以外の「被造物」の関係性を示し、その後でカラーマという概念を手がかりにクルアーンにおける神と人との関係を概略する。(7)

クルアーンでは人間の周囲にある自然物について以下のように述べられている。

> また汝らのために星々の座を定めて、陸上でも海上でも暗闇の中を行くときの道しるべにして下さったのもこの御神。このように我らはいろいろと神徴（āyāt, sg. āya）を明示して、ものの分かる人々に解きあかしておる。…また天から水を降らせて下さったのも（神）。その（水）で我らはあらゆる草木に芽を吹かせ、更にその（芽）から青葉を出させて、そこからぎっしり粒のつんだ穂を出させ、また棗椰子からは、花苞《はなづと》から枝もたわわの椰子の実りを、またそのほかには見はるかす葡萄の園、橄欖の実、それに柘榴、互いに似たものもあり、似ぬものもあり。汝ら、よく見るがよい、みなそれぞれに実をつけて、熟したさまを。まことに、信仰ある人々にとっては、これこそまぎれもない神徴ではないか。（Q6: 97–99）

この箇所では美しい自然の事物が生き生きと描かれており、それら一つ一つが神徴（āya）であり、「ものの分かる人々」「信仰ある人々」ならばそこに神の創造の業を感じ取れるとされる。神に創造され神によって管理される被造物であるという点で、人間は棗椰子や柘榴と何ら変わらない。しかし、クルアーンは明らかに人間を対象にした書物であり、上記の引用箇所では自然物は人間が神の業を知るための手段、道具としても描かれている。人間とその他の自然物を分かつものは何なのだろうか。クルアーンにおいては先行する啓典以上に神の超越性が強調されており、ヘブライ語聖書にはあった、人間が「神の似姿」として創造されたという記述（『創世記』一章二六節）はクルアーンにはない。(8) クルアーンからは、創造された時点で最初から人間が特別な被造物だったとは必ずしも読み取れない。

人間を被造物のなかでも特別な存在になさしめたものは、信託とアダムに対する代理人指名であろう。信託については次のような記述がある。

> 我ら（神）始め、天や山々にこの荷物（amāna）預かってくれぬかと言って見たけれど、みなとても重くて持ちきれませぬと尻込みし、恐れるばかり。人間だけが引受けたのはよかったが、忽ち横暴で無道者の本性発揮した。(9)（Q33: 72）

（7）クルアーンにおける自然と人間の関係性については塩尻［二〇〇八］二～五を参照。

（8）塩尻［二〇〇八］二～五を参照。ただし、ハディースには、神は自分の姿に似せて人間を創造したという主旨のものがあり、この似姿の伝承は、神秘哲学者イブン・アラビー（Ibn al-ʿArabī, 一二四〇年没）の思想などに影響を与えた（Takeshita 1982）。

（9）クルアーン三三章七二節の解釈については鎌田［二〇一九］三一～三三、塩尻［二〇〇八］六一および本書第Ⅰ部第6章の「はじめに」を参照。

井筒訳では「荷物」と訳された amāna は「信託」「責任」をも意味する。クルアーン原文では神から委ねられたものが何なのか、必ずしも自明ではないが、クルアーン解釈学の伝統においては一般に、神が人間に課した義務行為を指すと理解されてきた。[10] このような「荷物（信託）」理解は、第三節の主題となる義務賦課の問題に直結する。クルアーン原文における amāna の意味がどうであれ、人間は人間として創造されたから元々特別な被造物なのではなく、「天や山々」が尻込みして受け取りを拒否したものをあえて受託したからこそ被造物のなかでも特別に尊いものになったのだということはうかがえるだろう。

代理人指名は、ユダヤ教、キリスト教と共有するアダム神話に立脚している。人類の始祖たるアダムを創造した神は、すでに創造されて御前に居並んでいる天使たちに対してアダムの優越性を宣言する。

さてお前の主が天使らに向かって「わしは今から地上に代理人（khalīfa）を設置しようと思う」と告げ給うた時、一同（それに抗議して）言った、「地上に悪をはたらき、流血の災を惹き起すような者を汝はわざわざ作り給うのか。我らがこうして汝の讃美を声高らかに唱え、汝を聖なるかな聖なるかなと讃えまつっておりますのに」と。（神はそれに）答えて言い給うに、「まことに、わしは汝らの知らぬことをも知っておるのじゃ」と。かくて（神は、ひそかに）アダムにすべてのものの名前を教えた後に、それらのものを天使らに示し、「さあ汝らこれらのものの名前をわしに言って見よ、もし汝らの言葉が嘘でないならば、」と言い給うた。天使たちは「ああ勿体ない、畏れおおい。我らはもともと汝が教えてくださったものだけしか存じませぬ。まことに汝こそは至高の智者、至高の賢者にましますばかり。」と言うばかり。（Q2: 30–32）

「荷物（信託）」のときのように人間が意志的に選択したわけではないが、この引用箇所からは、アダムが元々天使たちよりも優れたものとして創造されたようには読み取れない。アダムの天使たちに対する優越性[11]

は、事後的に神がアダムに対して「すべてのものの名前」の知識を授けたことによって成り立っている。井筒訳では「代理人」と訳された khalīfa は、イスラム法学や政治論の文脈では共同体の指導者、いわゆるカリフを含意する。上記の引用箇所はカリフ制の根拠の一つでもあるが、クルアーンにおける khalīfa の用法には、共同体の統治者という意味には収まらない宇宙論的な意味合いもあり、アダムの末裔たる人類全体もアダムと同様、被造物の中で特権的な地位を占める「地上における代理人（khulafāʾ）」[12] と見なされる。

クルアーンの中で、天や大地が拒絶した「荷物（信託）」を人間が引き受けたという記述とアダム神話の中での代理人指名がどのように関連づけられるのかは明瞭ではない。ここではその問題にはこれ以上深入りせず、人間は「荷物（信託）」を背負ったことによって被造物の中で特別の存在となり、始祖が秘密の知識を授

（10）中世以降のスンナ派で広く参照されてきた『ジャラーラーンの啓典解釈書（*Tafsīr al-Jalālayn*）』内のジャマル注釈では、最初期におけるクルアーン解釈学の権威イブン・アッバース（ʿAbd Allāh ibn ʿAbbās, 六八七／八年没）を典拠として「アッラーが彼のしもべに義務として課し給うた服従行為、義務行為」と解釈された（マハッリー&スユーティー［二〇〇二～二〇〇六］三巻、一五八）。

（11）このようなアダム神話を背景として、スンナ派正統神学派、アシュアリー学派では天使と人間のどちらが優越するのかという論争が発生した（Rāzī 1990, vol.2. 234–258）。人間と天使を対比させたクルアーン二章一九～三〇節などが参照され、人間優位説の理由としては、アダムに対する代理人指名と天使に対する跪拝命令に加え、天使が神命に服従する以外の選択肢をもたない下僕であるのに対して、人間は選択が可能であることが挙げられる。選択権の有無がここでは人間のカラーマの根拠となっている。

（12）khalīfa の複数形。「困窮し切った者がお呼び申せば必ずこれに応えて不幸を取り除いて下さるし、こうしておまえたちを地上の跡継ぎ（khulafāʾ）にして下さる。（神とは）こうしたお方」（Q27: 62）など、khalīfa の複数形はクルアーンに三回現れるが、いずれも昔の人々の後継者という意味で使われており、全人類を「地上の代理人」とする理解は、アダムの代理人指名が語られる二章三〇―三二節が典拠となる。マハッリー&スユーティー［二〇〇二～二〇〇六］三巻、四三）および Maróth (2014, 157–158) を参照。

けられたことによって地上における神の代理人になったこと、そしてそれにより人間は動植物や天地といった自然的事物から構成される被造物たちの頂点に立つ生物となったことを確認しておきたい(13)。これらを前提として人間が手にするものが尊厳としてのカラーマである。

2・2　人間がもつカラーマ

カラーマ（karāma）という語は「高貴である」や「寛大である」を意味する動詞 karuma の動名詞である。アラビア語においては基本的に三つの子音から構成される語根が動詞、名詞、形容詞などに変化することが知られている。カラーマがそのままの形でクルアーンの中に現れるわけではないが、後述の通り、この語と同じく k-r-m という語根に由来する語は頻出しており、神の九九の美称のなかには al-Karīm（寛大者）という名もある。

カラーマには、「高貴さ」「寛大さ」「気前の良さ」といった動詞の基本的な語義に対応する意味に加えて、そこから派生した「名誉」「尊厳」「尊敬」「好意」などの意味もある。また、一般の人間が生まれながらにしてもつ「尊厳」というよりは聖者といった宗教上特別な人間だけが「尊厳」「名誉」としてもつもの、そのような宗教上特別な人物に神が「好意」として与えたもの、という意味合いで、カラーマは奇蹟をも含意する。聖者に伴うカラーマは預言者に起きる奇蹟、ムウジザ（muʿjiza）と概念上区別され、スーフィズムでは聖者論などにおいて大いに議論された。そのため、「奇蹟」という意味でのカラーマについては、「尊厳」という意味でのカラーマとは違い研究上の蓄積もある(14)。イスラム思想史においてもより注目され、議論の的になったのは奇蹟としてのカラーマであり、中世イスラム圏で広く読まれたジュルジャーニー（ʿAlī ibn Muḥammad al-Sayyid al-Sharīf al-Jurjānī, 一四一三年没）の術語集『定義の書（*Kitāb al-Taʿrīfāt*）』のカラーマの項では奇蹟の意味しか紹介されていない(15)。また、奇蹟としてのカラーマはスーフィー聖者にだけ帰せられるものではなく、シーア派イマーム、預言者の子孫たるサイイドに起きる奇蹟としても語られる。本稿ではクルアーンに現れるk-r-m語根由来の語彙に注目することで、人間一般に与えられた「尊厳」の宗教上の背景について考察したい。

クルアーンのアダム神話においては、天使たちに対するアダムへの跪拝命令の後、跪拝を拒否した悪魔（Iblīs）は「ようございますか。この者を貴方は私よりも高い位置にお据えになりましたが（karramta ʿalay-ya）、もし私に復活《よみがえり》の日まで猶予を下されば、必ずこの者の後裔を取り抑えてお目にかけましょう」（Q17: 62）と神に反論する。「高い位置にお据えにな」ると訳された箇所ではk-r-m語根の第二形動詞karramaが使用されており、「私（悪魔）を超えるカラーマをアダムに与えた」と言い換えることが可能である。k-r-m語根の第二形動詞は「好意」に基づいて神が優越的な地位を与えるという意味で度々使われており、悪魔の神に対

(13)「それに家畜類、これは特にお前たちのために創り給うたもの。それでお前たち温かくもできれば、いろいろに使い途があり、食用にもする」（Q16: 5）など、人間のために創り出された被造物が存在すること、それらを人間は自分たちのために使って良いことを示す章句がクルアーンには複数ある（鎌田［二〇一九］四三）。

(14) *Encyclopaedia of Islam, New Edition* の項目 “Karāma” では、紙幅のほとんどが奇蹟という意味のカラーマに費やされていることからも分かるように、イスラム思想史研究者が主に注目してきたのは、こちらの意味でのカラーマであった（Gardet 1997, 615–616）。しかし、クルアーンのなかにはk-r-m語根が奇蹟と関連づけられるような箇所はない。そのため、カラーマが後にk-r-m語根の派生形第二形、第四形の動名詞takrīm, ikrām（ともに、～を高貴にすることを含意）と同一視されるようになり、さらに音が類似しているため神の恩寵を意味しカリスマの語源となるギリシア語kharismaとも同一視されたことで、神から神の友（walī Allāh）とされる聖者に与えられた天与の資質（charisma）という意味になったという説もある（Gardet 1997, 615）。スーフィズムの聖者やシーア派イマームが起こす奇蹟としてのカラーマについては、東長［二〇〇八］三二～三六を参照。

(15) ジュルジャーニーの説明は以下の通りである。「カラーマとは、［自らが］預言者であるという主張には関わらない個人の前で［神の］慣行を破る（khāriq al-ʿāda）出来事が起きることである。信仰と正しいおこないに関わらないものは［悪魔による］誘惑であり、預言者であるという主張に結びついたものはムウジザとされる」（Jurjānī 1985, 193）。

する反論の少し後の箇所には、次のような文章がある[16]（Maróth 2014, 156）。

それにしても我らはアダムの子らにはずいぶん特別の恩恵を与えたもの（karramnā banī Ādam）。陸や海を運んでやり、結構な物資を種々備えてやり。ほかにもいろいろ創造したものがあるのだが、そういうものよりもずっと上に引き立ててやった。（Q17: 70）

ここでもk-r-m語根の第二形動詞が使われ、「ずいぶん特別の恩恵を与えた」と訳されている。この箇所も「カラーマを与えた」と言い換えられるが、一七章六二節ではアダム個人が対象者だったカラーマが「アダムの子ら」すなわち人類にまで拡大されている。そして、その後の箇所では海や陸といった自然物が人間への特別な恩恵として与えられたこと、それらの自然物よりも上位に人間が位置づけられることが示される。八九章一五～一六節「ほんに人間というものは、主が試練《こころみ》のためにちと大事にして恵みを授けておやりになると（fa-akrama-hu wa-naʿʿama-hu）、「どうだ、主もわしをこんなに大事にしなさる（akrama-ni）」と（得意顔）。ところがまた試練のために授けものをちとひきしめてごらんになると、忽ち、「主がわしを軽んじた」などと言う」では第二形動詞とほぼ同じ意味の第四形動詞akramaが、「糧を与える」を意味する動詞naʿʿamaと並記されている。カラーマの結果得られる恩恵とは一義的には日々の糧が与えられることであることが推察されよう。また、この箇所ではカラーマには何らかの「試練」が伴い、その如何によっては恩恵が削減される事態もありえることが示唆される。「試練」の中身については詳述されていないが、カラーマはその人の信仰やおこないに関係なく無条件に維持されるものではないことが分かる。

カラーマはすべての人に同量だけ分配されるわけではなく、個人によって高低がある。このことを示すのが以下の章句である。

これ、すべての人間どもよ、我らはお前たちを男と女に分けて創り、おまえたちを多くの種族に分かち、部族に分けた。これはみなお前たちをお互いよく識り合うようにしてやりたいと思えばこそ。まこと、神の御目から見て、お前らの中で一番尊い（akrama-kum）のは一番神を畏れる者（atqā-kum）。（Q49: 13）

「一番尊い」と訳された akram は k-r-m 語根から生まれた形容詞 karīm の最上級であり、もっとも高貴な、カラーマが最も多い、などと訳しうる。ここでは人間間の多様性が神の恩恵として肯定された後、多様であったとしてもカラーマには人によって上下があることが示される。「一番神を畏れる者」と訳された atqā は、神に対する畏怖、畏敬、神罰への恐れを含意し、もっとも神を畏怖する者こそがカラーマにおいて最も高い位置を占めることになる。

以上述べてきたように、神からの「荷物（信託）」をあえて引き受け「地上における神の代理人」に指名されたことで人間に付与されたカラーマは、日々の糧を人間に保証し人間を自然界の頂点に位置づけるものである。この意味においてカラーマは人間全般にとっての「尊厳」でもあるが、「恩恵」や「特権」と訳すことも可能であろう。また、カラーマには人によって差があり、無条件に維持されるわけではない。カラーマの付与と背中合わせの「試練」、あるいは個々人間のカラーマを差異化する「神への畏れ」がクルアーンでは語られるが、その内容は必ずしも自明ではない。Maróth (2014, 158–160) はカラーマの成立要件としてクルアーンで示された道徳の遵守とイスラム法の実践に言及する。塩尻［二〇〇八］六一〜六二は、「荷物（信託）」を引き受けることを「その責任において善悪を選択する自由を得る」ことと解釈し、その具体的実践を信仰生

（16）k-r-m 語根のクルアーンでの使われ方については Maróth (2014, 156–157) により詳しい説明がある。

活と日常生活において神から与えられた指針に沿って生きることと理解した。これは、より具体的に言えば正しい信条を信じイスラム法の規範に従うことだと思われるので、「荷物（信託）」によって課せられたものとカラーマの高低を決定づけるものはおそらく同じものなのだろう。クルアーンは「荷物（信託）」の引き受けについて語った直後に、多くの人間が「横暴で無道者の本性」（Q33: 72）を発揮していることを非難しているので、その完全な履行は極めて難しく、遵守の度合いについては個人差が激しくそれに応じてカラーマに関する差も現れるのだろう。

Maróth (2014) はイスラム法の履行に関しては現代の法学者を参照し、現代におけるイスラム法の実践に話を移行させており、クルアーンにおける k-r-m 語根語彙の用法からいささか話が飛躍している。本稿では、Maróth (2014) や塩尻［二〇〇八］が指摘する、クルアーン内の道徳の遵守、イスラム法の実践、信仰生活と日常生活において神から与えられた指針に沿って生きることを、それらを包括する義務賦課（taklīf）の問題と読み替えて、次節においては、後代の神学者が、人間がどの程度義務賦課を理性的に解釈しうると考えたのかを考察したい。ここで義務賦課を持ち出すのは、現代における法の実践に飛躍するよりも、クルアーン内の「荷物（信託）」、カラーマといった概念が古典イスラム思想において確立した義務賦課論にどう連結されるのかを考える方が、前近代のイスラム思想において尊厳に相応するものの実像に迫れると考えたからである。

3．義務賦課と人間の理性

義務賦課を意味するタクリーフ（taklīf）は第二形動詞 kallafa の動名詞であり、神が被造物に対して自らの法に従うよう義務づけることを意味し、神学、法学で議論される。義務として課されたということは、それを遂行したかどうかが来世における審判の対象となるということであり、未成年や狂気に陥った者などは対象外である（Gimaret 2000, 138; 松山［二〇一九］五四）。この義務賦課を通じて神と人間は義務賦課者（mukallif）・義務賦課対象者（mukallaf）という関係性を取り結ぶ。タクリーフがそのままの形でクルアーンに現れることはないが、関連語は六箇所で使われている。二章二八六節には「神は誰にも能力以上の負担を背負わせ給う（yukallifu）ことはない。儲け分も欠損もすべては自分で稼いだだけのもの」とあるが、「背負わせ給う」と訳されたyukallifuは動詞kallafaの未完了形である。この章句にあるように、イスラム教徒はすべて同じ負担を背負っているわけではない。たとえば、法学における聖戦（jihād）を例に挙げると、この遂行を義務づけられる対象は成人男子だけであり、女性や子どもには義務づけられない。「自分で稼」ぐ、すなわち主体的に正しい信仰箇条を信じ、自分に義務づけられた法学上の義務を遂行し、禁じられたことを信じずおこなわなければ、「儲け分」、すなわち来世での地位の向上、そしておそらくはカラーマの増大につながるということである。

Gimaret（2000, 138–139）によれば、義務賦課については（a）人間は神が自分に課した義務をいかにして知ることができるのか、（b）神はなぜ人間に義務を課すのか、（c）神は人間に不可能なことを課すことができるのか、という三点が神学上の主要な問題となる。本稿の論旨に関わるのは（a）であり、まずはこの問題に関するムウタズィラ学派の見解を紹介したい。(17)

(17)（b）神はなぜ人間に義務を課すのか、という問題に関するムウタズィラ学派の答えは、神はあらゆることに関して人間にとっての善のために行動しており義務賦課によって善に至れるから、というものである。（c）神は人間に不可能なことを課すことができるのか、という問題については、不可能なことを命令するのは神の正義に反するのでありえないというのがムウタズィラ学派の立場であり、これは本文で引用したクルアーン章句「神は誰にも能力以上の負担を背負わせ給うことはない」に字義通りに従った理解である。Gimaret (2000, 138) を参照。

3・1 ムウタズィラ学派

ムウタズィラ学派(al-Mu'tazila)は八世紀前半にイラク南部のバスラで成立した最初の体系的な神学派であり、(1)神の唯一性(tawḥīd)、(2)神の正義('adl)、(3)楽園の約束と火獄の威嚇、(4)(大罪を犯したイスラム教徒の身分に関する)中間の立場、(5)善行を命じ悪行を禁じることからなる五原理が共通の見解とされる(大塚ほか[二〇〇二]九五九)。彼らは概して、善悪は人間の理性によって客観的な価値判断として提示されうるとし、人間は理性によって神の行為も人間の行為も判断できると考えており(塩尻[二〇〇一]一二一〜一二三)、その前提に立てば神の正義は人間理性が把握しうる正義の延長上にある。

アシュアリー学派の神学者シャフラスターニー(Abū al-Fatḥ al-Shahrastānī、一一五三年没)は、その著名な分派学書において、ムウタズィラ学派に共通する義務賦課論について次のようにまとめている。

ムウタズィラ学派は以下の点についても合意していた。知の根源〔を探求すること〕と慈愛への感謝の念は啓示が到来する以前からの義務であり、理性によって善悪を知ることも義務であり、善を採用し悪を遠ざけることも同様に義務である。〔その後で〕義務賦課(takālīf, taklīf の複数形)がなされるのは、いと高き造物主の恩寵ゆえなのであり、造物主は預言者たち——彼らに平安あれ——を媒介とし、〔人間を〕試し取捨選択するために義務賦課を人びとにもたらしたのである。(Shahrastānī 1997, 35–36)

義務賦課を成立させる根源は神の正義である(塩尻[二〇〇一]一二三)。神と人間が善悪の価値を共有し、人間の理性が善悪と神の正義を捕捉しうるのだとしたら、人間は啓示が下らなくても善悪を知り、善をおこない悪を遠ざけなければならない。啓示を通じて示された義務賦課は、それをきちんと実践したかどうかで人々を振り分け、その如何によっては来世での行き先も変わってくることになるが、高度な理性的類推をおこなえない人々も多いので、全人類に与えられた恩寵であるとも言える。[18]

ムウタズィラ学派においては、人間の理性による判断と啓示による教示は基本的に一致するとされるが、高い知能をもつ人ならば啓示は無用だということにはならない。同学派神学者アブドゥルジャッバール（ʿImād al-Dīn ʿAbd al-Jabbār, 一〇二四／五年没）によれば、啓示を通じた義務賦課は、たとえ理性によって判断されたものと同一であったとしても、その判断を神の命令という形で確証する。さらに、行為に関する事柄については理性の判断が及ばないものもあり、それらは啓示により来世での救いにつながる義務や勧告へと変換される。啓示を知らない、あるいは受け入れない異教徒でも理性によって義務を果たすことは可能であるが、理性による判断は啓示によって補完されるべきなのである（塩尻［二〇〇二］一〇四～一一二）。

3・2　アシュアリー学派

アシュアリー学派は、元々はバスラのムウタズィラ学派アブー・アリー・ジュッバーイー（Abū ʿAlī al-Jubbāʾī, 九一五年没）の弟子であったが、師と袂を分かったアシュアリー（Abū al-Ḥasan al-Ashʿarī, 九三五／三六年没）を祖とする学派であり、一一世紀にニザーミーヤ学院の主要科目として採用されることでスンナ派の正統神学派の地位を獲得した。アシュアリー登場以前は人間の理性に信を置くムウタズィラ学派と思弁的解釈を忌避する伝承主義が対立していたが、伝承主義的な信条をムウタズィラ学派に通じる弁証によって擁護する点にアシュアリー学派の特徴がある（大塚ほか［二〇〇二］一三～一四）。

（18）アブドゥルジャッバールによれば、義務として賦課されるものは義務（wājib）と勧告（nadb）のみで禁止は含まれず、それらは来世における良き評価に関わるものだけである（塩尻［二〇〇二］一五七～一六二）。

神の正義を人間理性が把握しうるとし、来世の賞罰を現世における人間の行為の合理的な帰結として設定するムウタズィラ学派とは違い(19)、アシュアリーは神の正義や賞罰について不可知論的な立場を採る。神の正義が人間理性の判断を超えるものだとしたら、理性的判断と啓示による教示は必ずしも一致しなくなる。この点についてシャフラスターニーはアシュアリーの見解を次のようにまとめる。

> アシュアリーはさらにこう説く。義務はすべて啓示に基づく。知性は何も義務づけず、善い悪いといった判断も要請しない。いと高き神の知識（maʿrifa）は知性によって得られるが、義務づけられるのは啓示によってである。いと高き神は仰有った、「われらが懲罰を下す場合にはかならずまえもって使徒を遣わすことにしてある」（17:15）。施与者への感謝も、従僕への褒賞も、叛徒への懲罰も同様であり、これは知性ではなく啓示によって義務となる。たほういと高き神にたいしては〔人間の〕知性によってはなんらも義務ではない。健全（ṣalāḥ）も最適（aṣlaḥ）も恩寵（luṭf）もそうである。義務づける叡智という点から知性が要請する事柄はいずれについても、別の面ではむしろその反対を知性は要請するのだ。
> (Shahrastānī 1997, 81–82; 宮島・大渕［二〇二〇］五六)

アシュアリーによれば、義務は理性によって予測しうるようなものではなく、啓示を通じた神の命令によってしか賦課されることはなく、理性が神に対して何らかのことを義務づけることもない。ムウタズィラ学派は、正義に基づいて神は人間に対して最善のこと（aṣlaḥ）しかおこなわないという最善説を採るが、そのような人間の側からの要請や判断に神は縛られない。

註17で述べたように、ムウタズィラ学派にとっての神は、その正義に反するがゆえに人間に実行不可能な義務を課したりはしない。アブドゥルジャッバールも先に引用したクルアーン二章二八六節「神は誰にも能

力以上の負担を背負わせ給うことはない」を文字通りに理解し、遂行不可能なことを神が命令することはなく、義務賦課で課されたことは人間の能力の範囲内に限定されると主張した（塩尻［二〇〇一］一五三）。アシュアリーは二章二八六節の意味を次のように解釈する。

> そのことに関する返答は以下の通りである。いと高き神は、悪へと誘う発想を自らから消滅させるという霊魂を悩ませるような事柄を義務づけたりはしない。なぜならば、罪を犯すことについて思い悩んだ後、結局罪を犯さなかった場合でも、いと高き神はそのようなこと（悪へ誘う発想の消滅）については捨て置いて、そのような発想によってイスラム教徒の霊魂が誘われる先にある罪［を犯す］余地を彼らに対して残しておくからである。「神は誰にも能力以上の負担を背負わせ給うことはない」［の「能力以上の」という箇所の］意味とは「神が課したこと以上の[20]」ということである。なぜならば、神が僕たちに命令したことについては、それを実践しても僕たちは思い悩んだりはしないし、それを達成できる能力に欠けるわけでもないからである。（Ash'arī 1993, 106）

（c）神は人間に不可能なことを課すことができるのか、という問題について、神は人間が理性によって判断する正義の枠に囚われないのだから、アシュアリーとその後継者たちは、ムウタズィラ学派とは違い肯定の立場を採る。しかし、クルアーン二章二八六節は素直に読めば「神は遂行不可能なことを人間に義務づ

（19）ムウタズィラ学派のナッザーム（Abū Isḥāq al-Naẓẓām, 八三五年または八四五年に没）は、現世での行為の帰結として定まる来世での行き先について神は干渉できず、来世での賞罰の変更もできないとしている（Shahrastānī 1997, 42）。

（20）「神が人間霊魂に課したこと」（mā taṭayyaqa-hu 'alay-hā）とは、アシュアリー学派の獲得理論に基づいて神が創造し人間が獲得した事柄を指す。Frank (1966, 71) を参照。

けたりはしない」というムウタズィラ学派の義務賦課論に沿った理解になってしまう。そのためアシュアリーは「心の中に浮かぶ発想を滅却するという困難極まりないことを義務賦課しない」「義務づけたこと以外を義務賦課しない」と読み替える。不可能なことを人間に義務賦課することもありえるという主張は、上記の引用箇所の前後にはさすがに現れないが、別の箇所（Ash'arī 1993, 100–101）では明示されている。

ムウタズィラ学派の義務賦課論においては、理性による判断は啓示が下っていない状態での倫理的行動をも可能にし、解釈や実践において理性には多くの役割が託された。義務賦課それ自体が人間を善に導くためにおこなわれ、達成可能なことしか命令されない彼らの義務賦課論は人間中心的とすら言えるかもしれない。これに対し、アシュアリー学派の義務賦課論には啓示を通じた一方的なものであり、人間の理性による判断は啓示の解釈には活用できても、啓示自体を補うことはできない。[21] 人間の合理的判断や正義に神はまったく拘束されないので、到底達成できないことが義務として賦課されることもありえる。彼らの義務賦課論は人間中心主義からはほど遠い。

4. おわりに

尊厳概念に比較的近いと思われるアラビア語、カラーマは、少なくとも前近代のイスラム思想においては周縁的な術語であり、尊厳に近い含意の場合には議論の的になるようなことも少なかった。しかし、クルアーンにおける人間観を描く際には、この語はキーワードになる。「神の似姿」という観念はハディースにあってもクルアーンには現れない。その代わりに人間を被造物の頂点に導き「地上における神の代理人」としたのは、他の被造物が引き受けを拒絶した「荷物（信託）」の引き受けである。これによって成立したのが人間のカラーマであり、神による人間の特別扱い、人間に与えられた特権といった意味合いが濃厚である。そして、このカラーマゆえに他の被造物は人間に奉仕する存在となる。「似姿」概念が欠如していても、神との関係によって規定され他の被造物との関係性を基礎づけるカラーマは、カント的な尊厳概念よりは前近代のカトリック的尊厳概念にはるかに近い（ローゼン［二〇二一］三二〜三三）。

神から委ねられた「荷物（信託）」が具体的に何なのかはクルアーンでは示されていないが、クルアーン解釈学では神による義務賦課を指すと考えられてきた。義務賦課のとらえ方、そしてそれによる神と人間の関連付けは神学派によってかなり異なる。ムウタズィラ学派の義務賦課論は、神や啓示や来世を不可欠の前提としている点で近代西欧に生まれた非宗教的尊厳概念とは一線を画すが、人間の理性とそれに基づく正義概念、倫理を高く評価する点では連続性や類比性を見出すことができるかもしれない。他方、正統神学派たるアシュアリー学派については人間の理性が活躍できる余地がほとんどなく、神と人間の関係性も一方通行的なものとなる。「荷物（信託）」といったクルアーンの基礎概念はおおむね共有されていても、それにどのような義務賦課論を接続するかによってイスラム教的人間観は大きく変わってくるのである。

(21) アシュアリー学派における理性の使われ方と義務賦課との関係については、Wensinck (1965, 261–262) を参照。

参考文献

Ashʿarī, Abū al-Ḥasan al-, *Kitāb al-Lumaʿ*, ed. by Ḥamūdah Ghurāba, Cairo: al-Maktaba al-Azharīya li-l-Turāth, 1993.

Frank, Richard M., "The Structure of Created Causality According to al-Ashʿarī: An Analisys of the *Kitāb al-Lumaʿ*, §§ 82–164," *Studia Islamica* 25, 13–75, 1966.

Gardet, Louis, "Karāma," in Hamilton A. R. Gibb et al. (eds.), *Encyclopaedia of Islam*, new edition, vol. 4, Leiden: E.J. Brill, 615–616, 1997.

Gimaret, Daniel, "Taklīf," in Hamilton A. R. Gibb et al. (eds.), *Encyclopaedia of Islam*, new edition, vol. 10, Leiden: E.J. Brill, 138–139, 2000.

Jurjānī, ʻAlī ibn Muḥammad al-Sayyid al-Sharīf al-, *Kitāb al-Taʻrīfāt*, Beirut: Maktaba Lubnān, 1985.
Maróth, Mikós, "Human Dignity in the Islamic World," in Marcus Düwell et al. (eds.), *The Cambridge Handbook of Human Dignity: Interdisciplinary Perspectives*, Cambridge: Cambridge University Press, 155–162, 2014.
Rāzī, Fakhr al-Dīn al-, *Tafsīr al-Fakhr al-Rāzī: al-Tafsīr al-kabīr wa Mafātīḥ al-ghayb*, 32 vols., Beirut: Dār al-Fikr, 1990.
Rosenthal, Franz, *The Muslim Concept of Freedom, Prior to the Nineteenth Century*, Leiden: E. J. Brill, 1960.
Shahrastānī, Abū al-Fatḥ al-, *al-Milal wa al-niḥal*, ed. by Ṣidqī Jamīl al-ʻAṭṭār, Beirut: Dār al-Fikr, 1997.
Takeshita, Masataka, "The *Homo Imago Dei* Motif and the Anthropocentric Metaphysics of Ibn ʻArabī in the *Inshāʼ al-Dawāʼir*," *Orient* 18, 111–128, 1982.
Wensinck, A. J., *The Muslim Creed: Its Genesis and Historical Development*, London: Frank Cass, 1965.
井筒俊彦（訳）『コーラン』上中下、岩波文庫、一九六四年。
エスポズィト、ジョン&ジョン・ボル（宮原辰夫・大和隆介訳）『イスラームと民主主義』、成文堂、二〇〇〇年。
大塚和夫・小杉泰・小松久男・東長靖・羽田正・山内昌之（編）『岩波イスラーム辞典』、岩波書店、二〇〇二年。
大稔哲也（編）『「アラブの春」のアクチュアリティ――エジプト一月二十五日革命にみるグローバリゼーション下の日常的抵抗』、山川出版社、二〇二四年。
加藤泰史（編）『問いとしての尊厳概念』、法政大学出版局、二〇二四年。
鎌田繁「イスラームにおける死――自殺、殉教、安楽死」、『死生学年報』一五、二九～四六、二〇一九年。
塩尻和子『イスラームの倫理――アブドゥル・ジャッバール研究』、未來社、二〇〇一年。
塩尻和子『イスラームの人間観・世界観：宗教思想の深淵へ』、筑波大学出版会、二〇〇八年。
東長靖「イスラームの聖者論と聖者信仰――イスラーム学の伝統のなかで」、赤堀雅幸（編）『民衆のイスラーム――スーフィー・聖者・精霊の世界』、山川出版社、一三～三九、二〇〇八年。
松山洋平（編著）『イスラーム神学古典選集』、作品社、二〇一九年。
〔マハッリー、ジャラールッディーン&ジャラールッディーン・スユーティー〕（中田香織訳、中田考監訳）『タフスィール・アル＝ジャラーライン（ジャラーラインのクルアーン注釈）』、日本サウディアラビア協会、二〇〇二～二〇〇六年。
宮島舜・大渕久志「アシュアリー学派神学概要――シャフラスターニー『諸宗教と諸宗派』前篇第一部第三章第一節訳注」、『イスラーム思想研究』四号、三七～五八、二〇二二年。
ローゼン、マイケル（内尾太一・峯陽一訳）『尊厳――その歴史と意味』、岩波新書、二〇二一年。

6　イスラームにおける尊厳と尊厳死（消極的安楽死）
ファトワーの分析を中心に

青柳かおる

1．はじめに——イスラームにおける尊厳と人権

本稿では、イスラーム教徒の議論、とくにファトワー（fatwā）において、尊厳および尊厳死がどのように論じられているのかを分析する。ファトワーとは、一般信徒の質問に対するウラマー（法学などのイスラーム諸学を修めた学者）[(1)]の回答、法的裁定である。イスラーム教徒は神の命令とも言えるイスラーム法（シャリーア）に従って生活しているが、イスラーム法は、主に二大聖典コーランとハディース（預言者ムハンマドの言行を伝える伝承）の解釈から導き出される。ウラマーによるコーランとハディースの解釈は時代や地域によって異なり、多数派と少数派の見解が併存する体制がとられた。有名な法学者は、一般信徒の質問に対して、過去のウラマーの見解なども参照しつつファトワーを発出し、信徒はそれを参考に自分の取るべき行動を決定する。信徒はウラマーに直接会って相談したり、電話したりする場合もあるし、新聞や雑誌、テレビなどで

（1）イスラーム法がイスラーム諸学の中でも主要な学問であることから、イスラーム法学者と訳されることも多い。

質問を受け付け、ウラマーが回答する場合もある。従来、ファトワーは口頭や紙媒体が中心だったが、現在ではファトワー提供ウェブサイトも存在し、広く公開されている。

さて「人間の尊厳」という概念は前近代のイスラーム思想にはなかったもので、尊厳と訳されるアラビア語の「カラーマ（karāmah）」とは人間が被造物の中で特別扱いされることを意味する。[2]「本当にわれは、諸天と大地と山々に信託を申しつけた。だがそれらはそれを担うことを辞退し、かつそれについて恐れた。人間はそれを担った（コーラン三三章七二節）[3]」という章句は、人間はほかの被造物が拒んだ神からの信託（アマーナ）を受け入れたとし、人間が被造物の中で特別な存在であることを示している（鎌田［二〇一九］三二〜三三）。ただ、このように人間が特別な存在であることを示す聖典の記述はあっても、西欧近代的な人間の尊厳概念はイスラーム世界には存在しなかったのである。

フランス革命以降、一部の市民は人間の尊厳を持つとされるようになり、一九四八年の世界人権宣言第一条において、「すべての人間は、生まれながらにして自由であり、かつ、尊厳と権利とについて平等である」[4]とされた。[5]日本の法務省によると、「人権とは、すべての人間が、人間の尊厳に基づいて持っている固有の権利である。人権は、社会を構成するすべての人々が個人としての生存と自由を確保し、社会において幸福な生活を営むために、欠かすことのできない権利であるが、それは人間固有の尊厳に由来する。[6]」このように、一般に人間の尊厳は人権を基礎づける根拠とされている。

一方、一九九〇年にカイロで開催されたイスラーム諸国会議機構（ＯＩＣ）[7]で「イスラームの人権に関するカイロ宣言」（カイロ人権宣言[8]）が採択された。世界人権宣言が、すべての人が持つ自由権及び社会権の最も基本的権利が簡潔に記述されているのに対し、カイロ人権宣言には、条項により権利や義務を持つ者が区別されていたり、女性や児童に関する条項が含まれ、男性と女性それぞれが持つ権利と義務等について明記されており、イスラーム色が前面に反映された内容となっている（松沢［二〇一三］[9]）。イスラーム法は、男女の権利義務関係について、国際人権スタンダードとは異なる定めをしており、それを体現するのがカイロ人権宣言である（桑原［二〇一五］四一）。イスラームの伝統的解釈においては男女それぞれの権利と義務があり、世界人権宣言に述べられている人間一人ひとりが平等に持つとされる権利はほとんど認められていないのである。[10]

（2）菊地達也氏（東京大学大学院教授）によるご教示。感謝申し上げます。

（3）コーランの和訳およびアラビア語原典は、三田了一訳『日亜対訳・注解　聖クルアーン』のウェブ版を参照したが、和訳については一部改訳したところがある。スンナ派伝承集（ハディース集）のアラビア語原典については、sunnah.com を参照した。またURLの最終閲覧日はすべて二〇二四年八月一八日。

（4）世界人権宣言の和訳については、外務省の「世界人権宣言（仮訳文）」https://www.mofa.go.jp/mofaj/gaiko/udhr/1b_001.html 参照。

（5）一七八九年のフランス人権宣言は、第六条で尊厳に言及した。「全ての市民は、法律の前に平等であり、あらゆる尊厳、つまり、徳行と才能以外の差別なく、その能力に従って、あらゆる地位・公職につく資格がある」とし、「地位・公職につく資格」として用いられ、権威や威厳の意味で用いられたことが理解できる。ここで言う市民は、一定の税金を支払った男性のみを表していることからも、人に値する者は極めて限定されていた。人間の尊厳が、一九四八年の世界人権宣言の第一条において、「すべての人間は、……尊厳と権利とについて平等である」と規定されたことで、特定の「市民」から「人間一般」の尊厳へと昇華し、今日的な意味（基本的人権との関係性）で使用されることとなった（芝田［二〇一八］二二～二三）。

（6）「人権尊重の理念に関する国民相互の理解を深めるための教育及び啓発に関する施策の総合的な推進に関する基本的事項について（答申）」（平成一一年（一九九九年）七月二九日）より。https://www.moj.go.jp/shingi1/shingi_990729-2.html#mokuji

（7）二〇一一年よりイスラーム協力機構（ＯＩＣ）と改称。

（8）カイロ人権宣言の英語による全文については、以下を参照。https://www.hurights.or.jp/archives/other_documents/section1/1990/03/the-cairo-declaration-on-human-rights-in-islam-1990.html

（9）とはいえ、今日すべてのイスラーム諸国が主要な国際人権条約のいずれかを批准していることから、カイロ人権宣言はイスラーム諸国の法的義務というよりも、道徳上の義務を明確にしたものと言えよう（松沢［二〇一三］）。

（10）フェミニストなどによる男女同権を説くリベラルな解釈も、少数派ではあるが存在する。

ただ、カイロ人権宣言第六条（a）には、「女性は、人間としての尊厳において男性と平等であり、享受すべき権利と果たすべき義務を有し……」と記されており、人間の尊厳については男女平等とされている。[11] 男女は尊厳において平等であるが、尊厳を守る生き方をしようとすれば、男女それぞれで異なると言えよう。「人間の尊厳を守る生き方」とは、「自分のことは自分で決め、自分らしく生きること」であり、「尊厳のうちに死ぬ権利」[12]にも発展していく。イスラーム世界では、欧米と同様、消極的安楽死（尊厳死）を認めるファトワーが発出されているが、人間の尊厳という概念を根拠にしているのだろうか、それとも人間の尊厳に触れずに、イスラーム独自の議論が行われているのだろうか。本稿では、人間の尊厳や消極的安楽死に関するファトワーを分析し、イスラームでは西洋起源の尊厳概念がどのような文脈で述べられているのか、また消極的安楽死を許容するイスラーム独自の議論が見られるのかを明らかにしたい。

なお、ファトワー提供ウェブサイト Islam Q&A のアラビア語版で関連する語を検索し、さらにカラダーウィーの紙媒体のファトワー集『現代のファトワー（*Fatāwā Muʿāṣirah*）』における安楽死の箇所を読んだ範囲では、アラビア語のファトワーにおいて「尊厳死（mawt bi-karāmah）」という文言は見られず、「受動的に死を容易化すること（taysīr al-mawt al-munfaʿil）」つまり消極的安楽死、もしくは「生命維持装置の取り外し（rafʿ ajhizah al-inʿāsh）」という語が用いられていた。また Islam Q&A の英語版で検索した範囲では、英語のファトワーでも passive euthanasia, to remove life support from the patient という語は見られたが、death with dignity, dignified death という語は見当たらなかった。そこで本稿では、日本を含む一般的な議論をする際は尊厳死という語を使用するが、イスラームの議論においては消極的安楽死という語を使用する。[13]

2．日本における尊厳死の議論

今日、(一)苦痛緩和処置によって副次的に生命短縮がもたらされる間接的安楽死、(二)生命延長処置を差し控える消極的安楽死、(三)自殺ほう助および積極的な致死手段によって生命を直接短縮する積極的安楽死と称される三分類は、法分野をはじめ多様な領域において広く使用されているが、近年では積極的安楽死のみを安楽死と称することも多い(大谷[二〇一一]一八九)。消極的安楽死(延命治療の不開始・中止)は尊厳死とも呼ばれる。多くの国では、消極的安楽死と間接的安楽死は臨床上適切な行為として問題にされない(谷田[二〇一二]四)。

一九九四年、日本学術会議の「死と医療特別委員会」は、尊厳死を「助かる見込みがない患者に延命治療を実施することを止め、人間としての尊厳を保ちつつ死を迎えさせる」こととした。そして「過剰な延命治療の不開始・中止」であって「自殺でもなければ、医師の手による殺人でもない」ので、「延命治療の中止は一定の要件のもとに許容しうる」とした(谷田[二〇一二]四)。日本では、尊厳死とは消極的安楽死を意味しているのである。後述するように、イスラームでも、消極的安楽死は容認され、積極的安楽死は禁止されている。

(11)「かれはひとつの魂からあなたがたを創り、またその魂から配偶者を創り(コーラン四章一節)」という文言は、人間は男女とも同じ源から創造された同等な存在であると解釈できる。

(12)「患者の権利に関するWMAリスボン宣言」(第三四回世界医師会総会、一九八一年)には、「患者は、……できる限り尊厳を保ち、かつ安楽に死を迎えるためのあらゆる可能な助力を与えられる権利を有する」とある。https://www.med.or.jp/doctor/international/wma/lisbon.html

(13)アラビア語のファトワーでは安楽死には、「慈悲殺(qatl al-raḥmah)」または「死を容易化すること(taysīr al-mawt)」という語が、積極的安楽死には、「能動的に死を容易化すること(taysīr al-mawt al-fa'āl)」という語が用いられていた。

次に、公益財団法人日本尊厳死協会のウェブサイトの「よくある質問(14)」から尊厳死に関する説明を参照しよう。

【尊厳死】協会が主張する「尊厳死」とはどんな死ですか。
尊厳死とは生きることの放棄ではなく、健やかに自分らしく生き、尊厳を保って安らかな最期を迎えるということです。傷病により死が迫っている場合や、意識のない状態が長く続いた場合に、本人の意思に基づき、死を引き延ばすためだけの医療措置を受けないで、自然の摂理に従って受け入れる死のことです。

このように日本尊厳死協会は、尊厳死とは患者本人の意思、自己決定が重視された自然死だとしている。

【尊厳死と安楽死】尊厳死とは安楽死とどう違うのですか。
尊厳死は、人生の最終段階において延命措置を断わり自然な死を迎えることです。これに対し、安楽死は、耐え難い苦痛を持つ人の要請により、医師など第三者が直接薬物を投与、あるいは医師が処方した致死薬を患者自身が体内に入れたことによる死を言います。どちらも「本人の意思による」という共通項はありますが、「命を積極的に断つ行為」の有無が決定的に違います。

このように日本尊厳死協会は、消極的安楽死を延命措置を断って自然死を迎えることであるとして尊厳死として認め、安楽死を積極的に命を絶つ行為であるとして認めていない。

一方、広義の尊厳死は「患者は尊厳のうちに死ぬ権利がある」という考えに基づくものすべてを含むため、積極的安楽死も含まれる（松本［一九九八］九五）。積極的安楽死を合法化した国として、オランダ（二〇〇一年）、ベルギー（二〇〇二年）、ルクセンブルク（二〇〇九）があり、米国では一部の州で、末期患者に対する医師による自殺ほう助が認められている。[15] 積極的安楽死については、患者が自分で決めたことであり、認められるという国や州があるが、日本やカトリック、[16] イスラーム圏では認められていない。

次に日本尊厳死協会は、自己決定権に関わるリヴィング・ウィル（生前の意思）[17] について以下のように説明している。[18]

辛い闘病を強いられ、「回復の見込みがないのなら、安らかにその時を迎えたい」と思っている方々も多数いらっしゃいます。「平穏死」「自然死」を望む方々が、自分の意思を元気なうちに記しておく。それがリヴィング・ウィルです。……日本尊厳死協会は、人生の最終段階における医療・ケアを自ら選択する権利が保障され最期まで自分らしく尊厳を保って生きることができる社会の実現を目指しています。……もしもの時、どのような医療を望むか望まないかは、あなた自身が決めることです。これは憲法で保障されている基本的人権の根幹である自己決定権に基づいています。

---

(14) https://songenshi-kyokai.or.jp/qa
(15)【海外の立法】に関する質問への回答より。https://songenshi-kyokai.or.jp/qa 参照。
(16) カトリックでは、「殺す」という概念に入る方法を用いるものは認められないため、「治療の中止」という狭義の消極的安楽死のみを認めている。松本［一九九八］九五～九六参照。
(17) 日本尊厳死協会は「リビング・ウィル」と表記しているが、本稿では「リヴィング・ウィル」で統一した。
(18) https://songenshi-kyokai.or.jp/living-will

自分で人生の最終段階の医療を決めておくことは、最期まで尊厳を保ちながら死を迎えることにつながるという。欧米および日本の尊厳死（欧米の一部の国・州では広義の尊厳死として積極的安楽死も含む）の議論においては、尊厳死とは人間の尊厳を守り、自分の決定において自然死を選択することだとされ、尊厳という概念が重要である。イスラームでは尊厳および尊厳死についてどのように論じているのか、次節から考察したい。

3．人間の尊厳に言及しているファトワー

3・1　アウラ（隠すべき身体の範囲）に関するファトワー

ここでは、サウジアラビアのウラマーでサラフィー主義者[19]のムハンマド・サーリフ・アル＝ムナッジド（Muḥammad Ṣāliḥ al-Munajjid, 一九六一年～）が監修するファトワー提供ウェブサイト、Islam Q&A[20]を参照し、「人間の尊厳」というワードに言及しているファトワーを分析したい。現代において、ワッハーブ派を国是とするサウジアラビアの国力が高まるにつれ、サラフィー主義の影響力が大きくなっており、本稿ではサラフィー主義者が監修するファトワーを取り上げることにした。

Islam Q&A のなかで、“human dignity,” “dignity of man” で単語一致検索をすると、以下の一一件のファトワーのタイトルがヒットした。

- ピアスは許されますか
- レーザー脱毛は非合法（ハラーム）ですか
- 新規の入信者は、礼拝時にヒジャーブ（ヴェール）をかぶる義務について懐疑的です
- 西洋の人権団体とそれらの団体に判断を仰ぐことに関する裁定

・パレスチナにおけるムスリムの状況
・臓器移植は合法（ハラール）ですか
・なぜ宗教が必要なのですか
・災難に感謝すると災難が増えるのですか
・無神論者は、なぜあなたは私を嫌うのかと尋ねます
・ヨガは非合法ですか
・人間のクローンに関する裁定

最初の四つのファトワーについては本稿で後述するので、それ以外のファトワーの内容を簡単に列挙する。聖地では、シオニストが人間の尊厳も条約も法律も顧みていないこと、臓器移植は、人間の尊厳を守るシャリーアのガイドラインなしに実践されれば社会的害悪が生じること、徳と人間の尊厳の重要性への信念および神への信仰こそが人間を律すること、災難が起きたときにアッラーのため、そして人間の尊厳を保つために忍耐することが対処法の一つであることが述べられている。さらに一四〇〇年前、地球は人間の尊厳を踏みにじる圧制に満ちていたが、イスラーム法によって信教の自由を含む権利がもたらされたこと、ヨガが禁止される理由の一つは、動物を模倣する姿勢をとることが人間の尊厳を損なうこと、科学研究は、人間の尊厳と神が人間を創造した崇高な目的を守らなければならないため、人間は実験の対象とされるべきではな

(19) サラフィー主義とは、七〜八世紀の初期世代（salaf）を模範とし、コーランとハディースを規範およびその典拠として固守する思想である。一八世紀にアラビア半島で誕生したワッハーブ派が、このサラフィー主義を代表する（西野［二〇一七］一一五）。
(20) イスラームに関する総合ウェブサイト、たとえば本稿第四節で後述するカラダーウィーが創設したIslam Onlineでもファトワーが掲載されている。またシーア派ではイランの最高指導者ハーメネイーの公式サイトにハーメネイーのファトワー集が公開されている。

いことなどが述べられている。

これらのファトワーでは、人間の尊厳とは人間の尊さ、名誉、自尊心といった意味で用いられていると思われる。世界人権宣言およびカイロ人権宣言で述べられているすべての人間が持つ尊厳、男女が平等に持つ人間の尊厳と矛盾していないと言えよう。なおこれらのファトワーには、男女の区別という視点は見られなかった。

次に、アウラ（ʿawrah）を隠すことが人間の尊厳を守ることだとするイスラームに特徴的なものだと思われるファトワーを三つ参照する。アウラとは隠すべき身体の範囲であり、男性のアウラは臍から膝までであり、近親者以外の男性の前での女性のアウラは顔と両手を除く全身である。(21)

「ピアスは許されますか（Piercing in Islam: Allowed?）」（二〇一一年五月一一日付、回答者不明）(22)というファトワーでは、女性がプライベートな部分を含め、体のあちこちに穴を開けてボディピアスを装着することは許されるのかについて、ピアスをつけることに問題はないとしつつ、以下のように述べられている。

ピアスをつけることが、アウラを露出させ、見知らぬ人や男女問わず非マフラム（近親者以外の人たち）にそれを見られることを伴う場合、これは間違いなくハラームな行為（禁止行為）です。アウラを露出することの害悪は、装飾品を身につけることの利益よりも大きいです。なぜならアウラを露出することは、私たちの宗教では決定的に禁じられていることの一つだからです。それ（ボディピアス）の露出は、アウラの露出や人間の尊厳の侵害につながり、罪を犯す誘惑は、イヤリングをつけることによって装飾の目的を達成することよりも、はるかに深刻です。

女性がボディピアスをつけること自体は許されるが、人に見せてはいけない身体の箇所（アウラ）につけたボディピアスは、それを他人に見せるならば禁止だという。そしてアウラにつけたボディピアスを他人に見せることは、人間の尊厳の侵害につながるとして警告している。[23]

次に「レーザー脱毛は非合法ですか（Is Laser Hair Removal Haram?）」（二〇二〇年四月一三日付、回答者不明）[24]というファトワーでは、以下のように述べられている。

レーザー脱毛は、それが有害であると証明されない限り、許されます。しかし、そのためにアウラを露出する必要がある場合は、緊急の必要性がなければならないと規定されています。……アウラを隠すことは義務であり、人間の尊厳の重要な一面であり、とくに女性にとっては最良の習慣の一つです。しかし、必要な場合には見せることは許されます。

アウラの脱毛自体は必要がある場合は許されるが、とくに女性のアウラを隠すことが人間の尊厳を守るこ

(21) ラーズィー（al-Rāzī, 一二〇九年没）は「彼らの視線を低くし（コーラン二四章三〇節）」の注釈において、アウラを（一）男性に対する男性のアウラ、（二）女性に対する女姓のアウラ、（三）男性に対する女性のアウラ、（四）女性に対する男性のアウラという四つに分類している。（一）、（二）の同性に対するアウラはどちらも臍から膝の間であり、（四）の近親者以外の女性に対して男性が見せてはならないアウラもやはり臍から膝までの部分である。（三）の男性に対する（奴隷身分ではなく自由身分の）女性のアウラは、身体全体がアウラであり、近親者以外の男性の前では覆われなければならない。ただし、売買の際に顔を見る必要があり、ものを取ったり渡したりする時に手を出す必要があるため、顔と両手はアウラから除外されている（後藤［二〇〇三］一三八、*Tafsīr*, Vol. 23, 203-205）。

(22) https://islamqa.info/en/answers/160292/

(23) 男性がピアスをつけることは、女性の模倣になるため許されないという。

(24) https://islamqa.info/en/answers/309968/

とだということが強調されている。女性同士であっても臍から膝までの間はアウラであり、必要性がなければ見せることはできないのである。

ほかのファトワーでも、女性イスラーム教徒の礼拝時の服装に関する質問への回答では、露出の少ない服装で礼拝すべきだとし、東方のイスラーム教徒は偶像崇拝者に近く、露出が多い服装をしているが、イスラーム教が強くなったところでは、人間の尊厳と礼儀正しさにふさわしい覆いや装飾が見られるようになるだろうとしている。(25)

このように、イスラーム教徒は男女とも露出の多い服装をしてはならず、アウラは他人には見せてはならない。(26) アウラを隠すことが、人間の尊厳を守ることだと述べられており、伝統的なアウラの議論に、近代的な尊厳の議論が重ね合わされているのかもしれない。(27) ただし、とくに女性に対しては厳しく忠告されている。アウラを隠すことは、男性との性的接触を防ぐことになり、ひいては姦通を防ぎ、女性の貞操を守ることになる。ここで述べた三つのファトワーでは、イスラームの人間の尊厳（とくに女性の尊厳）は、アウラを隠すことに結びついており、純潔、貞操を意味していると言えよう。ここには、性道徳に厳しいイスラームの特徴が見られるのではないだろうか。(28)

3・2　西洋の人権団体を批判するファトワー

次に、世界人権宣言における人権に対する批判が述べられているファトワーを見てみよう。本稿で先述したように、人間は尊厳に基づいて人権を持つとされているが、以下のファトワーでは、人間の尊厳を守ろうとする西洋の人権団体が、イスラームの視点から見ればシャリーアに反しており、家庭や社会を破壊に導くとしている。

「西洋の人権団体とそれらの団体に判断を仰ぐことに関する裁定（Western human rights organizations and the ruling on referring to them for judgement)」（二〇〇七年四月四日付、回答者不明）[29]では、なぜ人権団体に反対するのかという質問に対し、以下のように述べられている。

> ムスリムはいわゆるヨーロッパの「人権」団体に惑わされるべきではありません。なぜなら、それらの団体は、表向きには抑圧された人々を支援し、刑務所や拘置所での拷問や人間の尊厳の毀損に反対する姿勢——一般的にはよい意味の概念です——をとっていますが、これらの団体はまたほかの役割を果たしており、家庭を破壊し、イスラームと預言者ムハンマド、ほかの預言者たちへの中傷への扉を開くことを目的とするほかの原則を支持しているからです。……これらの団体が推進していることをまとめましょう。どんなによこしまなことであっても、人間は自分のしたいことができるべきだ、ということです。これらの団体は、同性愛者、バイセクシュアル、そして宗教的逸脱を支持しており、どのような宗教も信じないこと、そして預言者について

（25）https://islamqa.info/en/answers/222000/
（26）配偶者や医師に見せることは許される。
（27）古典イスラーム法学のアウラの議論において「尊厳（カラーマ）」という語が見られるのかについては今後の課題であるが、本稿注21で述べたラーズィー（シャーフィイー学派法学者）による二四章三〇節の解釈には見当たらなかった。
（28）ただし中東で女性の純潔が重視されるのはイスラームだけが理由ではなく、もともと地中海世界や中東において女性の名誉（純潔）は男性の親族と家全体の名誉の象徴であった。貞操を疑われた女性が男性親族に殺害される名誉殺人が行われることもあるが、イスラーム法では姦通罪の適用には四人の目撃者の証言または本人の自白が必要であり、疑いだけで姦通罪が適用されることはない。
（29）https://islamqa.info/en/97827/

でさえ、恐れや恥もなく、自分の意見を表明することを人権だとみなしています。そしてこれらの団体は、女性の父親、夫または宗教の支配からの女性の解放も支持しています。……（世界人権宣言の第二条、第一八条、第一九条、第三条、第一六条に対する批判）……彼らはまた離婚について夫と同じ権利を妻にも与えます。これは、女性が夫に背き、家庭を破壊することにつながります。男性と女性の性質を知っている人はそのような不合理に同意することはできないでしょう。……同性愛者の権利、女性が望む形で結婚・離婚することができる女性の権利への呼びかけ——このような不安定な基盤の上に、どのような家庭を築くことができるでしょうか。

このファトワーでは、欧米の人権団体が人間の尊厳を守ろうとする姿勢そのものは批判されていないが、一人ひとりが自分らしく生きるという権利を守ろうとしていることが批判されている。家庭を破壊するとして同性愛者の権利は認められておらず、[30] 女性についても後見人（女性の父親や男性親族）なしで結婚したり、女性の側から離婚することも家庭の崩壊につながるとして、男女同等の権利を認めていないことなどが述べられている。[31] このような主張は人権団体から批判されているが、イスラームから見れば、人権団体の主張は神の命令とは異なっており、ヨーロッパ人の生活は堕落したものだというのである。[32] なおこのファトワーでは、自分らしく死ぬことについては述べられていなかった。

欧米では、人間の尊厳を守る生き方とは、自分のことは自分で決め、自分らしく生きるということであるが、イスラームにおいては、神の命令であるシャリーアに従わなければならない。もちろんシャリーアの範囲内では、自分らしく生きることは可能である。カイロ人権宣言でも述べられているように、イスラームでも人間の尊厳は男女平等である点は認められているが、男女が平等に生きていくということは認められておらず、ヨーロッパの人権団体および世界人権宣言は批判されている。

「自分らしく生きる権利」は「患者が尊厳のうちに死ぬ権利」につながっていき、「患者が尊厳のうちに死ぬ権利」は、欧米や日本では消極的安楽死、積極的安楽死（欧米の一部の国・州）の根拠となっている。イスラームでは消極的安楽死が認められているが、それがどのような根拠に基づくのか、人間の尊厳によって説明されているのか、次節で分析する。

4．安楽死に関するファトワー

4・1　積極的安楽死に関する議論

まずコーランによれば、神が人間の生死の時期について決定していることを確認したい。イスラームの信仰箇条に「神の予定」があるように、人間の寿命や運命は神によって定められているとされる。

「かれこそは生命のないあなたがたに、生命を授けられた御方。それからあなたがたを死なせ、更に甦らせ、更にまたかれの御許に帰らせられる御方（コーラン二章二八節）。」

「かれこそは、泥から、あなたがたを創り、次いで〔生存の〕[33]期間を定められた方である。一定〔の期間〕

(30) イスラームにおける同性愛に対する伝統的解釈については、青柳［二〇二〇］参照。
(31) イスラームの規範では一般に、女性と男性はまったく別の扱いをされる。性による役割分担が社会の秩序の基盤となり、性別を問わずひとりの人間としてまったく同じように扱うという意味での男女の平等という発想はない（八木［二〇〇七］六六）。
(32) ファトワーの回答者は、西洋の人権団体からの批判をイスラームへの攻撃と受け取り、反論していると思われる。
(33)〔　〕の語は翻訳者による補足である。

が、かれの御許に定められている（六章二節）[34]。」

また、いのちは神から与えられた非常に尊いものであり、それを破壊する殺人は禁止されている。

「正当な理由による以外は、アッラーが尊いものとされた生命を奪ってはならない（一七章三三節）。」

「人を殺したとか、地上で悪を働いたとかという理由もなく人を殺す者は、全人類を殺したのと同じである。人の生命を救う者は、全人類の生命を救ったのと同じである（五章三二節）。」

自殺も以下のように禁止されている。

「アッラーの道のために〔あなたがたの授けられたものを〕施しなさい。だが、自分の手で自らを破滅に陥れてはならない（二章一九五節）。」

「あなたがた自身を、殺したり害してはならない。誠にアッラーはあなたがたに慈悲深くあられる（四章二九節）。」

ハディースによれば、「刃剣で割腹自殺した者は、地獄の火中でその刃剣を手に持って自らの腹を永久に刺し続ける者となるだろう。……（ムスリム〔二〇〇二〕第一巻、八三）[35]」と述べられており、苦しみから逃れるために自殺すれば、自殺したときと同じ手段で、地獄で苦しむとされている。

ただ、コーラン、ハディースには、延命治療や安楽死などについては明確には述べられていない。先に述べたように、イスラームでは、寿命や運命は神がすべて予定しており、自殺禁止の聖典の文言があるため、自殺することはできない。また苦痛に苦しむ他人を殺して楽にしてあげることもイスラーム法では禁止されている。慈悲殺（積極的安楽死）は殺人であり、神の力を無視し、神の生死に対するコントロールに介入することになるからである（Rispler-Chaim 1993, 97）。

患者の依頼もしくは医師の判断による積極的安楽死が許されるのかについて、エジプト・ファトワー庁のウラマー（大ムフティー）、アリー・ゴムア（アリー・ジュムア ʻAlī Jumʻah）（在任二〇〇三〜一三年）によるファトワー（二〇〇七年一〇月三日付）[36]を見てみよう。

> 神が個人に与えた肉体は、個人が望んで自由に扱える個人の所有物ではありません。むしろそれは、神から責任を託された委託物です。医師に命を終わらせるように依頼する患者は、自殺を図っているとみなされます。……（自殺を禁止するコーランの文言（二章一九五節）とハディースの引用）[37]……医師が正当だと考える理由で患者の命を絶つことに関して言えば、それは不法に人命を奪うことです。「信者を故意に殺害した者は、その応報は地獄で、かれは永遠にそのなかに住むであろう（コーラン四章九三節）。」以上に基づき、質問で述べられた二つの形態の安楽死は、許されません。

このように、自殺や殺人を禁止するコーラン、ハディースの文言を根拠に、積極的安楽死は禁止されている。

（34）ほかの章句として、八〇章一八〜二二節、四五章二六節などがある。
（35）類似のハディースは、ブハーリー［一九九四］下巻、八九三参照。
（36）https://www.dar-alifta.org/en/fatwa/details/681/euthanasia/
（37）ムスリム［二〇〇一］第一巻、八三〜八六参照。

4・2　消極的安楽死に関する議論

次に消極的安楽死（尊厳死）についてであるが、古典イスラーム法ではさまざまなケースの安楽死の区別はしておらず、一般的に、現代のファトワーでも積極的安楽死と消極的安楽死の区別をせず、それらを両方殺人であると非難している（Atighetchi 2007, 286）。[38] しかし現代では、消極的安楽死は認められるという見解がウラマーの間に見られるようになってきている。

近年のウラマーの議論には、「患者は尊厳のうちに死ぬ権利がある」という欧米の議論の影響がある可能性はあるだろう。しかし先に述べたように、人間が特別の存在であることを示す聖典の記述はあっても、西欧近代的な「人間の尊厳」概念はイスラーム世界には存在しなかった。またウラマーの間では、人間の尊厳を認めるとしても、自分らしく生きるために人間一人ひとりが持つとされる人権については、男女の区別をしていないとして批判的である。しかし、消極的安楽死に関しては男女の区別はないと思われる。ファトワーには、消極的安楽死を認めるどのような根拠が述べられているのだろうか。

欧米に由来する人間の尊厳といった概念を持ち出すことなく、聖典の記述と来世観から安楽死を許容しようとするウラマーとして、エジプト出身で、カタールで活躍したユースフ・カラダーウィー（Yūsuf al-Qaraḍāwī, 二〇二二年没）[39] がいる。カラダーウィーは『現代のファトワー』において、消極的安楽死について、治療と投薬が義務であるか否かという観点から以下のように論じている。

大多数の法学者は病気の治療は必ずしも義務ではないとし、義務であるとする法学者は少数派である。[40] 治療は義務ではないとする人々は、ある女性が預言者ムハンマドに「私は病気で倒れそうです、私のことをお祈りください」と言ったところ、彼は「できれば我慢しなさい、そうすればあなたに天国が与えられよう」と言ったので、彼女は「私は我慢します」と述べたというハディース（ムスリム［二〇〇一］第三巻、五三一）

を根拠とする。カラダーウィー自身は、治癒が可能ならば治療は義務であるとする。しかし治癒の見込みがない場合、治療は義務ではなく、治療を中止することは許容されるとし、医師が脳死状態の患者の生命維持装置を取り外すことを容認している（*Fatāwā Muʻāṣirah*, Vol. 2, 527-529）[41]。

このファトワーで、カラダーウィーはハディースを根拠とすることで、イスラーム独自の議論をしていると言えるだろう。

さらに消極的安楽死について、Islam Q&A のファトワー「患者からの人工呼吸器の取り外しと慈悲殺に関する裁定（Taking a patient off a respirator and the ruling on mercy killing）」（二〇〇九年九月二六日付、回答者不明）[42]を参照したい。このファトワーでは、イスラーム法学評議会の声明が引用されている。

一九八六年、イスラーム諸国会議機構のイスラーム法学評議会は、第三回会議において以下の声明を発しました。イスラーム法から見ると、人は以下の徴候が現れた時点で死亡したとみなされます。（一）

（38）多神教徒との戦いで傷を負い、その苦痛に耐えられずに自ら命を終わらせた者に関するハディースがあり（鎌田［二〇一九］三五）、前近代においても積極的安楽死については自殺との関連で論じられることもあった。
（39）エジプトのムスリム同胞団のイデオローグで、カタールに移住。テレビやインターネット上でも活躍した。
（40）治療は義務とする法学者の根拠の一つは、「どのような病にも薬はある。それ故、その病に合った薬が用いられれば、至高偉大なるアッラーのお許しで癒える（ムスリム［二〇〇二］第三巻、二五八）」というハディースである。森［二〇〇六］七七参照。
（41）カラダーウィーが創設したイスラーム関係のウェブサイト Islam Online にも同様のファトワーが述べられている。https://fiqh.islamonline.net/en/islams-stance-on-euthanasia/ なお二〇一三年三月一四日の閲覧時には、このファトワーには「回答者カラダーウィー（二〇〇五年三月二二日付）」と記載があったが、サイトがリニューアルされ、記載がなくなった。
（42）https://islamqa.info/en/answers/129041/ このファトワーでは、慈悲殺は許されないことも述べられている。

心臓と呼吸が完全に停止し、医師が元に戻せないと判断した場合。（二）すべての脳機能が完全に停止し、経験豊富な専門医が、これは不可逆的で脳に壊死が起こり始めていると判断した場合。この場合、たとえ心臓のような臓器の一部が装置の働きによってまだ機械的に動いていたとしても、患者から生命維持装置を外すことは正当化されます。

この声明では医師の判断が重視されており、コーランやハディースの引用はないが、延命治療の中止は、イスラームの教えとは矛盾しないという考えが根底にあると思われる。

またこのファトワーでは、消極的安楽死が医師の判断だけで行われうるのか、患者のリヴィング・ウィルや家族の同意が必要かどうかについては不明である。ただ、北米イスラーム協会の元会長ムザッミル・スィッディーキー（Muzammil Siddiqi, 一九四三年〜）は、二〇〇五年三月二五日の説教において、医師と患者の家族の同意があれば生命維持装置を取り外すことができるとしている。そしてリヴィング・ウィルについて、ムハンマドはムスリムに遺言書を準備するよう促していたとし[43]、遺言書を残し、遺産だけではなく、昏睡状態になった場合の医療についても述べておくとよいとしている[44]。

コーラン、ハディースでは、殺人と自殺が禁止されており、積極的安楽死は医師による殺人や患者による自殺とみなされ、許されていない。一方、消極的安楽死に関する議論は、聖典に明確には述べられていない。しかし多くの法学者は、治癒の見込みがない病の治療は必ずしも義務ではないとしており、脳機能が停止したと医師が判断した人については、人工呼吸器等を外すことによって死に至らせるという消極的安楽死がおおむね容認されてきているのである[45]。

5. おわりに

人間の尊厳という文言が見られるファトワーを中心に、尊厳および尊厳死について考察してきた。人間の尊厳は男女平等であるとカイロ人権宣言に述べられているように、人間一般の尊厳について触れている多くのファトワーでは、人間の尊厳は人間の尊さ、名誉、自尊心という意味で使用されている。ただイスラームに特徴的な用法として、アウラを隠すことが人間の尊厳を守ることになるというファトワーが複数あった。アウラを隠す義務は男性にも当てはまるのであるが、とくに女性について言及されており、女性の貞操や性の管理を重視するイスラームの特徴が表れていると言えよう。

---

(43)「ムスリムが何かを遺言したいと望んだ場合、二晩過ごしてからも決心が変わらなければ彼の遺言は正式に書類として手元に書き留められていることが必要である（ムスリム［二〇〇一］第三巻、六六七）」など。

(44) https://www.islamicity.org/2583/ 一方、一九八九年、サウジアラビアのイフター・イスラーム研究常任委員会が出した法的見解には、本人のリヴィング・ウィルがなくても、医師の判断によって生命維持装置の取り外しが行われることが示されている（森［二〇二一］三〇三）。この場合、患者の自己決定がないので尊厳死とは言えないだろう。

(45) 人工呼吸器の装着等の延命治療をそもそも開始しないというケース、また鎮痛剤等の投与により副次的に死が早まるという間接的安楽死の可否について明確に述べているファトワーは、管見の限り見当たらなかった。しかしこれらは積極的安楽死に該当しないため、容認されると思われる。なお、肉体的・精神的苦痛を和らげるために薬を投与する緩和ケアも認められている（Sachedina 2009, 170; 青柳［二〇一四］、青柳［二〇一六］）。「忍耐と礼拝によって、［アッラーの］御助けを請い願いなさい。だがそれは、［主を畏れる］謙虚な者でなければ本当に難しいこと（二章四五節）」という章句によれば、困難に直面したときに耐えられる能力は人それぞれであり、神のもとでは、激しい痛みに耐えている人の利益は耐えられる範囲内にあると考えられる（Masoodi and Dhar 1995-96, 26; Atighetchi 2007, 287）。

またほかのファトワーでは、一人ひとりに人権があるとする西洋の人権団体の主張が、行き過ぎた権利の拡大であり、男女の役割分担を説くシャリーアに反するものとして批判されていた。ここでは人間の尊厳自体は批判されていないが、女性や同性愛者が尊厳を守り、自分らしく生きることが批判されているのである。したがって、自分らしく生きることから派生する「尊厳のうちに死ぬ権利」に依拠して尊厳死を語ることは、ウラマーの議論になじまない可能性があるだろう。

そこでイスラームがどのように尊厳死を論じているのかについて、主にカラダーウィーのファトワーを検討した。カラダーウィーは、尊厳死という文言は使用せず、「受動的に死を容易化すること」もしくは「装置の停止によって（bi-īqāf al-ʿilāj）受動的に死を容易化すること」、すなわち消極的安楽死と述べている。またカラダーウィーは、西洋由来の人権と結びつく「尊厳のうちに死ぬ権利」にも依拠していない。もちろん、死ぬ権利についてはカラダーウィーも知っていたはずであり、その影響があったことは否定できない。しかし彼のファトワーでは、治療は義務か、必ずしも義務ではないのか、という議論がされている。コーラン、ハディースでは殺人と自殺が禁止されているので、消極的安楽死の直接的根拠を見出すのは非常に困難である。しかし、預言者ムハンマドが病気の女性に対して「我慢しなさい、天国に行けるから」と言い、女性は「我慢します」と答えたというハディースを治療の放棄の根拠として、消極的安楽死を容認しているのである。

カラダーウィー以外にも消極的安楽死を認めるほかのウラマーのファトワーを参照したが、コーラン、ハディースの引用は見られなかった。ただ、消極的安楽死が容認される根拠として、「尊厳のうちに死ぬ権利」についても述べられておらず、カラダーウィーが述べた、治療は必ずしも義務ではないという考え方が背景にあった可能性が高いと思われる。

消極的安楽死の議論の際、西洋由来の「尊厳のうちに死ぬ権利」という概念がウラマーに影響を与えた可能性は否定できないが、ファトワーで直接的根拠となっているのは預言者ムハンマドのハディースであった。

イスラームでは消極的安楽死（尊厳死）を論じる際、尊厳の概念なしに、聖典解釈に基づく独自な議論をしていると言えよう。

＊本稿は青柳［二〇一四］とテーマ、内容が一部重複しているが、人間の尊厳という観点から大幅に加筆修正したものである。

＊本稿は、科学研究費補助金基盤研究（C）課題番号19K00077および基盤研究（C）課題番号23K00063による研究成果の一部である。

参考文献

・一次文献（アラビア語）

Fatāwā Muʻāṣirah: Yūsuf al-Qaraḍāwī, *Min Hady al-Islām: Fatāwā Muʻāṣirah*, 3 vols., Kuwait: Dār al-Qalam, 2003.

Tafsīr: Fakhr al-Dīn al-Rāzī, *Tafsīr al-Fakhr al-Rāzī al-Mushtahir bi-al-Tafsīr al-Kabīr wa Mafātīḥ al-Ghayb*, 32 vols. in 16 vols., Beirut: Dār al-Fikr, 1995.

・二次文献

青柳かおる「イスラームの生命倫理における安楽死と尊厳死――キリスト教と比較して」、『比較宗教思想研究』第一四輯、二〇一四年、一～二九頁。

青柳かおる「イスラームにおける死と看護」、『死の臨床』第三九巻第一号、二〇一六年、六〇～六一頁。

青柳かおる「イスラームにおける同性愛――伝統的解釈を中心に」、『人文科学研究』第一四七輯、二〇二〇年、一～一九頁。

大谷いずみ「「自分らしく、人間らしく」死にたい？」、玉井真理子・大谷いづみ編『はじめて出会う生命倫理』、有斐閣、二〇一一年、一八七～二〇八頁。

鎌田繁「イスラームにおける死――自殺、殉教、安楽死」、『死生学年報』第一五号、二〇一九年、二九～四六頁。

桑原尚子「国際人権とイスラーム――ジェンダーを中心に」、『都市経営』第七巻、二〇一五年、三五～四五頁。

後藤絵美「クルアーンとヴェール――啓示の背景とその解釈について」、『日本中東学会年報』第一九号第一巻、二〇〇三年、一二五～一五一頁。

芝田英昭「人間の尊厳とは何か」、『立教大学コミュニティ福祉研究所紀要』第六号、二〇一八年、二一～三一頁。
谷田憲俊「安楽死・尊厳死をめぐる生命倫理の問題状況」、シリーズ生命倫理学編集委員会編『安楽死・尊厳死』（シリーズ生命倫理学　五）、丸善出版、二〇一二年、一～二〇頁。
西野正巳「サラフ主義と「イスラム国」」、菊地達也編著『図説　イスラム教の歴史』、河出書房新社、二〇一七年、一一五～一二七頁。
ブハーリー（牧野信也訳）『ハディース――イスラーム伝承集成』（上・中・下）、中央公論社、一九九三～一九九四年。
松沢朝子「第三九回　多様性への尊重と地域的人権規範（後編）」、@ＰＫＯなう!、二〇一三年。https://wwwcaogojp/pko/pko_j/organization/researcher/atpkonow/article039html.
松本信愛『いのちの福音と教育――キリスト教的生命倫理のヒント』、サンパウロ、一九九八年。
三田了一訳『日亜対訳・注解　聖クルアーン』、日本ムスリム協会（ウェブ版）、二〇〇二年。http://www2.dokidoki.ne.jp/islam/quran/quran000.htm.
ムスリム（磯崎定基・飯森嘉助・小笠原良治訳）『日訳　サヒーフ　ムスリム』（全三巻）、日本ムスリム協会、二〇〇一年。http://www.muslim.or.jp/hadith/smuslim-top-s.html.
森伸生「イスラーム法と現代医学――脳死と臓器移植問題を通して」、『シャリーア研究』第三号、二〇〇六年、六三～八〇頁。
森伸生「現代医学に挑戦するイスラーム法――生命倫理と信仰」、西尾哲夫・東長靖編著『中東・イスラーム世界への30の扉』、ミネルヴァ書房、二〇二一年、二九五～三〇五頁。
八木久美子「イスラーム」、田中雅一・川橋範子編『ジェンダーで学ぶ宗教学』、世界思想社、二〇〇七年、五八～七三頁。
Atighetchi, Dariusch, *Islamic Bioethics: Problems and Perspectives*, [Dordrecht]: Springer, 2007.
Masoodi, Saqlain and Lalita Dhar, "Euthanasia at Western and Islamic Legal System: Trends and Developments," *Islamic and Comparative Law Review*, 15-16, 1995-96, 1-36.
Rispler-Chaim, Vardit, *Islamic Medical Ethics in the Twentieth Century*, Leiden: E.J. Brill, 1993.
Sachedina, Abdul Aziz, *Islamic Biomedical Ethics: Principles and Application*, Oxford: Oxford University Press, 2009.

第II部　尊厳概念の転移（日本）

1　中江兆民思想における尊厳と自由・平等観

フランス共和主義の導入を中心として

エディ・デュフルモン

1．『人倫の形而上学の基礎づけ』和訳以前、概念史のケーススタディ「尊厳」と兆民

歴史家にとって、「dignity / dignité」を訳す「尊厳」という概念自体が問題なのである。そのような問題は、ヨーロッパ哲学の発見と同時、自由民権運動の激しい政治的議論に経過された明治時代前期に特に注目すべきであるが、まず研究方法について一言指摘しておきたい。概念史は近年大きく発展し、所謂「文化的転移歴史学」（Historiographie des transferts culturels）の研究方法に従って、この歴史学は、思想やテクストの国際的流通（Circulation internationale des idées）の分析対象として翻訳を新たな意味で研究の問題としている。(1)というのも、「転移歴史学」にとって、ある概念やテクストの伝達は、自明で機械的な現象でもなく、単なる「受容」でもなく、翻訳側が自分の意志で、自分の目的で把握する上での現象だからである。原語のテキストとの齟齬が生じるか否かにかかわらず、移譲の際に再定義が行われることがある。筆者自身、日本の知的歴史研究に

（1）Joyeux-Prunel, [2023].

おいてこのアプローチを採用している。

尊厳の思想史の中に、カントの影響が中心的なのはいうまでもないが、カントは『人倫の形而上学の基礎づけ』において、個人の完全な自治性を述べた以上、道徳と尊厳に全く新しい意味を与えている。(2) 彼によって、それは自由と平等と結びつけられる。個人は、自分自身と他者をまったく同じレベルで扱わなければならない。それは、理由づけをする自律的な存在、つまり主体としてであり、決して物や手段としては扱われない。カントが書いたように、物には値段がつくが、尊厳はない。尊厳は必然的に尊敬（achtung）を必要とする。尊重は身体だけでなく、個人の理性や表現の自由にも及ぶ。人間であるという事実が、自他を尊重する義務を伴うからである。カント用語で言うなら、個人の持つ本質的価値によって、個人はそれ自体が目的なのである。

日本における「尊厳」という概念の導入について論じてみたければ、一八五〇年代から一八七〇年代にかけて、ルソーやカントの思想に育まれたフランス共和主義を翻訳した上で、自由民権を唱えた中江兆民は興味深い事例となると思われる。まず彼の先人たちについて言えることを簡単に紹介しなければならない。

2. 兆民以前、近代日本の知識人における「尊厳」という言葉の使用

2・1　個人の「尊厳」という意味での不在

現代的な意味での「尊厳」という言葉は、明治初期にはとても珍しかった。もともとその言葉は仏教に由来し、宗教的な側面を持っている。兆民以前、あるいは兆民と同時期に、「尊厳」を使っているいくつかの例があるが、現代的意味で使われているとは思われない。加藤弘之は『国体新論』で一度だけ、「人民ノ君

主政府ニ対セル義務」について、「国家ノ主眼タル人民ニシテ却テ己レカ為メニ労役スル君主政府ノ下ニ立チ以テ其尊厳ヲ敬セサル可ラサル所以ナリ」と、君主政治の威厳を強調している。[(3)] 加藤は、明治時代に政治哲学の理解に大きな役割を果たしたガスパール・ブルンチュリとその著作『*Allgemeines Staatsrecht*』を翻訳したが、ブルンチュリは、「尊厳」を使っているのは、近代的な意味での概念ではなく、王様や国家に対する尊厳に過ぎない。[(4)] 唯一の例外はアメリカの奴隷制度に対して、彼は「人間の尊厳の否定」と非難している。それが加藤に翻訳されていない。加藤と同じ意味で、福沢諭吉も『帝室論』や『尊王論』の中で、君主に対してこの言葉を用いている。[(5)]

上位の人物に対する敬意ではなく、自尊心の代名詞として知らしめようとしたのは、ジョン・スチュアート・ミルの『自由について』を翻訳した中村正直だけであろう。ミルは『自由について』の中でこう書いている："over himself, over is own body and mind, the individual is sovereign."[(6)] これは、人間が人間として存在するための必須条件であるのを意味しているが、それと同時に、自己の発展は他者との関係においてその限界を迎える、ということも意味している。[(7)] ミルが、ジェンダー、富、「人種」の名の下に幼児性に還元されることに対抗したのは、こうした原則に基づくものであり、これらの極めて道徳的な原則の成功を保証するために、ミルは文化と自己による自己の教育に頼った。[(8)] その意味でミルは人間の尊厳について何度か言及しているが、

(2) Reboul, [1970].
(3) 加藤弘之、[一九二七]、一〇九頁。
(4) Bluntschli, [1877], p. 154.
(5) 福沢諭吉、[一八八二]、一～一九頁、同、[一八八八]、三、六、一一頁。
(6) Mill, [2001], p. 13.
(7) Ibid., p. 15.

On liberty	『自由之理』
p. 48 : even in the morality of private life, whatever exists of magnanimity, high-mindedness, personal dignity, even the sense of honour, is derived from the purely human, not the religious part of our education,	157 頁：人々一己ニテ所謂寛心大量高尚ノ心、本身ノ高貴、徳行ノ貴キモノヲ指ス「省略」人道ノ教ヨリ生ジ出ザルモノニシテ法教ニアラザルナリ
p. 73 : They may be proofs of any amount of folly, or want of personal dignity and self-respect; […] The distinction between the loss of consideration which a person may rightly incur by defect of prudence or of personal dignity,	254 〜 255 頁：蓋シ毛病ハ或ハソノ人ノ愚味ナルニ由リ或ハ自ラソノ身ヲ重セズ思慮ノ決少ヨリシテ過失毛病ヲ得テ自己ノ尊威ヲ失ヘルモノハ

表 1

中村はこの言葉を翻訳するのに苦労している（表1）。
明六社の知識人以外「尊厳」という言葉が使われた例は、調べてみたところではほぼ皆無であるから、兆民以前には、尊厳はかなり珍しい言葉であり、今日の私たちが理解する尊厳の意味とはほとんど関係がないように思われる。しかし、「尊重」と「自尊」（estime de soi / self esteem）という、尊厳に近い二つの訳語が存在することに触れておきたい。

2・2　尊重と自尊について

サミュエル・スマイルズの*Self-Help*（自助論）は「尊厳」の出現は極めて少ないが、第一〇章の段落「*Self-respect*」では、個人が自己に対する尊厳という内容がとりわけ強調された。『西国立志編』というタイトルでその著作を翻訳した中村正直[9]にとっては、概念の尊厳を紹介する機会があり、その章の題名を「自ラ恭敬スべき事」と翻訳した。

“Self-respect is the noblest garment with which a man may clothe himself, the most elevating feeling with which the mind can be inspired. (…) Borne up by this high idea, he will not defile his body by sensuality, nor his mind by servile thoughts. This sentiment, carried into daily life, will be found at the root of all the virtues, cleanliness, sobriety, chastity, morality, and religion.[10]"

「自敬ノ意義ハ極テ高尚ナルモノニテ飲食男女ノ慾ヲ以テソノ身ヲ汚穢セズ諂媚ヲ行ヒ勢利ヲ慕フカ如キ邪念ヲ以テソノ身辱セザルコトヲ云ルナリ。人生日用ノ間コノ心ヲ失ザレバ衆徳ノ根ジル皆コレヨリ発生スベシ、潔ト云、安静ト云、貞正ト云善ク人倫ニ交ルト云皇天上帝ヲ敬愛スルト云コレ等ノ衆徳ミナ自敬ヨリシテ崇スルコトナリ[11]」。

このように、中村においては『自由之理』と同様にかなり宗教的な意味で尊厳が解釈されている。箕作麟祥による翻訳は同じ特徴をつけることができる。彼は一八七一年に『泰西勧善訓蒙』というタイトルで道徳書を出版したが、それはフランス法学者ルイ＝シャルル・ボンヌが一八六七年に発表した道徳に関する著作と、アメリカの道徳学者ハバード・ウィンズロウが発表した道徳に関する著作の組み合わせである[12]。両方は、「自尊」や「尊重」を『Dieu・God』の下で宗教的な道徳の観点から述べている本である。

中江兆民自身、アルフレッド・フイエの『*Histoire de la philosophie*』を、『理学沿革史』との題名で翻訳して、「自尊自重」という表現を六回使っている（表2）。

（8）Loizides, [2017].

（9）Smiles, Character で一三回「Dignity」を使用するが、中村は、翻訳の『西洋品行論』（珊瑚閣、一八七八～一八八〇年）スマイルズよりも多数「尊貴」を使っているので、その翻訳を詳しく分析すべきである。

（10）Smiles, [1866], p. 332.

（11）中村正直、［一八七六］、五八二頁。

（12）金子元、［二〇二〇］。

p. 279 : Pascal oublie la dignité, la liberté, qui est le tout de l'homme	『理学沿革史』『全集』第 5 巻 287 頁： 復タ何ノ自由カ之レ有ラン、復タ何ノ自尊カ之レ有ラン、パスカル何ゾ是ニ慮ラザリシヤ
p. 361 : Il faut, dit Montesquieu, pour que l'Etat monarchique ne périsse pas, que le prince ait un certain préjugé de sa propre grandeur et de ses prérogatives	『理学沿革史』『全集』第 6 巻 90 頁： 自尊自重ノ意有リテ自己ノ光栄
p. 411 （カント）： ainsi subsiste jusque dans les voies de contrainte l'autonomie de la volonté	202 頁： 是ニ由リテ之ヲ観レバ、カントノ法学タルヤ抑制ノ手段ノ中ニ於テ猶ホ人身独立自尊ノ大義ヲ保チテ失ハザル者ナリ
p. 411 （カント）： Les nations sont relativement l'une à l'autre, des personnes dont chacun est maitresse chez soi et doit garder son autonomie.	203 頁： 各邦皆自ラ主ト為リテ他ニ役属スル所有ルノ理無シ、所謂各邦独立自尊ノ大義ナリ
p. 414（メーヌ・ド・ビラン）： au lieu de se la représenter comme l'exaltation et l'union des personnalités	211 頁： 各人独立自尊ノ最モ盛ニシテ自由ノ発暢ノ極衆祖相調諧シテ一体ヲ為スノ理ヲ見得セズシテ
p. 436 : Schopenhauer n'a point eu une notion exacte de la volonté, de la liberté et de l'individualité.	270 頁： 意欲ノ自由ノ真義ト吾人独立自尊ノ真義トニ於テ未ダ透徹スルコト能ハズ

表 2

以上確認できるように、フイエは「Dignité・尊厳」を使っていない箇所に、兆民は、自由と結んで「自尊自重」あるいは「独立自尊」を強調している。それでは、兆民は「尊厳」という言葉自体をどういう風に導入しただろうか。

3．兆民の翻訳作業における尊厳、フランス共和主義者の強調したDignité

兆民の思想における尊厳を考察する前に、彼とその弟子たちによる翻訳におけるこの概念の出現を確認する必要がある。ルソーに加え、中江兆民はフランスの共和主義者たち、すなわちアルフレッド・フイエ、エミール・アコラス、ジュール・バルニ、ジュール・シモン、シャルル・ルヌヴィエ、エティエンヌ・ヴァシュロ、ウジェーヌ・ヴェロンに深い関心を寄せていた。井田進也、宮村春雄、米原謙による先駆的な研究に続き、私たちが最近の著作で示そうとしているように、そのフランス共和主義者の著作が兆民の思想を形成したもとであり、雑誌の『欧米政理叢談』や書籍の形で翻訳された。なお、兆民とその弟子はまた違う書類を翻訳して、その資料はフランス語の辞書であり、兆民の思想を形成した重要な役割を果たした。全体的にいえば、そのフランス語の資料は比較的に出現の少ない書類のグループと、ルソーを愛読し、カント哲学の影響を強く受けて「Dignité」を重視したバルニ、ルヌヴィエ、ヴァシュロのテキストの二種類に分けることができる。

3・1 「尊厳」の出現少ない資料。ブロック、フランクの辞書、フイエ

辞書

まず最初に、モーリス・ブロックの『*Dictionnaire générale de la politique*（政治学辞典）』とアドルフ・フランク

の『*Dictionnaire des sciences philosophiques*（哲学諸科学辞典）』のケースを検討してみよう。

ブロックの辞書では品位（dignités）という言葉の古代の意味に言及することが多いが、A・ネフツターの「自由主義」（Libéralisme）という科目は、現代的な意味で「尊厳」を論じている。それを兆民が読んだはずと思われる。ネフツターはこう自由主義を定義している。

「この言葉は複雑で、さまざまな意味を持つが、それらはすべて、ある種の視野の広さ、ある種の寛大な感情を意味し、人類が自分自身とその尊厳について考えること、自分の長所に対する自信、自由に生き、自分自身を統治する能力と権利に関係している」。

« Le mot est complexe et comporte des acceptions diverses, mais qui impliquent toutes une certaine hauteur de vues, une certaine générosité de sentiment, et qui toutes se ramènent à l'idée que l'humanité à d'elle-même et de sa dignité, à sa confiance en ses forces, à la capacité et au droit qu'elle s'attribue de vivre librement et de se gouverner. »

また、ナポレオンの政治制度を批判しながら、

「個人の自由、思想の独立、統制、議論、要するに人間の尊厳は、まさにナポレオンが耐えられなかったものだ」

« La liberté individuelle, l' indépendance de la pensée, le contrôle, la discussion et pour tout dire la dignité humaine, était précisément ce que Napoléon ne pouvait supporter. »

と述べている。(13)

兆民自身も同様な理由でナポレオンを批判したことで、興味深い。

フランクの辞書には、尊厳や尊敬に関する特定の項目はない。しかし、いくつかの項目に注目すべきである。ジュール・バルニによる「カント」という項目は、間違いなく兆民も読んだはずだ。バルニは、「人間の尊厳« dignité humaine »」の擁護者であるソクラテスを賞賛し、[14] 次に「義務と道徳的尊厳に対するこの深い感情« ce sentiment profond du devoir et de la dignité morale »」を喚起するカントを紹介している。[15] バルニ以外、詳しく説明せずに、現代的な意味での尊厳に言及している項目として、カントの哲学に従って論じている「自由」[16]、「シラー」[17]と「我らの道徳的尊厳« notre dignité morale »」、「人間性の絶対的尊厳« la dignité absolue de la nature humaine »」[18]を強調している「道徳」、それから、「人間の尊厳の感覚は、マヴリーによれば、平等なしには存在しない」と述べられている「マヴリー」の項目[19]、または、「人間の尊厳は、勇気、犠牲の力、自分にも他人にも決して絶望しないことにある」と書かれているマキャベリの項目[20]、さらには、「人間の尊厳が完全に失われたと思われた時代に、人間の尊厳を維持した« maintenu la dignité humaine à une époque où elle semblait entièrement perdue »」と述べられている「ストイシズム」[21]といった項目があり、それも兆民が読んだだろう。

(13) A. Neffzter, « Libéralisme », Block, [1874], p. 188, 198.
(14) Jules Barni, « Kant » Franck, [1875], p. 861, 875.
(15) Ibid., p. 865.
(16) Charles Reid, « Liberté », Franck, [1875], p. 949, 951.
(17) Emile Charles, « Schiller », Franck, [1875], p. 1550.
(18) « Morale », Franck, [1875], p. 1140.
(19) « Mably », Franck, [1875], p. 988.
(20) C. Bartholmess, « Machiavel », Franck, [1875], p. 991.
(21) Emile Saisset, « Stoïcisme », Franck, [1875], p. 1678.

数年後に彼が弟子たちと出版した（『リトレ』に基づいている）『仏和辞典は』、上述の翻訳の後、日本で最初の仏和辞典として初めて出版されたが、その中に尊厳の翻訳が比較的困難であったことを、あらためて指示しめしている。古代意味での「dignité」に対していくつかの言葉があり、近代的意味での「dignité」の場合、兆民が全然使わなかった「貴尊」や「尊大ノ風」が与えられている。[22]「respect」は、現代の「尊敬」が訳されており、「respect humain」（人間尊重）については「無益知心」と訳されている。[23]

フイエ

バルニとヴァシュロ以外の共和主義者は「尊厳」を使用しない。[24] アルフレッド・フイエの場合、「dignité」がたまに言及されているが、『理学沿革史』の中で、「尊厳」自体が現れているのはヒンドゥー教またはイスラエルといった宗教に関する箇所で、伝統的な意味である。[25] つまり、兆民は現代的な意味での「尊厳」の出現している箇所には「尊厳」そのものを使用しなかった。では、フイエが尊厳に言及した箇所には、一体どのような言葉や表現を使っただろうか。以下にそのケースを纏めた（表3）。

3・2 カント的インスピレーション。バルニ、ヴァシュロ、ルヌヴィエ

兆民思想を形成し、彼に翻訳されたフランスのテクストの中で、dignitéとrespectという言葉を頻繁に使っている二人の著者が際立っている。ジュール・バルニ、エティエンヌ・ヴァシュロ、それからシャルル・ルヌヴィエである。バルニとルヌヴィエはフランスにおけるカントの主な紹介者であり翻訳者であった。彼らの著作を翻訳したことで、兆民は、明治時代前期に近代的な尊厳を導入したとはいえるが、まず、どれほど正確にこの概念を翻訳したのか、少なくとも文章の意味を伝えたのかは、検討すべきである。

エティエンヌ・ヴァシュロの『*La Démocratie*』から始めよう。彼はしばしば尊厳という言葉を、特に「人

Histoire de la philosophie	『理学沿革史』『中江兆民全集』第４巻
p. 144. stoïcisme : Sa haute idée de la dignité humaine	349 頁： 人タル徳ヲ尊重スルコト
p. 152 : en même temps la valeur de l'individu et la dignité de la personne. Cette idée du droit naturel et de la dignité humaine.	368 頁： 各人成果ト其品位トヲ鄭重ニセント欲シ性法を崇重シ人権ヲ拡張セシヨリ
p. 279 : Pascal oublie la dignité, la liberté	287 頁： 夫レ人ノ人タル所以ノ者ハ其意欲ノ自由ト其自ラ守リテ能ク其尊ヲ保ツトニ在ルノミ
p. 433 : Ainsi disparaît, dans la psychologie et dans la morale de Fourier, ce qui fait la dignité de l'homme, ce qui fait l'homme même, la volonté libre, principe du devoir et du droit.	フーリエーノ性理学及ヒ其道学ニ従ヘハ人タルニ貴フ所以ノ旨義即チ人ノ人タル所以ノ本源全ク消滅スルヲ致スヲ免レス人ノ人タル所以ノ本源トハ何ゾヤ意欲ノ自由是レノミ唯其レ意欲ノ自由有り……

表３

間の尊厳« dignité humaine »」、より正確には「自由と人間の尊厳« liberté et dignité humaine »」という形で用いている。個人は明らかに道徳的主体であり、カント的な視点に立つものである。しかし、田中耕造や野村泰了の訳は常にこの訳語を排除しており、[26] この概念を

(22) 中江兆民、野村泰之、[一八九三]、三九四頁。

(23) 同上、一〇四九頁。

(24) 『欧米政理叢談』で完全に翻訳されて、またシャルル・ルヌヴィエの『Petit traité de morale à l'usage des écoles primaires laïques（世俗的小学校用の道徳小論）』の翻訳である『道徳論』の中で、その本の一章と置き換えられているシャルル・ジュルダンの『Notions de philosophie（哲学論剛）』でも「尊厳」が言及されていない。

(25) Fouillée, [1875], p. 4, 26. 中江兆民、『理学沿革史』、『中江兆民全集』、第四巻、五七、一〇一頁。

(26) Vacherot, [1860], p. VII, XVIII, XXV, 172, 340.

La Démocratie	『自治政論』、日本出版局、1884 年
p. 4 : Le plus grand mal qu'on puisse faire à l'homme, c'est de le traiter comme une chose, une machine, un instrument. Cela est contraire à sa nature, à sa dignité,	8 頁： 人を残フノ尤モ大ナル者ハ物類ヲ以テ之ヲ視、機械ヲ以テ之ヲ待ツニ若クハナシ是レ或ハ民智ヲ発暢シ生類ヲ存養スルノ道ニ出ルトスルモ人性ニ背キ之ヲ尊重ヲ傷リ公道ニ悖ル之ヲ如何ソ
p. 5 : être libre par essence c'est sa loi, sa dignité, sa vraie perfection de tout faire librement	9 頁： 為スヘカラサル無キハ天人ニ賦フ人タルノ尊重ヲ保チ且其ノ極致ニ達セシムル所以ナリ
p. 28 : Dans les sociétés monarchiques et aristocratiques, il y a dans les privilèges accordés à un homme à une classe de quoi blesser la justice et la dignité humaine. L'idéal de la société politique est l'absolue égalité dans l'exercice de tous les droits.	67 頁： 而シテ王道閥閲ノ二政ニ於テハ其人権ヲ重ンスルコト至ラサル無ク其国益本トヲ図ルコト尽ササル無キ時ト雖モ一人若クハ一族特権ヲ占領スルヲ以テ天下ノ公道ヲ傷フリ人類ノ尊重ヲ賊フ者アリ

表4

理解することの難しさを示唆している。上は、その最も重要な出現箇所と日本語訳の表である（表4）：

バルニは、『*La Morale dans la démocratie*（民主主義の道徳）』（兆民の弟子によって『欧米政典集誌』に初めて翻訳され、兆民によって二度目に翻訳された）の中で、しばしば「notre dignité」（我らの自尊）、「人間の尊厳」「dignité humaine」、あるいは「le respect et la dignité de l'homme et du citoyen」（人間と市民と尊敬と尊厳）、または「respect de soi-même」（自尊）という表現を用いている。しかし、兆民の訳は、『理学沿革史』と同様にその意味を保ちつつも、一様ではない。正確に言えば、『*La Morale dans la démocratie*』で数えられる「Dignité」の出現は二四回で、その中、『民主国之道徳』にも『欧米政理叢談』にも一五回の出現が[27]全然翻訳されていない。以下（表5、表6）に、バルニの著作に登場するこの用語とその訳語（あるいは

La Morale dans la démocratie	『民主国之道徳』、『中江兆民全集』、第8巻（全集のパージ参照）	『欧米政理叢談』
p. 12 : Les institutions démocratiques (...) elles développent dans l'homme le sentiment de sa dignité, en faisant de lui une personne au lieu d'une chose, un citoyen au lieu d'un sujet	不訳	二七号八四二頁： 民主制度ハ民人ノ徳性ヲ涵育スルニ在リ乃チ其民ヲ處スル物類ヲ以テセス又臣隷ヲ以テセス堂々タル士民ヲ以テ之ヲ敬礼シ以テ其霊物タルヲ知ラシメ
p. 18 : la dignité personnelle ne s'est pas élevée dans la même proportion, et la moralité sociale elle-même en a été altérée	285頁： 守身持敬ノ一着	不訳
原書不在	285頁： （兆民の書き加え） 夫レ所謂各個人ノ道徳トハ正ニ人々自ラ尊ビ自ラ敬シテ以て身ヲ持スルノ謂ニ非ズカ	無し
p. 19 : respect de la dignité humaine	286頁： 自身ヲ貴重スル	不訳
p. 24 : respect de soi-même	289頁： 自身ヲ鄭重スル	不訳

表5

p. 24 : La première tendait à établir en nous les titres mêmes de notre dignité (...) Il consiste précisément dans le maintien et la défense de notre dignité contre les penchants qui (...) Se respecter soi-même, c'est, ai-je dit, maintenir en soi la dignité humaine	289 頁 : 自ラ自守スル	不訳
p. 26 : inculquer dans les âmes par tous les moyens le sentiment de la dignité humaine, le respect de soi-même et des devoirs qui en dérivent	292 頁： コノ習慣ヤ誠ニ悼むベキノ至ラザルヤ	不訳
p. 27 : de dignité et de bonheur pour l'individu, particulièrement pour la femme (...) un certain détachement sans lequel l'homme perd sa dignité et son indépendance morale	292 頁： 男女ノ品位	不訳
p. 32 : Dégager, maintenir et développer toujours de plus en plus en soi-même la dignité de la nature humaine, voilà le premier point de la morale et voilà aussi le premier point de la démocratie	293 頁： 自身ヲ鄭重スル	不訳
p. 38 : éveiller et raviver chez tous l'idée de la dignité, de la sainteté du mariage ; rappeler la femme au respect d'elle-même et l'homme au respect de la femme	304 頁： 人々ヲシテ道徳ノ念ヲ発揮シテ自ラ敬重スルコトヲ知ラシムナリ、曰ク女子ヲシテ自ラ敬重スルコトヲ知ラシムナリ、曰ク男子ヲシテ女子ヲ敬スルコトヲ知ラシメ	不訳

表6

訳語がないもの）を挙げる。

以上、兆民は明六社の知識人と同様に近代的な意味で「尊厳」という概念自体を使わなかったといえる。しかし、間接的に、人が自分自身と他者に対して負うべき必要な敬意を示唆するために、いくつかの言い回しや用語を使ったことで、またカント哲学に基づいているフランス共和主義を紹介したことで、尊厳概念の転移にある程度の役割を果たしたといえよう。兆民自身の著作ではどうなのか？

4．兆民思想における尊厳。人間の平等を強調するための憤りと嘲笑

4・1　尊厳の強調手段としての憤り

兆民の作品における尊厳の位置づけを理解するためには、まず二つの要素を参考とするのが重要である。一つ目はティエリー・ペッシュによる論説で、彼によれば奴隷化とは、個人がもはや主体ではなく、自尊心や自尊心を奪われたことを意味し、人間の尊厳が否定されている。ラ・ボエシ以来、啓蒙主義は、個人を脅かす二重の奴隷化、つまり、ある個人が他の個人を支配することと、自分自身が自分自身を支配することを攻撃してきた。シエスは『*Qu'est-ce que le Tiers État ?*』（第三身分とは何か）の中で、人民が完全に押しつぶされるのを避けるためには、人間としての尊厳を取り戻さなければならないと書き、ジャン＝ジャック・ルソーは『社会契約論』（Ⅰ－２）の中で、個人を物や獣の状態にまで貶める特権を糾弾している。[28]

（27）Barni, [1868], p. 22, 26, 35, 38, 40, 58, 59, 71, 81, 105, 120, 133, 171, 257, 258.

（28）Pech, [2001].

そこで、二つ目の要素として、『*De la démocratie en Amérique*（アメリカのデモクラシー）』で、平等化の過程について、トクヴィルの説明も参考にしたい。トクヴィルが記述しているように、民主主義的な社会において、« tous les hommes sont semblables et font des choses à peu près semblables »。[29] その社会の個人は、« se livrer aux mêmes plaisirs », « entrer dans les mêmes professions », « se rencontrer dans les mêmes lieux » et « vivre de la même manière ».[30] その Passion de l'égalité（「平等」への情熱）のため、民主主義社会の個人は人間が皆同じく尊厳と尊敬を受けるべきなことを意識しており、羨望と上限関係あるいは特権の拒否こそ、民主的な感情であるとトクヴィルは述べている。[31]

したがって、現代的な意味での尊厳と、自由と平等の間には明らかなつながりがあり、この二つの要素は、奴隷化された、あるいは少なくとも他者との平等が否定され、他者との関係に苦しむ人間の憤りのありかたを示している。尊厳とは、他者を主体として自分と同等であると認めることであり、同時に、自分自身の中にも同じ平等があるという自覚から、自分自身を物の地位に落とし、他者と同じ可能性を奪われることを拒否することであると理解するならば、尊厳は当初から兆民にとって重要なものであり、それが平等を強調する彼の原動力となり、彼は本質的に自由と結びついたと考えられる。兆民の場合、尊厳は、自分より優れた地位を傲慢に主張する人々に対する憤りや、嘲笑的あるいは糾弾的な方法で彼らの地位に異議を唱える目的で表現された言葉であったのである。その証明は彼の著作で確認できる。

処女作である『策論』（一八七五年）の時点で、兆民は、身分の高いある人の富が他の人々の物質的な快適さを奪っているという事実に憤りを表明していた。平等という言葉自体は用いられていないものの、身体の平等が既に現れていたことに注目すべきである。兆民は、政治的混乱を利用して資格を不当に手に入れた「沿襲ノ盗、僥倖ノ盗」、「国盗」を批判し、「呆人有り、其隣人ノ錦繡ヲ衣キ粱肉ニ飽キ高楼ニ住ミ出ルニ彫車ニ乗リ居ルニ絵牀ニ踞スルヲ見テ、其之ヲ致ス所以ノ道ヲ問ワズシテ而テ俄ニ之ヲ学バ、必ズ竟ニ困敝ノ憂ニ陥ラン」と考えた。[32] その感情は、別の箇所で、兆民は「昔歳欧地ニ在テ其工人ノ情況ヲ察スルニ、恒ニ財資財主ト相軋シ「省略」彼邦今代ノ史ヲ見ルニ、財産ヲ均フシ所有ヲ廃スルの論ヲ主張スル者、常ニ工人ヲシ頼リテ以テカト為ス」と述べて、フランスの労働者と、台頭していた社会主義に確認した。[33] そのような感情はトクヴィルの指摘した Passion de l'égalité ではないか。

以上のような兆民による上限関係の拒否と憤りは、経済的平等の側面にも表明される展開に成り得た。というのも、『欧米政理叢談』第九号と第四四号の中で、ルソーが、フランス革命と社会主義の祖先としているフランスの政治作を参考にしてバブーフの「平等主義者の宣言」が二回翻訳され、兆民自身、フランスの社会主義に興味を示したからである。しかし、兆民が一番認識したのは、より政治的な平等であり、そのために、封建社会を民主社会に変化させるように、また平民、部落民と女性の尊厳、人間の平等を強調するために、平民と貴族、部落民と平民、男女の不平等を、皮肉を利用して批判した。

4・2 平民、部落民と女性の尊厳。兆民の平等観

兆民において、人間の平等は人間の身体の平等であり、その身体的の平等は道徳的な平等を可能とし、個人の一人の存在が完全に他の個人の一人の存在と同じ価値を持っている。このような見解にしたがって平等は正当化されている。兆民の平等観は、肉体と良心を強く結んでいる『孟子』の言葉であり、兆民の哲学の

(29) Tocqueville, [1961], vol 2, chap 3, ph. 17, p. 314.
(30) Ibid., vol. 2, chap. 2, ph. 1, p. 138.
(31) Ibid., vol. 2, chap. 3, ph.5, pp. 690-699.
(32) 中江兆民『策論』、『兆民全集』第一巻、二七頁。
(33) 同上、二七頁。

中心的な概念である「理義」に深く関連している。[34] 兆民における平等は、男女の別もなく、国々の別もなく、人間が同じ身体を持っているからこそ、普遍的であり、「平等ハ天地ノ公道ナリ人事ノ正理ナリ」と兆民は記述している。[35] 兆民の目には、アジア人もヨーロッパ人と等しく脳を持っているし、[36] プラトンも孟子も良心について語ること自体も人間本性の普遍性を証明するので、兆民は「黄人」と「白人」の人種的区別を否定している。[37] すでに「策論」の中で「西土ノ道学ハ希臘矢蘇曷剌篤、必羅頓ニ現本ス、而テ二賢ノ道ヲ論ズル、仁義忠信ニ外ニセズ、篤介欧地ニ在テ其書ヲ読ミ誠ニ斯道ノ古今遠迩確乎トシテ易フ可ラザルヲ知ル」と書くように、[38] その信念は現れているし、『欧米政理叢談』で翻訳されて、「諸国民の間の不平等の打破、同一民族のうちの平等の進歩 « La destruction de l'inégalité entre les nations ; les progrès de l'égalité dans un même peuple »」を目指しているコンドルセの『人間精神進歩の歴史的素描』の「人間精神の将来の進歩」にも現れている。

兆民は、以上の平等観に基づいて民衆の尊厳を強調するために、貴族と平民の不平等を批判している。一八八一年、兆民は「夫レ人民モ亦人ニ非ズ乎亦自ラ頭脳有ルニ非ズヤ」と記している。[39] 後に、『三酔人経綸問答』において、洋学紳士がこの議論を引き取って「王公貴人は脳髄廻回体の量果て吾儕よりも多くして且つ重き乎、胃液の分泌血球の発育果て吾儕よりも富める乎」、また「若し百万数の国民中三人の貴族有る時は、九十九万九百九十七人は此三人の為に自己尊貴の幾分を毀損せらるるを免れず、此亦算数の理なり極て明白なり」と発言して、[40] このような思想は、一人の個人の身体が、他のいかなる個人とも厳格に同等であるということに由来する、諸個人の間の平等を前提としている。この算術的論理において、数百の王は数百万の臣民に対して何も為すことができない。この諸個人の間の平等に対する確信は、二つのやり方で特徴づけられる。まず、この確信は、人間の身体を問題にしているのだから、生それ自体を基盤としている。自然が平等に正当性を与えているという意味で、この権利は自然的権利である。次に、この確信は、ガルが述べたように科学が確証するだけに、いっそう強固である。おそらくはこの二つの理由から、兆民は平等の主張にこのうえなく強固な基盤を見いだしたと考えていた。いったい誰が、科学の客観性と自然の不変性に異議を唱えることができようか。哲学が示す原理は、科学と自然が結びついて生み出すもの以外の何ものでもなかった。

次に、平民に対する批判で平民と部落民の平等の強調である。兆民は民主的な人民を作り出すことを目指して、それは江戸時代の身分制社会とは断絶した市民たちからなる人民を出現させ、封建的慣習を打ち砕き、新しい思想を基盤とした進歩を広めなければならない、と兆民は信じていた(41)。彼にとって部落民に対する差別は、その名残の一つで、この人たちを擁護するために、兆民は、歴史と文明化の議論に加えて身体の平等を論拠として活用した。「公等の脳髄胃腸と吾等の脳髄胃腸と其形状果して相異なる乎」と述べている(42)。

また、兆民は男性に対する批判で男女平等も強調したといえる。一八七五年に書かれた『策論』に「天ノ人ヲ生ズル陰陽皆常数ナリ」であるから、兆民が一夫多妻制を批判して、ここも算術的論理が示される。数年後に、「男女異権論」においては、儒学師範として現れる「秋水子」とヨーロッパからもたらされた新思

(34) デュフルモン、[二〇二一]。
(35) 中江兆民、「新民世界(二)」、『全集』、第一一巻、七七頁。
(36) 中江兆民、「我自由党諸君ニ告グ」、『全集』、第一四巻、一四五～一四六頁。
(37) 中江兆民、「良心ノ論」、『全集』、第一四巻、九三～九五頁。
(38) 中江兆民、『策論』、『全集』、第一巻、二六頁。
(39) 中江兆民、「宜シク朝廷ノ責ヲ軽クスベシ」、『全集』第一四巻、六四頁。
(40) 中江兆民、『三酔人経綸問答』、『全集』、第八巻、一八七～一八八頁。
(41) 中江兆民、「人爵の妄念を除け」、『全集』、第一四巻、一九四頁。
(42) 中江兆民、「新民世界(二)」、『全集』、第一一巻、七六頁。

想との間に乖離があることを紹介している。ヨーロッパの新思想とは、両性の間の平等を提案するにとどまることなく、さらに土地の共有化や平和までも提案していた思想だと兆民は述べている。こうして兆民は、近代の目もくらむような可能性と、儒学師範が守ろうとする、男は野良仕事に出て女は炊事するという社会の伝統的な概念を対置する。皮肉を込めて、兆民は「噫是の論者の見る所、曾ぞ閭閻の小民の如ばざらんや」と結論づける。[43] その皮肉的な文章は、一八八七の『三酔人経綸問答』において、更に展開していく。その小説の中、豪傑君は、三〇歳以下の世代と三〇歳以上の世代を区別して、日本における文明化の進展の推進者を二つに区別した。「恋旧好新の二者は此種の国民中氷炭相容れざる二元素なり」[44]。前者は、日本が必要としていた急進的な改革を受け入れた。ヨーロッパ流の教育を受けていたからである。後者はかつて武士として、儒教的教育を受けて育ち、若かりし日のままの社会を維持したいと願っている。このように区別しながら、豪傑君が念頭においているのは、もっぱら武士階級の若者であるように思われる。直後で、豪傑君は、新しいものがもっぱら武士階級の若者たちの間だけで現れるわけではないと説明するのである。すべてをひっくりかえして、新しい社会を理解することができない父親をからかうような、子どもにも、女性にも、新しいものが見いだされる。[45] 女性に投票権を認めることに明示的に賛成の立場を兆民が示したことは決してなかったが、さらに兆民は、公的な場で意見を述べられるように女性たちも教育されるべきだと考えた。女性たちに、自らを教育し、政治的場面に身を置いて、学問や政治について議論することを求め、生まれのよい、ヨーロッパ流の教育を受けた若い娘たちに、自ら模範となって貧しい女性たちに自律を示すように訴えたのである。[46]

5. おわりに

近代日本における「尊厳」の概念史において、中江兆民は驚くべき役割を果たしたといえる。一方では、彼はそのような意味では「尊厳」を使わず、通常の宗教的文脈で「尊厳」を使った。しかし他方で、伝統的な意味で「尊厳」を使用した明六社の知識人と違って、兆民は、ジュール・バルニのテキストを始めとする、カントに触発されたフランスのテキストを紹介したことで、彼は日本で初めて現代的な意味での「尊厳」を想起させた一人でもあった。この言葉の翻訳は、兆民とその弟子たちにとって困難なことであったようだが、兆民が、自己と他者に対する必要な敬意、つまり主体の尊厳のための不可欠な条件という考えを表現することに成功したことは事実である。その意味で、大正時代のカント哲学導入を準備したと思われる。また、フランスの共和主義者を翻訳して、兆民は、ルソーが経済の不平等について指摘した挑戦に対して同じ態度を示すことがあり得た。しかし、兆民は、民主的国民の形成、部落民、女性の開放を目指して政治的平等に優先を与えて、経済的不平等に対する批判は、門下の小山久之助、酒井雄三郎、幸徳秋水らが実現した。

(43) 中江兆民、「男女異権論」、『全集』、第一一巻、一〇頁。
(44) 中江兆民、『三酔人経綸問答』、前掲、二三八頁。
(45) 同上、二三九頁。
(46) 中江兆民、「貴嬢子貴婦人に告ぐ」、『全集』第一一巻、二七三頁。

参考文献

Barni, Jules, *La Morale dans la démocratie*, Germer Baillère, 1868.
Block, Maurice, *Dictionnaire générale de la politique*, Lorenz, 1874

Bluntschli, Gaspar, Armand de Rietmatten trad., *Théorie générale de l'Etat*, Guillaumin, 1877.
Dufourmont, Eddy, *Rousseau et la première philosophie de la liberté en Asie (1874-1890). Nakae Chômin*, Le Bord de l'eau, 2021.
Dufourmont, Eddy, *Rousseau au Japon, Nakae Chômin et le républicanisme français (1874-1890)*, Presses Universitaires de Bordeaux, 2018.
デュフルモン、エディ「新カント主義の先駆者としての中江兆民。「理義」から見た一八八〇年代における兆民の自由論と孟子、カント、ルソーとアレクサンダー・ベイン」、『日本漢文研究』、二〇二一年、一六号、一一一～一五二頁。
Fouillée, Alfred, *Histoire de la philosophie*, Delagrave, 1875.
Franck, Adolphe, *Dictionnaire des sciences philosophiques*, Hachette, [1851] 1875.
福沢諭吉『帝室論』、丸善、一八八二年。
福沢諭吉『尊王論』、集成社、一八八八年。
Joyeux-Prunel, Béatrice, « Les transferts culturels. Un discours de la méthode », *Hypothèses*, vol. 6, no. 1, 2003, pp. 149-162.
金子元「箕作麟祥『泰西勧善訓蒙』後編に見る英米モラル・フィロソフィー受容の一考察」、『秀明大学紀要』、二〇二〇年、一七号、一七～二九頁。
加藤弘之『国体新論』、吉野作造編、「明治文化全集」第5巻　自由民権篇、日本評論社、一九二七年、一〇九頁。
Loizides, Antis, « John Stuart Mill: Individuality, Dignity and Respect for Persons » dans Giovanni Giorgini, Elena Irrera ed., *The Roots of Respect. A Historic Philosophical Itinerary*, De Gruyter, 2017, pp. 187-206.
Mill, John Stuart, *On Liberty*, Batoche books, [1859] 2001.
中江兆民、松本三之介［ほか］編『兆民全集』、岩波書店、一九八三年～一九八六年。
中江兆民・野村泰之『仏和辞典』、仏学研究会、一八九三年。
中村正直訳・斯邁爾斯（スマイルス）著『西国立志編：原名・自助論』、木平愛二等、一八七六年。
Pech, Thierry, « La dignité humaine. Du droit à l'éthique de la relation », *Éthique publique,* vol. 3, 2, 2001. http://journals.openedition.org/ethiquepublique/2526
Reboul, Olivier, « La dignité humaine chez Kant », *Revue de métaphysique et de morale,* avril-juin 1970, 2, pp. 189-217.
Smiles, Samuel, *Self-help, with illustrations of character and conduct*, Boston, Ticknor and fields, 1866.
Tocqueville De, Alexis, *De la démocratie en Amérique*, Paris, Gallimard, collection Folio/Histoire, 1961.
Vacherot, Etienne, *La Démocratie*, Vacherot, 1860.

2　近代仏教における縁起と尊厳

前川健一

1．はじめに

人間が人間であること（だけ）によって特別な価値を有するという「人間の尊厳」の概念は、近代西洋以外の諸地域にとっては未知のものであり、日本仏教の場合も例外ではない。では、彼らが近代西洋の「人間の尊厳」概念に対して、どのような対応をしたのか、本稿では、「縁起」概念の改変という点をふまえて検討したい。近代日本の仏教者は、人間の尊厳の重要な側面である人間の自由に対して抑制的であり、その根拠として相互依存として再解釈された「縁起」の概念が用いられていると言える。

2．「人間の尊厳」の三つの区分

「人間の尊厳」は多義的な概念であるが、従来の研究(1)をふまえると、便宜的に、以下の三つのものに区分することができる。

① 地位や能力にともなう「尊厳」

② 自由を根拠とする「尊厳」

③ 保護の根拠としての「尊厳」

①については、近代以前から存在するものであり、このような意味での「尊厳」は、非西洋社会にも見られる。

②は、西洋社会のルネサンス以来のものであり、それを自己立法する人格の人間性の尊厳として定式化したのがカントであると言いうる。さらに、カントは、そのような尊厳をそなえた人間性を道徳的行為の目的そのものとすることで、人間性をそなえた他者への善行についても「尊厳」によって基礎づけることになる。これが③の用法であり、現在、我々が「尊厳」を語る場合に念頭に置いているのは、専ら③の用法である。

近代西洋思想の「尊厳」概念と日本仏教との出会いを考える場合、上記②③の意味に於ける「尊厳」であることを確認しておきたい。

3. 近代西洋思想と仏教の出会い

近代西洋思想と出会った日本仏教者の第一世代として、ここでは島地黙雷（一八三八・天保九〜一九一一・明治四四）を取り上げる。島地は浄土真宗西本願寺派の僧侶で、明治五年（一八七二）に宗門の依頼でヨーロッパ視察に派遣されている。

島地が書いたものの中には「人権論」(2)「自由ノ原」(3)などがあり、近代西洋の自由や人権の概念を受容していることが分かる。「人権論」においては、仏教がカースト制度を批判したことを以て、「其意専ラ人主ノ暴政ヲ誡メ、人民ノ権利ヲ保全セシムルニ在リ」と解し、一応、仏教的な裏付けを行っている。(4)もっとも、その後、孔子や孟子の言葉も引いて、「豈ニ亜細亜洲中人権ヲ説ク者ナシト云ハンヤ」(5)と述べているので、むしろ人権の普遍性を説くために仏教を援用しているに過ぎない。

一方、「自由ノ原」では、放縦と自由を区別し、「智識ノ根底」「心思ノ修練」が十分でない場合には、自由の制限も必要であることを説き、(6)真の自由とは「形骸」にあるのではなく、「心志」にあるとする。(7)そして、「心性ノ自由ヲ顕発」させた仏教にいたって、「無碍自在ノ境」が出現すると説いている。(8)

自由と報縦の区別については、「自由と我儘の差別」(9)でも論じられているが、ここでは外形と内面という対比ではなく、「凡そ世の中は唯も一人にて暮すことは出来ぬものにて」「世界中の人が互に寄り合て助けあ

（1）①と②以下の区別については、ローゼン［二〇二一］参照。
（2）明治七年（一八七四）九月『報四叢談』四号所載。『黙雷全集』巻四・二四一～二四四。
（3）明治八年（一八七五）二月起草（掲載誌不明）。『黙雷全集』巻四・二八二～二八五。
（4）『黙雷全集』巻四・二四三～二四四。
（5）同上二四四。
（6）同上二八三。
（7）同上二八四～二八五。
（8）同上二八五。
（9）明治一七年（一八八四）五月起草。『教学論集』九編掲載。『黙雷全集』巻四・三三〇～三三二。

ひ、互に人のお蔭で生活する」[10]という相互性が説かれ、「相互の自由をたすけるが真の自由」[11]と論じられている。島地はこの裏付けとして「一切衆生恩」という経文を引用している。[12]

ここに見られるような議論の傾向性（内面の重視、相互性への着目、報恩の思想）は、これ以後の仏教者の社会思想に共通のものであるが、大正期以後は、「相互性」が「縁起」という仏教的概念と結びつけられることで、この傾向が強化されていくと言える。

4. 清沢満之の場合

清沢満之（一八六三・文久三～一九〇三・明治三六）は真宗大谷派の僧侶であり、東京大学（帝国大学）文学部哲学科で学んでいる。同じく東京大学に学んだ井上円了（一八五八・安政五～一九一九・大正八）らとともに、西洋的な教育を受けた最初の世代の仏教者と言えよう。

清沢の最終的な立場は「精神主義」と呼ばれるが、「精神主義は自家の精神内に充足を求むるものなり、故に外物を追ひ他人に従ひて、為に煩悶憂苦することなし」[13]と述べられるように、自己の内面を重視するものである。もっとも、この充足は無条件に得られるものではなく、「絶対無限者」（清沢の場合、具体的には阿弥陀仏）に接することによって得られる。そして、自己を含むすべてのものが絶対無限者に包摂されていることから、他者との関係は以下のようなものになる。

「万物一体の真理は、或は唯心論と説かれ、或は凡神論と説かれ、或は事々無礙法界と説かれ、或は一色一香無非中道と説かれ、或は光明遍照十方世界と説かるゝ等、其説明頗《すこぶ》る多様なりと雖ども、要するに、宇宙間に存在する千万無量の物体が、決して確個別々に独立自存するものにあらずして、互に相依り相待ちて、一組織体を成ずるものなることを表示するものなり」(14)

「吾人は彼我同体の念に安住せねばならぬ。抑《そもそも》吾人は他の人物と自他相対して其差別ありと雖とも、此差別は決して根本的の差別ではない、彼我共に平等なる本体の上に存するものである、此が公徳の基礎である、然れば、彼と我とは決して別体あるものではない、彼と我とは平等一体である、彼の利益は我の利益である、彼の痛痒は我の痛痒である」(15)

このように、清沢においても、相互性が基本認識としてあることが分かる。(16) 単なる相互性を超越する面が、清沢の「精神主義」においては前面に出ているものの、枠組みとしては島地と共通する面があると言える。

ここで、清沢とカントとの関係を見ておきたい。

清沢は真宗大学寮（真宗大谷派の学事施設）で明治二二年（一八八九）から二七年（一八九四）にかけて西洋哲

---

(10) 同上三三一。
(11) 同上三三二。
(12) これは般若訳『大乗本生心地観経』巻二「報恩品」第二の「衆生恩」（大正蔵三巻二九七上一二〜一三）のこと。
(13)「精神主義」、明治三四年（一九〇一）一月一五日、『精神界』一巻一号、無署名。『清沢全集』巻六・三。
(14)「万物一体」、明治三四年（一九〇一）二月一五日、『精神界』一巻二号、無署名。『清沢全集』巻六・一一。
(15)「公徳問題の基礎」、同上、署名原稿。『清沢全集』巻六・一七。
(16) この点に注目したのが、今村［二〇〇三］・同［二〇〇四］であるが、この相互性の思想を「縁起思想」と呼んでいるのは妥当ではない。清沢の時代には、「縁起」を専ら「相関相依」と解する理解は成立していないからである。

学史の講義を行っている。[17] そこには、カントについても触れられているが、道徳的法則の第一定式[18]のみが取り上げられており、第二定式[19]は取り上げられていない。そのため、人格（Person）や尊厳（Würde）といった概念は直接には問題にされていない。

この時期のカント受容を見ておくと、明治一九年（一八八六）の中江兆民訳『理学沿革史』（Alfred Fouillée, *L'Histoire de la philosophie*（一八七五）の翻訳）では、以下のようにある。

「凡ソ物ノ価値ハ皆比較スル所有ルガ為メニシテ生ズル者ナリ、是ヲ以テ之ヲ計数スルヲ得可シ、自由ニシテ且ツ理義ニ合スル人ノ価値ハ物ノ比較ス可キ無ク且ツ計量ス可ラズ[20]」

「汝身ヲ処シ及ビ一切人類ヲ待ツニ於テ、当サニ視テ自由ニシテ且ツ理義ニ合スルノ意欲ト為ス可シ、故ニ他人ヲ以テ目的ト為スモ手段ト為スコト勿レ[21]」

「人身ハ其己レニ於ケルト他人ニ於ケル他人ニ於ケルトヲ別ツコト無ク、極テ之ヲ鄭重ニシテ敢テ或ハ侵スコト無キヲ要ス[22]」

これらによれば、「尊厳」（中江訳「自由ニシテ且ツ理義ニ合スル人ノ価値」）や「人格」（中江訳「人身」）に相当する概念や第二定式は実質的には紹介されているが、術語化されていないと言える。

また、明治二七年（一八九四）には、中江兆民訳『道徳学大原論』が出ている。本書はショーペンハウアーの『倫理学の二つの根本問題（*Die beiden Grundprobleme der Ethik.* 一八四一）』の仏訳（August Burdeau, *Le Fondement de la moral.* 一八七九）を翻訳したものであるが、ショーペンハウアーの著はカント倫理学批判であるので、中江訳著にも当然、カントの倫理学説の説明が出て来る。第二定式は次のように表現されている、「汝当さに務《つとめ》て人類を尊敬す可し、而して人類を尊敬せんと欲せば宜く汝の身及他人の身を以て皆一箇の目的物と為す可し」[23]。「身」はPerson (personne) に当り、特別の術語としては扱われていない（ただし、この扱いが間違いとも言えない）。一方、人間の尊厳（Würde des Menschen, la dignité de l'homme）は「人の品位」[24]と訳されている。

明治三四年（一九〇一）の波多野精一『西洋哲学史要』では、カントの倫理学説として人格や尊厳の問題は扱われておらず、清沢と同傾向である。

一方、大西祝の『西洋哲学史』[25]になると、「人格」や「品位（Würde）」についても明確な説明がなされてい

---

(17) 聴講者のノートにより『西洋哲学史講義』としてまとめられている。『清沢全集』巻五。
(18)「汝の為す処が、普遍法の原理となり得べき様に用らけ」（『清沢全集』巻五・二六四）。
(19)「君自身の人格ならびに他のすべての人の人格に例外なく存するところの人間性を、いつでもまたいかなる場合にも同時に目的として使用し決して単なる手段として使用してはならない」、篠田訳［一九七六］一〇三。
(20)『兆民全集』巻六・一九八。
(21) 同上一九八〜一九九。
(22) 同上二〇〇〜二〇一。
(23)『兆民全集』巻九・一三〇。
(24) 同上一三七。
(25) 没後、明治三六〜三七年（一九〇一〜一九〇二）、『大西博士全集』の一部として刊行。東京専門学校（早稲田大学）での講義をまとめたものであるが、それ以前の同校での講義録でも同趣旨のことが述べられている。『西洋哲学史（東京専門学校文学科第一回第一年級講義録）』では、以下のようにある。「意志が倫理の大法に従ふことの目的は倫理の大法に従ふことの外に存せず、故にかゝる意志は、其れ自身を目的とするものなりといふべし。斯かる意志を具有する者（即ち自らが自らの目的たる者）を名づけて人格（Person）といふ。人格の価値は其れ自身に在りて他のものを以て之れに代ふべきに非ず、カントは此の意

る。時代は下るが、大正五年（一九一六）の阿部次郎『倫理学の根本問題』（Theodor Lipps, *Die ethischen Grundfragen*（一八九九）の縮約本）でも、Würdeは「威厳」と訳されている。[26]「人格」に比べると、「尊厳」の方は定着が遅いと思われる。[27]

このようなカント受容の状況を踏まえた場合、以下の清沢の言葉は、どのように解すべきであろうか。

「自己の実相をだも知らずして、外他の事項を評騰し、之に幻惑して以て自己の尊厳を損ふを顧みざらんとす、豈大迷にあらずや、而して此大迷を破転し以て自己の尊厳を開顕せずんば独立の精神は決して発揮せられざるべし」[28]

この「尊厳」は、直接的にはカントを参照していないが、ここで問題になっている「独立の精神」は、「外物の誘惑」[29]「貪瞋の煩悩」を脱したもので、「死生の外に超然たるもの決して生命の為に奴隷たるべきものにあらざるなり」[30]とされており、傾向性を脱するという意味では、カント的な「尊厳」に近づいている。しかし、最終的に異なるのは、清沢がこのような「尊厳」の根拠を「絶対無限者」に置いている点であろう。清沢は「宗教と道徳との相関」[31]で、「純粋なる道義的宗教」[32]を取り上げ、これを批判している。カントの名は出していないが、「彼の説は畢竟吾人の自由意志なるものを根拠とせるもの」「吾人は正義其物の為に正義を行はざるべからず」[33]と述べており、カント説の特徴をそなえている。清沢は批判の主眼として、①「因果必然の理法」[34]が支配している以上、完全な自由意志は存在しない、②道徳的行為は他者との関係において成り立つのに、他者との関係を無視している、という二点を挙げる。この二点は単なる道徳の範囲では充足しえないものであり、「絶対無限に対する信念を基本とする宗教」[35]によって初めて道徳の完成が可能となるというのが清沢の立場である。

5．仏教社会事業と「縁起」

大正期になると、仏教社会事業（福祉活動）が興るが、その先駆者でもあり代表者でもある人物が、渡辺海旭と矢吹慶輝である。両者とも浄土宗僧侶であり、大正大学（宗教大学）教授を務めている

を言ひ表して人格は品位（Würde）を有すと云ひ而して之れを唯だ代価（Preis）を有する物件（Sache）と区別せり」（大西［刊年不明］一〇一六～一〇一七）。

(26) 阿部［一九一八］二二二。

(27) カントの立場では、傾向性に流される人間が、自らの自由を駆使して敢えて普遍的法則に従う英雄的行為が、Würde と呼ばれるので、これを「国体の尊厳」「帝室の尊厳」などと同じ「尊厳」という言葉で訳さなかった彼らの感覚は、それなりに正当であるように思われる。

(28) 「独立の精神」、明治三三年（一九〇〇）四月一三日、『仏教の真精神』所収、署名原稿。『清沢全集』巻六・二五七。

(29) 『清沢全集』巻六・二五五。

(30) 同上二五六。

(31) 明治三二年（一八九九）一一月一五日・一二月一五日、『無尽灯』四巻一一号・一二号、署名原稿。『清沢全集』巻六・二二三～二三四。

(32) 『清沢全集』巻六・二二六。

(33) 同上二二六。

(34) 同上二二七。

(35) 同上二三四。

渡辺海旭（一八七二・明治五〜一九三三・昭和八）は、一九〇〇年（明治三三）〜一九一〇年（明治四三）ドイツに留学し、仏教研究に従事するとともに、西洋での社会事業を実見し、様々な資料を収集した。帰国後、一九一一年（明治四四）、浄土宗労働共済会を設立、一九一二年（明治四五）には、仏教徒社会事業研究会を設立、以後、様々な事業に関与している。[36]

矢吹慶輝（一八七九・明治一二〜一九三九・昭和一四）は、東京帝国大学に学び（同期に石橋智信・木村泰賢・宇井伯寿）、一九一三年（大正三）姉崎正治の助手としてアメリカに滞在、一九一五年（大正四）からイギリスに留学し、一九一七年（大正六）帰国した。この間、仏教研究とともに、社会事業の資料を収集し、帰国後、宗教大学（大正大学）社会事業研究室を開設し、主任教授となった。この研究室について、仏教徒社会事業研究会編『仏教徒社会事業大観』（一九二〇・大正九年四月）には次のようにある。

「大正三年九月二十六日財団法人浄土宗報恩明照会設立せられ次で当時在米中の矢吹慶輝氏をして欧米に於ける救済事業の視察を為さしめらる。大正六年一月同氏の帰朝するや同年四月宗教大学第三十一学年の新学期と同時に同大学内に研究資料蒐集室を設け、海外にて蒐集せる斯業の著書報告書及渡辺海旭氏が在独中蒐集せし著述類の寄贈を受け茲に欧米に於ける救済事業の研究資料を備へ更に大正六年以来本邦に於ける社会事業に関する著述及慈善団の報告類を備へ又別に宗教大学図書館より研究資料の出陳を得て大正七年五月之が開設を見るに至れり」[37]

以後、様々な社会事業に関与する一方、一九二〇年（大正九）より東京帝国大学講師を務め、一九二四年（大正一三）に助教授に就任するが、一九二五年（大正一四）には東京市社会局長に転出し、実務に携わる。もっとも、社会局長在任は一年間だけで、翌年には大正大学教授になり、社会局長を辞任している。しかし、以後も、宗教研究と社会事業の両面で活動している。

ここで、興味深いのは、二人とも、以下のように「縁起」の概念に言及していることである。

渡辺海旭「社会問題と宗教思想」[38]

「仏教は法即ち宇宙万象そのものの生成関係を説明して因縁生と云ひ、或は単に縁生、縁起と説いた。即ち「諸法は因縁によつて生ず」と云ひ、或は「縁起を見る者は法を見、法を見る者は縁起を見る」と教へて居る。是れ一切の存在相は相互依存の関係に外ならないことを示すのであり、その関係は複雑錯綜して極まる所なく所謂無尽の縁起であつて、一物の存在の爲めには衆多無数の因縁が縦横に交渉し、天地一切の生命は陰に陽に作用し互に無量の要素、無数の条件を具備して現出する所のものである。而もかくして成れる事物の形態は、決して絶対的本質的なる存在ではなくして、所謂限りなき衆多の要素条件の縁りすがれる仮和合の状態に過ぎない、故に若し此等合成せる要素の一を缺き、或は条件の一つを失ふならばその存在は直に失脚せざるを得ない。（中略）

吾人の人間的存在に就ても亦固より同断であつて、個人と称ひ、我れと意識する所のものは、これ又五蘊仮和合といふが如く諸要素の集合に過ぎないものであつて、決して独立せる個人ではない。而もその集合体に現はるゝ所の生命なるものも日夜に生滅する漂流のすがたに過ぎないのであつて、常住不変なる「我れ」の存在を肯ふことは出来ないのである。（中略）

（36）渡辺の事績については芹川［一九七八］参照。同書の主要内容は『芹川著作集』巻七に収録。

（37）仏教徒社会事業研究会編［一九二〇］九五。

（38）長谷川編［一九三七］所収。

吾人は以上の縁起論によつて何ものを学び得るか、縁起論は、吾人に示すに仏教的現象観を以てした。即ち万有の生成が衆縁和合による依存関係であつて、それ自身のみの個性や一箇の我体なるものが絶えてなき事を警示して居る。如斯きは、恰も現代の社会学が教ゆる、所謂社会関係論を裏書するものであつて、社会が個人の協同体なりといふ如く、仏教は社会が個人の協同体なりといふ以上に、個人は即ち社会なりであつて、社会以外に個人の存在を認めないものである。若しも人あつて個我を主張するならば、それは縁起を知らざる自殺的態度となすのである。此の意義に於て仏教の社会的態度は最も徹底せるものと云ひ得る。

次には協同主義である。無我の当相は自他一如の存在であり、衆縁和合の存在であり、すべてが協同調和せる相互依存である。他に対する全幅の了解である。他人の憂ひを憂ひ、他人の喜びを喜び、他人の善行美挙に対してあくまで協力賛同を惜まないことである。即ち随喜は何等の私心なく利己なき純真無我の精神に基く徹底的協同主義である[39]」

矢吹慶輝『思想の動向と仏教』（一九三三・昭和八年九月）

「或る時代の宗教は、必ずその時代の一部をなすものであつて、宗教の信者は信者であると共に、市民としてその時代の制度に従ひ、商人としてその時代の経済に応じ、兵士であり農民であるから、社会は連帯共同即ち仏教でいふ重々無尽の縁起関係にある以上、宗教のみ単《ひと》りその時代より孤立し乖離するを許さざるものである[40]」

「そこで、第三に利他主義になるが、大乗経典は到る処で、方便を説いて居る。方便とは利他の事で、利他の思想を持たぬ大乗経典はない。一体、吾々は自分が悟ればそれで可いので、他人に関係がないやうであるが、宇宙観も人生観も丸で変つて来て、全宇宙が倚りつ持たれつの連帯共同の縁起関係となれば、自分と他人とは離す事が出来なくなる、即ち自分が悟る為には、共同に他人も悟つて呉れなければ、真の悟りが出来ないと云ふ事になる[41]」

両人とも、相互依存という意味での「縁起」が社会連帯の根拠となることを論じている。しかし、このような相互性にもとづく立場は、一方で、個人の自由や尊厳をそれ自体としては重視しない（場合によっては、お互いがお互いを抑制する）ことにつながりかねない。事実、彼らの論説を見ても、個人の自由や尊厳については積極的な言説を見出しがたい。以下に見るように、個人の行為は社会の共同責任に吸収されるのであり、これは或る種のパターナリズムを予想しうるものと言える。

「現実の禍福は過去経験の結果として怖畏すべく、現実の善悪は未来の禍福を規定するものとして厳粛なる責任観念を喚起せしめずんば止まない。而して此の自己責任主義に由る生活経験の尊重は少くとも現実生活の態度としては、人格自由の精神を止揚せしめ、個人的道徳に於て積極的基礎を供するものである。

而してかゝる業感論は個人道徳の上に因果の法則を適用するのみでなくして、現在の社会人生を共業所感として道徳上万人必然の連帯責任あるものとし、更に一切の経験世界は悉く共業の所感たるを認め、

(39) 長谷川編［一九三七］四五〜四七。
(40) 矢吹［一九三三］一六五。
(41) 同上二四三。

世上に於ける喜楽憂患一切の善悪得失は、社会の成員たる吾人全体の共同責任なりとするのである」[42]

6. 椎尾辨匡の共生運動と「縁起」

椎尾辨匡（一八七六・明治九〜一九七一・明治四六）は浄土宗の僧侶で、東京帝国大学で宗教学を学び、大正大学教授・学長、増上寺法主などを歴任した。また、一九二八年から一九四二年まで三期にわたり衆議院議員も務めている。先に触れた渡辺海旭・矢吹慶輝らともに、浄土宗（広くは仏教）の現代化を志向した僧侶の一人とされる。

この椎尾が、一九二二年（大正一一）から開始した運動が「共生運動」である。「共生」は、「共に浄土に往生する」ことを意味するが、椎尾は浄土往生は死後ではなく、現実社会において実現されるべきものと解釈するため、現世において正しい仏教徒として生きることを目指す社会教化を行う運動である。これは、直接には一週間の合宿（結集）により仏教信仰を鼓吹する教化運動であるが、第一回の結集で田沢義鋪《よしはる》（一八八五・明治一八〜一九四四・昭和一九。内務官僚で、協調会常務理事）が講演していることからも分かるように、労使協調路線のもとで社会問題の解決を志向するものであった（椎尾は、共生会とは別に、労使協調会も設立している）。その活動は「この運動を通じて、工場や農村では労働問題の解決に「共生《ともいき》」を説き、名古屋では教化的社会事業の慈友会を行い、朝鮮教化として仏教朝鮮教会を作り、のちに、朝鮮や台湾、中国への共生の運動を展開した」[43]と要約されている。

椎尾は、「共生」の根拠として、仏教の「縁起」を援用する。

「仏教は無我の根底に立ち縁起の実相を主張致します。総てに個在の孤立を認めませぬ。一切は縁に依つて出来上つて行くのであります。誰人と雖も一個人として独存す可きものではありません。是の肉体が衆縁の合成である如《や》うに其の存続も亦衆縁の力であります。縁に遠近の差別こそあれ、全法界を挙げて、一切が相依相関で無いものは有りません。凡ては協同であり共生であり、社会のおかげでありま す。各人は悉く社会の一員として、完全に立たねばなりません。如何な山奥の一軒家でも、全然社会と没交渉で有り得るものではなく、世間の風波も来れば経済上の影響も見舞つて参ります。乃至は国防上の責任をも分擔せねばなりません。斯く云へばとて徒らに烏合でありおつきあひであつてはなりません。其の共同に縛られず囚はれず真の社会人として生きることが私たちの真正生命であり真実生活でありま す。是の意味から今までの所謂社会生活を眺め返します時、曖昧不徹底であつて社会生活と考へるものも真の社会人と成つて居ないのであります。是れを徹底せしむるのが共生訓練の一面の責任であります。協同共力の実を缺き因襲弊害の弱点のみあつて真の社会人たり得ない現代の社会をして、共に楽み共に喜び共に勇み共に生き得るやうにしたいのであります[44]」

歴史的に見た場合、このような「縁起」の概念は本来的なものではない。「縁起」は本来的には、因果関係を意味する[45]。これが、主として「相依相関」を意味するようになったのは、大正期から昭和初期にかけてである。

(42) 長谷川編［一九三七］五五～五六。
(43)『芹川著作集』巻六、第II部第六章「共生主義の現世観と来世観　椎尾弁匡」、二五三頁。初出、芹川［一九八八］。
(44) 椎尾［一九二六］三～四。
(45) この点につき、三枝［二〇〇〇］参照。同書は、関連論考とともに、三枝［二〇〇五］に収録。

和辻哲郎『原始仏教の実践哲学』（一九二七年・昭和二）は、縁起を「論理的」な関係として理解しようとした最初の試みは、Max Walleser, *Die philosophische Grundlage des älteren Buddhismus*（一九〇四）であると記す。[46] さらに、それに続くものとして、松本文三郎の『宗教と学術』（一九一一・明治四四）を挙げている。和辻は論文名を挙げていないが、これは同書所収の「仏説十二縁起に就て」を指す。この論文の初出は、『六条学報』六三号（一九〇七・明治四〇年一月）・六四号（同二月）に連載された「十二縁起に就て」である（ただし、松本はWalleserを参照していない）。その後、「相関的相依的関係」[47]「相依相関性」[48]としての「縁起」という解釈を確立したのが、宇井伯寿「十二因縁の解釈　縁起説の意義」（『思想』一九二五・大正一四年一月号。宇井『印度哲学研究（第二）』（同年六月）所収）ということになる。先に見たような渡辺海旭や椎尾辨匡の言説を背景に置くと、このような「縁起」解釈の変化（とその受容）をもたらしたものは、純粋な学問的関心だけではなく、「相依性」を仏教の基本思想として位置付けたいという仏教界の要求であったのではないかとも考えられる。

和辻の問題関心とは、直接には関係しない（ので、言及されない）が、椎尾も縁起解釈の問題にかかわっている。松本文三郎は『仏典乃研究』（大正三年三月）で『大乗起信論』の成立問題を取り上げ、『起信論』が竜樹以前の馬鳴作とされていることに疑問を呈している。椎尾は、『宗教界』一〇巻五号（一九一四・大正三）で「仏典の研究に就て」を著して松本の所説を批判し、以後、両者の間で応酬がなされる。[49] これが縁起にかかわるのは、『起信論』に説かれる真如縁起（無明を始点とする一般の縁起に対し、真如を始点とする縁起）の位置付けが一つの論点となっているからである。真如縁起が古来の仏教に見られない説であることを根拠の一つとして、『起信論』を馬鳴作とする通説を疑う松本に対して、椎尾は馬鳴以前においても『起信論』所説は成立可能であることを示そうとする。後に明らかになるように、椎尾は、釈尊の覚った十二支縁起には、後世の真如縁起も包含されているという立場をとるのである。[50]

このような椎尾の理解からは、「人格の尊厳」は以下のように解される。

「真の人格は「仏格」であり真の礼拝は人間礼拝が元でなければなりません。（中略）繰り返して云ひますが本当の人間力は如来力である。真の人格者は仏性であります。人格的に取り扱へとか人格を認めよとか云ひましても、お互ひが其の内に蔵せらるゝ如来力を礼拝するのでなくては、結局無駄であり骨折損であります[51]」

「人格尊重と云ひましても、如来力に根が定まつて居りませぬと、銘々に人格々々と変なものを引ッぱり出して参ります。（中略）人格論は色々に説かれましても、其の一貫した根底がないと、何《ど》うしてもハッキリ解らないのであります。人格の尊厳と云ひましても何が尊厳なのか解りませぬ。人格は其の覚醒力が中心であり、真の目醒め、真の人間性の開発、如来力を背負つて立つた其の人にして、始めて人格の尊厳さがハッキリと認められるのであります。

(46) 和辻［一九六二］一七三。
(47) 同上一七四。
(48) 同上一七五。
(49) 松本「椎尾君の拙著批評に答ふ」（『藝文』五巻六号、一九一四年）、椎尾「松本博士の再答を讀む」（『宗教界』一〇巻九号、同年）。
(50) 「しばらく十二縁起というも、根本縁起観は一念法性に相応する解脱成仏を惹起する思想過程にほかならない。かくのごとく見る時、十二縁起はよく成仏の事実をあらわすと共に、後世大乗仏教徒に論ぜられる法性実相をも含有し」（「仏教概論」、椎尾［一九七一］七〇）。本論考は一九三〇年（昭和五）前後の講義にもとづくもの（椎尾［一九七一］五四七）。
(51) 椎尾［一九二五］四一〜四二。

一切の活動は悉く如来力が根本であります。天地の力が根本であります。天地の力が集まつて飲物となり食物となつて居るのであります。主人が食はしたのでもなく店員が食はされたものでもありません。一切は如来力の活現であります。能施所施及施物、其の差別に執へられるものは何にもありません。私が私とするものは、愚悪の塊りに過ぎずして、私の私ならざる所、如来無辺の寿光の現はるゝ所であります。其の如来力を尊ぶのが真の礼拝であり人格尊厳であります。人間相愛と云ひますか、敬愛と云ひますか、仏教の愛は盲目的愛情ではなくて、真の目醒め行く愛情であります[52]」

さらに、「仏教徒の生活[53]」では、「仏教にては人格を尊重するものにして其の尊重する理由は人間の中に仏性有りと云ふ点にあるのである[54]」と述べた後、さらに進めて、以下のように述べる。

「仏教にてたとひ人間を仏なりと尊重して見ても其の人間の一面はやはり品物に相異りはない。けれどもそうかと云つて賤しみ軽視すると云ふ必要も無いのである。(中略) 天地万物一微塵と雖も一として賤しきもの存在せずと説くのが我仏教である。(中略) 皆仏として同一体である、悉く一切の総てが平等一如なるのであるとして其処に相等しき尊厳を見出して行くのが仏教の立場である[55]」

このように万物が尊厳であるという認識は、具体的にどのような社会をもたらすのか。椎尾は次のように述べている。

「各自の尊厳性に目醒め、一瞬をも空しくせざる生き方、是れ即ち仏教生活の終局であります。釈尊五十年の教化も是れより外にはなく、夥多の仏典の示せる所、又是の外にはありませぬ。本当の自尊は又他尊であります。自他一切の尊厳性に目醒めるのであります。一木一草、一滴の雨露の上にも現はるゝ如来の大生命に目醒めるのであります。自他の尊厳性を認め各々中心の自覚に立つてゐるのでありますから、大衆を統理して一切無碍であります。誤つた自我独尊、間違つた個人主義は一切有碍であります。一切の尊厳性に目醒めることは、裏面より是れを云ふと「絶対無我」なることであります。無私奉公の赤誠であります。全体の生命活動に自分が従属してゐることに目醒めるのであり、一切の人に都合のよいやうに仕向けて行くのであります。主伴具足の語が茲に活現されて参ります。

真の自由とは全体の生命を完うする所に得られるのであります。個人の絶対自由を望むものは、自由を望みつゝ不自由に落ち行くものであります。個我を主張するものは自滅の墓場を掘つて居る人であります。（中略）真の社会は誤つた個人主義に基いては建設されるものではありません。真の社会は各々中心主義、主伴具足、自他の尊厳性に目醒め、天地の大生命を完うし行く、無碍自在の大生活によらずんば、何うしても建設されないのであります。即ち是れ真の共生社会であります。吾人は是の世界が造り度《た》いのであります」(56)

(52) 同上四二〜四三。

(53) 瞻仰会編［一九二六］所収。この文章には、以下のような発言があり、椎尾が自覚的に「人格」や「尊厳」について語っていることが分かる。「御承知の如く今日人格主義と云ふ事が叫ばれて来た様であるが、此れ即ち人間をして人間らしき取扱をせよといふ事で当り前の事である。（中略）一体何処が本当の人間らしい処であり生きて居るのは甚だ不明瞭極まるものである」（瞻仰会編［一九二六］一五）。なお、阿部次郎『人格主義』出版は一九二二年（大正一一）六月（もっとも、同書では「人格の尊厳」は一箇所だけで、「威厳」の方が多く使われている）。

(54) 瞻仰会編［一九二六］一七。

(55) 瞻仰会編［一九二六］一七〜一八。

(56) 椎尾［一九二五］七六〜七七。

ここでカントを参照するなら、自由に裏付けられた人間性の尊厳を前提として他者の尊厳にいたるというカント的な方向とは、全く異なる形での「尊厳」の位置づけがあると言えよう。そのような差異をもたらしたのは、相互性を前提とする世界認識であり、それは、「縁起」という仏教概念を相互依存と解することによって、仏教としての正当性を獲得していると言えよう。

7. 結び

カントの「尊厳」説と、本書で検討してきた近代仏教者の立論は、概念構成の上では異なるが、では実質的にどう違うのかというのは、別途考えるべき問題である。というのは、カントの立論では、確かに人格は自己立法の自由を有しているが、それが道徳的であるのは、自己立法による規範が普遍的な法則に合致するときだけであり、人間には、傾向性に逆らって、普遍的な法則に自発的に服従する以外の自由は存在しない。だとすると、現に自らが属している共同体が普遍的な法則を体現していると考えられる場合[57]、カント的な主体は、ただただ共同体に自発的に服従する以外の行動はできないのではなかろうか？　つまり、現象的には、仏教者の言う「絶対無我」「無私奉公」と変わらないではなかろうか？　それ自体が尊厳であるとされた「国体」のもとで、カント的な主体がどのような「尊厳」を持ち得たのかは、近代史に即して検討する余地があるように思われる。

(57) 現代のカント研究の立場からは、個別の共同体が全面的に普遍的法則に合致するという可能性はないと解釈するのが一般的であろうが、このような方向に解釈することが全く不可能というわけでもなかったように思われる。たとえば、戦前の最良のカント解釈者の一人であった高坂正顕は次のような立論を行っている。「何よりもカントの無上命令が示してゐるやうに、道徳は絶対の権威を有つのである。しかしそれはあくまで要求に止つて、現実の力として存立してゐるのではない。これに反して人倫的世界に於ては、絶対の権威が現実でなければならない。(中略) 歴史的世界に於て現実に絶対の権威と権力を有つものは、国家の外にはないのである」(傍点原文。高坂 [一九四二] 六七)。

＊引用にあたり、漢字は現在通行の字体に置き換えたが、仮名遣いは保存した。

略称

『清沢全集』　大谷大学編『清沢満之全集』、岩波書店、二〇〇二〜二〇〇三年。

『芹川著作集』『芹川博通著作集』、北樹出版、二〇〇七〜二〇〇九年。

大正蔵　高楠順次郎・渡辺海旭都監『大正新脩大蔵経』。

『兆民全集』『中江兆民全集』、岩波書店、一九八三〜一九八六年。

『黙雷全集』　二葉憲香・福島寛隆編『島地黙雷全集』、本願寺出版協会、一九七三年。

NDLDC　国会図書館デジタルコレクション　※同コレクションにより閲覧したものについては、出版元を省略した。

参考文献

阿部次郎『倫理学の根本問題』、NDLDC、一九一八年。

今村仁司『清沢満之の思想』、人文書院、二〇〇三年。

同　『清沢満之と哲学』、岩波書店、二〇〇四年。

大西祝『西洋哲学史(東京専門学校文学科第一回第一年級講義録)』、NDLDC、刊年不明。

同　『西洋哲学史(上・下)』(大西博士全集第三巻)、NDLDC、一九〇三〜一九〇四年。

高坂正顕『民族の哲学』、NDLDC、一九四二年。
三枝充悳『縁起の思想』、法藏館、二〇〇〇年。
同　『三枝充悳著作集』巻四「縁起の思想」、法藏館、二〇〇五年。
椎尾辨匡『共生講壇』、NDLDC、一九二五年。
同　『椎尾辨匡選集』巻一、山喜房佛書林、一九七一年。
篠田英雄訳『道徳形而上学原論』、岩波書店〈岩波文庫〉、一九七六年。
芹川博通『渡辺海旭研究　その思想と行動』、大東出版社、一九七八年。
同　『社会的仏教の研究　矢吹慶輝とその周辺』、文化書院、一九八八年。
瞻仰会編『瞻仰』、NDLDC、一九二六年。
長谷川良信編『社会政策大系』第拾巻、NDLDC、一九三七年。
仏教徒社会事業研究会編『仏教徒社会事業大観』、NDLDC、一九二〇年。
矢吹慶輝『思想の動向と仏教』、NDLDC、一九三三年。
和辻哲郎『和辻哲郎全集』巻五、岩波書店、一九六二年。

ローゼン、マイケル『尊厳――その歴史と意味』、内尾太一・峯陽一訳、岩波書店〈岩波新書〉、二〇二一年。

3 〈弱さ〉の尊厳の提起
日本の「私小説」における日常生活の実相に導かれて

ギブソン松井佳子

1. はじめに

COVID-19 パンデミックが世界を震撼させて以来、私たちの世界認識や生きていることのリアリティの感触がなにか根源的な変容をきたしているのではないかという素朴な問いの現れに着目することが本論のきっかけとなった。生態系や環境破壊、自然災害のみならず貧困や差別、紛争や軍事侵攻、さまざまな社会的暴力が後を絶たないなか、新型コロナウィルス感染症が世界規模で広がり、人々は命を脅かされる状況に陥ることになる。まさに生死を分かつ状況のなかで、生存が危ぶむ人々が現れ、人間の身体が生々しく自己主張を始める。感染症は全ての人々にとって脅威であり例外はない。動物としての人間の裸形が俎上に登る。しかし私たち一人一人に地球という一つの世界に帰属しているという実感はあるだろうか。私たちが生きる場としての世界を意識することは果たして可能なのか。新自由主義、市場経済論理に絡め取られグローバルな格差がますます拡大する状況下、能力主義や業績主義、消費能力を競う物質主義に追いかけられ、否応なく脇目もふらず走り続けなければならない社会は、私たちに生きる意味や価値あるいは尊厳を認識するゆとりを供給してくれるのであろうか。

人間の身体はエゴイズムの論理によって維持することはできない。新型コロナのパンデミックにより、人々はなんとか自己の命を守りたいという自己保存欲求を強く自覚すると同時に、それが決して自己閉鎖によっては可能でないことを認識する。人間の身体はインターフェイスとして、他者、物、環境などと密接に結びついているのであり、主観と客観を明確に分けることもできない。メルロ゠ポンティのことばを借りれば、「絡み合い」である。自己は私の身体に具現している。本論では日本近代文学の「私小説」の検証を通して、個人の弱さ（あるいは脆弱性（vulnerability））と尊厳の関係性について思索をめぐらせ、私たちの日常生活体験に依拠するオルタナティブとしての尊厳概念を提起したい。

2．尊厳の歴史的な流れ

まず、これまでの尊厳の概念史を素描として確認しておこう。古代ローマ時代の哲学者キケロは尊厳を特権階級の貴族に適用される概念として使用し、貴族が尊敬されるためには尊厳すなわち品格や威厳を身につけていなければならないと考えた。のちにキケロはこの尊厳概念の適用範囲を貴族のみならず全ての人間に拡張した。動物は本能のままに生きるが、人間は理性を有し自堕落な生活に陥るのではなく自制心を保持すべきだという主張である。ここで重要なことは、キケロによると生まれつき人間に尊厳が備わっているのではなく、毎日の生活を理性によって自己コントロールしながら営む必要があるということ、つまり尊厳が日々の実践によって、たゆまぬ努力によって、獲得・保持できるものであるということである。

尊厳のもう一つの源流はキリスト教であるが、ここでは人間は神の似姿として創造されたゆえに他の動物たちより優位に位置づけられる。しかし全ての人間が神の像(Imago Dei)として尊厳を保持していたかといえばそうではなく、神への深い信仰を実践することが求められたのである。その後ルネサンス期に入り、人間の持つ自由意思が人間の卓越した潜在能力として捉えられ、近代へと流れていくにつれ全ての人間に尊厳が備わっているという考えが出てくる。そしてカント倫理学における人間の尊厳概念はさまざまな人間の諸権利の基礎として捉えられるようになり強い影響力を持ち続けている。がカントの尊厳概念の解釈は決して一枚岩ではない。ここではカントの著作の中から、尊厳という言葉が使われている箇所に目を向けてみよう。一つ目の引用は『人倫の形而上学の基礎づけ』、そして二つ目は『人倫の形而上学〈徳論〉』からである。

ところで道徳性は、理性的存在者を目的自体たらしめる唯一の条件である。なぜなら、ただ道徳性によってのみ、目的の国の立法的成員たることができるのだからである。それゆえ道徳性と、道徳性をもちうる限りでの人間性とは、尊厳をもちうる唯一のものである。
……なぜならこれらの行為の価値は、それらから生ずる結果やそれらのもたらす利益や効用にあるのでなく、心術、すなわちたとえ好い結果にめぐまれなくともそのような行為において自己をあらわしうるところの意志の格率、にある。……そこで意志に向けられた上のような尊重は、そのような性格の価値を、尊厳として示し、これをあらゆる価値から無限に離れたところにおく。(1)

ここで強調されていることは、道徳性こそが尊厳をもつ唯一のものであるということ。行為の価値は道徳

(1) イマニュエル・カント、野田又夫訳「人倫の形而上学の基礎づけ」、野田又夫責任編集『世界の名著32　カント』中央公論社、一九七二年、二八〇—二八一頁。

性にコミットする「心意」「意志」の尊厳に依拠するものであるということ。すなわち理性的存在者の人間にとって尊厳の唯一の担い手は道徳性および人間性であると考えられている。カントは理性的存在者である人間の人間性は道徳的なコミットメント、道徳的に行為することができる能力を持つことだと示唆している。この引用箇所の最後の方で述べられている「そのような心の持ち方の価値を尊厳として認めさせ」の中の「心の持ち方」とは行為の動機を生む意志であると理解できる。

> 人は誰でも自分の同胞から尊敬されたいという正当な要求をもっている。そしてそのかわりにまた、彼はすべての他人に対して尊敬をはらう責務を負っている。人間性そのものが尊厳である。なぜなら人間はどのような人によっても〔他人によっても、自分自身によってさえも〕単に手段として利用されることはできず、つねに同時に目的として用いられねばならないからである。そしてこの点にこそまさに人間の尊厳〔人格性〕があるのであって、これによってこそ彼は、人間ではなくてしかも使用されることのできる、他のすべての世界存在者を眼下にみ、したがって一切の物件を超絶しているからである。……いいかえれば、彼は人間性の尊厳を、他のすべての人にあっても実践的に確認する責務を負うているのである。(2)

ここで尊厳についての考察として、力点が道徳性から人間同士の尊敬の義務へと移動していることに注目したい。人間性それ自体が尊厳であるとすれば、必然的にお互いを尊敬し合う義務が要請されるというわけである。人間は人間性という尊厳を持つがゆえに他者を手段としてではなく目的として扱わなければならないという説明が成り立つ。このカントの叙述の論理を整理すると、人間が人間性という尊厳を有しているから相互に尊敬し合うことが義務となる。そしてカントは人間を理性的存在者（人格）として、「道徳性」「自律」「自己立法」「意志の自由」といった語を用いて尊厳の根拠を示すのであるが、これらは全て人間の強さに基づくものである。以上尊厳概念について概観を確認したところで、次は日本近代文学とりわけ私小説について考察に移ろう。

3. 日本近代文学——自然主義文学および「私小説」の系譜

3・1 〈日本〉自然主義文学の独自性

日本の近代文学は坪内逍遥が「小説神髄」と「当世書生気質」を出版した明治一九年（一八八六年）に始まったと言われている。日本近代小説の金字塔を打ち立てた逍遥の功績およびその意義とは何か。この問題に取り組むにあたり、まず逍遥の読書量の豊かさに注目しよう。逍遥は戯作に代表される江戸文学を多読していた上、ウィリアム・シェークスピア、ジョン・ミルトン、エドガー・アラン・ポー、アレクサンドル・デュマなどの西洋文学およびその理論的著作にも造詣が深かった。こうした背景を念頭に置けば、逍遥が西洋の芸術の意味を理解した上で、「小説神髄」において彼が小説は芸術であるとした主張に納得がいく。さらに逍遥は「小説神髄」において小説が写実的であるべきだという見解と芸術が持つ自律的価値の重要性に言及する。小説の写実的価値とは、文学的な技巧に腐心するのではなく客観的にありのまま世相や人々の生活を描写する価値のことである。その写実的芸術の自律的価値を認めるということは、芸術それ自体に価値があり、芸術以外の他の目的や目標に資するものであってはならないということを理解することである。つま

(2) イマニュエル・カント、森口美都男・佐藤全弘訳「人倫の形而上学——徳論」、野田又夫責任編集『世界の名著32 カント』、中央公論社、一九七二年、六二九頁。

り芸術は功利主義的あるいは政治経済的な意図に紐づけられることがあってはならないという主張がなされているのである。しかしながら実作品「当世書生気質」に目を走らせると、この作品のプロットは江戸の戯作の物語展開を超えるものではなく、近代化の兆候も見られない。登場人物は概ねフラットで、人間としての厚みや人情の機微も表現されているとは言い難い。外国からもたらされた多くの文学作品に親しみ、文学批評や理論に取り組みながらも、西洋文学あるいは思想の本源的な理解のレベルには達していなかったことが窺える。しかしながら、逍遥は芸術・文学の自律性を説き、小説が人生の真実を把捉するためには、極力技巧を排し写実に徹した描写に努めるべきであるという思念を示したことの功績は十分賞賛に値する。

このようにして日本の近代文学は一応幕が開けたが、本格的な日本独自の近代文学の登場は、明治四〇年（一九〇七年）ごろの自然主義文学の誕生を待たねばならなかった。日本における自然主義の思潮や文学の影響力は、近現代を貫いて屈強であり、「私小説」との関係性が極めて重要である。自然主義文学は一九世紀の後半、自然科学の勢いのもとフランスを中心に起こった文芸運動によって生まれた。一八七〇代に自然主義文学を提唱したフランスのエミール・ゾラはダーウィンの進化論の影響下、人間は主に遺伝と環境によって形成されるとして、登場人物の生きざまを客観的、科学的、合理的に描写することに努める。そしてゾラは二十四年かけて代表作『居酒屋』（一八七七年）を完成させる。この小説はパリ下層階級の虐げられた民衆の悲惨な生態をリアルに描いたものである。主人公の女性は二人の子供とともに貧困にあえぐ生活を余儀なくされる。精神病やアルコール中毒は遺伝するという前提で物語は展開する。次から次へと不運が重なり、結局この労働者の女性の家族は転落していく。民衆が不道徳あるいは怠惰であるから悲惨極まりない人生を送るのではなく、社会の不公正や不平等があることによって懸命に生きていても惨烈な人生に屈するしかないのである。虐げられた人々の日常生活がリアルに描かれる。主観を抑え、社会を美化せず、ありのままの現実が描かれる。苦難に遭遇し不幸に陥ってもなお懸命に生きようとするレジリエンス、強靱な精神性。根本的に人間存在は脆弱である。生老病死は避けられない。人間は本源的に弱い存在なのであるにもかかわらず、それでもな人間はより良きものを求めて希望を捨てず果敢に努力する。脆弱性を有する人間同士がお互いをリスペクトし、お互いを尊厳ある存在として配慮・ケアの相互関係を築き維持する。とすれば大変悲惨な状況で生活しなければならない弱い人々に尊厳を見出すこと、それは人間の実存を注視すれば、感覚的に心情の事実として十分理解できうるのではないだろうか。

日本の自然主義文学に目を向ける前に、もう少しヨーロッパの状況を見ておこう。一九世紀前半、人間の個性や感情を重視するロマン主義に対抗すべく人間と社会をありのまま価値判断を含めず描く写実主義（リアリズム）が台頭する。代表的な作品としては、フロベールの『ボヴァリー夫人』、スタンダールの『赤と黒』、バルザックの『人間喜劇』、ドストエフスキーの『罪と罰』、ディキンズの『二都物語』などが挙げられる。そしてその後、写実主義を継承し発展させた自然主義がヨーロッパに広がった。自然主義は写実主義（リアリズム）より一層厳しく現実を凝視し、貧困、戦争・紛争、偏見・差別、暴力、人権侵害など社会が抱えるさまざまな問題を浮き彫りにする。自然主義文学には社会批判の要素が不可欠な特徴だといえよう。つまり、ヨーロッパの自然主義文学は、ロマン主義への反抗として現れた写実主義の延長として誕生したもので、社会批判の担い手としての役割が確かな重要性を持つ。

では次に日本の自然主義文学に目を移そう。坪内逍遥の『小説神髄』（明治一九年／一八八六年）の日本近代文学の幕開けから約二〇年後の明治四〇年ごろ、日本独自の近代文学と呼ぶことができる自然主義文学が現れた。しかし、同じ自然主義文学であってもヨーロッパの自然主義文学と比べると、かなり内実が異なる。明治三〇年代にヨーロッパからゾラなどの自然主義文学が日本に移入され、翻案も含めた模倣作の小説が書かれたが、自然主義を支える科学主義の思想が未消化だったこともあって、ヨーロッパのそれとは一線を画す日本特有の自然主義の作品が生み出されることになる。

フランスをはじめとするヨーロッパの自然主義は科学的思考や十分な客観化に下支えされ、個人の感情の表出を重要視するロマン主義とは相容れないものであった。つまり自然主義はロマン主義の対極にあった。けれども日本の場合は自然主義とロマン主義が反発しあうのではなく、いわば手と手を携えて共存する形を取った。「自然」という語の意味づけがヨーロッパと日本では全く異なるものであった。当時の日本の文脈では、「自然」というのは作家の芸術的技巧や意匠に与することなく、社会の因襲や既成道徳、規範や権威という社会的秩序から解放されている状態を示すものであり、そういう既存のものから距離を置くという意味で「自然」なのである。このようにして解放された個人は、自己表出性、告白性へといざなわれていく。何事も自然でなければならない。真相でなければならない。事実でなければならない、赤裸々でなければならない。

ここで日本の自然主義文学の代表作として島崎藤村の『破戒』（一九〇六年）と田山花袋の『蒲団』（一九〇七年）に触れておこう。ロマン主義と自然主義の関係が対立図式で捉えられる西洋と異なり、日本ではこの二者は不可分であり密接な共振関係にあったことはすでに述べたが、島崎藤村は人生のなかで両方を体現した作家である。近代日本浪漫主義の代表詩人として『若菜集』などを世に問うた後、自然主義文学を代表する小説家になった。『若菜集』（一八九七年）は七五調の文語定型詩だが、浪漫主義の抒情詩としてパイオニア的役割を果たした。自然との交感を通して湧き上がる感情、青年の自己実現、自己解放への情熱、官能的な恋愛の情感や苦悩などが表現されている。個人の恋愛の情熱は封建的な家族制度や既成道徳の間接的な批判たりえている。ロマン主義は自然を詠み情感を表現する。藤村は後に、自然主義の特色が遺憾無く発揮された最初の独創的な小説『破戒』を出版する。周知の通り、藤村はドストエフスキーの『罪と罰』から着想を得たとされるが、小説の舞台を日本の信州に移し、被差別部落出身の主人公瀬川丑松は被差別部落民であることを隠せとの父親の言いつけを守り出自を隠して小学校教員になる。そのうち丑松は被差別部落解放運動家の猪子蓮太郎を敬愛するようになり自分の身分を猪子に打ち明けたいと思うようになるが、小学校で丑松の出自に関して噂が流れ始め、そうこうしている間に猪子が他界し、小学校での丑松への疑念や嫌疑がますます助長され、万事休すとなる。丑松はとうとう父からの厳しい掟を破り、教壇にひざまずいて生徒たちに告白する。本作品においてとりわけ注目したいのは、藤村が丑松の内面をその細かな襞のひとつひとつにまで分け入って、リアルな人間としての内面の複雑なありようを精緻に表現したということである。西洋の自然主義は事実の尊重であり、科学的に客観的に外面を描くことが強調されるのに対して、日本の自然主義文学は生活の事実の尊重とともに、人間の心理、内面、感情、心情といったものを詳らかにすることが、いわば人間の内的自然の表現として称揚される。

3・2　日本の私小説——その文化的基層

すでに述べたが、日本の近代文学は一般的に、坪内逍遥の「小説神髄」に始まり、明治四〇年代ごろに日本独自の自然主義文学が登場し、ほぼ同時期に現れていた「私小説」がその後熟成し大正中期にはひとつの小説ジャンルとして一応の完成をみたとされている。しかしながら日本の私小説は近代文学の基層を形成したのみならず、その後現代にいたるまで脈々と続いている文学形態である。自然主義文学のあとの白樺派や奇蹟派、それに続く新感覚派やプロレタリア文学、つまり自然主義文学だけでなく自然主義の範疇を超える文学も含め、現代文学にいたるまで、たとえ部分的であったとしても私小説の要素を含んだ作品は枚挙がない。すなわち「私小説」は日本文学とりわけ日本の近現代文学にさまざまなヴァリエーションの形をとりながらずっと存在し続けているのである。

では「私小説」とは一体どのような小説なのか。まずは辞書をひもといてみよう。ちなみに「私小説」の読みは「わたくししょうせつ」と「ししょうせつ」の両方が使われているが、『広辞苑』の見出しは「私小

説　わたくししょうせつ」となっており定義は以下の通りである。

①小説の一体で、作者自身が自己の生活体験を叙しながら、その間の心境を披瀝してゆく作品。大正期に全盛。心境小説ともいわれ、多分に日本的な要素をもつ。方丈記・徒然草系統の日本文学の伝統が末期自然主義文学の中にめざめたものとも考えられる。私（し）小説。

②イッヒ－ロマンの訳語。

次の『明鏡国語辞典』の見出しは「ししょうせつ（私小説）」となっている。

①作者が自分自身の生活体験を綴（つづ）りながら、その間の心境や感慨を吐露していく小説。わたくし小説。
▽日本独特の要素をもつ小説形態で、大正期には文壇の主流をなした。

②主人公が一人称で自らの体験や思想を語る形式の小説。一人称小説。
▽Ich-Roman（ドイツ）の訳語。

両方の辞書に共通して記されているのは、「自己の生活体験」と「自分自身の生活体験」、「心境を披瀝」と「心境や感慨を吐露」、「多分に日本的な要素」と「日本独特の要素」「イッヒ－ロマンの訳語」と「Ich-Roman（ドイツ）の訳語」といった語である。要するに、作者の生活体験と心境・心情の吐露という特質があるということ。生活体験を写実的に描き、作者個人の心にあることを告白すると理解できる。しかし辞書的定義が絶対ではなく、私小説という名称で呼ばれる作品の範囲は必ずしもコンサセンサスが取れてはいない。例えば森鷗外の『舞姫』や太宰治の『人間失格』を私小説として認められるかどうか合意があるわけではない。読み手が作者についてのいろいろな情報を得た上で、私小説だと判断するかどうか、あるいは虚構性の有無が私小説の必須条件かといえば必ずしもそうとはいえない。私小説の定義は時代を経るにつれて変容を見せているが、ここで重要なことは、私小説と呼ばれるものには、たとえ一人称で書かれていなくとも、唯一無二の作者の実相がまがうことなく表現されているということである。

次に上記の私小説についての定義に含まれている「多分に日本的な要素」「日本独特の要素」の箇所に注目したい。果たして「日本（独特）の要素」とは何か。文学は作者の心にあるものを核として言葉が現れる。ここで『古今和歌集』の「仮名序」の冒頭部分を見てみよう。

やまとうたは、人の心を種として、よろづの言の葉とぞなれりける。世の中にある人、ことわざしげきものなれば、心に思ふことを、見るもの聞くものにつけて言ひ出《いだ》せるなり。花に鳴く鶯、水に住むかはづの声を聞けば、生きとし生けるもの、いづれか歌をよまざりける。力をも入れずして、天地《あめつち》を動かし、目に見えぬ鬼神《おにがみ》をもあはれと思はせ、男女の仲をもやはらげ、たけき武士《もののふ》の心をもなぐさむるは歌なり。(3)

日本最初の勅選和歌集『古今和歌集』は、九一三〜九一四年ごろに書かれ、一一〇〇首の歌が収められている。「真名序」は紀淑望によって、そして「仮名序」は紀貫之によって書かれている。『万葉集』は『古今和歌集』より古い歌集であるが、勅選つまり天皇が選ばせたものではない。『古今和歌集』は日本芸術論の原点、そして日本文化の本源だと見なされている。この「仮名序」を踏まえて後世の和歌論、連歌論、俳諧

（3）『新版　古今和歌集』高田祐彦訳注、角川ソフィア文庫、二〇〇九年、八―九頁。

論、能楽論などの芸術論が活発に展開されることになる。

この仮名序の冒頭にある「人の心を種として」歌が生まれるという考え方に注目したい。これと比較すべきは古代ギリシャ神話に登場するムーサ（古代ギリシャ語 Mousa, ラテン語 Musa, 英語 Muse）である。一般的にミューズは「芸術の女神」として知られている。やまとうたが自己の内側から生まれ出てくるのに対して、西洋ではミューズという女神が芸術のインスピレーションをもたらす。つまりインスピレーションが外からやってくるのである。外在するミューズが芸術家の創造性を掻き立てる役割を果たす。人の心が自分の中から内発的に歌を生みだすという日本のこの考え方は、うた（広義の文学や芸術も含む）が究極的に人の心、心情、情感といったものを表現するものであることを示唆している。そしてこの影響が私小説にも及んでいることは明らかである。人物の生活体験の描写がその体験を単に客観的に描写するにとどまらず、内面すなわち心情がきめ細かな深さをもって描かれる。読者は人物の心の内実に触れることで、いわば心と心の共振を覚え感慨へと誘われる。

『古今和歌集』の仮名序の次に日本文化の基層として挙げるべきは、平安時代の日記文学であろう。『蜻蛉日記』『和泉式部日記』『紫式部日記』『更級日記』『讃岐典侍日記』などは「平安女流日記」と呼ばれるひとつの文学ジャンルを形成し、現代にいたるまでこの伝統は綿々と受け継がれている。『蜻蛉日記』（九五八年）は世界最古の日記であり、情感が溢れ感動的である。毎日の日常生活を見つめ直し内面の深みにまで思慮を届かせ描く営為は、私小説の中で展開される告白と軌を一にするものであると考えられる。日記同様、自照文学のひとつと称されるのは随筆である。随筆文学の代表作は『枕草子』（九九六年）、『方丈記』（一二一二年）、『徒然草』（一三三〇年）などがあるが、フランスのモンテーニュの『エッセイ』は一五八〇年の刊行であるから、日本の随筆の起源は西洋のそれよりもずっと前であったことが分かる。モンテーニュは『エッセイ』の中で、人間のより良き生き方を模索する。どのような思考や行動を探究すべきか、人生の意味とは何か、という人生の根源的な問いを呈示し、読者自身に人間性について考えさせる。西洋のエッセイは日本の随筆とはかなり趣が異なる。エッセイが客観的な事実や見聞および思考内容を書くものであるのに対して、日本の随筆は経験したこと、見聞きしたこと、考えたことのみならず、心に浮かんだ心情や心中を打ち明けるのである。このように日記や随筆のような自照文学は日本文化の底流として今日にいたるまで綿々と受け継がれ、私小説にもこの特徴が顕著に現れていることが日本文化のある種の生命力の発現とも捉えることができよう。

4. 私小説と尊厳概念

4・1 国木田独歩「窮死」(一九〇七年)

自然主義作家のパイオニアとして日本近代文学の方向性を牽引した国木田独歩は必ずしも私小説作家として知られているわけではない。しかし独歩の短編小説「窮死」は、自然主義文学の傑作として評価されている。独歩の実人生に基づいていると考えられる悲惨な心情を表現すべく、小説において別の状況を設定した上で、主人公の文公に自分自身を投影させる。そして人間存在から滲出する極私的でありながら普遍的な心身の疼きを、生活の細部および主人公をはじめとする人物の言動に付随する感情の細かな襞に注意を払い、写実的に描写する。国木田独歩の最晩年の短編小説「窮死」(一九〇七年)は、発表当時から評価が分かれ、概ね否定的であったが、芥川龍之介はこの作品を絶賛したと言われている。独歩はロマン派詩人として作家のキャリアをスタートさせ、その後自然主義小説の草分け的存在となった。私小説の成立は明治四〇年代から大正十年ごろだが、この時期は個人主義思想が日本社会に広まり始め、三人称の語り手に加え一人称の語り手も徐々に目にするようになってきていた。当時いわゆる大正デモクラシーと呼ばれる自由主義的、民主主義的運動が台頭し、作者の個人としての〈私〉が前景化し、数多くの自己語りの作品が書かれるようになっていた。独歩の「窮死」は三人称で書かれ、主人公は文公という下層階級の労働者である。ちなみに独歩は肺結核で入院中にこの作品を執筆した。実のところ晩年の独歩は経済的困窮と肺病を患い悲惨な生活を送っていたのである。肺結核は今と違い、不治の病であったことを忘れてはならない。果たして独歩は三十六歳の若さで逝去する。私小説は告白性と自己表出性を特色とするが、「窮死」のなかで、文公を通して独歩の苦汁の声が残響する。

それでは次に「窮死」が尊厳概念という主題とどのように共振しえるのかを考えてみよう。人間の一生の自然なるプロセスは「生老病死」である。そして人生には偶発性としか呼べない不慮の事故や出来事が起きる。病気や怪我、戦争や紛争、災害、失業や離婚、貧困といった不幸に見舞われる。主人公の文公という男は三〇歳ぐらいの浮浪者で身寄りはなく肺病を患っている。この小説は数名の土方たちが九段坂のめし屋で病気の文公に話しかける場面で始まる。この下層階級の労働者たちは文公の身体のことを心配し、優しいことばをかける。「…身体《からだ》はどうだね」「苦るしそうだ、水をあげようか」。そしてめし屋の亭主《あるじ》は「一本つけよう。矢張これでないと元気がつかない。代価《だい》は何時《いつ》でも可《い》いから飲《や》った方が可《よ》かろう」と声をかける。文公はお金もなく肺病で困窮を極めている。「身体《からだ》にも心にも呆然《ぼかん》としたような絶望的無我が霧のように重く、あらゆる光を遮《さえぎ》って立ちこめて居る」と文公の心情が描写される。めし屋の常連の労働者仲間のみならず、この夜の宿がない文公は知り合いの弁公の家に立ち寄ると、弁公の父親は、「弁公、泊めて遣れ、二人寝るのも三人寝るのも同じことだ」「この若者は余程身体を痛めて居るようだ。今日は一日そっとして置いて仕事を休ます方が可かろう」と言って、文公の食事の用意をする。弁公は父親に文公の命が長くないことを伝え親切にする必要がないことを暗に示唆するが、父親は「だから猶《な》お助けるのだ」と語気を強める。そして弁公親子は文公の心身のケアをする。このような扱いを受けて、貧困と重病に苦しむ文公は救われる。文公の尊厳が守られる。心身両面において、すなわち思いやりのある声かけと安心できる寝食の提供を受けることで、つまり他者からどのような扱いを受けるかによって、尊厳が保持されるかあるいは毀損されるかが左右されると考えられるのではないか。弁公親子は決して経済的に余裕があるわけではない。文公に食事と寝所を提供するという行為は、この親子にとって過分な負担を被ることは歴然としている。貧困に苦しむ弁公親子が、もう一人のより貧窮し肺病を患う文公にケアの手を差し伸べるが、これはまさに非対称的な関係であり見返りを計算しているわけではない。ここに描かれているのは日常生活の場面である。弱者間の関係性であり相互作用である。こうして弱者の尊厳が、また別の弱者によって守られるのである。

しかしその後、弁公の父親と文公の身に何が起きるか。二人はどのように命を落とすのか。小説のはじまりが、人間のあたたかい思いやりの言動描写であったことで、二人の悲惨な死がより一層理不尽なコントラストとして読者をうちのめす。弁公の父親は埋立工事の土方として作業をしていたが、たまたま撥ね上げた土が裕福な身なりをした紳士の客を乗せていた車夫に当たり、その車夫が土の塊を投げつけていきたことに腹をたてた父親は、「土方だって人間だぞ、馬鹿にしやアがんな」と叫び、つかみ合いになり脳をひどく打ち肋骨を折って死亡する。父親を失くした弁公は通夜をするからと文公を家から追い出す。翌日の朝、文公は鉄道線路の轢死者となって見つかる。病人の文公は夜中まで雨の中をうろうろしていて土手から転がり落ちて線路の上に倒れたらしい。文公の遺体は「薦の被けてある一物」と記述されている。小説の最後は「この一物は姓名も原籍も不明というので例の通り仮埋葬の処置を受けた。これが文公の最後であった。実に人夫が言った通り文公はどうにもこうにもやりきれなくなって倒れたのである。」と締めくくられている。「どうにもこうにもやりきれなくなって」という表現によって、自分の力ではどうすることもできない境遇に直面せざるをえない人生の不条理が浮上する。小説のはじまりと最後があまりにも対照的である。文公は人間ではなく「一物」まさに物になってしまい、通常の見方からすれば明らかに尊厳は消失しているが、絶望のなかで雨を受けながらうごきまわるしかなかった文公は果たして尊厳を喪失したのであろうか。弁公の父親は自尊心から喧嘩をふっかけ命を落とすが、この行為によって果たして彼の尊厳は毀損されたのであろうか。現実の世界は不安定かつ不透明で予測不可能であり人間は基本的に弱者であるという認識からスタートすると、弱者の尊厳という概念が真摯に考究されることが要請されてしかるべきではないだろうか。

4・2　志賀直哉『和解』（一九一七年）

次に挙げる『和解』は、私小説の代表的作品としてよく知られている。田山花袋の『蒲団』や葛西善蔵の『哀しき父』『子をつれて』に見られる自己憐憫や誇張された悲惨さの描写は、『和解』には見当たらない。本作品では、長年不和が続いていた父と息子の関係が和解という軟着陸へと向かう経緯が語られている。この私小説が概ね志賀直哉の実体験に基づいていることはよく知られているが、事実ではない虚構も含まれている。というより、私小説における事実の告白というファクターはあくまで一部分であり、虚構を混じえぬ告白など存在しないのではないだろうか。志賀直哉は、この小説の主人公の順吉同様、文学の世界に生きようとした。そして女中との結婚を望んだが、実業界で成功していた父親はそれを認めなかった。そして日本で初めての公害事件となった足尾鉱山の事件を調査したいと直哉は父親に伝えたところ、父親の直温は強く反対した。これらの軋轢が長年の間積もりに積もったのであろう。果たして本作品のなかで、不和の原因がどこにあるのか断片的な言及があるにはあるが、明確には述べられていない。父子関係の不和がいかなるプロセスを経て和解に至ったのかを、日々の日常生活の自然の流れとして描き出している。この自然の流れの正体は何か。それは人間にとっての身体の変化つまり生老病死のプロセスである。生から死への生の営みは、理性や意識による自己決定がほぼ不可能な領域である。不可抗力として受容するしかない。これはまさに身体の他者性の問題である。

ここで近代の心身問題について少し触れておきたい。いわずもがなだが個人は心身としての存在である。しかし日本においては江戸時代以降、自然なる身体が抑圧され、もっぱら心に重きが置かれるようになる。身体は後景に追いやられ、日本の自然主義文学には身体描写が希薄であり、私小説においては人物の心情に重きが置かれている。人間の自然性はまずは身体に集約され、その身体は自分でコントロールができない。作品の人物はまずは心を所有し、その心に依拠する個人として身体の描写を行うが、その身体は生の条件としてのありのままの自然なる身体ではなく、心情に色付けされた社会化された身体である。周知の通り、戯作に代表される江戸文芸は人情に重きが置かれていた。つまり個人は概ね心によって形成された存在であった。それとは異なり、江戸時代より前の時代の身体はありのままの身体であった。このことを踏まえると『和解』に見られる数多くのありのままの身体描写は特筆に値する。生きるということの実感や実在感が身体そのものの描写によって身体としての個人が自ずと存在を現している。社会化して飼い慣らされた内的自然としての身体ではなく、外的自然としての身体が生命力それ自体として露呈している。

当時志賀直哉、武者小路実篤、有島武郎らの白樺派が信奉していた大正生命主義が勢いを増していたことと、身体性の重視傾向は無関係ではなかろう。大正生命主義は理性よりむしろ生命の力の導きを重んずる考え方である。この小説のプロットの有機的な流れは、長女が赤ん坊のときに不幸な死を遂げ、そして翌年次女が極めて自然に無事誕生という生死のコントラストに加え、祖母の加齢による身体的な衰えが支柱的な役割を果たしていることは間違いない。順吉は作家としての創作活動にやや足踏みを余儀なくされ、社会的な承認を得るべく焦ってもいた。作家としての自己実現が順調に進まず、父との不和をテーマとして「夢想家」を書き続けることができなくなっていた。しかし父子の和解のときは、前触れもなく偶然訪れる。『和解』発表時、志賀直哉自身は三十四歳だった。少し長いが、和解が成就したときの日常生活の延長としての一コマを引用する。

自分は帽子に手をかけて此方《こっち》を見ている父の眼を見ながらお辞儀をした。父は「ああ」と云って少し首を下げたが、それだけでは自分は何だか足りなかった。自分は顰め面とも泣き面ともつかぬ妙な表情をしながら尚父の眼を見た。すると突然父の眼には或る表情が現われた。それが自分の求めているものだった。意識せずに求めていたものだった。自分は心と心の触れ合う快感と昂奮とで益々顰め面とも泣き面ともつかぬ顔をした。…自分は誰もいないプラットフォームに一人立って何時までも洋傘を上げている自分を見出した。自分は停車場を出ると急いで帰って来た。何故急ぐのか解らなかった。自分は父との和解も今度こそ決して破れる事はないと思った。自分は今は心から父に対し愛情を感じていた。そして過去の様々な悪い感情が総てその中に溶け込んで行くのを自分は感じた。(『和解』、一三六―一三七頁)(4)

この和解の場面では、言葉によるコミュニケーションではなく、まなざしや顔の表情のやり取りが決定的に心と心をつなぐ役目を果たしていることに注目したい。まなざしや顔の表情という身体の動きから人間は多くを受容する。良き生は他者との関係によって実現そして保持され、この関係性は尊厳感覚にとって重要な影響力を持つと考えられる。日常生活は自己と他者が様々な関係性を持続させることで成立している。意見や感情のぶつかり合い、価値観の違いなどによって数多くの軋轢や不和を経験しながら、それでも人間のライフサイクル、生老病死という生の営みの流れに抵抗することはできない。ここで順吉は父に対する過去の悪い感情が、父への愛情に溶け込んでいくのを感じている。長年の父に対する確執の感情が融通無碍の境地へと流れていくことに納得したのであろう。世代の移り変わりのなかで、人間を自律した個人としての存在から、相互に影響し合い助け合いながら生きていく関係性としての存在に思いが至るのではないか。赤児の長女慧子が病に冒され生後五十六日目に死んでゆくまでの経緯の細かい描写に比して、次女留女子の誕生はこの上なき悦びを家族にもたらしたが、この対照的な姉妹の対比が、間接的ではあるが父子の和解と心理的な関係があろうことは想像に難くない。尊厳概念を考究する際、時の流れに伴う人間の身体と心情の変化を考慮することが要請されてしかるべきではないだろうか。

5. 私小説から導き出される〈弱さの尊厳〉

近年とどまることを知らないグローバルなネオリベラリズム（新自由主義）は、貧富の差を拡大し多くの人々を貧困に追いやっている。富裕層が富を独占し、そうでない人々の生活水準は下降線を余儀なくされる。そして貧困層の人々の貧しさは自己責任であり、もっと強く、もっと成果をあげ、社会における成功者たれという経済合理性に基づくメッセージが流される。市場支配の原理は、人間を収益をもたらす人材あるいは人的資本とみなし、自律し自己責任の主体としての個人を前提として、能力主義（meritocracy）に基づく業績、経済力、ステータスや権力にまつわる競争熱を加速させる。このような経済合理性の世界は当然個人主義を生み、自我に閉ざされるアトムとして依存を必要としない個人には社会的連帯というアジェンダはない。個人主義は他者との間の距離を保とうとし自己実現の優先順位は高くなる。多数の人々が自己中心的になる結果、自分以外の他の人々への関心は薄くなり、他者への配慮を実践する人々の数はますます減少してゆく。このような市場経済論理や経済合理性がグローバルな勢力を拡大するなか、富と権力を求めて競争を続ける

（4）志賀直哉『和解』、新潮文庫、一九四九年。

人々がいる一方で、それらの価値観とは一線を画す人生の意味や価値を求める人々が存在することも決して忘れてはならないであろう。私たちが今生きている世界は不確実性、不透明性、不安定性、予測不可能性に満ちている。世界の多様性や多元性は価値観の対立につながり普遍的、合理的、規範的な道徳では対処が困難な場合が増えている。

このような状況を踏まえ、日本の私小説に目を向け尊厳について考察を加える理由は何か。それは私小説が日常生活の詳細なる描写を通じて、個別具体的な人間関係のなかで、お互いの心身への配慮、内面の心情というひとりひとりの生の実態を表現しているからである。日常生活を送る人々は、毎日の生活のなかで具体的な身体的、感情的な相互作用を及ぼし合いながら、軋轢や不和、ジレンマや決定が難しい様々な問題に直面するが、そのときに原理や規範をそのまま適用することはほとんど不可能である。ここで重要な点として、日本の私小説には、自分の弱点や惨状を告白するものが多いということである。人間の弱さや脆弱性や迷い、決められない苦悩が具体的なコンテクストのなかで詳らかにされる。人間の身体や心情、感情、情動を巻き込みさまざまな関係性を切り結びながら人物たちが生活を営むという側面は、道徳的に自律した人格というカテゴリーに包摂される人間観とは決定的に異なるものである。ロールズなどの政治的リベラリズムの人間主体という視座からは見えてこない、人間の生活の実態に現れる弱さ、人間の実存に厳存する脆弱性を注視することによって、オルタナティブとしての尊厳概念の提起ができると考えられる。

国木田独歩の『窮死』に出てくる文公は、重い病気にかかり貧窮に追い詰められているが、これは自己責任とは言い切れるものではあるまい。病気も貧困もいわば思いがけず事故のように我が身にふりかかってくるものである。これは誰に起きてもおかしくない。私たちはみんなこのような偶発性（contingency）と不確実性と予期不可能性の世界に生きているのである。このような世界において私たちは関係性のなかに生まれ、関係性のなかに生きる存在である。自律し依存を必要としない合理的存在という普遍主義の人間観は抽象的で画一化された人間像を浮上させ、人間の個別の差異が消滅してしまう。個別の人間が体験する生活を凝視することによって、〈弱さ〉の尊厳概念が醸成されることは、自然な想起でありそれを拒むことはできないのではないだろうか。志賀直哉の『和解』には家族の関係性が仔細に克明に描かれている。日常生活のなかで、主人公（志賀直哉の分身）が父との和解に至るまでに、どれだけ家族の構成員たちの心身のケアを受けてきたか、もちろん相互関係の要素もあるが、諸関係の実践の相互作用の網のなかで身体的存在として情動に動かされ自己が形成されているかを検証すると、順吉が完全な自律存在として描かれていないことは明らかである。ポスト構造主義の論客であるジュディス・バトラーは、自己は実体ではなくプロセスとしての関係性の束であると指摘するが、弱者にとっての尊厳感覚は、他者から持続的な態度や言動によって実践される心身の配慮やケアを受けることで保持される、つまり他者との関係によって獲得できるということである。このプロセスに身体と感情が有機的に絡まっていることは強調しておきたい。

日本近現代文学において長年基底をなしてきた私小説は人間存在のあるがままの実存に迫ることで、人間の価値についての複雑な重層性が描き出されてきた。そこには規範や理念としての強い人間性ではなく、近代が概ねないがしろにしてきた身体と感情を掬い上げることで、人間の本源的な脆弱性・弱さが浮き彫りになる。がそれは人間にとって決して欠如や失敗ではない。人間とは生来、弱い生き物なのである。私小説は生活体験のなかで人々が担う他者や環境とのさまざまな関係性、身体のあり方、心情などを詳に赤裸々に告白するという形式を採って人間の生の実感を表出するが、私小説の内容は全て事実ではなく、作家各々の虚構世界と混在する。しかし虚構があってはじめて告白が可能となるというパラドックスは容易に了解できる。そもそも自己理解は不可能なのであり、三島由紀夫の『仮面の告白』が近年になって私小説扱いをされることになった理由とも無関係ではないかもしれない。最後に、本論では扱うことができなかったが、ケア倫理に関する研究書が、関係の倫理として、弱さについての存在論を前提として、他者への関心、配慮、ケアリングの実践の重要性について論じていることを付記しておきたい。

参考文献

小林秀雄『Xへの手紙・私小説論』、新潮文庫、一九六二年。

中村光夫『日本の近代小説』、岩波新書、一九五四年。

柄谷行人『定本　日本近代文学の起源』、岩波現代文庫、二〇〇八年。

秋山駿・勝又浩監修、私小説研究会編『私小説ハンドブック』、勉誠出版、二〇一四年。

国木田独歩『牛肉と馬鈴薯・酒中日記』、新潮文庫、一九七二年。

島崎藤村『破戒』、新潮文庫、一九五四年。

田山花袋『蒲団・一兵卒』、岩波文庫、一九三〇年。

葛西善蔵『哀しき父　椎の若葉』、講談社文芸文庫、一九九四年。

太宰治『人間失格』、角川文庫、一九八九年。

多田道太郎『転々私小説論』、講談社文芸文庫、二〇一二年。

ファビエンヌ・ブルジェール、原山哲・山下りえ子訳『ケアの倫理——ネオリベラリズムへの反論』、文庫クセジュ、白水社、二〇一四年。

イマニュエル・カント、野田又夫訳「人倫の形而上学の基礎づけ」野田又夫責任編集『世界の名著32　カント』中央公論社、一九七二年。

イマニュエル・カント、森口美都男・佐藤全弘訳「人倫の形而上学——徳論」野田又夫責任編集『世界の名著32　カント』中央公論社、一九七二年。

『新版　古今和歌集』高田祐彦訳注、角川ソフィア文庫、二〇〇九年。

志賀直哉『和解』新潮文庫、一九四九年。

George W. Harris, *Dignity and Vulnerability: Strength and Quality of Character* (Berkeley/Los Angeles/ London: University of California Press, 1997).

Christa Teston, *Doing Dignity: Ethical Praxis and the Politics of Care* (Baltimore: Johns Hopkins University Press, 2024).

4 和辻哲郎における尊厳概念
人間存在の否定性

犬塚悠

1. はじめに

本章の目的は、近代日本における尊厳概念の展開の一例として、倫理学者和辻哲郎（一八八九～一九六〇年）の尊厳概念の特徴を明らかにすることである。先に結論を述べると、和辻倫理学には、共同体の成員となりうるものとしての尊厳という関係的尊厳概念と、絶対空という絶対者に根差したものとしての尊厳という絶対的尊厳概念との双方が見出される。和辻において、個はその否定性を通じて善を実現するもの――何らかの共同体からの背反（否定）として生じつつ、また新たに共同体を形成していくもの（否定の否定）――として尊厳をもつ。その否定性は、他者からの承認を必要とするという点では関係的だが、既存の共同体を否定し新たな共同体を形成しうるという点では関係性を超えた絶対性を有している。

本章では、はじめに和辻の初期著作における尊厳概念を取り上げた後、和辻倫理学に至るまでの彼の主要研究を踏まえた上で、和辻倫理学の基本的構造とその尊厳概念を明らかにする。最後に、小松美彦と加藤泰史の議論を参照しながら、今日の尊厳研究における和辻倫理学の可能性――尊厳の承認とその変化の構造

——についても言及する。

2. 初期和辻における尊厳概念

和辻はその著作において尊厳という概念を多くは用いていないが、彼が初期から「人格の尊厳」を重視していたことは彼の文学論争に見出される。この論争は、まず島村抱月が『時事新報』において、白樺派を中心とする人道主義や『早稲田文学』における民衆芸術といった当時の文学界の新たな動向を批判したことに始まった（「将に一転機を画せんとす」『時事新報』一九一七年二月・三月）。島村は、人道主義や民衆芸術は、それまで文壇を支配していた自然主義が社会との戦いに疲弊した結果、平和主義・博愛主義の下に社会との交渉の軋轢を緩和しようと生まれたものであると分析し[1]、それらがどれほど社会を教化・改革するという文学の使命を果たす力をもつのかと疑問を呈した[2]。

対して和辻は同紙で島村の分析を批判し、自然主義と新たな動向との間には文学者の根本的な生活態度の違いがあると説く（「既に一転機、到れり」『時事新報』同年三月）[3]。確かに自然主義には旧道徳の偏見の打破という点で意義があったが、日本におけるそれは道徳、向上の努力から人を引き離してしまった[4]。あるがままの欲望を自然主義の名の下に肯定する人々は実際には現代社会をも肯定しており、新機運を造る人々の方が、現代社会における物質欲・権力欲を是認せず、悪として認め戦おうとしている[5]。島村が自然主義に見る個人主義は利己主義であって真の個人主義ではなく、対して真の個人主義とは「個人の人格の尊厳」を重んずるものである[6]。それはニーチェに見られるように「人類に対する任務」のために「自己を生かし切る」ものであり、対してこの国の自然主義作品には「人間の尊厳」も「個人」も描かれておらず、ただ「非人格的な欲望や性癖」が描かれているのみであると和辻は批判した。

このような論争に、森田草平が参戦した（「理想主義的自然主義——自然派並びに人道派の人々の一読を求む——」『文章世界』同年四月）。彼は自然主義と人道主義とは対立させられるべきものではないとし、ロシア文学を例に、自然主義の手法によって社会改革や人間性の向上といった理想を目指す「理想主義的自然主義」を説く[7]。和辻は非人格的な欲望・性癖の描写に価値を認めていないが、和辻も評価するトルストイは人間の獣性の赤裸々な描写に長けていたからこそ、彼の作品においては「個人の尊厳」が光を放っている[8]。現実から離れた日本の人道主義においては「人類の愛」も「個人の尊厳」も「空疎な言葉」となって現れるばかりである[9]。

この森田の批判に対して、和辻は「わたしが人格の尊厳の描かれることを要求するのは、現実の醜悪な方面を描くなという意味ではありません」と訂正する（「偏頗と党派心——森田草平氏に——」『文章世界』同年五月）[10]。和辻が問題としたのは人間の内に獣性のみを見る者と獣性の内にも人間を見ずにはいられない者との「体

（1）島村［一九一七］二月二八日号、五。
（2）島村［一九一七］三月一日号、五。
（3）WTZ 21: 138.
（4）WTZ 21: 139-140.
（5）WTZ 21: 141-142.
（6）WTZ 21: 142-143.
（7）森田［一九一七］四〜五。
（8）森田［一九一七］八〜九。
（9）森田［一九一七］一〇。
（10）WTZ 21: 158.

験」の違いであり、それを森田は「描写」の問題として曲解してしまった。[11] トルストイによる獣性の描写は驚嘆すべきものだが、より重要なのは彼の「獣性に対する感じかた」である。[12] その点で和辻は「ほんとうに生きよう」とする芸術家を支持し、自然主義・人道主義といった主義や流派にはこだわらない。[13] 森田が批判した武者小路実篤の『青年の夢』についても、その中に「空疎な言葉」のみを見出すというのはかえって読み手の内生の不十分さを露呈するものである。「もし読者の内生に、「人類の愛」とか「個人の尊厳」とかいう言葉でさし示されるべき実感が少しでもあるならば、あの作に作者の具体的な体験を感じないではいられないはずだ」と和辻は批判する。[14]

「人間の「人格」の深い意味を感じない人には、結局人格の貴さは描けないのです」[15] と説く当時の和辻の議論の背景には、彼の人格主義的立場がある。一九一八年に刊行された『偶像再興』では、和辻はリップスをニーチェに通じる哲学者として取り上げ、人間理解・教養に基づく人格の向上の重要性を主張した。その考えは、和辻がリップスから引用する「我らは完全なる道徳的心情を有するの名誉を担わんがためには、一切を知り一切を享楽し、人類が遭逢し得るあらゆる歓喜と苦悩とをことごとく鋭敏に感受し得る人となることを要する」[16] といった言葉に見出される。

以上見てきたように、初期の和辻は文学作品における人格の尊厳の表現を重視していた。しかし、その人格・人間の理解は、彼が倫理学の一体系を形成するまでに変化している。そのため、次に和辻倫理学に至るまでの彼の思索の過程を見てみたい。

3. 和辻倫理学に至るまで

後節にて詳述するように、和辻倫理学では、人間は個別性（個人性）と全体性（社会性）との二重性格をもつとされる。そして、個も全体も互いに依存しているという点でそれら自体は空であり、その根底には「絶対空」があるとされる。本節では、この和辻の考えが形成されることとなった契機として、彼の宗教文化研究、仏教哲学研究、カント哲学研究、そしてそれらの接続を取り上げる。

3・1　和辻の宗教文化研究と仏教哲学研究

やや時期が遡るが、和辻が第一高等学校に在学していた一九〇六年から一九〇九年は日露戦争後で、青年の間に「かなり著しい宗教的緊張」があったと彼は後に回顧している（『ゼエレン・キェルケゴオル』）。[17] 当時、和辻もキリスト教に強く惹かれていたが、近代的知性も障害となり、洗礼を受けて信者となることはできなかった。和辻は東大卒業後、ニーチェ、キルケゴールに関する著作を発表するが、尊敬していた義理の父や夏目漱石の死をきっかけとして仏教にも関心を持ち、宗教文化研究や宗教家の研究を行う（一九一九年『古

(11) WTZ 21: 158-159.
(12) WTZ 21: 159.
(13) WTZ 21: 160-161.
(14) WTZ 21: 162-163。和辻らの文学論争にはその後岩野泡鳴らも加わり、和辻も新たに「応酬」（『新文学』一九一七年八月、WTZ 21: 271-279）を発表することとなったが、詳細は割愛する。
(15) WTZ 21: 159.
(16) WTZ 17: 168.
(17) WTZ 1: 395. 和辻における宗教との関係については、犬塚［二〇一八］や、木村［二〇二一］、頼住［二〇二一］も参照されたい。

寺巡礼』、一九二〇年「入宋求法の沙門道元」、一九二一〜二年「原始基督教の文化史的意義」など）。特定の信仰をもたずに宗教を研究する彼の態度は批判も受けたが、和辻は未だ特定の宗教に属さずに神を求める立場だからこそ、各宗教に「宗教的真理の特殊な表現のみあって、宗教的真理そのものの存しないこと」が分かるとし[18]、「それら〔神や仏といった象徴〕のおのおのに現わされてしかも現わしつくされない神」の探求を行った（「沙門道元」[19]）。

その後京都帝国大学に赴任した和辻は原始仏典の研究を行い、そこで彼は仏教には理性を超えた「信仰」ではない、存在の基盤の理論的認識としての「さとり」があると発見する（「仏教哲学の最初の展開」[20]）。彼の仏教哲学研究には興味深い論点が数多くあるが、その中でも本研究では、和辻が龍樹の哲学に見出した「我空法空」、すなわち「我」も「法」も「空」であることによってのみ成り立つという考え（「仏教倫理思想史」[21]）に注目したい。和辻はこれを、人と法との相互依存の関係、すなわち「見ること」「感受すること」などの法によって人があると知られるように人は法に基づき、しかし逆に「見るもの」「感受するもの」特に「思惟するもの」としての人があって初めて法は認識されるように法も人に基づくという関係において理解した[22]。同様に、人格は行為においてその存在をもち、行為は人格によって初めて具体的にあるものとなる[23]。

和辻は、仏教においては道徳もこの「空」の理解に基づくとする。それ自身において「善なる行為」「悪なる行為」というものはなく、「空を遠ざかる方向づけ」が「煩悩」であり、「空に帰る方向づけ」が「善法」である[24]。そして、「実相の空を自覚しその自覚を具体化せるもの」として「菩薩」があるが[25]、菩薩は「道徳的人格の理念」に過ぎず、これが「人間に即して現われ、もろもろの世俗の善法を行ずる」と考えることで、その真義を発揮することができる[26]。この菩薩の本質とは「慈悲」、すなわち空の体得に基づく自己と一切衆生との無差別であり、「空観によって始まる道徳の世界」とは自分一人の涅槃ではなく、一切衆生を解脱させようとする永遠の努力のことであると和辻は考えた[27]。

一九二七年二月、和辻は仏教哲学研究の一部をまとめて『原始仏教の実践哲学』として出版し、その中で

「絶対空」という語を用いている。

「無明」は覚者によって見いだされた、その覚者においては無明はない、しかしそれによってすでに見いだされた無明の領域は消滅せぬ。「何によって無明があるか」との問いは依然として起こり得るのである。ここにおいて無明の概念を必要とした根本の動機、すなわち究極の根拠は無いということがそれ自身として追究されねばならない。究極の根拠が無いとは畢竟究極の根拠が絶対空であるとの謂いである。[28]

「無明」とは無常といった真理を知らない凡夫の立場である（和辻はこれを現象学でいう「自然的立場」と位置付ける[29]）が、和辻は、明と無明、有為と無為とを区別する立場を止揚した先に諸法の実相としての「絶対空」

（18）WTZ 4: 162.
（19）WTZ 4: 164.
（20）WTZ 5: 304-305.
（21）WTZ 19: 332.
（22）WTZ 19: 336.
（23）WTZ 19: 339.
（24）WTZ 19: 346.
（25）WTZ 19: 347.
（26）WTZ 19: 349.
（27）WTZ 19: 352.
（28）WTZ 5: 236.
（29）WTZ 5: 234.

があり、これが般若経や龍樹哲学の中心問題であるとする。[30] 各宗教の根底を探求していた和辻は「絶対空」に至り、後述のように、これを彼の倫理学においても全ての根底として置くこととなる。

3・2　和辻のカント哲学研究と仏教哲学との結合

和辻は『原始仏教の実践哲学』を博士学位論文として提出し、一九二七年二月から翌年七月までドイツに留学する。そして帰国後、「カントに於ける「人格」と「人間性」」(上・中)と題された二本の論文を発表している。[31] この中で、和辻はカントの『人倫の形而上学の基礎づけ』における命法「汝の人格に於ける、及びあらゆる他の者の人格に於ける人間性を、決して単に手段として取扱うことなく、いかなる時にも同時に目的として取扱うように行為せよ」が、先行研究において「人を手段として取扱うな、すべての人を自己目的として取扱え」と解釈されていることについて批判する。[32]

和辻は、「単に手段として取扱うことなく」という点が「人を手段として取扱うな」と解釈されてしまったのは、カントの人格概念における二重性が見落とされているためであると指摘する。[33] その二重性とは、端的に述べれば、人格は他の物体と同じく物質的でありつつ、人格性ないし人間性(和辻はカントの「人格性」と「人間性」は同一であると解釈する)[34]を有するものであるということである。次の言葉は和辻自身の言葉であるが、我々はここに「個なると共に全」という、和辻倫理学のモチーフも見出すことができる。

> 人格は「物」と「人格性」との二重構造を持つが故にまさに人格なのであり、従って差別的にして無差別、手段的にして自己目的、個なると共に全である。我々はこれを人格性の物化と呼んでよいと思う。かく解すれば、たとい人間性が理念と見られ得るとしても、人格の共同態は理念ではない。そこでは人格が相互に手段としても亦相手を取扱うのである。[35]

和辻は人格における物と人格性との統一を説くため、まず『純粋理性批判』初版の「誤謬推理」の章における人格性の概念に着目する。[36] そこでは人格性は、「それが単に超越論的である限りの、即ち他の仕方では我々に不知であるがしかしその規定の内に統覚による一般的結合が存しているところの主観の統一である限りの、人格性の概念」(A 365) とされていた。和辻はこれを「超越論的人格性」[37] と呼び、あらゆる表象に伴う「我思う」としての「統覚我」と同一のものとして見る。この「我」は、思惟作用を引き起こす点のような我ではなく思惟そのものであり、『純粋理性批判』第二版におけるカントの言葉を用いれば「それ自身では全然内容の空虚な「我」という考え」、「超越論的主体」すなわち「X」(B 404) である。[38] 言い換えれば、「対象を対象として可能ならしめる場面」であり、それ自体は決して対象となることがない「乗せるも

(30) WTZ 5: 236.
(31) 論文題目内の「人間性」は単行本収録時に「人類性」と改められ、本文も一部変更された。以下、『哲学研究』に掲載された論文原典から引用する(引用するにあたり、現代仮名遣いに改めた)。
(32) 和辻［一九三一a］一〜二。以下「カントに於ける「人格」と「人間性」」におけるカントの引用は全て和辻による訳である。
(33) 和辻［一九三一a］八。
(34) 和辻［一九三二］一七。
(35) 和辻［一九三一a］八。
(36) 和辻［一九三一a］一一。
(37) 宮川敬之が指摘するように、カント自身は「超越論的人格性」という語(また後述の「純粋心理学的人格性」という語)は用いておらず、これはハイデガーによる一九二七年の講義「現象学の根本諸問題」の講義録に基づいていると考えられる(宮川［二〇〇八］一五六)。
(38) 和辻［一九三一a］一二。

の（Vehikel）」（B 399）である。

そして和辻は個々の「人格」とは、この対象的に無である「超越論的主体」ないし「超越論的人格性」に、実体の範疇を適用した場合に見出される「知性的実体」であるとする。[39] この「知性的実体」（人格）の同一性も「人格性」ではあるが、和辻はこれを「純粋心理学的人格性」と呼び「超越論的人格性」からは区別する。なぜならば、実体の範疇における客体我と、対象的に無である「我思う」は異なるものであるためである。カントは、「種々異なる時間に於ける彼の自己の数的同一性を意識しているものは、その限りに於て人格である」（A 361）と述べた。数的同一の自己とは内感の対象である客体我であるが、それ自体は人格ではない。また一方で、客体我を意識する「我」すなわち「我思う」の「我」である主観我も、それ自体は空虚であり人格ではない。人格とは、客体我を意識する限りにおける主観我、客体において内容的に充実された「我思う」である。言い換えれば、対象的に無である「我思う」という超越論的人格性が対象的な客体我として現れたものであり、逆に見れば、単なる客体我は物であるが、この物が超越論的人格性においてあるとき人格となるといえる。これが、「人格の二重の構造」である。

さらに和辻は、この超越的人格性が人間の可想的性格にあたると指摘する。彼は、次のカントによる「可想的」の定義について、「ここに取り扱われる「もの」は単なる自然物ではなくして結局は人間である。（vgl. do. B 574.）」という。[40]

> 感能の対象に於てそれ自身現象でないものを可想的と呼ぶ。だから感覚界に於て現象として見られなければならないものが、それ自身に於てはまた感性的直観の対象でない功能（Vermögen）を持ち、しかもそれによって現象の原因たり得るとすれば、その場合このものの原因性は二つの側から見られ得る。即ちそれ自身に於けるもの（自立せるもの）としてのこの原因性の行為の側からは、可想的と見られ、感覚

界に於ける現象としてのこの原因性の結果の側からは、感性的と見られ得る。[41]（B 566）

人間において「それ自身現象でないもの」といえるものは「我思う」、すなわち超越論的人格性以外にない。[42] 超越論的人格性は対象的には無であるが、現象的に何事かを惹起する功能すなわち原因性・自由性である。人間は現象としては経験的性格において存在するが、自由な行為をなしうる限り、可想的性格をもつといわざるをえない。このように人間は、物性という経験的性格と、超越論的人格性という可想的性格との二重の性格においてある。[43]

そして和辻は、「倫理学概論」と題されたノート[44]において、カントに見出される「本体的普遍的自己」「主体的な絶対者」は「空」である他はないと、仏教哲学とカント哲学とを接続している。和辻は、カントの「汝の意志の格率が、如何なる時にも同時に普遍的立法の原理として妥当し得る様に行為せよ」という原理の要求が可能となる根拠は、「個人的意志の根抵《ママ》に超個人的なる理性意志があり、個人的自己の根底《ママ》に本体（ヌメノン）としての超差別的本来的自己が存するからに他ならない」とし、「実践の原理は、本来的自己が

(39) 和辻［一九三一a］一三～一五。
(40) 和辻［一九三一a］一九。
(41) 和辻［一九三一a］一八～一九。
(42) 和辻［一九三一a］一九。
(43) 和辻［一九三一a］二一。
(44) このノートの制作年は不明だが、和辻は京都帝国大学で一九三一年から一九三四年まで、また東京帝国大学で一九三四年から一九三五年まで「倫理学概論」と名のついた講義を行っていたことが分かっており、その頃書かれたものであろうと考えられる（金子武蔵「解説」WTZ 7: 363–365）。

個人的自己の個別性を否定すること」にあるとする。[45] カント自身はこの根底を追求しようとはしなかったが、神として説くことは欲さず、あくまでも「本来的自己」として扱った。[46] このような主体的な方向に求められる絶対者、かつ「否定」の根拠とは、「空」に他ならないと和辻は述べる。[47]

以上の和辻による仏教・カント解釈の妥当性の検討は本章の域を超えるため控えるが、これらの研究が和辻倫理学の基礎となったことは確かである。特に、最後の「本来的自己が個人的自己の個別性を否定すること」という実践の原理、そして本来的自己としての「空」は、次節で見るように、全体性の否定から生じる個別性をさらに否定する「否定の否定」、そして個と全との根底にある「絶対空」という和辻倫理学の主要概念へとつながるものであった。

4. 和辻倫理学とその尊厳概念

和辻は、一九三一年に『岩波講座 哲学』において「倫理学」を発表し、続けて『人間の学としての倫理学』(一九三四年)、そして主著である『倫理学』(上・中・下:一九三七〜一九四九年。改版(上・下):一九六五年)を出版する。本節では『倫理学』を中心に、和辻倫理学の基本構造を踏まえた上で、その尊厳概念を明らかにしたい。

4・1 和辻倫理学の基本構造

和辻は、第一に倫理学の主題は「人間」であるとし、その特徴を二つ挙げている。一つ目の特徴は、主体であることだ。[48] 主体は、直接に認識の対象となりえないものである。[49] そのため、客体を対象とする自然科学とは異なるアプローチが倫理学には必要となる。また人間の二つ目の特徴は、それが単なる個人的意識ではなく、個体的（個別的）かつ社会的（全体的）な存在であり、「間柄」ないし「行為的連関」と呼べるものであるということだ。[50]

そして彼は、直接に認識の対象となりえない主体、また単に個人ではなく個体的かつ社会的な存在である人間に対しては、その客体的「表現」が把捉のための媒介・通路となると論じる。[51] すでに我々の日常において、身ぶりや表情、さらには言語や生活様式などが全て、間柄・行為的連関の表現でありつつまた間柄・行為的連関を構成する契機となっている。倫理学は同様にこれらの通路を通じて、主体的人間存在に接近することができる。

中でも「行為的連関」という語で表されるように、和辻は「行為」を、人と物との間における単なる動作とは異なり、人と人との間にのみ成立するものとして重要視している。例えば人と人との間における「見ること」を取り上げてみると、人が単に物を見る際とは異なり、一方の「見ること」は相手からも見返され、さらに彼らの「見方」が彼らの間柄によって規定されるという特徴がある。[52] 具体的には、間柄に応じて「見

---

(45) 和辻「倫理学概論」コマ番号七六～七七。
(46) 和辻「倫理学概論」コマ番号七七。
(47) 和辻「倫理学概論」コマ番号七七～七八。
(48) WTZ 10: 34.
(49) WTZ 10: 34, 44.
(50) WTZ 9: 25; WTZ 10: 16, 35.
(51) 主体の客体的表現を媒介として主体を理解するという和辻の考えは、ヴィルヘルム・ディルタイの「生・表現・理解の連関」に基づいている（和辻［一九三一b］八〇～八三、WTZ 10: 38, 45-47)。
(52) 和辻［一九三一b］七七～七八、WTZ 10: 36.

つめる」「睨みつける」「目をそらす」「目を伏せる」など様々な見方があるように、我々の行為は特定の間柄・人間関係に規定された「ふるまい方」をもつ。

個々人の行為は間柄の上に成立し、逆に間柄は個々人の行為を通じて形成されるように、間柄と個々人の行為との間には相互依存の関係がある。[53] 例えば「家族」という間柄は、様々な可能性をもつ個々人の行為を一定のふるまい方に制限する力をもち、個々人はこの家族という間柄があるからこそ親・子・夫・妻などとして行為しうる。[54] しかし、個は他の共同体へと去りうるものであり、個々人が親・子・夫・妻などとしてふるまわなくなればこの家族という間柄は解消してしまう——すなわち家族という間柄は個々人の行為があるからこそ成立しうる。この個と全との相互依存関係は、全体からの個の背反という契機をもつという点で、有機体における全体と部分との関係とは異なる。

このような相互依存の関係は、あらゆる個と全（共同体）との間にも見出される。個別性とはそれ自体で成り立つものではなく、何らかの全体性の否定として見出されるものであり、逆に全体性も、個別性の否定として見出されるものだ。[55] 個も全も本質的には「空」であり、それらの根底には「絶対的全体性」ないし「絶対的否定性」、「絶対空」がある。個人が社会からの背反として成立しつつ、それが行為を通じて他者と社会的に結合していく様子は「否定の運動」、また「否定の否定」を通じて全体性に帰るという点で「帰来の運動」と呼びうる。[56] 和辻のこのような理論は、全ては本来空であるという仏教的空観に基づいたものといえる。[57]

このように個と全との相互依存関係が説かれる中で、善悪はどのように定義されるのか。和辻の「単純な命題」によれば、善とは「信頼に答え真実を起こらしめること」であり、悪とは「信頼を裏切り虚偽を現われしめること」である。[58] 信頼は過去の間柄が目指すべき未来としても現れることに基づき、信頼への応答は「否定の道を通じての人倫的合一の実現」として「人間存在の真相」「まこと」を現象させる。[59] 時代・地域によって何が善行・悪行にあたるかは異なっても、これらの原理は共通してみられる。[60] このように説くと一見既存の間柄の変化を許さない理論のようであるが、一時的に信頼に背き悪をなした個も、いずれは何らかの社会的結合を形成し善へと転じうると和辻は見る。この一時的な悪よりも彼が問題視するのが、帰来の運動が停止した状態を指す「根本悪」である。[61] 彼によれば、この停止状態には二種類あり、一つは有機体の細胞の如く、個人が全体に背かず服従した状態ないし服属せざるをえない状態、そしてもう一つは個がアトム化し、背反の運動にのみ意義を認めて他と合一しない状態である。

4・2 関係的尊厳概念

それでは、このような構造をもつ和辻の倫理学において、尊厳がどのように考えられているのか、まずは先行研究においてジョン・マラルドが和辻の尊厳概念の特徴であるとした、関係的尊厳概念——共同体の成員となりうるものとしての尊厳——について見てみたい。これが登場するのは、『倫理学』第三章「人倫的組織」第六節「文化共同体（友人共同体より民族へ）」においてであるが、この中で、和辻は民族の成員が「人

(53) WTZ 10: 21.
(54) WTZ 10: 95.
(55) WTZ 10: 26.
(56) WTZ 10: 286.
(57) 和辻は「行為」のことを、自と他とに分かれた主体が「自他不二」において間柄を形成するという運動とも呼ぶ（WTZ 10: 36)。
(58) WTZ 10: 302.
(59) WTZ 10: 285, 290.
(60) WTZ 10: 308.
(61) WTZ 10: 143, 298.

格」として扱われるのはなぜかという問いを立てている。
和辻は、「人格」には「人の人としての資格」あるいは「人の品格」という意味があるとしており、マラルドはこの「品格」が「尊厳」にあたると解釈している。[62] 和辻は、これはある者が「文化的な共同存在に入り得ること」ないし「おのれの生ける全体性を何らかの形において自覚し、それへのおのれの帰属あるいは服従を実践すること」であるとする。人間の性質として見なされてきた「理性を持つこと」も、「おのれを拘束する法則への認識の形」を表したものとして、この定義に含められる。

和辻は、このような人格の定義は「人格をあくまでも人間存在の中で、共同体から規定する」点で特徴があると位置づける。[63] (カントのように) 物は道具的性格をもつのに対し、人は単に道具的にのみ扱われるべきものではなく同時に自己目的性を担ったものとして尊厳があるという場合も、この「自己目的性」が自己の内なる超個人的・普遍的な「本体」に基づくとすれば、その本体とは「生ける全体性」——客体として目に見える全体ではなく主体的な全体性[64]——である他はないと和辻は述べる。この点は、カントの定言命法の可能根拠として「超差別的本来的自己」を説いていた「倫理学概論」の論述と共通している。

また、和辻は考えられる他の批判として、人と物とは主体と客体という点で異なり、この区別は共同体による規定を必要としないという考えを挙げ、そのような批判に対し、主客の区別だけではなぜ人格にのみ尊厳があるのかを説明できないと反論する。[65] シェーラーのように「人格の人格」としての神を引き合いに出すという考えもあるが、その神も「生ける全体性の特殊的、歴史的な把捉」であるといえる。[66] この和辻の立場は前述の、具体的な宗教をそれぞれ普遍的な神の特殊な現れであるとした彼の宗教文化研究、さらには全ての根底に「絶対空」を見出した仏教哲学研究に基づくものであると考えられる。

和辻は、人が人格として取り扱われない場面の分かりやすい例として奴隷制度を挙げている。[67] 奴隷が奴隷となるのは、征服した民族が征服された異民族の成員を自民族の成員と認めないことによるものであり、もしその奴隷が征服民族の言語に熟達し、精神的共同への十分な参与能力を獲得すれば、その者を征服民族の一員と認めることは不可能ではない。このように、「人の品格」としての人格とは共同体の成員となりうることであると和辻は示す。

4・3　絶対的尊厳概念

次に、和辻倫理学に見出されるもう一つの尊厳概念である絶対的尊厳概念——絶対空という絶対者に根差したものとしての尊厳——の方を見てみよう。これは、『倫理学』第一章「人間存在の根本構造」第五節「人間存在の根本理法（倫理学の根本原理）」にある、「国家の存続繁栄というごときことも、その国家が単に有限な人間団体に過ぎない限り、絶対者に根ざせる個人の尊厳より重いものではない[68]」という一節に見出される。これについて、先ほど挙げた先行研究のマラルドは、「文脈からは、和辻が絶対的な神が個人の尊厳の源だという考えを疑問視しているのは明らかなように思われる[69]」と、和辻自身の考えではなく思弁的なものであると棄却している。しかし本研究は、マラルドの分析においては和辻倫理学における絶対的否定性・

(62) WTZ 10: 588-589; マラルド［二〇二〇］七六。
(63) WTZ 10: 589.
(64) WTZ 10: 610.
(65) WTZ 10: 589.
(66) WTZ 10: 589-590.
(67) WTZ 10: 590.
(68) WTZ 10: 130.
(69) マラルド［二〇二〇］七一～七二。

絶対空という絶対者、またその絶対者を根底にもつがゆえに社会を否定・形成しうる個という和辻の考えが見落とされているのではないか、これらの点を考慮すれば、この「絶対者に根ざせる個人の尊厳」も和辻自身の考えであるといえるのではないかと提起したい。

そもそも、この一節が書かれている箇所は、和辻が絶対的否定性（絶対空）の否定の運動について論じた個所である。[70] 和辻によれば、個人は絶対的否定性の否定として成り立つが、現実には、必ず何らかの有限的全体――家族、友人、会社、国家――からの背反として生じる。さらに、「否定の否定」としての個人の独立性の止揚は、何らかの有限的全体への帰属として生じる。このような有限な否定の他に、絶対的否定性ないし空が己を現す場所はありえない。[71]

そして和辻はこの構造を踏まえた上で、ベルクソンが掲げたような「閉じられた社会」と「開かれた社会」という区別の誤謬を指摘する。[72] 内なる個人を拘束し、外には排他的な閉じられた社会は、背反する個が不在であるという点で真に人倫的全体としての社会にはなっていない。対して、完全に開かれた社会とは単に理想であって、人倫的現実ではない。例えば、個人が絶対者において結びつくという開かれた社会の立場で作られた「教団」も、実際には異教徒に対して閉じている。

「開かれた社会」が重視されるのは、世界宗教における個人主義的立場が個人と絶対者との直接的関係を設定したためであり、対して世界宗教の創始者らは人倫的全体すなわち社会・共同体の意義を理解していたと和辻は主張する。[73] 釈迦にとって空の体得は「慈悲」となり、キリストにとって神への絶対的信頼は「愛」となった。彼らの宗教が教えるのは、「個人の立場から直接に絶対者に関係すること」ではなく、「有限な人倫的全体を通じてのみ絶対者に行くこと」である。和辻はノート「倫理学概論」において、宗教家による模範社会の形成とカントの「目的の国」との類似性を指摘しており、その余白には次のような図が描かれている（図1）。

ただし和辻は「閉じられた社会を過度に重視し、あたかもそれが究極目的であるかのごとくにふるまうのもまた誤りである」と警告する。(75) そのような立場は、絶対者への還帰という人倫的組織の意義を見落とし、かえって倫理を危うくしてしまうためである。本項の冒頭で取り上げた「国家の存続繁栄というごときことも、その国家が単に有限な人間団体に過ぎない限り、絶対者に根ざせる個人の尊厳より重いものではない」(76) という一節は、この文脈で登場する。この絶対者に根差した絶対的尊厳概念を軽視すれば、和辻が否定した「閉じられた社会」へと傾くこととなる。

以上、和辻倫理学において関係的尊厳概念と絶対的尊厳概念とが見出されることを示した。一見矛盾したこれらの概念も、和辻倫理学においては両立していると考えられる。和辻は、「人間の個人的・社会的な二重存在こそ、まさに絶対的全体性が己れを現わす場所」(77) であるとする。先にも述べたように、何らかの有限

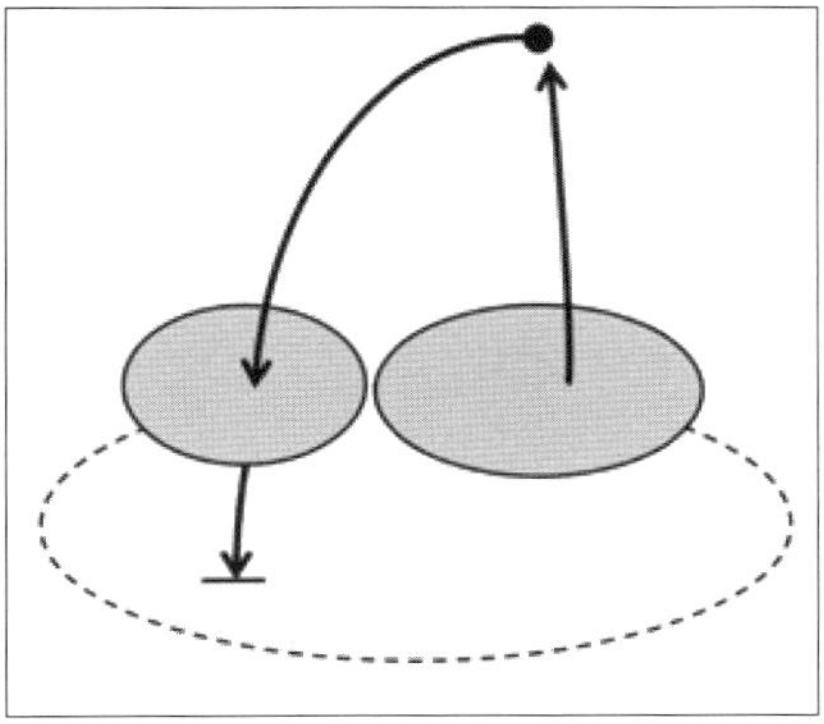

図1：個、有限な人倫的全体、絶対者の関係(74)

(70) WTZ 10: 125.
(71) WTZ 10: 127.
(72) WTZ 10: 128.
(73) WTZ 10: 128-130.
(74) 和辻「倫理学概論」コマ番号七八の図を基に作成。
(75) WTZ 10: 130.
(76) WTZ 10: 130.
(77) WTZ 10: 130-131.

的全体からの背反、有限的全体への帰属という「否定の否定」としての人間の活動以外に絶対的否定性・絶対空が現れる場所はない。和辻倫理学に基づけば、否定性を有することで個は個となり、尊厳を有するといえる。個は共同体に背反しうるもの（否定）であり、かつ共同体へと結合しうるもの（否定の否定）である。その否定性は個のみで成り立つものではない——他者からの承認を必要とする——という点では関係的だが、既存の共同体を否定しうるという点では関係性を超えている。共同体からの分離・結合という否定の運動を通じて善を実現することに個の尊さ、尊厳がある。これが、空に基づく仏教的道徳を背景に持つ、和辻倫理学に見出される尊厳論であると考えられる。

5. 尊厳研究における和辻倫理学の可能性

和辻における尊厳概念の特徴を明らかにした今、現代の尊厳研究における和辻倫理学の可能性について考察したい。

小松美彦は、『「自己決定権」という罠』（二〇二〇）において尊厳概念を批判している。彼の議論は、フーコーの生権力の概念、さらに、権力の本質は殺しても罪に問われない人間を作り出すことにあるというアガンベンの主張に基づいている。[78] アガンベン、そして小松は、殺しても罪に問われない人間について、古代社会における奴隷、中世ヨーロッパ社会における宗教上の異端者、二〇世紀ナチス・ドイツにおける障害者とユダヤ人、現代における脳死者を挙げている。

そして小松は「人間の尊厳」という概念こそ、現代における「生きるに値する／生きるに値しない」の線引きの根底にあると指摘する。[79] そのことを示すために小松は尊厳概念の歴史を概観するが、古代ローマにおいて高貴な身分にあることを示す概念であった尊厳は、中世キリスト教社会において神の似姿としての人間全てにあるという考えに代わった。そしてルネサンス期のピコ・デラ・ミランドラによる、理性・精神が備わっていることとしての人間の尊厳の考えがその後も西欧で受け継がれ、この理念を実践へと移したのがナチス・ドイツであった。また同じ考えがアメリカの生命倫理を介し、日本でも脳死者の臓器提供や、意識回復の望めない患者などの消極的安楽死（尊厳死）を正当化する根拠になっている。

小松は、ピコ以来の「人間の尊厳」概念に代わる新たな《人間の尊厳》概念を創出するならば、それはその人がどのような状態にあるのかをめぐる「状態の価値」ではなく、「いる・いた」という「存在の事実」に関係するものであるべきと主張する。[80] 日本語の「いる」は、「いのち」を感じられるものに対して用いられる。そして脳死状態の少女について「有里は生きる姿を変えただけなんです」と語る母親の言葉に表されている、少女と母親との間に立ち現れた共鳴関係、それが《人間の尊厳》であると小松は見出す。[81] 彼は次のように述べる。

> 《人間の尊厳》が、眼差す者と眼差される者との間に、叫ぶ者と叫ばれる者との間に、立ち現れる共鳴関係のことであるなら、そして、これら両者の一体化の別名であるなら、脳死者たちの存在そのものを否定する人々は、《人間の尊厳》が成立する要素を欠いていることになります。つまり、《人間の尊厳》の要素が損なわれているのは、逆説的にも、脳死者たちではなく、脳死者等々には「人間の尊厳が損な

(78) アガンベン［二〇〇三］、小松・今野［二〇二〇］二二五。
(79) 小松・今野［二〇二〇］二二七。
(80) 小松・今野［二〇二〇］二三九～二四二。
(81) 小松・今野［二〇二〇］二四五。

われている」と考える人々のほうなのです。[82]

小松の記述は、関係的尊厳概念と絶対的尊厳概念のどちらを提唱しようとしているのか、やや両義的に捉えられるところがある。実際に、この小松の議論を受けて加藤泰史は「相互承認論的な枠組の中で「尊厳」を獲得したり喪失したりする価値として理解すると、「尊厳」はたちまちのうちに「生きるに値する／生きるに値しない」の線引きの根拠として機能してしまう」とし、このような「地位／身分としての尊厳」に代わり、カントに見出されるような「絶対的内的価値」としての尊厳概念に立ち戻ることが必要であると主張している。[83] 加藤が小松の議論を評価し同意する形で絶対的尊厳概念に立ち戻ることを主張したのは、小松が「状態の価値」に対するものとして「存在の事実」を提示したためかと考えられる。

しかし、我々が相互承認論的枠組から離れることは可能なのだろうか。小松が掲げる「いる・いた」という「存在の事実」も、「共鳴関係」または「両者の一体化」と表されていたように、事実が事実としてあるためにはそもそも二者の間に立ち現れる必要がある。

絶対的内的価値としての尊厳概念は人間や生命がその状態にかかわらず尊厳を有することを示すものだが、和辻による奴隷の分析にも見出されたように、現実には何を「人格」や「いのち」として認めるかの承認が必要とされる。しかし、相互承認論的枠組ないし関係的尊厳概念のみでは、社会の認識の歴史的変化を説明することはできない。こちらも和辻倫理学に見出されたように、社会を超えたものに個が根差しているからこそ、個が社会を否定し変革しうるといえる。過去に女性や黒人の権利が認められてきたように、個には、自身のことを物ではなく人として見なし「行為」するよう他者に求め、新たなる間柄を形成させる力がある。たとえ脳死状態であっても、現在その尊厳を認めるか否かの議論があるという事実自体が、脳死者の個としての力の証といえるのではないだろうか。しかし間柄は個のみでは成立せず、その訴えを承認する他者が必要である。その点で、脳死者の尊厳の問題を、脳死者には人間の尊厳が損なわれていると考える人々の側の問題として提示する小松の指摘は重要であるといえる。

和辻倫理学は、自身が所属する社会の認識も決して絶対にはなれず有限なものでしかありえないという意識を我々に与える。実際に、現在もヒト受精卵や他の生物の扱いをめぐって「人格」や「いのち」の定義が揺らいでいるように、障害者やユダヤ人を尊厳のないものと見なしたナチス・ドイツを非難する我々の認識もまた絶対ではない。

もちろん、和辻倫理学には限界・課題もある。ここでは、和辻倫理学における個の定義の曖昧さ、ヒエラルキー構造、人間中心主義という三点について言及したい。

一点目の個の定義の曖昧さとは、他者と社会的に結合する際に既存の社会の形を再現する個と、結合の過程で新たな社会の形を創造する個との区別が不十分であるということである。和辻倫理学においてはどちらも「否定の否定」の運動として説明されているが、歴史的にはこれら二つは異なる意義をもつ。その点は、同時代の西田幾多郎や三木清の方が、個が真に独立していない「民族」と個が独立した「国家」との違い（西田「国家理由の問題」[84]）や、「有機的時期」と「危機的時期」における主体と環境との融合・対立（三木『社会科学概論』[85]）などの分析において意識的であったと考えられる。また最近では船木亨が、「群れの分子」と

（82）小松・今野［二〇二〇］二四六。このように「ただいること」をめぐって生起する当たり前のこと」であるため、尊厳という概念の必要性に疑問を投げかける意味を込め、小松は「人間の尊厳」ではなく《人間の尊厳》と表現する（小松・今野［二〇二〇］二三九、二四五）。

（83）加藤［二〇二二］一一。

（84）NKZ 9: 348.

（85）MKZ 6: 312.

「個」という形で区別する議論を和辻倫理学も参照しながら展開している。[86]

二点目としては、ヒエラルキー構造、特に国家の問題が挙げられる。先述のマラルドは、「われわれは和辻の哲学のある部分を退ける必要がある。それは、共同体を同質化し、重要性の序列の中に置きいれる点である」と批判しつつ、「しかし〔中略〕和辻はその考えに終始こだわっているわけではなく、私は、その考えが、根本的に関係的であるという和辻の基本的な人間認識にとって本質的ではないと考える」とも述べている。[87]ただし、マラルドのいうように、和辻倫理学においてより重要な点は人間の本質としての関係性の分析にある。本章でも取り上げた文学論のように和辻が論じた階層構造が無意味だと断言するのは、難しいところがある。和辻はその思索の初期から物質主義・利己主義を批判する傾向にあったが、『倫理学』でも和辻は「人倫の喪失態」としての利益社会を批判し、家族から地縁共同体、文化共同体、国家への階層構造において、私的性格を帯びる下位の共同体と比べて国家には均等な連帯性をもった組織としての意義があるとした。[88]もちろん、国民が歯車のように国家に服従する、ないし服従させられる形は避けるべきだが、和辻自身それは否定してきたものであり、エゴイズム・利益社会に対するものとして国家の意義が認められるべきか、逆に、和辻が理想とする私欲を超えた人倫的組織としての国家は現実的に可能なのかは議論の余地があると考えられる。

さらに、三点目の和辻倫理学の特徴・課題として、その人間中心主義的性格が挙げられる。人間存在を個と全との二重構造で捉える和辻の人間観は、個人的身体の外に広がる環境をも人間の一部として捉えるものであり、環境から独立した自律的な個人という近代的人間観とは異なる。[89]よって環境倫理学が批判してきたような近代的人間中心主義とは異なるが、それでも和辻は、主体的な人間存在は自然の一部ではなく「自然を自然として対象化せしめる根柢的な地盤」であると主張するように、明確な人間中心主義的立場をとる。[90]その際、生物学的定義におけるヒト以外の生物の尊厳は見出されうるのか。和辻自身は恐らくそれを認めないと考えられるが、[91]犬や猫もかけがえのない家族の一員となりうるように、小松が考えたような「共鳴」が人と他の生物との間にも成立しうることを考えると、その点も考察が求められるといえよう。むしろ、個人を超えたものとして人間を捉える和辻倫理学には、他の生物も含めた上で「人間」を考える可能性があるともいえる。その際、脳死者の娘を失う可能性が母にとってその共鳴関係・間柄のかけがえのなさを逆にありありと生起させているように、共同体から離反しうる者が共同体に参加してくれているという感覚の有無が、相手を共同体の成員、個として認める際の手がかりともなるだろう（ただし、その場合の個の尊厳は、あくまでも人との関係において見出されるものである）。

また本研究で問題とした個の尊厳とは別に、和辻には他に二点ほど尊厳概念の用法があることも最後に言及しておきたい。一点目は各国民の独自性の尊厳である。和辻は、今後諸国民の文化をその多様性を保ったまま高い次元へと発展させていくために、「あらゆる国民の独自性が、犯すべからざる尊厳を持つものとして、等しく尊敬されなくてはならない」としている。[92] さらに彼は国民的存在を「国家を形成するに至った人間存在が、唯一回的、唯一所的というごとききわめて顕著な個性をもって具体化されていること」と定義し、「国民的存在はその個性において尊厳と価値とを担う」と述べている。[93] ここには、各宗教を絶対者の特殊な

（86）船木［二〇二三］。
（87）マラルド［二〇二〇］六九〜七〇。
（88）WTZ 10: 29.
（89）和辻倫理学における人間と環境との関係をめぐっては、犬塚［二〇二〇］も参照されたい。
（90）和辻［一九三一b］四。
（91）和辻には、犬の観察に基づく小編がある（「犬の社会」WTZ20: 401-415）。その中では、「心持ちのよく通ずる」飼い犬の様子や、犬の社会性についての考察があるが、人間と犬とは明確に区別されている。
（92）WTZ 11: 407-408.
（93）WTZ 11: 192, 408.

現れとして認めようとした和辻の宗教文化研究からの態度が表されていると考えられる。国家・国民という枠組みにおいて人々を一括りに語ることへの批判も考えられるが、各文化の独自性、その尊厳に言及した点では、今日の国際社会における意義があるといえる。[94]

また二点目として、和辻の著作、具体的には『尊王思想とその伝統』（一九四三年）、また『日本倫理思想史』（上・下、一九五二年）には、「皇室の尊厳」「皇室の尊さ」といった言葉も見受けられる。この尊皇思想が日本倫理思想の根幹にあるとする和辻の分析によれば、皇祖神および天皇は、民族的全体性を媒介として絶対的全体性を表現するものとして神聖な権威を担い[95]、日本では「尊皇の道」を通じて「清さの価値の尊重」「人間の慈愛の尊重」「社会的正義の尊重」といった倫理思想が理解された[96]。田中久文は、和辻の天皇論における民族へのこだわりを批判し、和辻の「空」の思想に基づけば、全体性は絶えず個人性によって否定・革新されるものであり、天皇はそのダイナミズムの象徴であるべきであると指摘する[97]。和辻自身、「民族」を血縁に基づくものではなく文化を共有する集団とする立場をとるが[98]、多民族国家が形成される現在、この点についても今後さらなる検討が必要であると考えられる。

6. おわりに

本章の目的は、近代日本における尊厳概念の展開の一例として、和辻哲郎における尊厳概念の特徴を明らかにすることであった。そのため、本研究では和辻の著作の中で、特に彼の尊厳理解に関連する文献、また彼の倫理学の形成において重要な役割を果たした文献を分析した。和辻倫理学には、共同体の成員となりうるものとしての関係的尊厳概念と、絶対空という絶対者に根差したものとしての絶対的尊厳概念の双方が見出される。個は否定性を通じて善を実現しうるものとして尊厳を有し、その否定性は個のみで成り立つものではなく他者からの承認を必要とするという点では関係的だが、既存の共同体を否定しうるという点では関係性を超えた絶対性をもつ。

本章では特に、尊厳研究において重要なカント哲学を和辻がどのように解釈し、仏教的観点と接続したのかに注目したため、その他の影響に関しては割愛した。しかし和辻は多くの哲学者から影響を受けており、中でも弁証法をめぐる彼の分析にはヘーゲルの影響も見られる。ただし、ヘーゲルが『精神現象学』において単線的な精神の発展を重視するのに対し、和辻は人倫の無限の運動を重視しており、ヘーゲルの「絶対精神」が体系の最終的完成と考えられるのに対し、「空」は体系の完成を否定する意味合いをもつ[99]。ヘーゲルと和辻にはこのように大きな違いがあるため、ヘーゲルを考察の対象に加えると分析はより複雑なものとなる一方で、和辻の「空」を中心とした関係的尊厳概念と絶対的尊厳概念の分析に直接にはつながらない可能性があると考えられる。しかしこの点については、今後改めて検討が必要である。

(94) 文化間の優劣や文化の純血性・雑種性への注目に関しては、和辻の中でも変化が見られる。坂部恵は、『古寺巡礼』において和辻が文化の雑種性を積極的に肯定していた点を指摘し、その後自民族中心主義という時代的影響を受けた時期があったものの、晩年の『歌舞伎と操り浄瑠璃』では雑種文化の生成に注目する和辻の本来の立場が再び表れているとする（坂部［二〇〇〇］一四二、一四九、二三二）。
(95) WTZ 14: 44.
(96) WTZ 14: 64-65.
(97) 田中［二〇〇三］七二～七三。
(98) WTZ 10: 586; WTZ 11: 417.
(99) WTZ 9: 102, 108; 栗山［二〇一二］八一～八二。

さらに本章では、今日の尊厳研究における和辻倫理学の可能性についても考察した。和辻の「人格をあくまでも人間存在の中で、共同体から規定する」という定義が本当に成立するのか、また成立するとしても、小松のいう「共鳴」としてこの共同体を考え直さなければ、結局は国家に吸収されてしまうのではないかという批判については、やはり、和辻が度々主張している人間存在の「運動」という点を我々がどれだけ評価するかによると考えられる。「共同体から規定する」という定義を我々が受け取る際、その共同体を固定されたものとして見るのであれば、この定義も和辻倫理学も受け入れることのできないものとなる。しかし前述のように、和辻は共同体が固定化・絶対化することを「根本悪」として否定し、個人が共同体の中に安住することも「人間存在の自覚的本質の喪失」ないし「「畜群」への顚落」として批判している。[100]我々は事象を言語化する際に動的な対象を固定化してしまう傾向があるが、和辻倫理学における本来の動的構造を再評価することが、個と共同体の理解を深める鍵にもなるだろう。

本書の前川論文（第Ⅱ部第2章）でも述べられているように、今日、尊厳概念を用いる実践的意義は、人々が何らかの対象を保護することにある。その点は、「尊厳」を「尊敬」と深く結びつき反射し合う概念としていたマラルドの議論[101]にも、脳死者には人間の尊厳が損なわれていると考える人々の側にこそ尊厳の要素が欠けていると批判する小松の議論にも、「高齢者の尊厳」とは医療提供者・ケア提供者に高齢者を「人間として尊重する」ことを要請する概念であると論じる加藤の議論[102]にも共通して見出される。すなわち、尊厳とは個のみの問題ではなく周囲の人々の問題でもあるとし、他者を尊重すべき対象として捉える我々の感度を養っていくことが近年の議論で求められていると考えられる。ただし、いかなる対象でも尊厳を担うものとなりうるわけではなく、やはり尊厳を見出すための手がかりとなる何らかの特徴が存在する。本章では、それを共同体からの／への個の否定性として提起した。和辻自身は直接にこの問題を論じていたわけではないが、個と共同体との関係を問題とした彼や他の京都学派・近代日本の哲学をそのように読み替え、個と共同体の理解を深化させていくことが、尊厳概念に新たな光を当てることへもつながるだろう。

(100) WTZ 10: 143.
(101) マラルド［二〇二〇］八〇。
(102) 加藤［二〇二四］。

＊本章の内容は、第六八回国際東方学者会議（令和六年五月一八日）における口頭発表を増補・改訂したものである。パネル登壇者の皆様、また質問・助言をくださった中島隆博教授に深く感謝申し上げます。

凡例

「WTZ」は『和辻哲郎全集』（安倍能成ほか編、岩波書店、全二五巻、別巻二巻、一九六一～一九六三年、一九九一～一九九二年）を指し、続く数字はその巻数と頁数を表す。

「NKZ」は『西田幾多郎全集』（竹田篤司ほか編、岩波書店、全二四巻、二〇〇二～二〇〇九年）を指し、続く数字はその巻数と頁数を表す。

「MKZ」は『三木清全集』（大内兵衛ほか編、岩波書店、全一九巻、一九六六～一九六八年）を指し、続く数字はその巻数と頁数を表す。

参考文献

ジョルジョ・アガンベン『ホモ・サケル――主権権力と剝き出しの生』高桑和巳訳、以文社、二〇〇三年。

犬塚悠「和辻哲郎における「信仰」と「さとり」――近代日本倫理学の一軌跡」『国際日本学』第一五号、二〇一八年。

犬塚悠「和辻倫理学の環境倫理学的・技術倫理学的意義――環境を内包する人間存在の倫理学」『倫理学年報』第六九号、二〇二〇年。

加藤泰史「人文科学研究の中の「尊厳」概念研究」『立正大学人文科学研究所年報』第五九号、二〇二二年。

加藤泰史「看護倫理学と「高齢者の尊厳」の問題・序説」加藤泰史編『問いとしての尊厳概念』法政大学出版局、二〇二四年。

木村純二「宗教と学問と――和辻の宗教性をめぐって――」木村純二・吉田真樹編『和辻哲郎の人文学』ナカニシヤ出版、二〇二一年。

栗山はるな「和辻倫理学における空の弁証法について」『宗教哲学研究』第三九号、二〇二二年。

小松美彦・今野哲男『【増補決定版】「自己決定権」という罠――ナチスから新型コロナ感染症まで』現代書館、二〇二〇年。

坂部恵『和辻哲郎――異文化共生の形』岩波書店、二〇〇〇年。

島村抱月「将に一転機を画せんとす」『時事新報』一九一七年二月二八日、三月一日、三月三日。

田中久文「和辻哲郎の「天皇」論――「生ける全体性」と「神聖なる「無」」とのはざまで」『日本思想史学』第三五号、二〇〇三年。

船木亨『いかにして個となるべきか？――群衆・身体・倫理』勁草書房、二〇二三年。

ジョン・マラルド「尊厳概念の再概念化――和辻哲郎の視点から」高畑祐人訳、加藤泰史・小島毅編『尊厳と社会（上）』法政大学出版局、二〇二〇年。

宮川敬之『和辻哲郎――人格から間柄へ』講談社、二〇〇八年。

森田草平「理想主義的自然主義――自然派並びに人道派の人々の一読を求む――」『文章世界』一九一七年四月。

頼住光子「和辻哲郎と仏教――初期の作品・資料を手がかりとして――」木村純二・吉田真樹編『和辻哲郎の人文学』ナカニシヤ出版、二〇二一年。

和辻哲郎「カントに於ける「人格」と「人間性」（上）」『哲学研究』第一六巻第四冊、第一八一号、一九三一年a。

和辻哲郎「倫理学――人間の学としての倫理学の意義及び方法――」『岩波講座 哲学』第二回一、岩波書店、一九三一年b。

和辻哲郎「カントに於ける「人格」と「人間性」（中）」『哲学研究』第一七巻第一冊、第一九〇号、一九三二年。

和辻哲郎「倫理学概論」国立国会図書館デジタルコレクション、https://dl.ndl.go.jp/pid/2532435.二〇二四年八月一日確認。

5　自由と徳性

丸山眞男の尊厳認識

商兆琦

1. はじめに

フランシス・フクヤマは一九九二年の著書『歴史の終わりと最後の人間』（*The End of History and the Last Man*）で、歴史は自由民主制の完全な勝利で終わり、ブルジョアジーの生き方が人間最後の形態になると予言した。フクヤマがこれほど自信満々に予言したのは、生存と利益だけでなく、「気概」(thymos) に満ちた人間は、他者からの「承認」を求めることが人間の歴史の原動力になると考えたからである。他の動物と違って、人間は自分には一定の価値が備わっていると信じている。そして、他者から価値のないものとして扱われると怒りを感じる。しかし、人類の歴史で生み出されたあらゆる制度の中で、平等及び互恵の原則で「承認」の欲求を満たすことできるのは、自由民主制だけである。したがって、自由民主主義の勝利は、人類社会の究極の政治、社会形態となりうる。しかし、二一世紀に入り、自由民主主義の理念が多くの国で確立されたとはいえ、その実践には依然として多くの問題に直面している。

例えば、すべての国民が国家の政治的、社会的、道徳的秩序の根底にある民主主義の「原則」を認めるが、誰がこの「原則」を解釈し、導いているのか？　そして、民主主義社会では、同じ自由をめぐる個人間の対立だけでなく、異なる自由間の紛争も起こりうる。これらの異なる自由の追求はどのように調和され、統合されるべきなのか？　さらに、民主主義社会は、「法の下の平等」のような機会平等の原則を形式的に標榜しているが、実際には自由競争によって動いている社会であり、結果の平等を保証しているわけではない。個人にとって、外界が自己の価値を正しく認めてくれない場合、あるいはそれが自分の望むレベルに達していない場合、その失望や不満をどのように解消すべきか？　最後、競争の激化、経済格差の拡大、急速な社会変化により、人々が世間や自分自身から疎外されていると感じれば感じるほど、より多くの承認や尊厳を切望するようになる。では、「尊厳」に対する高まる要求を満たすには、どうすればいいのだろうか？

全体主義が人間性を蔑ろにし、生命を残酷に迫害することで「人間の尊厳」が失われた経験を経て、第二次世界大戦後の多くの学者が、人間存在の本質や近代国家が個人にもたらす脅威をさまざまな角度から探求してきた。戦後日本民主主義の旗手として知られる丸山眞男は、「尊厳」の問題を直接に論じなかったが、「人格」「主体性」「他者意識」に関する議論の中で、しばしばこの問題に言及している。それは、日本ファシズム批判を通して、「理想の近代社会とあるべき近代的人間像」を探究することを生涯の使命とした丸山にとって、「人間の尊厳」が回避できない重要な問題だからである。では、丸山が考える人間の尊厳とは何か？　なぜ人間は尊厳を持つのか？　尊厳はどのように守られるべきなのか？　これらの問いに答えるために、本稿では丸山の著作に散見される尊厳に関する言説(1)を分析することで、彼の尊厳認識の精神構造を探ってみたい。

2. 自由

没後に発見された三冊のノートをまとめた『自己内対話』の中で、丸山眞男はバクーニンの次の二つの発言を書き写していた。

> 国家が善を命ずる時でさえ、まさに命令するということのゆえに、善を破壊し、無価値なものにする。……命じられたからでなく、それを意識し、意欲し、かつ愛するがゆえに善を行うという点にこそ、人間の自由と倫理性と尊厳がある。

> 押し付けられた善にたいする叛逆は自然的であるだけでなく正当でもある。……けだし自由を離れて善はなく、自由はあらゆる善の源泉であり、その絶対的条件なのである。[2]

丸山はここで抜粋にとどめ、詳しい説明はしていない。しかし、丸山の他の論説と照らし合わせると、次のような説明ができる。すなわち、人間の尊厳が可能なのは、人間が道徳的主体として自由に選択する能力を持っているからである。言い換えれば、政治的状況や権威に左右されず、自らの意志に従って行動する場合にのみ、人が尊厳を持つ。逆に、もし人の道徳的選択が外部の権威によって決定されるなら、その人は尊厳を失う。この意味で、人間の尊厳の核心は、外部の権威を克服し、拒否する能力にある。「自由はあらゆる善の源泉であり、その絶対的条件なのである」と言われるのはこのためである。

（1）資料収集の過程で、浅井基文氏の個人サイトに「丸山眞男テーマ別発言集」を発見した。そこには、「人間の尊厳」をめぐる丸山の議論が詳しくまとめられている。本稿はその資料集に負うところが大きく、浅井幹文氏に感謝の意を表したい（「21世紀の日本と国際社会―浅井基文のWeb サイト」：https://www.ne.jp/asahi/nd4m-asi/jiwen/maruyama/index.html）。

（2）丸山眞男［一九九八a］八一。

ここでの議論は、自由意志（freewill）あるいは良心の自由（Freedom of thought）に関わる。古代ギリシアでは、ストア派が最初に自由意志の問題を提起した。ストア派は、魂は不滅であり、魂は人間に理性、すなわち概念的に考える能力を授けると主張した。したがって、動物とは異なり、人間は理性の許す行動を自由に選択できる。これが人間の自由の根源である。その後、自由意志をめぐる議論は、キリスト教の中で重要な問題となった。それは、自由意志が認められなければ、人間は善悪の選択をすることができず、信仰の有無も問題にならないからである。

しかし、「自由意志」が本当に存在するかどうかは疑わしい。私たちの思考と行動は、本当に私たちの意志によって決められるか？ 私たちの意志は本当に自由なのか？ マルクス主義が言うように、なぜ私たちの思考と行動が経済関係の産物であってはならないか？ あるいは、フロイトが言うように、なぜ性欲の産物であってはならないのか？ 確かに、実証主義の観点からすれば、人間が自由意志を持ち、道徳的な選択を行い、それゆえに尊厳を体現しているという考えは、単なるフィクションに過ぎないかもしれない。しかし、フィクションの力を近代化の重要な駆動力と考える丸山にとっては、自由意志が存在するか否かにかかわらず、あたかも存在するかのように行動することが重要である。さまざまな制約や限界に屈するのではなく、限られた自由を行使することで真に人間らしくあろうとするときに、人間の尊厳が初めて確立される。

3．思考と抵抗

丸山の考えでは、自由意志が人間尊厳の根拠であるならば、思考や抵抗は尊厳の表現である。人類の思想史において、人間と動物の違いという問題は延々と議論されてきた。東洋思想では、人間と動物の違いは倫理の有無であると強調し、西洋思想では、人間は思考能力（理性）を持ち、自分を知る能力を持つので、動物より優れていると強調する。パスカルの『パンセ』を引用して、丸山はこう述べている。

われわれは思想自身の独自の意味はどこにあるか、あるいは人間の尊厳というものはどこにあるかを考えてみなければならない。そういう意味で、刺激と反応の間に距離があるということは、ある意味で不幸なんです。考えるということは人間を必ずしも幸福にしない。考える葦というのはまさに葦のように弱い。もしわれわれが動物のようにただ習性に従って反応していって、それに満足していればそのほうが幸福かもしれない。思考というのはその意味では人間を不幸にする。けれどもその不幸にこそ人間の尊厳がある。……人間の特権は自分が悲惨であるということを知ってることだとパスカルはいう。これはむろんパラドックスでいってるわけです。けれども、この人間の不幸の源泉でもある「思考」を放棄して、ルーティンに従って、あるいは官能の赴くままに、すばやく反応する、そういうのは人間の特権を放棄するものです。われわれは刺激と反応の間にある距離において、悩み、迷いつつ、選択して決断する。そこに人間の尊厳がある。(3)

つまり、人間と動物の最大の違いは、人間が思考能力を持ち、人生の価値と意味を考え、善悪、是非、苦楽を見極め、意味ある生き方を追求できることにある。もちろん、考える能力があるからといって、幸福で充実した人生を実現できるわけではない。それどころか、この能力はしばしば人生の苦しみの源となり、人々に人生の儚さ、無常、無力を認識させる。しかし、人間の価値と尊厳はまさにその能動的な思考能力に

（3）丸山眞男［一九九六a］一一七〜一一八。

ある。逆に、考えることを放棄して動物的本能に従って生きる人間は、たとえ満足を得たとしても無価値のままである。J・S・ミルが言ったように、「満足した豚よりも不満を抱えた人間の方がよく、満足した愚か者よりも不満を抱えたソクラテスの方がよい」。人間が尊厳を持つのは、考えるからであり、悩むからであり、自由を使って決断するからである。与えられた現実、定型化された制度や思惟を不動のものとして受け入れるのではなく、想像力を働かせてそれらに永久的な精神革命を起こすことにこそ、人間の尊厳の証明であると、丸山は考える。

思考だけでなく、抵抗もまた尊厳の表現である。なぜなら、自由意志は思考の自由だけでなく、行動の自律をも意味するからである。自由意志が実践的な側面を含まず、客観的世界に作用せず、意識のレベルにとどまるなら、それは本当の自由ではない。したがって自由とは、客観的世界における意志の実現であり、その主な表れの一つは外界に対する抵抗である。社会的存在である人間は、社会関係の中で生きなければならない。そして彼らの尊厳とは、他者と協力と闘争の過程において、価値を他者に認知され、権利を他者に対して要求することである（加えて、内面的には自己承認である）。しかし、他者による承認は、平等で相互的なものでなければならない。抑圧によって弱者から、あるいは服従によって強者から得られる承認は、真の尊厳ではない。

また、丸山は『自己内対話』の中で、「多数を以てしても圧服できない個人の尊厳という考え方――その根拠づけがキリスト教以外のどこに求められようか。」[4]と記している。なぜ「多数を以てしても圧服できない」という表現で個人の尊厳を修飾するのか。前述したように、尊厳問題の一つは、自らの価値追求が他者に認められるかどうかに起因する。すべての人が同じ価値を追求するなら、それは尊厳の問題ではなく、尊厳の配分の問題になる。人々が異なる価値を追求するからこそ、自由選択の問題が生じ、尊厳の問題が生じるのである。したがって、人は独自の価値を守ることによってのみ、尊厳を獲得することができる。他者が決めた価値観に無反省のままに従って行動するだけなら、そのような人は自治能力を持たない子供と見なされて当然である。平等な市民を子供として扱うことは、その人の尊厳を損なうことになる。だからこそ、「抵抗にイデオロギー的次元と独立な意味が認められる瞬間に、それはまた特定の政治的、社会的、経済的な制約をこえた人間そのものの意義への問いを呼びおこさずにはおかない[5]」、と丸山は主張する。

次に、なぜ丸山は抵抗権の根拠がキリスト教にあると考えるのか？　それは、キリスト教は「すべての人は神の前に平等である」を説いて、そこから人類普遍の平等思想が導き出されるからである。さらに、キリスト教が主張する「人よりも神に従う」ということは、道理が神の意志として権力よりも優れていることを示唆している。アメリカ独立宣言が言うように、創造主は、人間の身体を創造する際に、権利、理性、尊厳を無条件で人間に授けている。つまり、「すべての人間は生まれながらにして平等であり、その創造主によって、生命、自由、および幸福の追求を含む不可侵の権利を与えられているということ」ということである。したがって、人間の諸権利、理性、尊厳の根源は神に由来し、いかなる世俗的権力によっても取り消すことができない。このように、抵抗権はキリスト教の世界観から芽生えるのである。

4. 普遍的道徳と普遍的道理

丸山は、人間の尊厳は選択の自由に基づいていると主張する一方で、「自由の重荷」がもたらすさまざまな問題にも注意を促している。例えば、ドストエフスキーの小説『カラマーゾフの兄弟』の最高潮とされる

(4) 丸山眞男［一九九八a］四四。
(5) 丸山眞男［一九九六b］一一〇。

大審問官が再臨してきたキリストを捕まえて尋問する段落を次のように書き写している。

人間や人間社会にとって、自由ほど堪え難いものはほかにない。……それはむろん人間としては良心の自由ほど魅惑的なものはないけれど、またこれほど苦しいものはないのだ。……確固たる古代の掟にかえて、人間はこれからさき己れの自由な心をもって、何が善であり何が悪であるか一人で決めなければならなくなった。……しかしお前はこんなことを考えはしなかったか、もし選択の自由というような恐ろしい重荷が人間を圧迫するならば、彼等は逆にお前の姿もお前の真理を斥け譏るようになる。(6)

大審問官は、キリストは人々に選択の自由を与えたが、多くの人は自由の重荷に耐えられないので、自由は彼らに幸福をもたらすどころか、むしろ不幸にすると主張する。これに対して、カトリック教会が人々の選択の自由と引き換えに、彼らの精神を統制して魂の救済の保証を与えることは正しい。つまり、個人の自由と選択権を教会に委ねることで、教会に従う者だけが幸福な人生を享受できる。この長い引用の後、丸山は「ファシズムとスターリニズム、いな、福祉国家的デモクラシイのはらむ問題性についての、おそるべき予言！」と嘆く。

では、自由に伴う混乱や不安を克服するにはどうすればいいのか？ もちろん、不確実性があるからこそ、人生は可能性に満ち、それを自由に形作る機会があると考えられる。しかし、強い主体性が確立されない限り、自由を適切に運用できないこともまた事実である。福沢諭吉が「自由とは我儘の意にあらず」「自由は不自由のうちにあり」と言ったように、人間の自由を実現するためには健全な道徳と教養も必要なのである。比較的に言えば、自由論が人間の権利を強調し、道徳論は人間の責任、すなわち人間が自分自身に対する要求を強調する。人間は自分の好き嫌いだけで社会生活を営むことはできない。自分の人格を完成させ、また良好な社会関係を作るためには、秩序、法律、道徳規範も必要である。このように丸山は、尊厳のもう一つの源泉は人間の自制心、すなわち道徳規範にあることを強調する。

人間は動物的本性を持って生まれ、その活動はさまざまな自然の欲望、本能、欲求と絡み合っている。しかし同時に、人間には動物的本性を克服できる道徳性も備わっている。この道徳性こそが、人間を普通の動物と区別するものである。人間性の尊さは、まさにその動物性と自然の欲望を超越する能力にある。儒教は、このような道徳性を「五倫」と呼んでいる。この点について、丸山はこう評価する。

儒学の古典、したがってまた江戸時代の学者の論著においてしばしば出会うのは、人は礼をもつことによって禽獣と区別される、とか蟄居して教なければ、禽獣と同じようになるとかいう発想である。……しかし人間がどこで禽獣と区別されるのか、人間の尊厳の根拠はどこにあるのかが切実な問いとして意識されなければ、あれほどのくどさで右のような命題をくりかえすこと自体がそもそも起りうる筈がない。つまりこういう命題の背景には、人間と禽獣とはほとんど紙一重の差しかなく、したがって、その紙一重のしきりが破られた瞬間に人間行動は禽獣と同じレヴェルに顚落する。(7)

五倫というのは、今の言葉で言うと人間の尊厳の象徴なんです。…五倫というものがあって人間ははじめて人間たり得ると。人間の尊厳の象徴なんです。(8)

(6) 丸山眞男［一九九八a］八一～八二。
(7) 丸山眞男［一九九八a］一五九。
(8) 丸山眞男著・丸山眞男手帖の会編［二〇〇九］二〇五。

「五倫」とは、孟子が説いた君臣・父子・夫婦・長幼・朋友の間で守るべき原則である。儒学の核心は人倫関係と人倫秩序であり、親親（親しきに親しむ）、尊尊（尊い人を尊ぶ）、長長（長上の人を敬う）、男女有別（男女別あり）そして愛に等差をつけるのは、儒学の基本法則である。儒学の教えはシンプルだが、実現するのは難しい。孔子は、顔回のような賢人だけが三月もの間「仁に違わない」が、ほかの者は一日に一度か月に一度しか仁の状態に至らないと言った（『論語・雍也』）。また、孟子によれば、「人の禽獣に異なる所以の者幾んど希なり。庶民は之れを去り、君子は之れを存す」（『孟子・離婁下』）。つまり、人と獣の間には大差はない。礼儀作法を身につけ、教えを受け入れ、人倫を実現しようと努力した者だけが、完璧な人格者になれる。逆に、礼儀を知らず、教えを受けず、人間の倫理を常に追求しない庶民は、時に禽獣と同じである。言い換えれば、人間が人間としての尊厳を享受できるのは、自ら道徳規範を選択して実現する場合に限られるのである。

丸山の尊厳論のもう一つの特徴は、普遍的道理の強調である。すべての人間は他者から認められ、尊敬されることを望む。そして、承認への追求は人間の潜在能力を刺激し、困難に立ち向い、新しい価値を生み出す。しかし、それが他者を圧倒し支配しようとする欲望に膨れ上がれば、慢心、虚栄、嫉妬に変わってしまう。個人の虚栄心も国家の傲慢さも、暴力や戦争などの悲劇につながることは歴史が繰り返して示している。丸山は『自己内対話』の中で、パスカルの言葉を次のように引用している。

> 人間の最大の低劣さは名誉を追求することである。しかしそれこそはまさに人間の優秀さの最大のしるしである。なぜなら、人間はこの地上でいかに多くのものを所有しようとも、またいかに健康や衣食住の便宜を得ようとも、他人の尊敬を受けないならば満足することができないからである。(9)（パスカル「パンセ」四〇四節）

パスカルによれば、虚栄心は人を行動に駆り立てる。しかし、地位や名誉、他者からの尊敬は、たとえ達成されたとしても空しいものである。しかし丸山によれば、たとえそれが社会的虚構であっても、追求すべきものである。重要なのは、盲目的なプライドや愚かな虚栄心、嫉妬心を抑え、健全な尊厳観を養うことである。国家や強力者の権威は、人間の過剰な尊厳欲求を抑制することができるが、それは人間の自律性と主体性を阻害する恐れがあるため望ましくない。丸山は普遍的道理という「見えない権威」を信じることで、国家権力などの「見える権威」を相対化しつつ、人間の過剰な尊厳欲求を抑制することを期待している。しかし、日本には目に見えない権威を信じる伝統はない。

日本とヨーロッパのちがいはそこにあると考えます。宗教、つまり聖なるものの独立が人間に普遍性の意識を植えつける。そしてこの見えない権威を信じないと、見える権威に対する抵抗は生まれてこない。……さっき言った普遍的なものへのコミットとはそういうことです。それが日本では弱い。(10)

普遍的なものへのコミットだとか、人間は人間として生まれたことに価値があり、どんなに賤しくても同じ人は二人とない、そうした個性の究極的価値という考え方に立って、政治・社会のもろもろの運動・制度を、それを目安にして批判してゆくことが「永久革命」なのです。(11)

（9）丸山眞男［一九九八a］七八。
（10）丸山眞男［一九九六c］六四。
（11）丸山眞男［一九九六c］六〇。

つまり先生（南原繁――引用者）から根本に教わったことは、人間にしろ、国家にしろ、そういう経験的に目の前に存在しているものを絶対化してはいけない。国家というものがいかに大きな力を持ち、日本の帝国というものがいかに大きな力を持っているにしろ、日本の帝国がやることが正しいのではない。正義というものが日本の帝国の上にあって、それによって日本の帝国自身が裁かれなければいけない。日本の国自身が不正義の道を歩んでいるのであったら、それに与するべきではない、ということですね。これはヨーロッパの思想史みたいに長い歴史の中において獲得されてきた立場です。そこに人間の尊厳とか、国家を超越した真理とか正義とかという考え方が伝統として……（テープ中断[12]）

録音はここで中断しているが、文脈から後半が「日本に欠けている」ということは推察に難くない。要約すると、丸山の考える普遍的道理には四つの要点がある。第一は、人は手段ではなく目的である。第二に、人はそれぞれ個性を持つゆえに究極の価値を持つ。第三に、普遍的道理は国家のような目に見える権威を超越し、それを相対化することができる。第四に、普遍的道理に対する追求は、特定の社会制度を通じて実現されることができず、プロセスとして、永遠の運動として存在しなければならない。しかし、普遍的道理という考え方は、伝統として日本の思想世界には欠けており、その結果、近代民主主義は日本社会で何度も挫折を味わってきた。それゆえ、永久革命、精神革命としての民主主義を日本に根付かせるためには、国民生活の雰囲気の中で普遍的道理への信念を確立する必要がある。

5. 唯一無二の創造物としての私

以上のように、丸山は尊厳を実現するための道徳規範や自ら考え行動する能力の重要性を説く一方で、人間の尊厳は内面的な個性の価値から由来することを強調する。これは、没個性的・平均的・画一性的な大衆社会や全体主義社会とは対照的である。

人間それぞれが個性をもっているというところに、この社会の発展の原動力がある。同じ人間ばかりだったら、人間も、社会も、進歩などありえない。だから、個性をもった人間同士の、対等なつきあいこそ大切である。カントがいっているように、われわれの人間関係も「人間を手段としてでなく、目的として扱う」のでなければならない。目的として扱うところに、個性の尊重も生まれる。[13]

自分と同じ人間は世界に二人といない――簡単にいえばこの自覚、というより驚きの自覚が精神的な自立の最後の核じゃないかと思うんです。[14]

そこで丸山は、一方でカントの尊厳観を継承し、他方で個人主義的な尊厳観を貫徹している。カントによれば、人間は本質的に自由で理性的な存在であり、目的のための手段としてではなく、本質的な価値を持つかけがえのない存在として見なされるべきである。それゆえ、私たちには他者に対して尊敬を求める正当な権利があり、逆に他者を尊重する義務があり、さらに重要なこととして自分自身を尊重する義務がある。ま

(12) 丸山眞男著・丸山眞男手帖の会編［二〇〇八］三〇六～三〇七。
(13) 丸山眞男［一九九六d］三二〇。
(14) 丸山眞男［一九九八b］三〇五。

た、唯一無二の創造物である「私」に関する最も代表的な言説は、ルソーの『告白』の冒頭の一節である。つまり、「私は、自分がこれまでに見てきた人々の誰とも同じ様には造られていないし、また自分が現に存在する人々の誰とも同じ様には造られていないと信じている。私の方が〔これらの人々よりも〕優れているわけではないにせよ、少なくとも別の人間であるからだ」ということである。

しかし、前述したように、儒学は完全な独立性、特別性、主体性を持つ個人を想像することはできない。儒学では、個人は集団の中で生きており、個人の価値は集団の中でしか実現できない。もちろん、ルソーが述べたような完全に特別な個人という概念は、西洋の伝統思想にも欠けている。しかし、自立した主体的な個人を基盤とする新しい社会観が構築されて以来、集団と対峙し、あるいは集団より優先される個人、自らの目的のために生きる個人の正当性が社会に認められるようになっている。丸山は、ハロルド・J・ラスキの著書を評する際、こう述べている。

また「グラマー」（*A Grammar of Politics*――引用者）に於て「何物にも吸収されざる内面的人格性」と「自主的な判断」こそ人間が死を賭しても守り通すべきものとのべた、あの根深い「個人主義」にしても、この新著（『信仰・理性及び文明』――引用者）に於て、「我々には集団に対する義務の外に、我々の内面的自我に対する義務がある。その義務の遵守を他人に任せてしまうことは、我々の人間としての尊厳性に忠実であることを止めるに等しい」（三五頁）として依然保持されている。[15]

丸山はすべての人間は生まれつきの価値を持ち、その源泉は内在的な個性にあると考えている。しかし、なぜ個性が尊重に値するのかという問いに対して、丸山は合理的な答えを示していない。丸山は人間の尊厳にアプリオリで形而上学的な根拠を求めておらず、経験的観察から尊厳を導き出せるとも考えていないようである。これは、何らかの形而上学的理論に尊厳を根拠づけることは、丸山が提唱するフィクションを特徴とする近代主義の精神にそぐわないからであろう。他方、経験的な尊厳の証明（例えば功利主義的な導出）は、人間の義務や責任を利己的な計算の中に埋没させてしまう危険がある。丸山は、すべての人間の個性が尊重に値するという普遍的な信仰を樹立すべきだと主張する。もちろん、この信念にはあくまでも人本主義（humanism）や人格主義（personalism）に基づくものかもしれない。

6．マルクス主義と自由主義

丸山は、人格と個性こそが人間の尊厳の源であると考えている。しかし、現代社会における最大の問題の一つは、まさに人間の個性の喪失と人格の疎外である。では、この問題をどう対処すべきなのか。丸山は、「人間の自己疎外からの恢復とそれを遂行する歴史的主体という課題」をマルクス主義の「不朽のイデー」とし、人類の共同遺産とすべきだと評価する。(16)

(15) 丸山眞男［一九九五ａ］六〇〜六一。
(16)「マルクス主義がいかに大きな真理性と歴史的意義を持っているにしても、それは人類の到達した最後の世界観ではない。やがてそれは思想史の一定の段階のなかにそれにふさわしい座を占めるようになる。そのとき、歴史的なマルクス主義のなかに混在していた、ドグマと真理とが判然とし、その不朽のイデー（人間の自己疎外からの恢復とそれを遂行する歴史的主体という課題の提示）ならびのその中の経験的科学的真理とは沈澱して人類の共同遺産として受けつがれて行くであろう。」（丸山眞男［一九九六ｅ］二八）

マルクスが疎外からの人間恢復の課題をプロレタリアートに託したとき、プロレタリアートは全体として資本主義社会の住人であるだけでなく、人間性の高貴と尊厳を代表するどころか、かえってそこでの非人間的様相を一身に集めた階級とされた。自己の階級的利益のための闘争が全人類を解放に導くという論理を、個人の悪徳は万人の福祉というブルジョアジーの「予定調和」的論理と区別するものは、ひとえに倒錯した生活形態と価値観によって骨の髄まで冒されているというプロレタリアートの自己意識であり、世界のトータルな変革のパトスはそこに根ざしていたのである。もし「逆さの世界」は敵階級だけの、その支配地域だけの問題とせられ、世界のトータルな変革とは、人間性の高貴と尊厳を――完全にではなくても――すでに代表している己れの世界が、他者としての「逆さの世界」をひたすら圧倒して行く一方的過程としてのみ捉えられるならば、それはマルクスの問題提起の根底にあった論理や世界像とはいちじるしく喰いちがうことはあきらかである。[17]

マルクスは、人間疎外を回復する可能性をプロレタリアートに託している。しかし、この見方はいささか逆説的である。なぜなら、プロレタリアートは実は最も自己疎外的な階級であり、人間の尊厳と本質を完全に欠いた階級であり、人間の高貴さと尊厳から最も遠い階級だからである。しかし、マルクスの考えでは、プロレタリアートが社会全体を変革し、全人類の人間性を回復させるパトスを持ちうるのは、まさにこのためである。ここに、疎外の克服に関するマルクスの最も非凡な思想がある。つまり、全人類の尊厳の回復は、すでに尊厳を所有している階級が、まだ尊厳を所有していない階級を救済することによって達成されるのではなく、尊厳を所有していない階級による全世界を覆すというトータルな革命によって達成されるのである。

丸山は、人間疎外の克服というマルクス主義の課題と、その「全体革命」の構想を賛成していたが、彼自身は決してマルクス主義者や社会主義者ではなく、むしろ民主主義の可能性を信じる自由主義者である。しかし、日本では自由主義と中間勢力が弱体であったため、丸山は時々左翼的な思想運動と社会運動を媒介として、間接的に自主的な人格の創造を促すという迂回的な戦略を採用した。マルクス主義や社会主義に対する丸山の微妙な態度はまさにここにある。

民主主義社会とは権力とか富とか尊敬とかの重要価値が広く社会成員の間に分配され、夫々の価値の間のバランスがとれている様な社会であるということが出来よう（cf."Legal Education and Public Policy", in *Analysis*, p. 36）。従って、民主主義を維持乃至伸長するという事は、こうした価値変数（value variables）間に不断の平衡（equilibrium）を保つという問題に言い換えられる。権力と尊敬との間に相互補強関係がある事はもとより、この二者への広汎な参与は知識の源泉が開放されている事を条件としている。また、権力・尊敬・知識の分散は相当の程度において富の全社会への分散に依存している事も古くからの政治学の公式だ。……「他人を尊重するに足るだけ十分に自己自身を尊重する人々」の間においてのみ民主主義は発達する[18]」。

つまり、民主主義が追求されるべきなのは、平等性と差異性との間でバランスを取っているためである。民主的平等とは、すべての重要な価値が社会のすべての成員に開かれており、誰もがそれらの価値の分配に参与できることを意味する。一方、民主的差異とは、価値の分配は結果の平等な分配ではなく、競争の要素を含む相対的で動態的な分配であることを意味する。平等について、丸山は次のように考えている。

(17) 丸山眞男［一九九六f］四二。
(18) 丸山眞男［一九九五b］三五三。

民主的な機会の平等↓一切の身分と特権の否定↓すべては「競争」原理によって決せられる。↓安定の喪失と、上昇下降のはげしい不平等社会。[19]

平等の機会、平等の待遇、法の前における平等——ここにあるもっとも大きな問題はハンディキャップの存在をみとめてかかるか、それともみとめないかということだ。[20]

ここから見れば、丸山が言う平等とは少なくとも二つの意味がある。一つは機会の平等で、あらゆる身分や特権を否定し、誰もが公平に競争できることを意味する。しかし現実的には、例え公正的に行われる自由競争であっても、不平等な結果を招くことがある。それは、人それぞれ才能も機会も家庭環境も社会的条件も異なるからである。従って、結果の格差を縮小するために、競争において優位に立つ者に適切な人為的な制限（handicap）を課すことは、平等のもう一つの含意である。そして、差異性と平等性の両方を考慮する民主主義社会においてのみ、人々は普遍的な尊厳を享受できるということである。市民の尊厳が自由人の権利として国家によって等しく認められ、特に少数者、弱者の価値を多数者、強者の抑圧や社会的偏見から保護できるのは、民主主義社会である。[21]

7. 精神的貴族主義

前述したように、民主主義は終わりのない革命である。民主主義体制が確立したからといって、民主主義社会が自動的に正しく機能するわけではない。それは、「デモクラシーは established form でなく、まだ trial & error の段階である」[22]し、また「デモクラシーが生々した精神原理たるためには、それが絶えず内面から更新され、批判されなければならぬ」[23]からである。丸山は、民主主義の活力を維持し、その自己更新を促進するために、「貴族」の重要性を論じている。例えば、「真の貴族のいないところでは、真のデモクラシー運動は起らない。擬似デモクラシーで社会が満足しているから……」[24]。彼は「自由は必然的に貴族的である」[25]とまで言っている。

実は、この論説は、スペインの哲学者オルテガが『大衆の反逆』で論じた「高貴な人」を想起させる。オルテガは、「高貴な人」は権利によって定義されるのではなく、自らの要求と義務によって定義されると主張する。彼らは、自分固有の内面価値に対する誇りがあり、その独特の価値を守る責任感があり、常に自己を超越しようとする情熱がある。そして、「高貴な人」は、一方では日常の利己的な欲求に囚われることなく、より崇高な目標を追求することができる。他方では、独立性を保つことができ、権威主義的な権力に翻弄されることもない。したがって、民主主義社会が凡庸な大衆社会や専制な全体主義社会に堕落しないためには、健全な貴族道徳の維持が不可欠なのである。無論、丸山はオルテガの作品を読んで引用したことがあ

(19) 丸山眞男［一九九八a］七九。
(20) 丸山眞男［一九九八a］一〇七。
(21) 丸山眞男［一九九八a］七一。
(22) 丸山眞男［一九九八a］四四。
(23) 丸山眞男［一九九八a］一四。
(24) 丸山眞男［一九九八a］三三。
(25) 丸山眞男［一九九八a］三四。

り、彼の言う「貴族」もオルテガの定義に近く、特権的な地位ではなく精神的な自己要求を指している。丸山の見解の独特なところは、「貴族的精神」を義務意識、名誉感だけでなく、身分意識、職業、資格、教養などとも関連していると考えている点である。例えば、丸山はトクヴィルの貴族論に基づいて、「身分」を次のように述べている。

身分は関係ではなくて、特定の資格が特定の人格に帰属することである。……身分は名誉感を伴い、身分的特権はこの名誉感に裏打ちされて義務意識を伴うこととなる（いわゆるノブレス・オブリージュ）。トクヴィルによれば、フランス革命はまさに貴族がノブレス・オブリージュを失って、たんなる「特権」に堕したところにおこった。身分への教育は、この特定の名誉感の培養である。身分は本来的にパティキュラリスティックなものであることは、以上によっても明らかである。普遍主義的な市民の世界も、また一君万民的な平等主義的「民草」社会も、「身分」になじまない。職人の特権、仕事への誇り、排他的閉鎖的性格、一定のしつけによる行動様式の陶冶――はすべて、貴族やさむらいの「身分」を特徴づけている諸要素と共通している。逆にいうならば、たんに身分的なるものの否定からは、劃一的な平等社会――砂のように平坦で、他者とのけじめのない等質的な社会しか生まれない。近代市民社会は、「職業に貴賤なし」の原則によって、各職業にパティキュラリスティックな名誉感を培養することによって、または、他者とのけじめを身分でなしに、文字通り一人一人の「かけがえのない個性」にまで分解することによって（つまりジンメルのいう Individualismus der Einzigkeit）、右のような砂漠の出現をくいとめようとして来たのである。しかも、やはりトクヴィルによれば、量的個人ではなく、「個性」のトリデとなるのは、身分＝自主的集団（ゲマインデ）であった。[26]

長い引用だが、要点をまとめると以下のようである。第一に、身分とは、特定の人格に与えられる特定の資格と、それに伴う名誉感と義務意識を意味する。第二に、身分はパティキュラリスティック（個別主義的）なものであり、普遍主義を特徴とする大衆社会や平等主義を特徴とする「民草」社会とは相容れない。第三に、もし身分が完全に否定されると、人々の間に差異のない砂漠のような社会になってしまう。第四に、砂漠社会の出現を避けるためには、他者との区別の意識を養う必要がある。近代市民社会は、職業教育や訓練を通じて名誉観と身分意識を育て、あるいは各個人にそれぞれの「かけがえのない個性」を自覚させることによって、これを実現している。最後に、トクヴィルが言ったように。人々の「個性」を守るために、身分＝自主的集団を構築すべきである。

ここで丸山は、一方では身分の積極的な意義を、他方では自由結社の重要性を強調している。丸山によれば、前近代的な共同体の解体とともに個人の析出は、近代化の重要な表現である。しかし、古い共同体からの解放だけでは、個人がそのまま近代的な政治主体となるわけではない。なぜなら、析出された個人は、自由な結社を通じて再組織化（自立化、民主化）されて自発的集団の中で新しい身分を獲得しない限り、私化、原子化されてしまうからである。このような個人は、自分の私生活と狭い内面世界にのみ関わり、他者と協力する意識や意欲を失い、政府以外のいかなる仲介勢力とも関係を持たず、やがて万能政府に埋没されてしまう。さらに、政党の横暴や権力者の独裁に抵抗できる社会集団がもはや存在しないため、社会全体が国家の中に沈み込んでいく。丸山がトクヴィルの発想に基づいて、「量的個人ではなく、「個性」のトリデとなるのは、身分＝自主的集団（ゲマインデ）であった」と言っているのは、このためである。

しかし、ここにも逆説があるようである。丸山は一方では貴族的精神を強調し、他方では民主的結社を強

(26) 丸山眞男［一九九八ａ］一五六～一五七。

調する。しかし、ニーチェが言ったように、「へだたりのパトス」（Das Pathos der distanz）はすべての貴族道徳を特徴づける。貴族のような強者は平等よりも距離を、共同性よりも差異を求めている。民衆のような弱者は強者に対して怨恨や嫉視を抱くために、その正反対を求める。「へだたりのパトス」とはまさに、強者が弱者に対する距離感や優越感である。この距離へのパトスがあるゆえに、優れた強者は劣った弱者を遥かに引き離し、価値の創造を行う。強者がこの優越感を捨てて弱者と手を結ぶことは不可能である。丸山は「へだたりのパトス」という表現を何度も使っているので、その意味をよく知っていたはずである。しかし、平等、謙遜、隣人愛を奴隷道徳として否定し、強力、傲慢、支配を貴族道徳として肯定するニーチェの強者の倫理もまた、丸山の唱える民主主義の価値観とは異質である。ここで、丸山はジレンマに直面している。つまり、民主制社会における貴族的道徳の喪失は、権威主義と大衆社会をもたらし、結果として官僚と平民だけで構成される砂漠の社会になってしまう。他方、貴族主義精神の膨張は、市民の政治意識の分裂に至らしめ、市民は互いに孤立した島々となり、社会は島の集まりとなるかもしれない。では、どうすればいいのか？

丸山は、ニーチェ的な貴族道徳を民主主義社会に生かせるために、それを脱毒し再構築した。まず丸山は、個性の尊重、精神の高揚、自己の克服、自己の超越というニーチェ的な貴族道徳のある側面は、近代市民に継承されるべきだと考えている。しかし、近代社会のエートスとして貴族道徳のベクトルは、外部・他者から内部・自己へと移さなければならない。こうして丸山は、貴族道徳を権力への意志から自己要求と自己抑制の倫理へと転換させ、「精神的貴族主義」へと変貌させたのである。それは、丸山の唱えている「精神的貴族主義」の第一の意味である。それと同時に、丸山は強者に限定されていたニーチェの貴族道徳を、自由人の「普遍的な貴族主義」へと拡大した。つまり、自分の独自性と人格を尊敬し、身分と名誉を守りながら、他者の独自性と人格を理解し、尊重し、その身分と名誉を承認することである。この意識を丸山は「他者意識」あるいは「他者感覚」と呼んでいる。この「他者意識」を確立するためには、知性の働きが必要である。

「知性の機能とは、つまるところ他者をあくまで他者としながらも他者をその他在において理解する」[27]のである。結局、丸山の唱えている「精神的貴族主義」の第二の意味とは、できる限り互いの人格を互いに承認する「他者意識」であろう。つまり、他者や外界を自己実現の手段として見るのではなく、他者の人格を自分と等しいものとして認め、積極的に他者と関わることなのである。さらに、自発的結社を通じて政治の世界に参与して、さまざまな新しい身分を獲得して、多元的な価値を発展していくことができる。

8. おわりに

丸山の「尊厳観」の根底にあるのは、一人ひとりのかけがえのない個性には究極的価値があるという考え方である。人間はそれぞれ特別な個性を持ち、自らの意志に従って行動することによって尊厳を持っている。既成の現実や制度、思惟様式を不動のものとして受け入れるのではなく、それらに反省し、抵抗し、永遠に変革することは、人間の尊厳の証である。このように、自由は尊厳の源泉であり、その絶対的条件である。尊厳のもう一つの源泉は、人間の道徳規範にある。自由とは、好き勝手やわがままではなく、自律である。人間は、その自由の自律によって尊厳の主体となる。そして、自律性を育むためには、普遍的道徳と普遍的道理への信念が確立することが必要である。普遍的道徳は人格の完成に寄与する。そして、普遍的道理は人間の過剰な尊厳欲求を抑制し、また個性を守るために国家の権威を相対化することもできる。

丸山によれば、差異性と平等性の両方を考慮する民主主義社会においてのみ、人々は普遍的な尊厳を享受

(27) 丸山眞男［一九九六f］四四。

できるということである。対照的に、少数者専制の社会（たとえば貴族社会、権威主義社会）では、尊厳はしばしば地位や身分、権力や財産と結びつけられる。尊厳を実現するための闘争がこれらのものをめぐって繰り広げられ、その結果はゼロサムゲームである。言い換えれば、ある人が尊厳を得れば、それは他人の尊厳を犠牲にすることになる。また、ある人が尊厳を得たとしても、それは一時的で相対的なものに過ぎず、絶え間ない闘争の中で尊厳を失う可能性がある。一方、多数者暴政（たとえばポピュリズムなど）の社会では、自由や個性よりも平等や同質性が重視される。特別性や卓越性は平等の原則に反するために危険視される。人々は平等のために自由や個性を放棄し、互いに分離して原子化する。このような社会では、エゴイズムと個人主義が蔓延し、誰もが自分のことだけを考え、他人の幸福や利益をほとんど顧みなくなる。その結果、中間階層が消滅し、自治制度や自治精神が崩壊し、高度に均質化された凡庸な社会が生まれる。このような社会では、すべての人の平等と尊厳は、その人の個性や内在的価値によるものではなく、すべての人の個性や内在的価値の欠如によるものである。市民の尊厳が自由な国民の権利として国家によって等しく認められ、特に少数者の個性や内在的価値が多数者の抑圧や社会的偏見から保護されるのは、民主主義社会だけである。

しかし、民主主義を活性化させるために、「精神的貴族主義」や自由結社の精神が必要である。丸山の言った「精神的貴族主義」は、一方では個性の尊重、精神の高揚、自己の克服、自己の超越という自己要求と自己抑制の倫理を指す。他方では、互いの人格をできる限り理解し、承認し、尊重する「他者意識」を指す。丸山眞男は『日本の思想』の中で、「現代日本の知的世界に切実に不足し、もっとも要求されるのは、ラディカル（根底的）な精神的貴族主義がラディカルな民主主義と内面的に結びつくことではないか[28]」と言っている。同様に、丸山眞男は、尊厳のある社会は、ラディカルな精神的貴族主義がラディカルな民主主義との本質的な結合によってのみ達成できると考えている。

（28）丸山眞男［一九九六g］四四。

本論文は、中国国家社会科学基金の一般プロジェクト「近代日本社会思想の変容における富と徳の論争に関する研究」（番号21BSS036）の一段階の成果である。

参考文献

丸山眞男『自己内対話　3冊のノートから』、みすず書房、一九九八年a。

丸山眞男「丸山眞男教授をかこむ座談会の記録」、『丸山眞男集』第一六巻、岩波書店、一九九六年a。

丸山眞男「反動の概念」、『丸山眞男集』第七巻、岩波書店、一九九六年b。

丸山眞男著・丸山眞男手帖の会編「儒学・近代化・民主主義——中国人留学生の質問に答える　第1回」、『丸山眞男話文集』第四巻、みすず書房、二〇〇九年。

丸山眞男「普遍の意識欠く日本の思想」、『丸山眞男集』第一六巻、岩波書店、一九九六年c。

丸山眞男著・丸山眞男手帖の会編「南原先生と私——私個人の戦中・戦後の学問の歩み」、『丸山眞男話文集』第一巻、みすず書房、二〇〇八年。

丸山眞男「友を求める人たちに」、『丸山眞男集』第八巻、岩波書店、一九九六年d。

丸山眞男『丸山眞男座談』第五冊、岩波書店、一九九八年b。

丸山眞男「西欧文化と共産主義の対決」、『丸山眞男集』第三巻、岩波書店、一九九五年a。

丸山眞男「現代政治の思想と行動第二部　追記」、『丸山眞男集』第七巻、岩波書店、一九九六年e。

丸山眞男「現代における人間と政治」、『丸山眞男集』第九巻、岩波書店、一九九六年f。

丸山眞男「ラスウェル『権力と人格』」、『丸山眞男集』第四巻、岩波書店、一九九五年b。

丸山眞男「「である」ことと「する」こと」、『丸山眞男集』第八巻、岩波書店、一九九六年g。

第Ⅲ部　尊厳概念の転移（東アジア）

1　東学の気化的人間観

趙晟桓

1．東学の誕生と侍天主の人間観

東学（トンハク）は一八六〇年に朝鮮半島で誕生した新しい思想である。東学とは「東方の学」の意味であり、東方は新羅時代以来「韓半島」を指す語であったので、「東学」を現代的に訳すと「韓半島の哲学」になる。東学を提唱した崔済愚（チェ・ジェウ、一八二四―一八六四）は韓半島の南にある慶州（キョンジュ）で活動した文人であり、彼の父は当時著名な儒学者として知られていた。だが、崔済愚は儒教とは異なる新しい人間観を唱えた。それが「侍天主」（シチョンジュ）である。「侍天主」とは「自分の中に天主があり、その天主に侍ふべきだ」という意味である。

「天主」（チョンジュ）はハングル語の「ᄒᆞᄂᆞᆯ님」（ハヌルニム）を漢字に表した訳語であるが、「天主」が「天」と「主」からなる造語であるのと同じように、「ᄒᆞᄂᆞᆯ님」（ハヌルニム）も「ᄒᆞᄂᆞᆯ」（ハヌル）と「님」（ニム）との造語である。「ᄒᆞᄂᆞᆯ」は漢字の「天」に当たる概念であり、「님」は日本語の「様」に相当する接尾辞である。それで「天主」を日本語に訳すと「お天様」になるだろう。

「侍天主」に込められている哲学的意味は人間を考えるうえで、人間だけではなく「天」という存在をも一緒に考えなければならないということである。つまり、人間の中には人間以外の存在があり、その存在と人間とが合わさったのが本当の人間である。その存在は自分を超えており、宇宙に遍満している「天主」である。そのことを自覚し、常に忘れないようにするのが修養である。また、自分だけではなく他の人の中にも天主がいるので、人間と人間は天主を媒介にして繋がっており、すべての人間を天主のような尊い存在として尊重すべきである、ということである。

では、崔済愚は如何にして「侍天主」の人間観に辿り着いたのだろうか。それは彼の救道過程と深く関係がある。一八六〇年は第二次アヘン戦争が終わる年であった。中国が英仏連合軍に敗れたことは韓半島にも伝わった。崔済愚はそれを聞いて新しい道（思想）の必要性を感じた。従来の儒教や仏教では民を安んずることができないと思ったからである。その時の崔済愚の思いは「補国安民の計」という語に表れている[1]。「国を補けて民を安んずる」思想の必要性を感じ、それが彼をして新しい人間観を考えさせたのである。

ところで、崔済愚が「輔国安民の道」を求めた方法は従来の知識人とは異なった。中国の経典を探るのではなく、洞窟で修行をしたり、天に向かってお祈りをしたりしたのである。言い換えれば、聖人ではなく天主（하느님）から道を求めたのである。崔済愚はそれを始めてから数年経ったある日、突然天から声が聞こえてきた。そして天主との対話をするようになった。所謂「天師問答」と呼ばれる事件である[2]。儒学の創始者である孔子は「天は何も言わないが、万物は生成し、四時は移り変わる」と説いたが（『論語』「陽貨」）、崔済愚は天に向かってお祈りをし、やがて天と対話を交わしたのである。

そして、崔済愚は天主から啓示を頂くことになるが、「侍天主」もそのうちの一つであったとされる。だが、「侍天主」という概念は一般人には理解し難いものであった。それで崔済愚は次のような解説を付けた：「侍とは内に神霊があり、外に気化がある、という意味である[3]」。つまり、自分の中には「神聖なる存在」があり、自分の外には「気の変化」があるということである。ここで問題になるのは「外に気化がある」の意味である。「気化」はいまは「液体が気体に変わる現象」という物理学的意味で使われているが、一九世紀までの東アジアでは人間と自然のあらゆる変化を指す概念として使われた。例えば『黄帝内経』では体内の変化を「気化」といった。[4] 北宋時代の儒者である二程は万物は「気化」から始まり、「形化」へと進むとした。[5] 朱子は「氣化流行」や「天地気化」なる概念を使った。[6]

では、崔済愚は気化をどのような意味で使ったのであろうか。この問いに対して一つの手掛かりになるのは次のような文章である：「西洋人は、言には順序がなく（…）身には気化の神がない。[7]」これは西学（天主教）を批判する文章であるが、ここで崔済愚は「気化」を一種の「体の変化」を表す語として使っている。それで「身には気化がない」とは恐らく「修養による体の変化」のことであろう。また崔済愚は「侍天主」を呪文のように唱えることを東学の修養法とした。だとすると、東学の場合は「侍天主」の呪文を唱えると「体に気の変化が生じる」のが「外に気化がある」の意味であろう。実際に「侍天主」の呪文を唱えた人は

（1）『東経大全』「布徳文」。崔済愚著、邊英浩監修・訳、金鳳珍訳『東経大全 龍潭遺詞』、明石書店、二〇二三年、二二頁。以下、『東経大全』を引く場合はこの日本語訳の頁数による。また、『東経大全』の英訳には、*Chondogyo Scripture: Donggyeong Daejeon (Great Scripture of Eastern Learning)* translated by Yong Choon Kim & Suk San Yoon, University Press of America, 2007 がある。

（2）「天師問答」で「天」は天主を、「師」は師匠としての崔済愚をそれぞれ指している。

（3）『東経大全』「論学文」、二九頁。

（4）「膀胱者、州都之官、津液藏焉、氣化則能出矣」（『黄帝内経』「素問：霊蘭秘典論」）。

（5）「萬物之始、皆氣化。既形然後以形相禪、有形化。形化長則氣化漸消」（『二程集』巻五・二先生語五）。

（6）「氣化流行、未嘗間斷」（『孟子集注』「告子（上）」）、「天地気化」（『朱子語類』巻三「鬼神」）。

（7）『東経大全』「論学文」、二八頁。

神秘体験をする場合が多いとされている。(8)

ところで崔済愚は東学を唱えてから四年目に処刑された。罪名は「左道乱政」、つまり「異端思想をもって社会秩序を乱した」ということである。実際に、崔済愚が東学を唱えてから初めて行った社会的実践は、自分が率いている奴婢二人を解放し、一人は義理の娘に、もう一人は嫁にしたことである。「万人は天主のように尊い存在である」という人間観を実践に移したのである。そして、崔済愚の新しい教えに共鳴した大勢の人々が崔済愚のところに尋ねてきた。後に「東学党」と呼ばれる一つのグループが形成したのである。このような状況に脅威を感じた政府は崔済愚を処刑にせざるを得なかった。こうして崔済愚はわずか四年しか活動ができなかったが、その後を継いだのが崔時亨（チェ・シヒョン）である。崔時亨は崔済愚の思想を朝鮮半島の隅々まで行き渡るようにした。

2. 崔時亨の「侍天主」解釈

崔時亨（チェ・シヒョン、一八二七―一八九八）は師匠である崔済愚の教えを体系化し、具体化していった。また、それを実際に実践しながら自分の思想を形成していった。例えば、崔時亨が東学を率いてから初めて説いたのは「身分差別をしてはいけない」ということである。後には賤民出身を東学組織のリーダーに任命し、内部の反発を起こしたこともある。その時、崔時亨は次のように人々を説得した。

所謂「班常の別」（両班と常民の区別）は人間が定めたものであるが、道の職任は天主がさせたのである。人間が天主の任命を撤回することができようか。

ただ天のみ「班常の区別」をせず、気と福を与える。
我が道は「新運」に巡り合って、「新人」をして新たに班常を更定する。
これからは我が道の中では一切班常を区別してはいけない。(9)

ここで「新人」という語から窺えるように、東学運動は言い換えれば「新しい人間観」の展開であった。それは人間への見方を根本的に変える思想であり運動であった。崔済愚の「再び開闢」(10)や崔時亨の「人心開闢」(11)なる概念にはそのような意味が込められている。まるで天地が初めて開かれるのと同じように、人間を最初から見直そうとするのが東学の開闢運動であった。後に「天道教」(東学の後身)が刊行した雑誌の名前が『開闢』や『新人間』であったのもこのことを表している(もっとも、天童教時代の「開闢」や「新しさ」には西洋からの新しさも含まれるようになる)。

崔時亨は「侍天主」の人間観を男性や成人だけではなく、女性や子供にまでも適用した。

私(=崔時亨)がある日、清州で徐宅淳(ソ・テクスン)の家を通り過ぎている時、その嫁が機(はた)を織る音が聞こえた。それで徐君に尋ねた:「あれは誰が機を織る音なのか?」。

(8)例えば、韓国で著名な東学研究者である朴孟洙(パク・メンス)は実際に東学の呪文修練をやってみたら突然回心の気持ちが湧いてくるなど、身体に変化が生じたことを述べている。
(9)『海月神師法説』「布徳」。「海月(ヘウォル)」は崔時亨の号である。また、「吾が道」は「東学をするグループ」のことである。『海月神師法説』の原文は、李圭成、『崔時亨의哲学』、梨花女子大学出版部、二〇一一を参照した(以下同じ)。
(10)『龍潭遺詞』「安心歌」。
(11)『海月神師法説』「其他」。

徐君が答えた：「私の嫁が機を織っています。」
私が再び尋ねた：「本当に君の嫁が機を織っているのか？」
叙君は私の問いの意味が分からなかった。果たして叙君だけであろうか。道家（＝東学）では人が来たら「人が来た」と言わずに、「天主が降臨した」とい言うべきである。[12]

道家（＝東学）の婦人は軽率に子供を殴ってはいけない。子供を殴るのは天を殴るのである。天は気が傷つくことを嫌う。それを恐れずに軽率に子供を殴り続けるとその子は必ず死ぬ。絶対に子供を殴るな。[13]

ここでは主婦や子供がそのまま「天主」と一体化されている。そういう意味では崔済愚の「侍天主」より一歩進んでいるといえる。実際に崔時亨は「人は天なり、天は人なり。人の外に天なく、天の外に人なし」と説いた。[14] つまり、人間以外のところで天を探そうとしてはいけない、ということである（後には人が物へと拡大される）。

もう一つ注目すべきは天主を「気」と結び付けて捉えている点である。「子供を殴るのは天を殴るのであり」「天は気が傷つくのを嫌う」ということから「天（主）」とは気からなっていることが分かる。また、崔時亨が「天地は一気の塊である」[15] とか「宇宙の間に充満しているのは渾元の一気である」[16] といっていることから、天主とは天地に遍満している「気」のことを指していると推測される。人が天を殺すことができる理由がここにある。天も気からなる「生命体」として捉えられているからである。[17]

このように崔時亨は崔済愚の「侍天主」の人間観を身分や性別あるいは長幼を問わず平等に適用し、崔済愚が目指した「皆が平等で、人間の尊厳が保たれる世の中」を具現しようとした。後に東学農民戦争の時（一八九四年）、農民軍のリーダーの一人であった「全琫準」（チョン・ボンジュン）が農民軍に向かって

「人や物を害してはいけない」という命令を出したのもこのような人間観を持っていたからである[18]。また、一九二〇年代に天道教徒の方定煥（バン・チョンファン）が「子供運動」を展開したのも「侍天主」の人間観を持っていたからである。

一方、崔時亨は崔済愚の教えを実践していく中で、崔済愚とは異なる自分の思想をも展開していった。農民であり労働者出身であるだけに、より生活と自然とに密着した方向で崔済愚の思想を捉え直したのである。その代表的な例が「天地父母説」である[19]。天地父母説とは「人間の真の父母は天地である」という思想である。父母の範囲を人間から天地へと拡大したものである。また、それによって兄弟の範囲も人から物へと拡大された。天地が父母であるからには、万物も同胞でなければならないからである（「万物同胞説」）。更に、人間だけではなく万物も「天主」を侍っているという「万物侍天主」を説き、人だけではなく物をも敬うべきだという「敬物」思想を説いた。

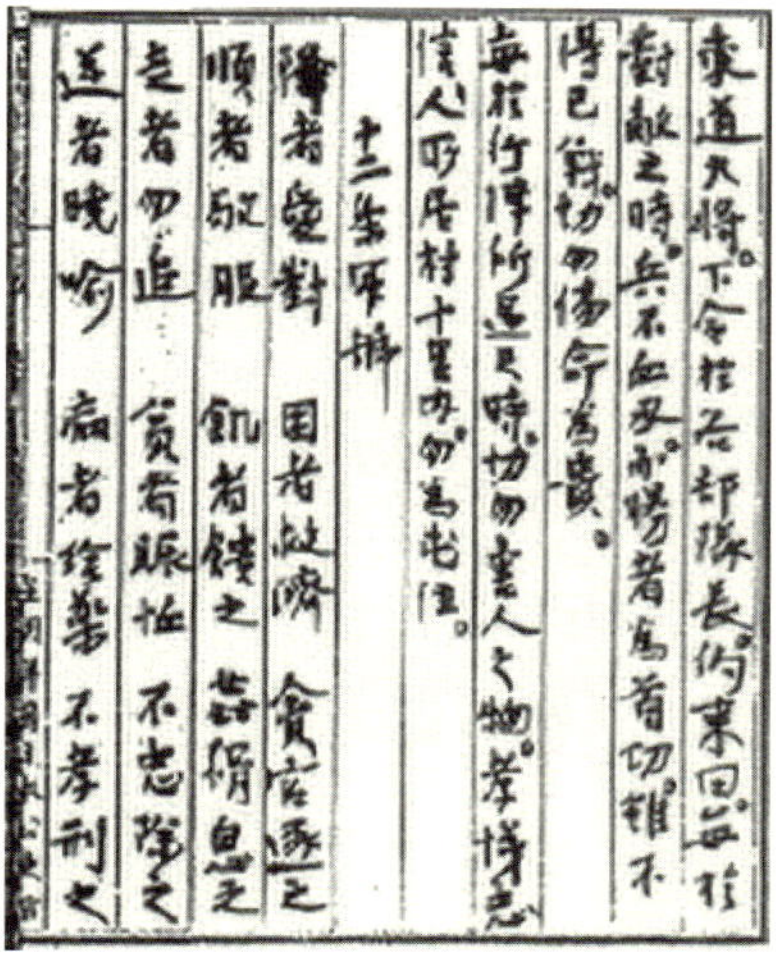
東道大將。下令於各部隊長約束曰。每於
對敵之時。兵不血刃而勝者爲首功。雖不
得已戰。切勿傷命爲貴。
每於行陣所過之時。切勿害人之物。孝悌忠
信人所居村十里內。勿爲屯住。
十二條軍號
降者愛對　困者救濟　貪官逐之
順者敬服　飢者饋之　姦猾息之
走者勿追　貧者賑恤　不忠除之
逆者曉喩　病者給藥　不孝刑之

全琫準が定めた農民軍の規律。
資料提供：朴孟洙（パク・メンス）。

(12)『海月神師法説』「待人接物」。
(13)『海月神師法説』「待人接物」。
(14)『海月神師法説』「天地人・鬼神・陰陽」。
(15)『海月神師法説』「天地人・鬼神・陰陽」。
(16)『海月神師法説』「誠・敬・信」。
(17)「真実者天地之生命体也」（『海月神師法説』「虚と実」）。
(18) このことについては朴孟洙［二〇一七］を参照した。
(19)「天地卽父母、父母卽天地。天地父母一體也。父母之胞胎、卽天地之胞胎。今人但知父母胞胎之理、不知天地胞胎之理氣也。（…）天地、万物之父母也」（『海月神師法説』「天地父母」）

このように崔時亨の東学は崔済愚の「天主」を「天地」に読み直すことから出発し、それによって道徳の範囲も人間から自然（天地万物）へと拡張させた。道徳の中心を「天理」や「父母」ではなく、「天地」に置いたのである。いまでいうと、「ポストヒューマン倫理」といえよう。崔時亨の思想がエコロジカルな性格を帯びる所以がここにある。また、二〇世紀後半に金芝河（キム・ジハ）などによって展開された生協運動である「ハンサリム」が崔時亨の思想をベースにしたのもこのような理由からである。

東アジア思想史からすると、天地父母説と似ている思想は宋代の張載などにも見えるが、崔時亨の特徴はそれを儀礼化し、日常生活で実践するところまで徹底化していった点にある。例えば、ご飯を食べる時や家を出入りする際には、そのことを天主に告げる「食告」（シッコ）や「心告」（シンコ）を行うべきだと説いた。儒教では人間父母に対して行ったことを東学では天地父母に対して行うべきだと説いているのである。さらに崔時亨は「我々の身体は天地父母からもらったものであり、自分の私物ではない[20]」ともいっている。『孝経』に出てくる「身体は父母からもらったものであるので、敢えて損傷してはいけない」という文章で、「父母」を「天地父母」に変えているのである。当然、このような思想は当時の儒者からは大きな反発を呼んだ。身分差別の撤廃と同じように、儒教の礼治に真正面から反するからである。

一方、崔時亨の「天主＝天地」説は崔済愚の「侍天主」の人間観が「侍天地」の人間観として捉え直されることを意味する。つまり、崔済愚の説いた「人間の中に侍っている天主」とは「万物の父母としての天地」、より正確に言えば「天地の元気」であると崔時亨は考えたのである。このことは次のような言葉から確認できる。

我々が化生しているのは天の霊気を侍っているからである。
我々が生活しているのは天の霊気を侍っているからである。

果たしてただ人のみに天主を侍っているのであろうか。

天地万物はみな天主を侍っている。鳥の声も天主を侍っている声である。[21]

ここで「天の霊気」とは、他のところでは「天主の霊気」ともいわれるが、人間と万物に遍満している「元気」のことを指している。万物は天地の元気を頂いて誕生し変化するということである。一方、天の霊気が体から離れると、それは「死」の状態である。崔時亨は次のようにいう。

食欲の気は天主が感応する気である。(…)人に食欲の思いがないのは天主が感応しないからである。人が天主の霊気を侍っている時は生きている状態であり、そうではないと死んだ人である。死体の口にご飯を入れても一粒も食べられないのは天主が体から離れたからである。[22]

ここから分かるように、人間は人間だけで生きているわけではない。人間の中には天主、言い換えれば「生を可能にする天地の元気」が宿っており、そのお陰で生きているのである。私が食欲を感じるのは自分の意志からではなく天主の働きからである。それは、心臓の拍動と同じように、人間の意志を超えている領域である。それで崔時亨は人間は単なる「人」ではなく「天人」であるという。[23] 天と独立した「個人」では

(20)『海月神師法説』「道訣」。

(21)「吾人之化生、侍天靈氣而化生。吾人之生活、亦侍天靈氣而生活。何必斯人也、獨謂侍天主。天地萬物皆莫非侍天主也。彼鳥聲亦是侍天主之聲也」(『海月神師法説』「霊呪文」)。

(22)『海月神師法説』「向我設位」。

(23)「人是天人」(『海月神師法説』「開闢運数」)。

なく、天と共に住む「天人」であるということである。崔時亨は天人の人間観を次のようにも表している。

人は天を離れず、天は人を離れない。故に人の呼吸、動静、衣食は（天と人とが）相与（とも）にする機である。

天は人に依り、人は食に依る。

人は食に依りてその生成を資（たす）け、天は人に依りてその造化を現す。人の呼吸、動静、屈伸、衣食はみな天主の造化の力である。天と人とが相与にする機は一瞬も離れられない。(24)

ここでは崔時亨の天人思想が飲食哲学と共に展開されている。まず、天と人は相依関係にある。人間は天主のお陰で生きており、天主は人間の力を借りて自分の働きが表せる。人間のあらゆる動作は天主の表現であり、神聖の顕現である。特に、「何か食べたい」という瞬間は天主の存在が直接感じられる時であり、実際に「食べる行為」は天主を迎える神聖なる儀礼である。崔時亨にとって「食事」が神聖な意味を持つ理由はここにある。

このような飲食哲学と「侍天主」の人間観に基づいて、崔時亨は儒教の祖先祭祀を死者ではなく生者の立場から捉え直す。そのことは祭祀を行う際に「壁の方ではなく自分の方に向かって神位を設けなさい」という「向我設位」の説法に表れている。

古くから「天が万民を生んだ」（天生万民）と言われているように、始祖の父母は天主である。故に天を侍ひ、天を奉じることが始祖を奉じることである。（…）父母の心霊は天主から数万代を経て私に至っている。父母が死んだ後、血気は私に残り、心霊と精神も私に残る。祭祀を行うのは子孫のためであるので、普段食事をするのと同じように位を設けて誠を尽して心告し、父母が生前に残した教訓と遺業を思い、誓えばよい。（…）喪期は心喪で百年をすればよい。天地父母のために行う食告が心喪百年である。[25]

ここで崔時亨は「天地父母説」に基づいて本当の始祖は天主（天地）であるとした後、その天主の気が自分に受け継がれているため、死んだ祖先ではなく生きている自分に向かって祭祀を行うべきだと説いている。つまり、いま生きている我々が天主の顕現であるため、我々が祭祀の対象になるべきであるということである。そうすると、祖先が亡くなった日などはあまり意味を持たなくなる。その代わりに我々が毎日食べる食事が祭祀になる。なぜなら、祭祀とは亡くなった祖先に食事を差し上げる儀式であるが、東学では亡くなった祖先の代わりに生きた人間が祭祀の対象になり、その生きた人間は毎日食事をしているからである。また、食事とは生きている人間が天主に迎える瞬間であるからである。それで、毎日繰り返している食事は生きている人間のための祭祀にほかならなくなる。このように崔時亨は普段の食事を敬虔な祭祀として捉え直している。それが「心喪百年」の意味である。これは「一生の心告」の別の表現であり、金芝河の表現を借りれば「日常の聖化」ということができる。[26]

（24）『海月神師法説』「天地父母」。
（25）『海月神師法説』「向我設位」。
（26）『살림의 말들』、모심과살림연구소、二〇〇九年、一五三―一五四頁。

3. 天を以て天を食う

最後に崔済愚の「気化」概念を検討したい。崔済愚の「侍天主」を崔時亨が「侍天地」として捉えたとすれば、崔済愚の「気化」はどのように捉えたのであろうか。これについて崔時亨は次のようにいっている。

私は常にすべての物が天であり、あらゆる事柄が天であると説いてきた。もしこのことを認めるのであれば、万物が「天を以て天を食う」（以天食天）ことになる。「天を以て天を食う」は一見、理に合わないように聞こえるが、それは人の狭い視点から見るからである。ハヌル全体から見れば、ハヌルがハヌルを養うために同質のもの同士は相互扶助でお互いに気化を成し、異質のもの同士は「天を以て天を食して」お互いに気化を通じさせるのである。ハヌルは一方では同質的気化で従属を養い、他方では異質的気化で従属と従属との連帯的成長発展を図るのである。要するに、「天を以て天を食す」とはハヌルの気化作用として理解することができる。大神師（崔済愚）が「侍」の字を説明する際に「内に神霊があり」といったのは「ハヌル」を指しており、「外に気化があり」といったのは「天を以て天を食う」をいっている。至妙な天地の妙法はすべて気化にある。[27]

ここで崔時亨が「天を以て天を食う」について説明しているのは恐らく弟子から次のような問いが発せられたからであろう：「万物が天であるとすれば、我々が普段肉食をしたり、或いはトラ（虎）がウサギ（兎）を食べたりすることはどう説明すればよいでしょうか。」これに対して崔時亨は「それは天を以て天を食うことである」と答えたのであろう。

では「天を以て天を食う」とは具体的にどういうことであろうか。それを説明するキーワードが「気化」である。崔時亨にとって「食べる」ことは「気の変化」の一種である。それはウサギにある天（＝天地の元気）が虎の方に移る「天の移動」であり「エネルギーの転換」である。ウサギを食べた虎はそのエネルギーを使って生命活動をするだろう。これが地球システムの自然な現象である。崔時亨はそれを「ハヌルがハヌルを養う」（以天養天）ともいう。

一方、人間は食べるためには働かなければならないが、働くということは自分の気を労働の方に転換することである。また、労働をして給料をもらうと、それを使ってご飯を食べるが、これは労働で使った気をご飯で補うことである。このように、人間社会では労働という気の変化と食事という気の変化（change）とが交換（exchange）されているのである。[28] これを崔時亨は「異質的気化」に対して「同質的気化」といっている。こうしてみると、崔時亨のいう「気化」とは、ヴァンダナ・シヴァ（Vandana Shiva）の表現を借りると、「生命の交換」ともいえる。[29]

このように崔時亨は人間と万物を「気化」の現象として捉えた。崔済愚が体の変化を説明するために使った「気化」が崔時亨に至ると、地球のエコロジカルシステムを説明する概念として発展したのである。ここで一つの疑問が生じる。果たして人間の「食天」（＝物を食う行為）はすべて認められてもよいのであろうか。トラがウサギを食べることは、老子の言葉でいうと、「無為」の自然現象であるが、人間は動物とは違って無限の欲望をもっているからである。ここで注目すべき言葉が「天を以て」である。「天を以て」とは、「天

(27)『海月神師法説』「以天食天」。
(28) change（変化）と exchange（交換）の相関関係については Clayton [2022] から啓発を頂いた。
(29) "In nature's economy the currency is not money, it is life." Vandana Shiva, *Earth Democracy: Justice, Sustainability and Peace*, North Atlantic Books, 2015.

として」や「天の状態で」とも言い換えられるが、それに込められている意味は「天としての資格を以て」と捉えることができる。それは崔済亨の言葉でいうと、「侍天主」のことを自覚し、自分の中にある天（＝生命エネルギー）を侍ふことである。「侍ふ」とは対象を乱暴に扱うのではなく、その声を聴き、その様子を見ながら慎重に行動することである。そのような努力がないと自分自身を「天」と自称することは難しいであろう。これが崔時亨の「気化思想」である。

4．むすびに——東学と現代

普通儒教は「日常の哲学」といわれる。[30] だが、食べることほど日常的なことが他にあるだろうか。食べることは人間だけではなく動物も、ひいては植物も共通しているからである。崔時亨は地球の生命に共通する「食べる」ことから自分の哲学を始めている。食欲は天地のエネルギーからのシグナル（感応）であり、食べる行為は天地の気を変化し、循環させることである。それは天地システムに参加する行為であり、それで祭祀のように神聖なる意味を持つ。崔時亨が「私は私の私物ではない」といっているのもこのような見方からであろう。つまり、自分の行為一つ一つが天地の一員として参加しているプロセスであるという、人新世哲学でいうと「惑星的意識」（Planetary consciousness）を持つべきだという意味であろう。これは近代的な「自由な個人」という人間観とは異なる。近代人には「天地」の視点が抜けているからである。

崔時亨は人間を人間だけではなく人間以外の存在、例えば天や気や物の視点から人間を新たに位置づけようとした。天は地球全体を指し、気はその地球を動かしているエネルギーのことであり、物は地球に住んでいるあらゆる居住者のことである。崔時亨にとって地球は、まるでジェームス・ラヴロックのガイアのように、生きている生命体である。さらに、それは人間に対してお告げを与える場合もある。そのような存在を表したのが「天主」である。

「天主」と共に東学で強調されているのは「敬」である。朱子学では「敬」は内面に向かっている徳目であったが（主一無適）、東学ではそれを外にある人や物或いは天への倫理として捉え直した。インド出身の歴史学者のディペシュ・チャクラバルティが人新世の問題を論じる際に「近代人は畏敬（reverence）の念を失った」と診断したように、崔済愚も「いまの人は天を敬わない」という批判から自分の話を始めている。[31] さらに、崔時亨は「敬」の範囲を人間から万物へと拡大して、「敬物」の次元に至ってこそ道徳が完成されるといった。[32] これも人間を非人間との関係から位置づけようとする試みである。

一方、政治思想からすると、「人は天である」という人間観は民をして「政治的主体意識」を持たせたのであろう。東学以前の民乱思想では、例えば『鄭鑑録』では「鄭氏」という真人が出現して、新しい王朝を建てるとされていたが、東学では「メシア」が来るのを待つのではなく、民自らがメシアであるといったのである。それが「侍天主」に込められている政治的意味である。実際に、東学農民戦争で農民軍は「都所（トソ）」や「執綱所（ジプカンソ）」を設けて自治や共治を試したこともある。これは「民本」から「民主」への転換である。そういう意味では東学は韓半島における民主思想の始まりといえよう。

（30）例えば、Tu [1989].

（31）「不順天理、不顧天命」（『東経大全』「布徳文」二〇頁）

（32）『海月神師法説』「三敬」。

参考文献

崔済愚著、邊英浩監修・訳、金鳳珍訳『東経大全 龍潭遺詞』、明石書店、二〇二三年。

李圭成『崔時亨의哲学』、梨花女子大学出版部、二〇一一年。

朴孟洙「全琫準의平和思想」、『統一과平和』九輯一号、二〇一七年。

Chondogyo Scripture: Donggyeong Daejeon(Great Scripture of Eastern Learning) translated by Yong Choon Kim & Suk San Yoon, University Press of America, 2007.

Clayton Crockett, *Energy and Change: A New Materialist Cosmotheology*, Columbia University Press, 2022.

Tu Wei-ming, *Centrality and Commonality*, SUNY, 1989.

2　朴鍾鴻哲学の創造的人間観における尊厳の問題

郭旻錫

1．朴鍾鴻の人物とその哲学

朴鍾鴻（パクチョンホン、一九〇三～一九七六）。彼は、植民地朝鮮の哲学界において中心的な役割を果たし、解放後の大韓民国においてはもっとも影響力のある知識人・教育者として活躍した。近代的な意味での「韓国哲学」を作り上げたという点では、日本の西田幾多郎（一八七〇～一九四五）に比肩し得る。しかし、西田哲学の思考が「京都学派」という思想運動に展開されたことに対して、朴鍾鴻哲学がそのような思想運動として発展することはなかった。ただ、朴鍾鴻が邁進した民族的な主体性の構築というプロジェクトは、韓国社会の各方面に多大な影響を与えており、その点では西田哲学を上回る社会的な影響力を持っていたと評価することができる。学問の領域でいえば、西洋哲学の素養の上に韓国思想史に対する幅広い研究を重ね、主体的な「韓国哲学」を構築しようとしたことの精神的な遺産も、決して過小評価することはできない。

西田とのもう一つの決定的な違いは、彼らが活動した時代的な状況である。西田の場合、敗戦直前に死を迎えることで戦後の日本思想への影響は間接的なものにとどまったことに対して、朴鍾鴻の場合はむしろ戦後になって本格的にその哲学を展開している。その意味で、朴鍾鴻の韓国思想界における位相を、戦後日本思想界の中心であった丸山真男（一九一四〜一九九六）と比較して考察する論者もいる[1]。

朴鍾鴻は、韓国の地における主体的な哲学の構築を一貫して目指しており、彼の哲学は韓国社会が置かれている現実を常に注視していた。その意味で、彼が残した学問的な遺産は、解放後の韓国社会における精神的な苦闘を垣間見せる哲学的なドキュメントであるといえる。哲学が現実との関係から構築されなければならないとする朴鍾鴻の哲学観は、晩年の政治参加につながる要因ともなった。彼は、朴正熙（一九一七〜一九七九）による五・一六軍事クーデター（一九六一）の後、再建国民運動中央委員として活動しながら、政治に直接的にかかわるようになる。特に、ファシズム的な要素を含んでいると批判される「国民教育憲章」（一九六八）を朴鍾鴻が中心になって起草したことは有名であり、「国民教育憲章」は朴鍾鴻哲学を大衆的な言葉に集約して語り直したものだという評価もあるほどである。朴正熙政権への協力という以上の経歴は、後に彼が厳しい政治的な批判に晒される原因となった。晩年の政治参加の経歴も含めて、朴鍾鴻哲学の理論と実践は、戦後韓国社会が直面した精神的な混乱と、現実との緊張関係でその存在意義を証明するしかなかった哲学の運命を証言しているといえよう。

日本でも「京都学派」の研究が西田を中心として行われてはいるが、近年田辺元や三木清などの研究も活発になっていることとは対照的に、韓国現代哲学の研究は、圧倒的に朴鍾鴻に集中している。ただ、日本での「京都学派」研究が日本の哲学研究全体で占める比重を考えると、韓国の哲学研究における朴鍾鴻研究はまったく重要視されていないのが実情であろう。

朴鍾鴻が残した膨大な思想的な遺産を、ここでは彼の文章が網羅されている民音社版全集（一九九八）の構成に沿って一瞥してみよう。全七巻の全集の構成は、次の通りである。

第一巻　一九四五年以前論文
第二巻　哲学概論・其他
第三巻　論理学
第四巻　韓国思想史1
第五巻　韓国思想史2
第六巻　哲学的随想
第七巻　日記・紀行文・其他

第一巻に収められている一九四五年以前の論文は、朴鍾鴻の思想形成を考察する上できわめて重要である。そこですでに「否定の否定」による現実把握や、主体性の単位を個人としての「私」ではなく「我々（＝ウリ）」として捉える思想など、彼の哲学を構成する重要な要素が登場している。また当時の朝鮮思想界は日本思想界の圧倒的な影響下にあったが、朴鍾鴻の思想形成における日本哲学の影響ということも、日韓比較哲学史における興味深い主題を形成している。(2)

第二巻に収められている「哲学概論講義」（一九五三）やその増補修正版である『哲学概説』（一九六四）は、朴鍾鴻独自の哲学の成立を宣言するような作品である。(3)当書は、一般的な意味での哲学の概論ではなく、彼

（1）例えば、金杭［二〇一〇］を参照。
（2）この主題については、郭旻錫［二〇二四①］、特にその第Ⅰ部第1章「田辺元と朴鍾鴻――「帝国日本の哲学」における「否定」の磁場」や第Ⅰ部第3章「「自己否定」による民族の模索――朴鍾鴻「ウリ」の哲学と三木清」などを参照。
（3）ここで打ち出された朴鍾鴻の独自な立場を田辺元の哲学との比較において明らかにしたものとして、郭旻錫［二〇二四②］を参照。

独自の観点に貫かれた哲学の構築作業として理解できる。このような作業を通して、戦前における思索がより厳密な論証構造をもつようになり、「向外的自覚」と「向内的自覚」の弁証法的総合としての自覚の構造など、より洗練された哲学が提示される。

第三巻に収められている膨大な量の論理学研究は、彼の哲学において論理学研究が占める位相を物語る。「すでに舌も固くなり手も自由に動けなくなった臨終の病床で、ノートにかろうじて書いた洌巖〔朴鍾鴻の号——引用者〕最後の絶筆(4)は、「論理の体系として1．弁証法の論理、2．易の論理を著述した後、自分の独特な論理として第3部の創造的論理を打ち出し、論理の体系を完成させるために不断の努力を注いだが、遺稿として残すこの雄大なスケールをもった作品がいち早く刊行されることを願う心が切実……」(一九七六年二月)と解読される。朴鍾鴻が死を目の当たりにしてもその頭から消えることがなかった論理学の構想は、論理学が彼の哲学体系全体においてどれほどの重要性をもっていたのかを示唆する。戦後間もなく刊行された『一般論理学』(一九四八)の序文を書く時には、「すべての学問の方法は、認識論理学、弁証法的論理学が全般的に究明されてから初めてその上に確立される」(三・六頁)(5)と考えていた朴鍾鴻は、やがてその構想を「易の論理」や彼独自の「創造的論理」にまで拡大するが、それが彼の生前まとまった形を取って現れることはついになかった。ただ、その基本的な構想は彼が残した文章の随所で確認することができ、特に博士学位請求論文として提出された「否定に関する研究」(一九六〇)の結論部で、ヘーゲルの弁証法を『中庸』の思想で乗り越えようとしているところに比較的に詳細に論じられている(6)。

全集第四巻、第五巻に収められている膨大な量の韓国思想史研究も、それが彼の学問でいかに重要な課題であったかを思い知らせる。量を基準とすれば、朴鍾鴻の韓国思想史研究は、彼の本業である哲学研究に匹敵するような地位を占めている。韓国思想史研究が彼の哲学体系全体において占める位置は必ずしも明瞭ではないが、それが朴鍾鴻の畢生の事業であった「創造的論理」の構築プロジェクトと密接に結びつかれていたことは確かだろう。過去の思想的遺産を振り返るのは、新たな創造のためであるということは、朴鍾鴻の韓国思想研究における一貫した姿勢であった。「過去や現在の意義はいつも一義的に決定されているわけではない。希望に満ちた未来に対する計画として現在が緊張された建設に邁進するとき初めて当の過去は新たな意味を帯びて輝くことができるのである」(「韓国思想研究に関する序論的な構想」(一九五八)、四・六頁)。さらに朴鍾鴻は、文化の伝承と創造の関係について、次のように明確に述べている。

文化の伝承は退嬰的な骨董趣味とは厳密に区別されなければならない。文化の伝承は創造とつながらなければならない。新しい創造に役立たない伝承ということは、ともすればつまらない負担だけ増やし、むしろ創造の活動を鈍らせ、挫折させる危険すらある。伝承のためには、遺産としての文化財がなくてはならないだろうが、何よりも先人たちの創造的な精神を生かし、それを受け継いでいくところにその意義がある。それだからこそ、伝承において墨守ではない断絶的飛躍が可能なのである。そのため、伝統はすでに過ぎ去ったものでありながら、現代の我々が置かれているいまここにおける我々の情勢の要求に応えることで、生きて動くものとして伝承されなければならない。(「文化の伝承・摂取・創造」(一九五八)、五・五三三—五三四頁)。

ここに披瀝されている「断絶的飛躍」による伝統の創造的伝承という思想は、戦前から唱えられた朴鍾鴻

(4) 民音社版全集第三巻の口絵に付された編集部の説明。
(5) 以下、朴鍾鴻［一九九八］からの引用は、本文に(全集巻数・頁数)の形で記す。
(6) このテーマに関しては、郭旲錫［二〇二二］を参照。

の一貫した主張であり、それが民族的な主体性の確立というプロジェクトと歩調を合わせながら展開されたのが、戦後における朴鍾鴻の韓国思想史研究であったといえる。

しかし、すでに述べたように、朴鍾鴻の韓国思想史研究が、どのように彼の「創造的論理」の構想に具体的につながるのかは明確ではなく、それは「創造的論理」の構築という彼のプロジェクトが未完成に終わってしまったことの当然な帰結であるといえる。

本稿では、朴鍾鴻の残された文章から未完成に終わってしまった「創造的論理」を再構成しながら、朴鍾鴻の人間観を、特に人間尊厳の問題と関連づけて考察してみたい。常に韓国社会が直面した現実から哲学を実践しようとした朴鍾鴻において、人間の尊厳をどう確立できるかの問題は、決して小さな問題ではなかった。むしろ筆者は、人間尊厳の問題を具体的に思考しようとしたことが、人間の創造的な力量を哲学的に定礎しようとした朴鍾鴻哲学のもっとも重要なモティベーションであったと考えている。朴鍾鴻の創造的人間観は、近代化を遂行すると同時に近代を乗り越えるという現代韓国社会に投げかけられた課題において、その思想的な苦境においてもなお人間の尊厳を確保しようとした、彼なりの模索であったと、筆者は考えている。

2．尊厳と創造

「韓国思想に表れた人間の尊厳」（一九六三）は、朴鍾鴻がソウル大学東亜文化研究所主催で開催された第二回東洋学シンポジウムで発表した論文で、そこで彼は、「人間の尊厳を扱う我々の思想は、既成品としてあるのではなく、我々の努力で見つかるのであり、また見つけなければならない我々の課題であります」（五・四六九頁）と述べている。朴鍾鴻において伝統がいまここの現実において新たに生かされるべきものであったのと同様、尊厳という観念もただ外から我々に与えられるものではなく、いまここの現実において「我々の努力」で見つかるべき「我々の課題」であるというのだ。(7)

またここで、彼は次のような注目すべき指摘も行っている。「内面に入って真なるものを探すときに尊厳が倫理や道徳に関係するのであれば、外的にそれを見れば経済、特に科学と関係します」(五・四六八頁)というのがそれである。つまり、彼は人間尊厳の問題を、ただ人間の内面の問題としてではなく、社会生活を直接的に左右している経済的な条件や科学技術との関係から考えていたのである。その直後に書かれた「韓国的価値観の新たな方向」(一九六四)では、「内のまこと(誠)は、外のまこと(真)と離れていることはできない。(8)道義としてのまことは、科学的真理としてのまことと常に関係している。すべての価値は観念的なもの、頭の中の観念だけで具現されるものではない。価値は、他ならぬ具体的な創造の中にあるのだ。新しい道を開拓するところに価値がある。価値はある既成品として与えられるものではない」(五・四七七頁)と述べており、一切の価値は尊厳同様、既成品として外から与えられるものではなく、我々の主体的な創造において存在し得るということを主張している。ここで、尊厳の問題、人間における価値の問題が創造という概念から考えられていることに注目しよう。また創造のためには、ただの内面的な誠の他に、客観的な真理の探求が必要であるということにも注目する必要がある。

以上のような朴鍾鴻の尊厳認識は、韓国社会が直面した現実的な課題とも無関係ではない。朴鍾鴻は、客

(7) 朴鍾鴻による「我々の課題」としての尊厳の捉え方は、哲学がその出発点とすべき現実が「我々の現実」であるという朴鍾鴻の現実認識と深く結びついている。朴鍾鴻の現実把握の論理と自覚の構造については、前掲論文の郭旻錫[二〇二二]、同[二〇二四②]などを参照していただきたい。

(8) 朴鍾鴻は、内面的な誠と客観的な真をともに「참チャム」という韓国固有語で記している。

観的な法則に則った科学の振興や経済の発展を抜きにしては、民族の尊厳は確保されないと考えていた。しかし朴鍾鴻において、客観的な条件を冷静に把握することは、主観的な内面を深く自覚することと不可分のものであった。これこそ、朴鍾鴻哲学の核心的論理である自覚の論理であり、自覚する存在としての人間の尊厳が認められるところでもある。朴正熙政権が独裁色を強めた維新体制（一九七二～一九七九）を弁証する文章「新しい歴史の創造――維新時代の基調哲学」（一九七三）で、朴鍾鴻は近代化と近代克服（現代）の二重課題において、人間の能動性を最大限に強調し、またそこに人間の尊厳を見出そうとする。

ところが、自然の力を駆使することも自然の理法をマスターした人間の仕事であり、その間違った駆使で人類が自滅することがないようにあらかじめその方法を講究することもやはり人間の仕事である。いまや人間自らの問題が明らかに前面に現れた。近代化も人間の仕事であるが、現代的な新しい危険の克服も人間の仕事だということを知るようになったのた。……近代があまりにも人間が駆使する自然の力の威力を信じてそれに眩惑されたならば、現代はその力を駆使する人間自身の力を再び人間自身から探さなければならない。人間が作った機械や制度がむしろ人間の自己疎外という現象をもたらしたとはいえ、それを防いで正すことも人間の仕事である。人間の歴史は窮極的には人間自身の力によって作られるものであり、人間の尊厳もここに求めなければならない。（六・五五八―五五九頁）

近代化は、基本的に「自然の力」を利用して進められる。「自然的な力の駆使は、科学的な知識の発達を要求する」（六・五六〇頁）といわれるとき、その知識は近代的な知識であるといえる。「人間の力」は、「自然の力」を利用する力である。朴鍾鴻によると、近代化は「自然の力」を客観的に理解しそれを利用することで成し遂げられるが、近代化の副作用を克服するためには、「自然の力」を利用する力そのもの、つまり

「人間の力」に注目しなければならない。

近代化の幾多の副作用は、確かに「自然の力」を利用する「人間の力」が招来したものである。しかし朴鍾鴻はその副作用を克服する道もまたその「人間の力」にあると主張し、人間以後の時代に飛躍しようとしたり、人間以前の自然に回帰しようとはしない。むしろ彼は、そのような態度に明確な反対意見を述べている。「人間を本来の自然的な姿における自然そのもの、世界そのものとの関係を中心として考えるのは、人為的な人間関係が虚偽と頽廃として真の関係ではなくなったときにいつも登場する態度であり、人間自らの革新が問題になる度にいつも蘇ってくる思想である。自然に帰ろうというのがそのときの掛け声である」(「人間の再発見」(発表年未詳)、六・二一七頁)。朴鍾鴻によると、そのような掛け声は「夢のようなたわごと」であり、「人間関係から人間の本性を明らかにし、教化しようとする思想がより現実性を帯びる」(六・二一七頁)。ここでいう「人間の本性」は、朴正熙政権の維新体制を支えるために民族的な覚醒を訴えたときのその「人間の力」に他ならない。朴鍾鴻は、人間が招来した現代の諸問題に対処するため、人間から目をそらし、他なる存在からその克服の可能性を模索するのではなく、人間の能動的な本性に立ち戻ることで、人間を再発見することを唱えているのだ。それは、つまるところ、人間の尊厳そのものを新たに創造することを意味する。「実に、自然の力を駆使することが人間であるため、人間の力が新しい歴史創造の力として発揮されるためには、自然の力以上のものが究明されなければならない」(六・五六〇頁)という朴鍾鴻は、結論的に次のように述べている。

> 新しい歴史創造の本領は、量的な増大がついには質的な転換を引き起こすところにある。人間と自然との関係、人間と人間との関係、そのすべてがより高次元的な段階に高められる非連続的な新たな飛躍が成し遂げられねばならない。こうして、人間自体が根本的に新しくならなければならない。それがすな

わち民族の改造であり、本来的な意味における民族中興であろう。(六・五六四頁)

ここで語られている「質的な転換」としての人間改造の要求を、人間の観念的な超越だと考えるのであれば、それはまったく朴鍾鴻の意図を誤解したことになる。次節でより詳しく述べるが、朴鍾鴻が人間尊厳の拠り所にしている人間の能動的な力量は、物質的な制作を離れては何の意味もなし得ない。むしろ客観的な制作の行為によってのみ、「人間の再発見」、つまり人間としての自覚は深められるのである。「自覚はただ私たちの行為において客体に対して全人的にぶち当たり、これを変容しようとする制作を通じて真に具体化され深められる」(「知性の方向」(一九五五)、六・五五頁)というのだ。

また上記引用文でいわれている「民族中興」は、「我らは民族中興の歴史的使命を負ってこの地に生まれた……」から始まる「国民教育憲章」の理念と明らかに共鳴しているが、それが指しているのは一次的には祖国の経済的な近代化だと解すべきであろう。「人間の力」の強調は、「自然の力」を利用する物質的な近代化の推進と衝突するものではない。そもそも朴鍾鴻は、「人間自体が根本的に新しくならなければ」、祖国の近代化も成し遂げられないと考えていた。

ここで、「人間の力」が一次的に「自然の力」を利用する能力であることに注目してみる必要がある。もちろん「人間の力」は、「自然の力」を利用するという点で、「自然の力」そのものとは厳格に区別されるが、常に「自然の力」と媒介されなければならない。この「自然の力」は、「人間の力」で任意に変更することのできないものだということを、朴鍾鴻は繰り返し強調する。しかし、「自然の力」が確固とした客観性をもっているからこそ、それは「人間の力」が主体的にかかわる土台として機能することができるのである。「客観的な理法は、それを無理やり私に便利であるように直したり曲げたりすることはできない。だからこそ客観的なのである。しかしその客観的理法を如何に探り、何に使うのかは、時と場所の形勢によっていくらでも変わることができる。また事実上、変わることでその意義を発揮し実効を収めることができる」(「主体性の問題」(一九六七)、六・一五五頁)。

朴鍾鴻が人間の主体的な能動性をいくら強調したとしても、それは自然に対する人間の超越性を意味するのではない。その意味で、それはデカルト式の超越的な「私」に貫かれた近代的な人間観とは立場を異にする。そして、朴鍾鴻が「人間の再発見」を唱えるとき、そこには観念的な人間性に止まらない、制作によって環境を絶え間なく変化させる身体的な人間観が前提とされている。「精神をもった肉体、すなわち身体を離れては主体を考えることはできない」(六・一四九頁)のであり、「実存主義者が内的な行動と規定する思惟は、それだけでは無力」(六・一四九頁)であるからだ。朴鍾鴻はここでもう一歩進んで、身体をもった具体的な人間という規定から、「ここに同じ運命を背負い、同じ脅威を感じざるを得ない国家民族としての主体」(六・一四九頁)を提起するに至る。

朴鍾鴻は、「主体性の問題」という文章で、「民族的主体性」の問題に触れながら、人間と環境の関係性について、次のように語っている。

民族的主体性は、偽りのない誠実性に立脚した道義的な信念が環境の生活条件を変化させるところまで進み、それが再び人間改造という反作用を引き起こす。人間改造と経済計画は切っても切れない連関性をもって相互浸透することで一つの民族的な主体性を確立させるのである。(六・一五四頁)

人間の内面的な誠が、「環境の生活条件」を変化させ、その変化の反作用として人間自体に変化をもたらす。人間の内面的な誠が環境を変化させ得るのは、すでに検討したように、それが自然の客観的な真と媒介されているからである。「客体を変化させる実践が正しくその目的を達成するためには、その客体の理法に通達していなければならない」（六・一五四頁）というのは、朴鍾鴻が随所で強調している通りである。

しかしすでに「自然や社会がそれ自体の理法によって動く」（六・一五四頁）のであれば、変化の様相が変化するような加速度の運動をそこに見て取ることができる。つまり、「自然の変化」を人間が変化させることで生み出される「自然の変化の変化」が、反作用的に人間を変化させ、そのように変化された人間がまた自然を変化させるというふうである。実際、朴鍾鴻は、「近代化のモデルとしての西欧の科学や技術は、加速度的にすさまじい発展を遂げている」（六・一五五頁）、「現代こそ、その変化のテンポが加速度的に早まっている時代である」（「世界史の方向と民族的主体性」（発表年未詳）、六・五二七頁）、などと述べており、加速度のイメージで現実を捉えていた。そのように把握された現実は、すでに自然と人間が媒介された創造的な現実として理解することができる。そのような創造的な現実を可能にするのは、人間の能動的な力量であり、そこにこそ人間の尊厳は存する。自然に変化をもたらしながら、その実践から再帰的に自らを自覚すること、その自覚的な行為にこそ、人間の尊厳があるのだ。朴鍾鴻のいう人間の尊厳とは、結局、自覚的な存在としての人間の尊厳である。

人間は人間を騙せる動物であると同時に、騙している自分自身は騙せない自覚的な存在であることを、ここで知ることができる。人間は本来自覚的な存在である。ここに人間の耐え難い苦悶もあるであろうが、また他の存在からは区別される尊厳性もある。（「人間喪失と人間発見」（発表年未詳）、六・二〇一頁）

それでは、自覚的な行為としての「人間の力」とは、一体どのようなものなのか。次節では、それをより具体的に検討してみよう。

3. 創造的知性と行為的制作

「人間は一瞬も自然を離れて生きることはできない。しかし人間は自然に変化を起こして自らの要求を満足させることに利用することができる」（六・五五七頁）という基本的な事実をまず確認しておこう。朴鍾鴻によると、創造は自然の変化を離れては到底可能なものではない。「一体、人間が何かを創造するといっても、まったくの無から有を作る全知全能な存在ではない。……創造する人がいるという時、すでに自然と社会が前提されているのだ」（六・五五四頁）。つまり、人間の能動性は、自然の生成から自立しているという意味での能動性ではない。朴鍾鴻は、そういう抽象的な自立性としての人間の尊厳は認めない。「そのすべてが本来生成発育する力を人間が手伝うだけであり、その生成は人間が思うがまま作らせるものではない」（「新しいこと」〔一九五九〕、六・四一四頁）。しかし、「人間は自然の生成を手伝うためにも、すでに自然の生成とは異なるものを作らなければならない。そして、それを可能にするものが、人間がもつ知性である」（六・四一四―四一五頁）。人間の能動的な契機としての知性は、「〈有為であるが自然的なもの〉」（六・四一六頁）として、自然の生成の一部でありながら、その生成を質的に変形するものである。このような知性の媒介的な機能を、ここでは「知性の方向」（一九五五）という論稿から考察してみよう。

朴鍾鴻によると、「我々を行為において制約している自然的乃至社会的環境の影響は、絶え間なく我々の生活全体を左右している」（六・四八頁）が、「このとき、我々の行動は、畢竟、環境の出来事に対する現在の反作用であると同時に、我々に向かってまた返ってくる環境の未来における反作用を左右する」（六・四八―四九頁）。簡単に言えば、環境の作用に対する反作用として我々は環境に働くが、その働きがもたらす環境の変化が再び我々に作用するということで、我々の働きは環境の変化を媒介とした我々自身に対する働き、つまり自己形成である。人間の能動性というのは、我々を制約している環境の作用に対する反作用としての意味しかもたないが、しかしその反作用によって自らを改造していくことができる。つまり、自然の働きにただ順応するだけでなく、それに順応しながら自らを改造していく能動性を発揮できるのである。人間の能動性とは、「自己と対立した何かの支配を忍耐、受容する受動的な態度を意味すると同時に、それに対する能動的な戦いを意味する。能動的に戦う態度こそ、もっとも人間らしい本来的な特徴に他ならない」（六・五〇頁）。

　自然への順応とその克服という人間の創造行為は、端的に制作として捉えられる。客観的な法則に従わない限り成功的な制作は不可能であるが、それにもかかわらず、制作はその法則に従うことによって、既存にはなかった新しいものを作り出すことができるからである。環境の人為的な制作と改造は、その環境が再び主体を規定するという意味で、主体の改造でもある。「客体の新しい建設、創造は、同時に主体における新しい人間としての自らの陶冶形成でもある」（六・五四頁）。

　人間は、自然を支配するために道具を制作する。しかしその道具は人間生活の条件として反作用的に人間を制約する。「道具は人間共有の財物であり、道具はこのように社会性を獲得することで一層主体から独立した客体性の意義を確保する」（六・六〇頁）。しかし人間知性の能動性は、道具的な現実の理法を客観的に探究し、その客観性に従うことで新たな創造を可能にする。「そうして、ついには道具を生産する道具を作るところまで至る。……創造的知性の人間的な質的飛躍をここで確認することができる」（六・六〇頁）。創造的知性によって可能になる人間（制作主体）と自然（制作の道具的環境）との媒介は、「道具を生産する道具を作る」人間の能動性によって、技術的な現実を加速度的に変化させる。朴鍾鴻が加速度的に発展していると捉えたところの現実は、人間の外部にある客観的な現実ではなく、人間の創造行為を一つの契機として含んでいるのである(9)。

　創造的知性が人間と自然の媒介を可能にするのは、創造が身体的で行為的な制作を意味するという点から考察できる。創造は、客観的な条件から離れた自由な営みではない。朴鍾鴻によれば、そのような神的自由に人間的な価値があるわけではない。むしろ人間が客観的に制約されていることが、具体的な創造の不可欠な契機となる。知性の価値は、ただそれが行為的に実現されるところにのみ、認められる。「外部的制約の必然性を冷徹に洞察し、これを受け入れながら、再びこれを乗り越え我が物にすることで真の意味の支配が可能になり、また自由が実現されるのである」（六・六四―六五頁）。知性が人間固有の能力として高貴であるのは、それが受動性を媒介とした能動性であるということ、つまり自然との媒介における創造であるということ、言い換えれば自然との共同作業であることによる。この行為的制作の他に、この媒介的な創造の他に、人間の価値が認められる場所は存在しない。

客体の主体化としての人間の環境支配と、主体の客体化としての制作建設は、我等人間の自立性、自発性の帰結であり、無限な未来性と発展性を内包している。（六・五四頁）

4.『中庸』の可能性

朴鍾鴻が韓国思想史、広くは東洋思想の研究を重視したのは、以上に述べた創造的行為を基礎づけるため

（9）主体を現実の一つの契機として捉えることは、朴鍾鴻哲学におけるもっとも根本的な現実の規定である。「現実は我々の前にただ置かれているのではなく、我々は現実の中から生まれ、その中で生き、その中で死ぬところの、それ自体一つの現実的存在である」（『哲学概説』、二・一五五頁）、「我々は現実の中で生きている。しかし我々が生きていることそのものが、同時に一つの現実である」（二・一五八頁）。これは、人間が創造的知性をもっているという規定と深くかかわっている。「ところで我々は、いま一つの理想として新しい歴史の創造を考えているのではなく、すでに創造しながら生きている」（六・五五六頁）。

の思想的な資源が、そこにあると考えたからである。それは、朴鍾鴻終生の念願であった論理学の完成が、一般論理学、認識論理学、弁証法的論理学を経て、易の論理に進み、彼独自の創造的論理に至るという構想からも明らかである。

創造的論理の構築において、朴鍾鴻がもっとも重視したのは『中庸』の思想である。『中庸』を現代哲学的に再解釈しようとする興味関心は、一九四五年以前まで遡る。一九四五年以前の朴鍾鴻の哲学的な論稿はほとんど欧米の哲学に関するものであるだけに、「四・七論の現代哲学的な展開に関する覚書」（一九四五年以前）という一文は異彩を放っている。そこで朴鍾鴻は、朝鮮儒学史における「四端七情論」を批判的に考察し、「しかし、主理、主気を争う前に、なぜ未発之中に関する考察から出発しないのか」（一・四三五頁）という疑問を呈する。そして、朝鮮の儒学者たちにおいて「発というのは、存在場所の変更、または量的分出を意味しているに過ぎず、自己否定的な質的飛躍や新しい形成的創造としては捉えられていない」（一・四三七頁）と述べて、『中庸』における「発」の概念が創造の契機として解釈され得る可能性を示唆している。

朴鍾鴻による『中庸』の現代哲学的な解釈が本格的に展開されたのは、「否定に関する研究」（一九六〇）の結論部においてである。そこで朴鍾鴻は、歴史的現実そのものを「否定性」として捉え、その「否定性」における人間の立場を問題視している。力強く押し寄せてくる現実の「否定性」の前に、人間はただそれを消極的に受容するしかないのではないか。『中庸』を参照する段階で、朴鍾鴻は人間における尊厳の在り処について、次のような問いを投げかける。

> 人間が受容的な立場に徹するのであれば、人間の尊厳はどうなるのか。一体、歴史的現実における人間の地位が問題になることすらできないのか。それとも、歴史的現実の否定性を自覚することで、人間はその歴史的現実に対していかなる新たな参与を成し遂げることができるのか。（三・六八一頁）

ている。

「否定性の自覚」という人間の能動的な参与を考察する上で、『中庸』がその思想的な根拠として提示されている。

否定性は、すなわち東洋のいわゆる天命之性であり、また天理である。否定性を自覚することは、天賦本然の性を自覚することであり、また天理を自覚することである。……人道は天道を離れてはあり得ないのであって、人道は天道の否定性を自覚し、天地の化育を手伝うところにある。これが人間としての創造である。……このようにして初めて、人間は天地とともに並立し、人間性（humanity）の尊厳も発揮されるのである。（三・六八二頁）

歴史的現実は「否定性」そのものとして、絶え間なく変化していく。人間による「否定性の自覚」は、自然の変化の微分として、加速度として捉えることができよう。ただ、「否定性の自覚」は観念的な認識にとどまるものではなく、「変化の変化」をもたらす実質的な力として作用する。現実は絶え間ない加速度運動であり、行為的な制作としての人間の創造は、現実の自己否定運動の一契機として、天地の生成に参与しているのである。[10]

（10）朴鍾鴻の『中庸』解釈についての詳細は前掲論文、郭旻錫［二〇二二］を参照。

5. 「プロセスとしての尊厳」と「強制された自律」

最後に朴鍾鴻が提示した創造的人間観が、人間の尊厳を考える上でもつ意義について考えてみたい。また朴鍾鴻哲学の内在的な読解という文脈から少し離れて、朴鍾鴻の創造的人間観が韓国社会にもたらした否定的な側面も批判的に考察してみたい。人間の能動性を強調し、人間の尊厳を最大限に発揮することを鼓舞した朴鍾鴻の哲学は、尊厳の必然性という思想まで突き進み、正にそのことにより人間の尊厳を著しく損なってしまったという歴史の逆説が存在するからである。

朴鍾鴻哲学が尊厳の概念を新たに考えていく上で与え得る示唆とは何か。まずその突出した特徴として、人間が生み出した科学文明や産業文明に対する肯定的な眼差しが指摘できる。朴鍾鴻は、近代化がもたらした人間の自己疎外をむしろ新しい創造のための条件と見なし、加速度的に進展する建設的な現実に積極的に参与することこそ、人間の尊厳の輝くところであり、そこで人間のもっとも能動的な力が発揮できると考えていたのである。

朴鍾鴻は、近代化の諸問題から目をそらし、自然に回帰しようとする欧米現代哲学の一部の方向転換には明確な反対の立場を取っていた。その例は数多いが、例えば次のような叙述は、「私」という観念を中心とする近代的な精神の極端的な形である実存主義や科学哲学など現代哲学の潮流を排斥せず、むしろ包摂することを要請している。

画期的な方向転換に汲々としたあまりに、近代的なものを再び活かせなければ、それは西洋の近代思想をむやみに蔑視しようとする一部東洋の狭小な自然観と異なるところがなくなってしまうだろう。現代の科学的な技術を活かし包摂することがなければ、人間学的な「私」中心の思想をその積極的な意義において受け入れなければ、彼らの新たな転換は、むしろその成就が疑われるしかない。／新しい世界観は、近代的なものをただ切り捨てる方向にだけ進むことができず、それを自らの下に止揚し、「私」中心の思想をその真の意味において蘇らせるような、より包括的なものでなければならない。そうして、それ自身自然であり、天であり、自らの理法に従って動きながらも、同時に人為的なものすらもその中においてその存在意義をもつような世界が、新しい転換において模索されるべき唯一の真の世界であろう。（「転換の模索」（発表年未詳）、二・四八七頁）

朴鍾鴻が描いた新しい世界は、自らを否定する生成の運動としての自然、またその運動の中で人為的なものすらもその存在意義を持ち得るような自然である。しかし朴鍾鴻の創造的人間観は、抽象的な個人としての「私」をただ肯定するものではない。それは上の引用からも明らかである。尊厳は、個人としての人間が最初から備えている既成品ではなく、天地（環境）の絶え間ない変化に媒介されながら、作られつつ、作りつつあるものである。しかも尊厳とは、人間の主観が営む観念的な所為ではなく、身体的な制作行為にかかわるものであり、加速度的に進展していく現実における人間知性の能動的な契機として理解され得るのだ。このような尊厳を、「プロセスとしての尊厳」と呼ぶこともできよう。

以上のことが、朴鍾鴻哲学が尊厳の問題に寄与できる思想であると、筆者は考えている。しかし、特に人間の尊厳の問題を考えたときに、朴鍾鴻に肯定的な評価をする研究者は、ほとんど存在しない。第一節でも述べたように、朴鍾鴻は晩年、朴正熙政権に協力して「国民教育憲章」を起草し、また朴正熙の維新体制を思想的に支えるなど政治的な影響力を行使したことで、韓国国民の尊厳を著しく毀損したというのが、朴鍾鴻哲学に対する一般的な評価である。

朴鍾鴻の晩年の政治参加をどう評価するかは難しい問題である。一つ確かなことは、彼の政治参加は、彼自らの哲学を裏切った行為ではなく、むしろ彼の哲学を実現するものであったということである。朴鍾鴻の政治参加について、李炳秀は次のように述べる。

洌巖〔朴鍾鴻の号――引用者〕の立場からみたとき、政治参加は哲学的な実践であったのであり、決して政治的な実践ではなかった。彼は朴正熙政権に積極的に参加し、多様な活動をしたが、自らそのような活動を政治的な実践だと考えることはなかった。政治に参加する前にも後にも、彼は自らを哲学者と考えたのであり、決して政治家とは考えなかった。……しかし洌巖が設定した哲学的な課題は政治的な実践を要求したため、彼が自らの哲学的な課題に本気で向き合えば向き合うほど、真理を求める精神を徹底すればするほど、政治への参加は避けられないものとなった。……少なくとも洌巖にとって、朴正熙政権への協力は、知性の世界に対立する権力の世界への投降、飛躍ではなく、民族構成員が創造の行為を総計画的な目的のもと有機的に連関させる、〈聖なる〉生の現場への移行であった。(11)

上の引用は、朴鍾鴻の政治参加が、彼の哲学において何を意味していたのかをよく表している。朴鍾鴻が歩んだ思想的な経路と、当時の韓国社会が置かれていた時代的な状況を合わせて考えると、朴鍾鴻哲学が政治参加へと帰結したことは、突然起きたハプニングというより、むしろ内的な必然として見えてくるのだ。朴鍾鴻の政治参加に対する批判的な議論は数多い。李炳秀は、朴鍾鴻哲学に対する政治的な観点からの批判を、以下の三点にまとめている。一、誇張された民族概念、二、社会構造に対する認識の欠如、三、強制された自律。(12) 筆者は、第三の批判の「強制された自律」こそ、朴鍾鴻哲学のもっとも重要な争点の一つであると考えている。「強制された自律」は、一と二の批判も含んでいる、朴鍾鴻哲学のもっとも根源的な特性であると考えるからだ。

朴鍾鴻哲学において、「否定性の自覚」としての人間の能動性が、歴史的現実の「否定性」、つまり自然の生成という絶え間ない否定のプロセスに媒介されている点に注目してみよう。朴鍾鴻にとって、人間の尊厳は、自然の生成過程から孤立されている実体的な何かではない。そのような尊厳は抽象的なものとして退けられる。自然の生成過程に媒介された人間の能動性を、筆者は「プロセスとしての尊厳」と規定した。

しかし、「プロセスとしての尊厳」を裏付ける実践的な制作行為が、現実の「否定性」の必然的な産物として理解されるとき、そのような実践は、「強制された自律」に容易に転化する。「否定に関する研究」において、「人間の積極的な能動性を確乎として堅持する」（三・六八六頁）ことが、「天命之性としての否定性を尽くすことであり、その性に従う所以でもある」（三・六八六頁）といわれているのは、その証拠である。ここで、「否定性の自覚」という人間の能動的な働きは、「天命之性としての否定性を尽く」こと、つまり自然の生成の必然的な帰結として捉えられている。朴鍾鴻は続けて、「否定性を自覚して、創造的に参与することによってのみ、人間が人間である所以がある」（三・六八六頁）と述べる。人間が人間として生まれた以上は、「否定性を自覚して、創造的に参与する」しかない。ここで、朴鍾鴻のいう「プロセスとしての尊厳」は、実践的な制作行為に国民を駆り立てる「強制された自律」に転化している。このようにして、「国民教育憲章」でいわれる通りに「我らは民族中興の歴史的使命を負ってこの地に生まれた」ことになったのである。

(11) 李炳秀［二〇〇五］三七五。
(12) 李炳秀［二〇〇五］三八九～四〇九。

参考文献

郭旻錫「否定性としての「天命之性」と民族的主体の模索――朴鍾鴻哲学の主体論」、『自然と実学』第七号、二〇二二年。

郭旻錫『自己否定する主体――一九三〇年代「日本」と「朝鮮」の思想的媒介』京都大学学術出版会、二〇二四年①。

郭旻錫「日韓における戦後的主体の創出―田辺元の〈懺悔の主体〉と朴鍾鴻の〈創造の主体〉」、『比較思想研究』第五〇号、二〇二四年②。

金杭「アレゴリーとしての4・19と5・19――朴鍾鴻と丸山真男の1960」、『尚虚学報』第三〇号、二〇一〇年（韓国語）。

朴鍾鴻『朴鍾鴻全集』民音社、一九九八年（韓国語）。

李炳秀『洌巖朴鍾鴻の哲学思想――天命思想を中心に』韓国学術情報、二〇〇五年（韓国語）。

3 唐君毅の「自作主宰」
人格尊厳の根拠として

小島毅

1. はじめに――現代新儒家とは

現代新儒家とは辞典の定義によれば「辛亥革命以降の近代主義的思潮やマルクス主義思想の台頭のなかで、中国の伝統思想や学術文化の再評価をこころみる知識人の一群[1]」のことである。彼らが尊重する「中国の伝統思想や学術文化」とは、具体的には主として儒教の一流派として十一世紀に誕生した宋明理学だった[2]。私は以前すでに唐君毅についての中国語論文と、尊厳研究の一環として牟宗三について論じたものと、二つの

(1) 平凡社『百科事典マイペディア』オンライン版「新儒家」。
(2) 日本では朱子学・陽明学と並列して呼ばれるが、それら(およびその周辺の思想家たち)を総称する名称は根付いていない。宋学がこれに近いが、この語は狭義には明学(陽明学など)と区別して用いられ、江戸儒学研究ではほぼ朱子学の同義語になっている。英語ではNeo-Confucianismとも言い、日本にも新儒教という語を使う研究者はいる。以下、新儒家自身の用語を尊重して宋明理学と呼ぶ。

文章を発表している。[3] 彼らは西洋における個人概念を咀嚼吸収し、旧来の儒教とは一線を画す人間観を打ち立てた。その際、伝統思想の旧弊ぶりを糾弾するのではなく、伝統思想の中に西洋近代哲学と共通する人間観を発見することで、その現代的価値を揚言することに彼らの特徴がある。その論理構成は思想史研究の立場からは恣意的で成り立ち難いものに映ずるが、[4] 彼らが一つの思想流派として展開させた主張を内在的に理解するためにはそうした判定を棚上げし、その言説を読み解いていく必要がある。本稿は牟についての拙稿と同じ方針で、唐の人間観をその経歴を参照しながら分析してみたものである。

2. 唐君毅の生涯

唐君毅は四川省宜賓県の柏渓にある旧家の子として生まれた。その日付はダイチングルン政府公用の時憲暦では光緒三十四年の十二月二十六日。光緒三十四年は一九〇八年にあたる。[5] その三年前、政府は科挙の廃止を決定していた。千年以上にわたって歴代王朝の統治システムを支えてきた文官採用筆記試験が無くなったことで、知識階層の子弟は新たな学校制度のもと、西洋伝来の学知を修得することが必須となる。[6]

唐君毅の祖父は夭折し、父は遺腹の孤児だった。母親(君毅の祖母)は当時の慣習に倣って再婚せずに子を育て、科挙のための勉学をさせていた。しかしその中途で科挙が廃止されたため、ジャーナリスト・教育者として活躍する途を選ぶ。そこで君毅が生まれてまもなく成都に移住したため、彼は四川省省都のこの大都市で育つことになる。君毅の母方の祖父は女子師範学校の教師で、娘(君毅の母)を自分の学校に通わせていた。そこで彼女も教師として女子校で教えている。このように彼は両親とも教育者という家庭環境に育ち、「年譜」

によると一九一〇年には早くも母親から字を教わり、一九一四年には父親から『老子』を教えられたという。一九二二年、重慶聯中の生徒の時に宋明理学について学び陸象山の思想に共鳴する。しかし一九二五年に北京に遊学するとマルクス主義に心酔した。一方で梁啓超・胡適・熊十力ら錚々たる人たちの講義を北京大学で受けている。一九二七年に南京の東南大学に移り、合併改組により名称変更した中央大学を一九三二年に卒業し、その後もそこで助教を務めたりした。この間、一九二九年には成都の四川大学で西洋哲学史の講義を担当している。

一九三七年七月七日に盧溝橋事件が起こり、中華民国は大日本帝国と事実上の戦争状態に突入する。(7) 同年末に首都南京が陥落、政府は四川省の重慶に移転する。唐はこれに先立って成都の華西大学で教えており、以後は重慶政府に協力して抗日戦争に参加することになる。一九三九年には蔣介石側近の陳立夫の下で教育

(3) 小島［二〇〇〇］・小島［二〇二二］。

(4) 小島［二〇一三］一九九～二一一、小島［二〇一七］二四六～二四九、小島［二〇二三］三七二～三七五。

(5) ところが時憲暦の光緒三十四年十二月二十六日はグレゴリオ暦では年が明けて翌一九〇九年の一月十七日であった。このような場合、この日を一九〇九年に属する者として扱い、「唐は一九〇九年生まれ」と表記する方式が現在では多数派になりつつある。台湾の学生書局から刊行された『唐君毅全集』(以下『全集』と称す) 第二十九巻の唐端正編撰「唐君毅先生年譜」(以下「年譜」と称す) でも「民国前三年 (公元一九〇九年) 一歳」と表記 (この「一歳」は数え年) して彼の生年に認定している。

(6) 魯迅 (一八八一年生まれ) や蔣介石 (一八八七年生まれ) は少年時に科挙受験のための勉学をさせられ、それによって儒教にもとづく伝統文化の世界観を身体化していた。ここに唐や牟宗三 (一九〇九年生まれ)・徐復観 (一九〇三年生まれ) ら現代新儒家が受けた教育環境との相違がある。

(7) ただし蔣介石が率いる中華民国重慶政府が日本に正式に宣戦布告するのは日本が米英両国に宣戦布告した直後の一九四一年十二月九日になってからである。しかし日本は一九四〇年に成立した中華民国南京政府 (汪兆銘政権) を正統な中国政府として承認しており、敗戦までついに中国に対する宣戦布告をしていない。

部にて活躍した。戦時中にも主に中国哲学史の論文を量産している。

一九四五年の勝利の後、政府が重慶から南京に戻るに従って唐が奉職していた中央大学も南京に戻った。その後、同じ江蘇省の無錫にある江南大学で教務長を務めていたが、とこうするうちに国共内戦が激しくなり、民国政府の分が悪くなって南京に危険が迫り、家族を四川省の故郷に避難させたうえで英領香港に渡った。以後、彼の活動拠点は終生香港に置かれる。

一九四九年十月十日、すなわち毛沢東が北京天安門で中華人民共和国の建国を宣言した九日後の双十節（一九一一年の武昌蜂起を記念する民国誕生の革命記念日）に、銭穆らとともに亜洲文商夜学院を創設。翌年にはこれを新亜書院に改組した。新亜書院は唐が終生かかわった高等教育機関で、現在の香港中文大学の源流の一つである。

こうして香港での教育を本務としながら哲学に関する論著を次々に発表した。その主要媒体となったのが、徐復観が主筆となって一九四九年七月に創刊した『民主評論』だった。これは毎月二号、つまり一年に二十四号（号数の数え方は「期」）の雑誌であり、唐は一九六六年に至るまでここから発信しつづけた。

その九巻一期（一九五八年一月刊）を飾ったのが「中国文化のために敬しんで世界の人たちに告げる宣言」（以下「宣言」と称す）である。四人の連名による文章で、署名順に牟宗三・徐復観・張君勱そして唐君毅、起草者は唐君毅だった。彼は前年から当時台湾にいた牟宗三・徐復観と書簡を通じて草稿のやりとりを行い、さらには在米の張君勱にも草稿を見せて同意を求めた。もう一人、彼が誘ったのが銭穆だったが、彼はその内容、特に宋明理学を陸象山・王陽明寄りに理解して評価する点に賛同できず、「宣言」署名人には加わらなかった。この「宣言」は一九六九年に『儒学と世界』と題する論文集に収録された際に「中国文化と世界」と改題したため、中国語圏ではこの名称で広く知られている。

「宣言」はさらに別名「現代新儒家宣言」とも言われる。四人の署名人はいずれも日頃儒家思想の現代的意義を強調する言論活動を行っており、「宣言」がその綱領とみなされたからであった。そこでの主要敵は伝統文化をないがしろにしている（と彼らがみなした）中国共産党と中華人民共和国政府であり、今では大陸でも印刷されて読むことができるが、共産党批判の箇所は（なんの断りもなく）削除されている。

「宣言」には人としての生き方が宋明理学の理想に基づいて説かれており、彼ら現代新儒家が中国伝統思想と西洋近代思想とを融合させて作り上げた一つの人間観を如実に示すものとなっている。本稿はここに至る唐君毅の思想遍歴を紹介し、その人間観を分析することを目的とする。

それに先立って唐のその後について紹介しておく。彼は一九六六年に左眼を治療するため初めて日本を訪れ、京都に十二月八日から八ヶ月間滞在した。その後も何度か来日し、一九七〇年には大阪万博も参観している。東京に宇野哲人を訪問した際には、その息子で唐にとっては同年輩である精一が父の客人を遇するにあたって終始侍立していたことに感銘を受けた。

一方、一九七四年に台湾の『中央月刊』から国民党創立八十周年を祝う文章を依頼された際にはこれを拒絶している。「先生の国民政府に対する態度は、それが中国政府であることを承認し、それが中国文化の価値を重視していることは承認していたので、毎年の国慶節行事には参加していた。しかし総統の祝寿には参加せず、三民主義を講ぜず、また国民党の功績を讃えることもなかった」(8)。彼の志操を示していよう。

一九六九年には張君勱への輓聯を作る。その結句は「万方　斉しく響く　自由の鐘」。『自由鐘』は張が関わっていた雑誌の名でもある。大日本帝国・人民共和国・蔣介石政権、人々の自由を侵害するこれらの政治勢力を生涯にわたって批判した唐君毅自身、「自由の鐘」を鳴らしつづけた人物であった。

（8）『全集』二十九巻一九六頁。ここに言う国慶節とは人民共和国のそれ（十月一日）ではなく、民国が定めたもの（双十節と同じ）である。総統はもちろん蔣介石を指す。三民主義（民主・民権・民生）は孫文以来の国民党の政治指針。

一九七八年二月二日瞑目。旧暦では前年（丙辰年）の十二月二十五日だったため、「年譜」は「享年七十歳」と記している。[9]

3．科玄論戦と唐君毅

「科玄論戦」すなわち「科学と人生観をめぐる論争」については本論集の他の論文でも言及されている。ここでも簡単に紹介しておこう。

事の発端は張君勱が北京の清華大学で一九二三年二月十四日に行った講演にある。この講演内容は「人生観」と題してすぐに公表された。その趣旨は「人生観は主観的・直覚的・総合的・自由意志的・単一性的であるから、科学がどんなに発達しても人生観の問題を解決することはできない」というもので、年長者が若者向けに行う、よくある常識的な訓示に過ぎない内容だったと言える。ところが、彼の友人丁文江が「玄学と科学」と題する一文を草し、張の主張を「玄学鬼」として非難したことによって論戦が始まった。[10]

玄学というのは三世紀に興り八世紀ごろまで続いた思想潮流の、当時からの名称である。『老子』・『荘子』・『周易』の三つの書物では「玄」という概念が説かれていた。[11] 何晏（一九五〜二四九）や王弼（二二六〜二四九）はこの語を哲理として洗練させ、儒教と老荘思想を融合させた思想を作り上げた。近代になって西洋哲学が紹介・移入されると、中国の伝統思想におけるメタフィジクスに相当するものとして捉え直されていた。丁文江は張君勱の講演をその「鬼」（中国語では亡霊の意味）とみなし、これを批判したのである。

ここで注意しておきたいのは、張は講演で玄学という言葉を使っていないことである。彼は若者たちへの訓示を「人生観」として語っており、それを玄学（形而上学）とみなして批判したのはあくまでも丁によるレッテルだった。

丁による張批判を受けて、多くの知識人が一九二三年に文章を発表してそれぞれの見解を披露した。同年末にそれらを収録した二種類の論集が刊行される。その一方は張に近い見解を多く集め、他方は丁に賛同する論者のものを中心にしている。[12]

この論戦の後、丁文江や胡適らの近代科学は万能であるとする主張は西洋文明を全世界で普遍的なものとみなして中国もそれに従うべきだとする「全盤西化論」、張君勱が主張する中国固有の伝統思想にも現代的価値はあって生き方の規範などにおいてそれを認めるべきだとする「現代新儒家」、そして科玄論戦の時期に移入されつつあったマルクス主義の三つの思潮が鼎立し、個人と社会の関係について、換言すれば「人という存在をどのように位置付けるか」の見方が分岐して展開していった。一九〇八年生まれの唐君毅は、ま

(9) 中村元哉「張君勱の憲法制定活動からみる「人間の尊厳」の思想的基盤」、牧角悦子「周作人「人の文学」に見る中国近代知識人の「人間」観」、石井剛「「科学と人生観」論争とその綻び」の三論文。そもそも本稿を含むこの四篇は科玄論戦百周年を記念して二〇二三年七月一日に二松学舎大学九段キャンパスで開催した尊厳学フォーラム第1回「中国近代の人間論」での報告とコメントにもとづく。

(10) 張と丁のこの2つの文章は邦訳されている。坂元ひろ子・吉川次郎(編)[二〇一〇]。

(11)『老子』は冒頭第一章に「玄のまた玄、衆妙の門」という文言を持つ。「衆妙の門」とは、あらゆるものやことが出てくる場所、万事万物の根源を意味する。また『荘子』には大宗師篇と秋水篇に玄冥、天地篇に玄徳、天道篇に玄聖などといった用語が登場する。『易』では坤卦に玄黄という用語が見え、文言伝の説明によれば玄は天の色とされる。玄学とはこの語に重い意義を認めて構想された本体論・宇宙論であり、四世紀の『抱朴子』に見える幽玄という概念は、日本でも和歌や能など芸道で奥深くて測り知れないさまとして尊重された。

(12) 張の意見に好意的なのは鄭夢良編集の『人生観の論戦』、丁の主張に加担するのは『科学と人生観』と題するもので、後者には陳独秀と胡適、すなわちマルクス主義者と全盤西化主義者が並んで序を寄せている。

さにその時期に人間形成を遂げていった世代に属している。

唐は後年の回顧において、青年期すなわち一九二〇年代後半から一九三〇年代前半の頃、科玄論戦に関するあらゆる文章、五四運動以来の新思潮すなわち全盤西化主義やマルクス主義による伝統文化批判について入手できるものはすべて読んだと述懐している。そして「最も反対していたのは玄学家の自由意志論だった」[13]。つまり、当時の彼は張君勱に対して批判的だった。

ところが、その後ヘーゲル『精神現象学』を読み、それまで馴染んでいた平板な英米流の新実在論を離れて、より高い哲学的な境地に登っていった。さらに三十歳前後で西洋の唯心論の道を進むことに喜びを感じるに至ったという[14]。唐端正「年譜」では一九三六年二十八歳の項に西洋の哲学者の中ではフィヒテとヘーゲルの形而上学を好むようになり、「二十七~八歳の時に形成された思想のありようを、その後はもう逸脱することがなかった」とする[15]。

ちょうどこの頃、前節で述べたとおり日中戦争が勃発、彼は重慶政府の下で過ごすこととなった。この時期に中国伝統思想に関する論文を多く著しているのは日本に対する民族的抵抗精神のなせる技であったろう。そして、それらにはドイツ観念論哲学の影響が色濃く窺われる。国共内戦の末期に香港に移り、台湾に移った民国政府に従属することなくその地で新亜書院を開いて講学したのも、中国の伝統思想とドイツ観念論哲学を融合させ尊重することによって、マルクス主義を国是とする共産党主導の人民共和国にも蔣介石の独裁が確立した民国政府にも付かないという彼の立ち位置を示すものであった。その言論活動もまたこの立場からなされていく。

以下、一九四九年の香港移住から一九五七年執筆の「宣言」に至る時期を中心に、新儒家唐君毅の人間論について分析していく。

4. 新儒家としての自覚

唐は香港に移ってまもない一九四九年七月、『民主評論』の創刊号に「理想的世界（上）：科学世界から人文世界へ」という文章を載せた。

本来の科学研究の対象は、初めは人間[16]以外の自然だった。科学の発展史は、天文学から物理学・化学を経て生物学に至った。（…）しかし科学研究の範囲が拡大してくると、必然的に生物科学から心理科学、社会科学、文化科学へと至った。こうして人類の感情意志、人間のあらゆる文化表現、すなわち建築・絵画・音楽・文学・宗教・道徳のすべてが科学の研究対象となった。[17]ところがそうなることで科学者たちはそれぞれの科学生活以外のあらゆる文化生活への興味・信仰・熱意を失い、人文世界に背くに至った。

(13)『全集』五巻五六八頁。

(14)『全集』五巻五七一頁。中国語の「唯心論」は日本語で唯心論・理想主義の他に観念論と表現される内実を持つ。ここではドイツ観念論（German idealism）を指している。

(15)『全集』二十九巻三四～三五頁。

(16) 中国語での「人」は日本語では（特に学術上は）「人間」の意味合いを持つので、ここを含めて原語「人」のほとんどを「人間」と訳してある。一方、「人類」は日本語と共通する。

(17)『全集』五巻五一～五二頁。一九五五年刊の『人文精神の重建』収録の際に「科学世界と人文世界」と改題。

東西の思想はもともと違ってはいたが、しかしその伝統的思想の嫡流では、同じく人間性[18]の向上を目指していた。東西の伝統的思想の嫡流では、ともに人間は単に自然的存在なのではなく、精神的存在であり文化的存在であることを認めていた。[19]

ところが西洋近代の科学文化が生物学の進化論にまで至ると、物質と生命の隙間が埋められ、唯物進化論の世界観が成立した。唐は西洋近代における自然主義哲学を代表する三名として、生物的な権力意志の本能を説くニーチェ、生物的な生存本能による経済利益を説くマルクス、生物の恋愛本能を説くフロイトを挙げる。

彼らは人類の文化活動における生物的本能の背景だけを掲げたため、人類の文化活動は実は生物的本能の化身であり、その主体性[20]はほとんど関係ないと信じ込まされた。そして人類の文化活動が本当は持っているそれ自体の独立した目的、たとえば真善美や神霊などはもはや信じられることがなくなってしまった。彼ら自身は文化に反対したことはないのだけれど、しかしこのての思想が流行した影響で、一般人の意識のなかでは、人類の文化活動に本来具わっており、また過去の人たちも文化に具わっていると認めていた純潔性・尊厳性・高貴性・神聖性は、もはや信じられなくなってしまった。[21]

この文章が一九四九年七月、つまり人民共和国建国の三ヶ月前の国共内戦の帰趨が定まった時期に発表されていることに注目したい。

同じ月に刊行された一巻二期には続編として「理想的世界（下）：人文世界の内容」を載せ、真を求める科学と、美を求める芸術とを対概念にし、ともに「人文活動」とみなして「政治経済の範疇」からの独立性を説いている。[22]

この「理想的世界」で主張されているのは、科学の自尊自大への批判、科学万能を信じる全盤西化主義への懐疑精神である。西洋由来の近代科学に一定の役割を認めながらも、人の生き方にもこれを適用することへの疑念は、自分たちの伝統文化に立ち返りそこに活かすべき遺産を見いだすやり方へと向かっていく。それから三年後、一九五二年五月の『民主評論』三巻十期に掲載された「儒家の社会文化思想の人類思想のなかでの地位」では、儒家思想が自由の精神に満ちていたとしてこれを賞賛している。

儒家はいつも常に個人の人格が至尊無上であるとし、いつも常に個人の自由を重んじてきた。儒家は、至尊無上な個人の人格は、必ずすべてを覆い尽くす個人の仁の心によって、他者や社会に恩恵をもたらすことができるのだと主張していた。彼らが個人の自由について語るのは、個人が倫理道徳を尽くして「性を尽くし己を成す」ことを意味し、そこには真に自得するという説が具わっているのである。(23)

「性を尽くす（尽性）」は『周易』説卦伝の「窮理尽性」に、「己を成す（成己）」は『中庸』の「誠者非自成

(18) 原文は「人性」。「人」を人間と訳すのに倣って、以下この訳で通す。
(19)『全集』五巻四八～四九頁。
(20) 原文は「主宰」。そもそもは朱子学で使う用語であり、「極力意識を対象とせず意識を働かせているその意識自体になりきろうとすること」だった（土田健次郎『朱熹の思想体系』（汲古書院、二〇二〇年、三八六頁）。本稿で以下論じていくように、唐にとって重要語彙の一つ。ここは「主体性」と訳しておく。
(21)『全集』五巻五三～五四頁。
(22) こちらは『人文精神の重建』収録の際に「理想的人文世界」と改題。
(23)『全集』五巻一九六頁。

己而已也、所以成物也（誠とは自己完成にとどまらず他者をも成就させるものだ）」によっている。『中庸』では続けて「成己とは仁であり、成物とは知である」と言い、『論語』の中でしばしば対になっている仁と知の関係に当てはめている。(24)

ここで唐がやろうとしているのは、人格の尊厳性に注目することで儒家思想を賛美することである。儒家思想、とりわけ宋明理学においては、覚醒した個人が尽性成己することで他者（社会）を正道に導くという論理がある。ここは唐が明確に新儒家の立場を表明した象徴的な文章として注目したい。

そのように中国には儒家の優れた考え方が伝統としてあったのであれば、なぜ中国共産党が成功してしまったのだろうか。「中国の今日の混乱における中国文化の背景」という穿った題名の文章(25)において、「中共」成功の原因として（世間一般の分析とは逆に）中国文化精神が肯定的要因として関与していたことを論じている。だが「中共」はそのことを認めたがらず、むしろ中国文化精神を恐れてこれを潰そうとしているのだ、と。(26)

そして『民主評論』三巻十五・十六期（一九五二年七月）に掲載した「西洋文化の思想を受容した態度を論ず：中国の知識人たちが自ら主体となる（自作主宰）精神的気概を打ち立てること」という文章で、「知識分子」たちに備わっていた「内在的な人格の尊厳」が国家的な危機に直面した際に西洋の工業・科学・民主・自由の精神を学ぶ意識をもたらしたと説く。(27)

唐はその一方で、「魯迅の徒」が中国の「人生の智慧や精神文化」を「阿Q」と呼んでキョンシーのような亡霊として扱ったことが、「中国人が自分たちには文化は無いとみなし、自分で卑下する感情は救いがたく、一面的なロシア化に至る結果をもたらしたのだ」と非難する。(28) ここから想起されるのは、丁文江が張君勱に向かって投げつけた「玄学の亡霊（玄学鬼）」という文言である。若い頃は丁に共鳴していたものの、この時点での唐に言わせれば人生観は科学とは別次元のものであり、人間がいったん志を立てれば、「おのずと西洋文化のある一国やある一時代の規準を自分の規準にすることはせずに、自ら主体となり、自ら規準を決める」ことができ、「決めて間違っていたら、改めればそれでよいのである」。[29]

5. 孔子精神と「宣言」

『民主評論』三巻二〇・二一期の「自由、人文、孔子精神」は『人文精神の重建』収録の際に「中西文化思想中の自由観念の会通」と題して修訂された。この文章は三つの章から成り、（上）「自由の種類と文化価値」、（中）「西洋の自由精神・自由観念の類型」、（下）「孔子の精神と諸種の自由」となっている。

唐は言う。自由には八つの階層がある。すなわち、（1）自分の欲望を満足させる自由、（2）人と異なる

（24）『論語』において仁と知が対になっている用例としては、里仁篇の「仁者は仁に安んじ、知者は仁を利す」や雍也篇の「知者は水を楽しみ、仁者は山を楽しむ」云々などがある。

（25）もとは中国哲学小叢書の第二巻のために書かれたらしく、『全集』五巻に収録されている。彼自身による執筆日付は一九五〇年九月。

（26）毛沢東が勝利した原因を（人民大衆の願望に応えたからとか、マルクス＝レーニン主義は普遍的に正しいからとかいった類の説明ではなく）中国の伝統的文化精神にあると喝破した点で画期的な文章とも言える。近年、習近平政権を翼賛する言説として儒教の「大一統」論が注目されており、七十年後の現在においてその妥当性がいっそう際立つ。

（27）余談ながら、日本の近代化においても江戸時代に武士や上層の農民・商人たちが朱子学によって培った自立の精神が大きく作用したとする論調が通説となりつつある。福沢諭吉の「一身独立して一国独立す」も単純に西洋思想の模倣的移入ではなく、すでに社会に浸透していたこの精神に訴えかける効果を持っていた。

（28）『全集』五巻三二六頁。

（29）『全集』五巻三二七頁。

意見を述べる自由、（3）選択可能性を保持する自由、（4）権利としての自由、（5）（民族国家を含む）社会集団の自由、（6）各人が人生の精神的理想や文化価値を実現させる自由、（7）胸襟度量の自由、（8）「仁心」の顕れとしての自由（自由の最高段階）である。このうち西洋思想が重視するのは（4）だ。ただしこれは自身の外部にある社会集団との関係のなかで必要になるものであり、したがって（5）の社会集団の自由が無いところでは実現できない。（6）はそうした社会へのはたらきかけであり、他者のそうしたはたらきかけを容認するのが（7）。そして（7）を達成させるための最高段階として、孔子が説いた（8）がある。

以上、私は人類が要求してきた八種類の自由の意味内容を分析してきた。この最後の一種、これは孔子のいわゆる自由であるが、すでに意識せずに暗示してきたところである。孔子は「仁を為（な）すは己に由（よ）る」と言った。己に由る（由己）とは自らに由る（由自）である。孔子は最初に己に由るという意義を提唱した。ゆえに孔子は中国の自由の父である。そして私たちは各種の自由の意義を分析して、やはり私たちはすでにそれらが「仁を為すは己に由る」の自由が人類最高の自由の根源に戻っていくのでなければならないと考える。（…）孔子を尊重しようとするならば、やはりあらゆる良き自由の精神を尊重すべきである。[30]

「孔子は中国の自由の父である」。よって儒家思想と西洋近代哲学との人間観は相対立するどころか、それぞれの文明圏において「自由」を希求した営みとして横並びの関係となる。とはいえ、唐は両者の本質的な相違を指摘することも怠らない。

私たちは孔子の思想のなかには西方近代の自由権利の観念がまったく無いことを認める。中国の過去の歴史文化には君主と政府の権限を規定し人権を保障するような、君主と民衆がともに認める憲法など存在しなかった。これらが欠けているので、人民は実際にはとても自由であったけれども、その自由はやはりいつでも為政者によって侵犯されるものだった。そして侵犯された場合に、人民は人権・尊厳の自覚にもとづいて反抗を加えることができなかった。(31)

中国では「人権・尊厳の自覚」すなわち権利の思想が自生しなかった。そこにあったのは事実上の「自由」にすぎず、往々にして権力者の恣意に任せて剝奪されてきた。そうなのではあるが、「孔子が君主・臣僚・民衆を平等なものとみなし、人格・尊厳を認めていたことを疑う余地はない」(32)。

『民主評論』五巻一七期(一九五四年七月)に掲載した「私の哲学と宗教の選択」では自身の幼時からの思想遍歴を回顧し、三〇歳の頃の新実在論からドイツ観念論への転向を一度目の選択とし、二度目の選択を「真知」を求めるには「自らの主体的な判断(自作主宰的判断)」が大事であると思い至ったことだと言う。(33)

一九五七年二月の「人間の学問と人間の存在」(『民主評論』九巻四期)では先述した彼の科学観をさらに深化させている。「科学は人間の学問の中の一種にすぎず、人間の学問世界の中であらゆるものを指導する至高な地位にあることはできない」のであって、「私たちは人文世界の科学をこそ語るべきであり、科学的な人文主義を語る必要はない」(34)。

(30)『全集』五巻三四六頁。なおこのあたりの記述は小島[二〇二一]をもとにしている。
(31)『全集』五巻三七二頁。
(32)『全集』五巻三七四頁。
(33)『全集』五巻五七二頁。先に「年譜」によって紹介した若年時の記載はこれに依拠している。
(34)『全集』七巻七八頁・八一頁。

あらゆる科学が扱っているのは単なる概念符号に過ぎず、その対象の真実ではない。科学者の研究対象は、たとえそれが人文学の場合であっても手段にとどまり、真の目的は科学者自身の人格の成就である。科学と区別する意味で唐はそれを「人文精神」と呼ぶ。人間の存在価値は科学による知識の獲得ではなく、「人文」すなわち人類の文化・文明を実現することにある。そして、それを可能にするのが各人に生得的に備わっている人間性、人格の尊厳だった。

続けて、唐は学問をその価値が高いほうから順に次のように列記する。為人の学（立派な人格者になるための学問）／歴史／文学芸術の学／哲学／社会科学／自然科学／形数の学と論理学。

私たちが「為人の学」は学問世界の中で最高の地位にあると言うのは、はじめに「為人の学」によって人間が人間に成るからである。（…）人間の道徳精神は各自が主体となる（自作主宰）意志として、ある歴史的事件の秩序を創り、またすべてはある意義のもとにあって、ある新しい歴史世界を作り出すのである。[35]

この文章には「主宰」・「自作主宰」という語が頻出する。そして、次のように話をまとめている。

人間は「尽心尽性」に恥じることが無いように、為人の学を成し遂げる行為の中で自己の人格の尊厳を尋ね求めるべきなのであり、従事する専門的学問の対象中に自己の尊厳を尋ね求めるべきではないのだ。そうしてのち、私たちはようやく他人の人格自体の中に他人の人格の尊厳を認識することができるようになる。これこそ私が世間の風潮を変えるために提案する方策である。[36]

こうして本稿はようやく「宣言」の意義について語るべき段階にたどり着いた。「宣言」は非常に長大で優に一冊の著書に匹敵する。

「宣言」第六章によれば、中国の「心性の学」が誤解される主因は西洋哲学の理性の精神（rational soul）で解釈しようとするからである。中国の「性」字は英語で nature と訳されるが、キリスト教の超自然（super nature）への連想によって今では日常凡俗の意味に誤解され、自然主義・唯物主義哲学のなかで卑しめられた。だがこの「心性の学」は形而上学を包含しており、カントの道徳的形而上学に近い。客観的宇宙の実在を前提とした経験理性による形而上学とは異なる。[37]

第九章では道徳的主体を解説する。人の道徳的主体は自身の行為上の進退と認識的主体の進退とを主宰することができる潜在力を具えている。これを発揮することで最高の道徳的主体が顕現する。これこそが仁であり、そこでは仁（道徳的主体）と智（認識的主体）とが統合されている、と。[38]

唐は若い時から人性論に強い関心を有していた。学生時代には「荀子の性論」（一九二四年）や「孟子の性についての新論」（一九二九年）を著している。晩年の大作『中国哲学原論』の「原性篇」（一九六八年。『全集』十三巻）は彼の人性論研究の結晶だが、さらにその補論として「中国哲学の中で性を説く方式を論ず」（『全集』一八巻所収）という文章も書いている。

唐の『中国哲学原論』は「原道」・「原性」・「原教」の三つの篇から成る。「原」は「たずねる」で、「〜と

(35)『全集』七巻九一頁。
(36)『全集』七巻一一〇頁。尽心は『孟子』の、尽性は『周易』説卦伝の語。宋明理学の修養論で重視された。「他人の人格自身において、他人の人格の尊厳を認識する」はカントの格率を想起させる
(37)『全集』四巻「中国文化与世界」二四〜二五頁。この第四巻は「中国文化与世界」の部を再び第一頁から数え始めている。
(38)『全集』四巻「中国文化与世界」三七頁。

は何か」という意。「原道」・「原性」は九世紀初めの儒者韓愈の代表作の題だった。これに「教」を加えて中国哲学の原論（こちらは理論枠組みの意味の近代的語彙）としたのは、『中庸』冒頭の「天が命ずるものを性と呼び、性にしたがうことを道と呼び、道をおさめることを教と呼ぶ」を踏まえている。『中庸』のこの句は宋明理学で重視されてきた。宋明理学、とりわけ朱子学では、人間なら全員に賦与されている潜在的な善性（天命の性）と社会生活の中で私欲に打ち克つことで顕在化した徳性（気質の性）とに「性」を二種に区分けし、前者に依拠して後者を完成させることが正しい生き方だと説く。唐はまさにこの枠組みによって、個々人が芸術・文学・宗教などの「人文」によって到達する境地を科学の領域外に置いたのである。それは一方で科学万能主義を批判することで科学の責任を軽くし、他方、社会的な悪の排除は人文精神が担うべきであり、その基礎となる人性・人格に至上の価値を与えるものだった。こうしてドイツ観念論の「自由（Freiheit）」と孔子の「由己」を結びつける現代新儒家の教義が成立したのである。

6. おわりに——徐復観との異同

最後に台湾の黄俊傑の研究[39]によりながら、「宣言」の署名者の一人徐復観を唐と比較しておく。徐復観は一九〇三年生まれで唐より五歳年長。日本に留学するも満洲事変に抗議して本国に送還され、抗日戦争中は国民政府軍に参加、蔣介石の秘書となる。台湾に移ってからは政治から距離を置いて学術活動に専念した。著書に『中国人性論史』『両漢思想史』などがある。

徐復観〔蕭欣義編〕『儒家政治思想と民主自由人権』（八〇年代出版社、一九七九年）所載の「なぜリベラリズムに反対する必要があるのか」に次のようにある。

リベラリズムの精神は人類の文化とともにやってきた、といえる。もし文化だと称することさえできれば、その文化のなかに、たとえリベラリズムや自由という概念がなかったとしても、そのなかには必ずなんらかの〔リベラリズムの〕形態があり、ある程度自由な精神がそのなかで躍動するものである。もしそうでなければ、文化など生まれる可能性さえない。（…）日常生活におけるリベラリズムの精神状態は、ヨーロッパ文化の概念でいえば、「己を自覚すること」となる。もしこれを中国文化の概念でいえば、「自作主宰」となる。[40]

ここでも「自ら主体となること（自作主宰）」が自由主義＝リベラリズムの基礎であることが強調されている。黄も徐を儒家リベラリストと呼び、彼が「人民」を主体として据えることで過去の儒教を乗り越えようとしており、この点に唐との相違点があったと評価する。

現代中国の新儒家のなかで、徐の歴史学の志向は唐君毅、牟宗三の哲学の志向とはおおきな径庭がある。（…）徐がえがいた「ひと」は手足を傷つけて生産労働に勤しむひとであるが、唐や牟がえがいた「ひと」は、杖を片手に逍遥し、「思いは流れる雲のままに漂う」思索し瞑想するひとびとであった。[41]

（39）黄俊傑［二〇一八］『儒教と革命の間：東アジアにおける徐復観』（緒形康訳、集広舎、二〇一八年）。
（40）中村元哉［二〇一八］一八〇頁所載の引用訳文による。
（41）黄俊傑［二〇一八］三二一～三二二。宋明理学の主要思想家の一人程顥の詩「秋日偶成」の「思入風雲変態中」という句を踏まえている。訳者の緒形が作者を程頤（程顥の弟）と注記しているのは単純な誤記だろう。

これに対して、唐や牟はかつての士大夫の風格に憧れ、その指導性によって民主を実現しようとした、すなわち朱子学の修己治人論と同質の見解だった。それは中産市民階級男性を基準とするカントやヘーゲルの人間論とあい通ずるところがあった。唐や牟がドイツ観念論哲学に共鳴し、「人格尊厳」を「自作主宰」によって基礎づける発想に至ったのは、彼我のこの社会意識の共通性に由来すると理解することができよう。その何をまねび、何をしりぞけるかは、私たちが「自作主宰」で考えるべきことである。

参考文献

黄俊傑『儒教と革命の間：東アジアにおける徐復観』（緒形康訳）、集広舎、二〇一八年。

小島毅「儒教與儒学涵義異同重探」、劉述先（編）『儒家思想在現代東亜：中国大陸與台湾篇』中央研究院中国文哲研究所籌備処、二〇〇〇年。

小島毅『朱子学と陽明学』、ちくま学芸文庫、二〇一三年。

小島毅『儒教の歴史』、山川出版社、二〇一七年。

小島毅「「みずからによる」ということ」、東京大学大学院人文社会系研究科ＨＰ連載『学問と社会の現在とこれからを考える』no.9, 二〇二一年（https://www.l.u-tokyo.ac.jp/studies/kojima.html）。

小島毅「現代新儒家牟宗三のカント理解」、加藤泰史・小倉紀蔵・小島毅（共編）『東アジアの尊厳概念』法政大学出版局、二〇二一年。

小島毅「牟宗三」「唐君毅」、姜尚中（総監修）アジア人物史６『ポスト・モンゴル時代の陸と海』、集英社、二〇二三年。

坂元ひろ子・吉川次郎（編）、新編原典中国近代思想史４『世界大戦と国民形成——五四新文化運動』、岩波書店、二〇一〇年。

中村元哉『中国、香港、台湾におけるリベラリズムの系譜』、有志舎、二〇一八年。

4　張君勱の憲法制定活動からみる「人間の尊厳」の思想的基盤

中村元哉

1．はじめに――なぜ張君勱なのか

尊厳という概念が中国で使用された初期の事例は、一八七〇年代初頭である。たとえ尊厳という中国語が一九世紀末から二〇世紀前半にかけて日本の影響をうけていたとしても、初期の使用例は日本よりも早かった(1)。もちろん、中国語の尊厳概念は、中華の伝統思想を背負いながら威厳というニュアンスで多用されたため(2)、その尊厳概念が多くの人たちから dignity として認知されるまでには、紆余曲折の道のりがあった。中国語の尊厳概念は一八七〇年代から使われるようになったが、その使用例が目に付くようになったのは一九二〇年代以降のことである。とりわけ、その使用頻度は、一九三〇年代に入ると激増した。このような基本的な傾向性のなかで、dignity を意識した使用例が少しずつ現れ始めた。たとえば、

(1) 中村［二〇二二］。
(2) 小島［二〇一七］。

一九二〇年代初頭には、人格の尊厳がキリスト教の教義に基づいて説明されたり[3]、一九三〇年代初頭には、女性の尊厳が Feminine dignity と明記されたりした[4]。さらに、一九四〇年代後半に入ると、「人間の尊厳」（中国語では「人の尊厳」）とは、「人の自覚に依拠するものである。人に自尊心があることが、最も尊いことである。人に自尊心があってこそ、はじめて人となる」と明確に認識されるようになった[5]。

こうして中国語の尊厳概念は、一九四〇年代後半には、dignity とほぼ結び付けられた。その重要な政治的かつ国際的な契機が、一九四八年の世界人権宣言だった。中国政府（一九四八年五月までは中華民国国民政府、それ以降は中華民国国政府）は、世界人権宣言の起草に関与し、その過程で、中国語の尊厳は dignity の中国語訳として定着したのだった[6]。

ここで、もう一つ重視されるべき中国情勢がある。それは、近代立憲主義（個人の自由と権利を保障し権力を分立するという意味）を中国憲法史において最も重視した中華民国憲法が一九四六年に制定され、一九四七年に公布・施行されたことである。中華民国憲法は、当初、その条文に尊厳という概念を含んでいなかった。しかし、同憲法は、その後の台湾における人権思想の発展をうけて、一九九一年に「国家は婦女の人格の尊厳を擁護し、婦女の人心の安全を保障し、性差別を除去し、両性の地位の実質的平等を促進しなければならない」との条文を追加して（追加修正条文第一〇条）、現在の台湾を多元化社会へと導く制度的基盤を提供した。つまり、多元化社会を実現しつつある台湾の現行憲法は、その起源を遡ると、一九四〇年代後半にたどり着くのである。

では、この中華民国憲法は、どのように準備され、どのように制定されたのだろうか。その詳細は一連の別稿で整理したとおりだが[7]、この制定過程で決定的に重要な役割を果たしたのが、中国民主社会党（旧中国国家社会党）の党首として活躍した張君勱だった。当時の政権は孫文から蔣介石へと引き継がれた中国国民党（国民党）を中心に運営されており、それと敵対していた政治勢力が毛沢東の中国共産党（共産党）だった。

張は、この二つの政党のいずれにも属さない第三勢力の中国民主社会党の党首として相当な知名度を誇った。

張君勱（一八八七―一九六九年／江蘇省宝山〔現在は上海〕／原名は嘉森）は、日本やドイツへの留学経験を持つ著名な知識人であり政治家だった。その政治思想はなかなかつかみどころがないが、最大公約数的にまとめるならば、それは伝統中華の儒家文化と近代西洋の立憲主義を融合させようとするものだった、と言える。換言すれば、張は立憲主義を重視した「新儒家」いわゆる現代儒家だった、ということである。その彼は、中華民国憲法の制定に尽力した後、一九四九年――共産党を中心とする中華人民共和国政府が成立し、国民党を中心とする中華民国政府が台湾へと移動した年――以降、自らの政治主張を香港や米国（アメリカ）から「両岸四地」（大陸中国・香港・マカオ・台湾）に向けて積極的に発信した。

本論は、「人間の尊厳」が人権の基盤を形成する一つの要素だという一般的な前提に立って、人権を最大限に保障しようとした中華民国憲法の生みの親である張君勱が、その制度的基盤をどのように思想面から支えようとしていたのかを、憲法制定前後の思想活動に注目して整理する。(8)

張君勱の「人間の尊厳」をめぐる思想的影響力は、一党独裁体制下で経済発展を遂げた大陸中国（中華人

（3）楊奎章「東正紳記録」「人格的尊厳」（『興華』第一八巻第五一期、一九二一年一二月二八日）。

（4）「女性的尊厳」（『時代』第二巻第二期、一九三一年一月一六日）と題された女性写真のコーナー。

（5）高邁「人的尊厳」『中央週刊』（第九巻第二期、一九四七年一月八日）。

（6）小島［二〇一七］、中村［二〇二二］。なお、世界人権宣言の起草者の一人が張彭春（一八九二―一九五七年）だった。張が中国語の尊厳をどのように理解していたのかは、本書収録の劉蔚之論文を参照のこと。

（7）中村［二〇一四B］、中村［二〇一七］、中村［二〇二二］。

（8）本論は、張君勱の政治思想を中国近現代史のなかで専門的に論じるものではない。関連する先行研究の動向と課題については、別稿（中村［二〇一四A］；同［二〇一八］）を参照のこと。

民共和国）や、一九九〇年代に政治的民主化を実現した台湾（中華民国）、さらには、民主化を求めた自発的な運動が二〇一〇年代末から抑え込まれてしまった香港には、ほとんど及んでいない[9]。しかし、このように現在的な意義がさほどなかったとしても、それでも張君勱が二〇世紀半ばにおいて「両岸四地」で人権や尊厳を思想として広めたことを振り返っておくことは、意義深い作業となるだろう。

2. 張君勱の人権思想——中華民国憲法制定まで

張君勱の政治思想は、時代情勢に応じて変化した。その思想の中核が自由主義にあるのか国家主義にあるのか民族主義にあるのか、そして、その主たる淵源としてのイギリス、ドイツ、中国の政治思想のうち、どれが最も強く作用していたのかをめぐっては、日本・中国・香港・台湾・欧米の専門家たちがそれぞれ自説を展開してきた。本論は、彼の政治思想の検討を目的とはしていないため、これ以上の言及を控えるが、私は、かつて張君勱の政治思想を総合的に検討した一人として、彼は自由主義と国家主義を調和させようとした政治家であり、儒家文化の再生を試みる民族主義の立場から、伝統中華の仁政（徳治）と近代西洋の憲政（法治）とを理論的に融合させようとした現代儒家だった、と主張しておきたい[10]。

その張君勱の思想が国内外で広く知られるようになったのは、一九二三年に始まった「科学と人生観」論争だった。張は、この論争で「科学は人生観を支配できない」と力説して、科学万能主義に釘を刺した。

それでは、張君勱のいう「人生観」とは、どのようなものだったのだろうか。「人生観」を形成する個人という主体に注目する以上、この議論には、たとえdignityという意味での尊厳概念が使われていなかったとしても、実質的には、「人間の尊厳」に相当する言い回しが見え隠れしている。

張君勱「人生観」（『清華週刊』第二七二期、一九二三年三月）には、「人生観の中心は私（「我」）である」との記述がある。そして、その人生観は「人格が独自のものであるところから起こる」と記されている。ここで重要なことは、人生観を形成する主体としての個人が独自の人格を持つという論の展開である。この論理的関係性は、人格の尊重を不可欠とする「人間の尊厳」を実質的に語っていることになる。

さらに、注目すべきは、このような人生観には「客観的な基準がなく」、人生観は「完成品ではない」という指摘である。張君勱によれば、人生観とは、「精神と物資、男女の愛、個人と社会、国家と世界」という枠組みのなかで、はじめて他人と議論が可能になるものだった。つまり、人生観の主体である個人は、多方面との繋がりのなかで各自の人生観を形成するのである。張は、そのなかでも個人と社会の関係性を重視した。彼は、「そもそも社会を離れた個人は存在しないし、個人を離れた社会も存在しない」と認識していた。

張君勱は、一九二〇年代前半の「科学と人生観」論争において、「人生観→私→独自の人格⇒人間の尊厳→個人と社会」という思考回路を示したわけである。張は、この思考回路を「……個人と社会→国家→政治→憲法」へとさらに伸ばしていくことになる。事実、彼は、一九三〇年代に中国国家社会党を組織して個人と社会と国家のバランスをどのようにとるのかを実践的に模索し、一九四〇年代半ばには個人と社会と国家のバランスを制度として具体化した中華民国憲法（現在の台湾で施行されている憲法）の草案を作成するに至った。

そこで、張君勱の政治思想の主要な部分を構成する憲政思想を、人権思想から整理することで、本論文集の意図に応えることにしたい。ただし、その整理に先立って、張が政治思想としての社会主義（共産主義）や政治勢力としての共産党に対してどのようなスタンスを採っていたのかは、簡単に言及しておかなければ

（9）中村［二〇二一］。
（10）中村［二〇一八］。

ならないだろう。なぜなら、一九二〇年代以降の中国では、社会主義思想がじわじわと流入し、中国国民党（国民党）と中国共産党（共産党）によるイデオロギー闘争が政界や思想界でも顕著になっていたからである。

張君勱は、一九一七年のロシア革命前後から中国で浸透しつつあった社会主義思想と共産党勢力を、時代情況によっては一時的に評価することもあったが、基本的には、両者に対して否定的な態度で臨んだ。たとえば、張は、中国国家社会党を組織して政治的な影響力を高めつつあった一九三〇年代初頭に、次のように述べた。「ソ連の一党専制政治は、私が認めないところである。ところが、共産党人士は、革命の秘訣がこの点にあると思っている」、「共産主義者は、すべてを国営にするわけではないというやり方を認めていない。しかし、私は、このように私営を混在させるやり方を『漸合於人性（一定の歴史と制度のもとで形成された人間の本質）』だと考えている」[11]。

こうした反共的な姿勢は、張君勱の政治思想を貫くものだった。当然に、その姿勢は、その憲政思想の一部としての人権思想の前提条件にもなっていた。

張君勱は、一九三〇年代から一九四〇年代にかけて、つまり、満洲事変（一九三一年）や日中戦争（一九三七年）から、第二次世界大戦終結（一九四五年）後に中国が戦勝国となって中華民国憲法に基づく憲政を実施（一九四七年）し、それにもかかわらず共産党によって指導される中華人民共和国が北京に成立して国民党を中心とする中華民国が台湾へと移動（一九四九年）するまで、個人と社会と国家の均衡を重視するために、憲法でどのように権力を分立させるのかで苦悩を重ねた。張は、日中戦争期に行政権の強化を容認する姿勢を示したが、基本的には、立法権と行政権のバランスに絶えず配慮しながら憲法構想を練り上げていった。さらに、近代立憲主義が権力の分立とともにその要件とした個人の自由と権利の保障、すなわち人権の保障についても、注目すべき発言を度々残した。彼は、社会主義やファシズムを嫌悪したとはいえ、政府権力の弱体化を望ましくないと考え、さりとて、強い政府（国家）が人権を過度に抑圧してもいけない、と考えた。

たとえば、張君勱は、「人民の三つの基本権利の保障——身体の自由、結社と集会の自由、言論と出版の自由」(『新中華日報』一九四四年一月)で、日中戦争の最中、憲政で保障されるべき基本的権利として、身体の自由、結社・集会の自由、言論・出版の自由を特別に重視し、法治[12]による人権の保障を中国に定着させようとした。そして、張は、「二つの時代における人権運動の概要」(『民憲』第一期第九期、一九四四年一一月)で、一八世紀型の「個人的、放任的、国内的」人権論(ロックやルソーら)から二〇世紀半ばの「社会的、計画的、国際的」人権論へと変化する世界的な思想潮流のなかで、「どのように両者の人権論を融合しながら、その両者の良いところを一度に得られるのかを考えるべき」だ、とも主張した。この文章は、読まれ方によっては、政府権力の枠内で人権を認めたものに過ぎないと解釈されるかもしれない。しかし、当時の世界情勢、すなわち、第二次世界大戦において民主政治がファシズムに勝利しようとしているとの世界情勢を念頭におけば、この文章は、国民が政府権力を有効に監督しながら、基本的な人権をいかに憲法によって直接保障すべきなのかを論じようとしたもの、とも解釈できる。

こうして張君勱の原案をベースにした中華民国憲法が第二次世界大戦終結直後の中国で制定された。この憲法は、議院内閣制の仕組みを部分的に採用することで立法権と行政権のバランスを制度的に実現し、人権を憲法によって最大限に直接保障しようとした。この憲法は、中国憲法史において、最もリベラルで立憲主義に貫かれた近代憲法となった。

張君勱は、中華民国憲法を実際の政治や社会で機能させるために、啓蒙活動を積極的におこなった。そ

(11) 張君勱先生遺著編輯委員会編輯『史泰林治下之蘇俄』(台北:台湾商務印書館、一九七一年)に収録されている一九三二年三月作成の「自序二」一頁。
(12) 張君勱の「法治」は、原則的には、rule by law ではなく rule of law を意識した概念だったと理解できる。

の取り組みの一つが、『中華民国民主憲法十講』（商務印書館、一九四七年）の刊行だった。張は、その第三講「人権は憲政の基本である」で次のように述べている。

人権が保障されてこそ、政府の地位はますます強固になる。人民が、人格を有し、礼・義に明るく、廉・恥を知る心を持てば、〔人民は〕自ずと一国の中堅分子になるだろう。人民を尊重することは、政府の尊厳を保障することになる。

この短い引用文には、重要なポイントが三つ隠されている。

一つ目は、中国語の尊厳が dignity の意味で定着しつつあった一九四〇年代後半において、その重要な構成要素と認知されていた人格を一九二〇年代から一貫して重視していたことである。二つ目は、中華民国憲法の制定過程においてあまり文字化されてこなかった張君勱の潜在的な儒家文化に対する意識が礼・義・廉・恥の四文字で顕在化していることである。三つ目は、政府の尊厳とあるように、尊厳が dignity の意味に加えて威信や威厳といった伝統的な意味合いを依然として帯びていたことである。この三つのポイントをどのように理論化していくのかが、一九五〇年代以降の張君勱に問われることになった。

3. 張君勱の人権思想――中華民国憲法制定以後

張君勱は、本来であれば、中華民国憲法に基づく憲政をスタートさせた中華民国政府を支持する立場にあった。張が嫌悪し続けた社会主義の実現を目指す中華人民共和国政府が共産党の指導下で大陸中国に成立し、しかも同政府は伝統中華を代表する儒家文化の継承を否定したことから、張君勱は、なおさら、一九五〇年代以降の台湾を支持するはずだった。ところが、台湾へと移った国民党の蔣介石は民主的な憲政を後退させ、強権政治を発動したため、彼からすれば、台湾の政権も大陸中国の政権と同じように魅力のないものに映った。

そうした政治情勢を主たる背景として、張君勱は、一九五〇年代以降、香港やアメリカを拠点にして、自由で民主的な憲政を儒家的な仁政と調和させながら、いかにして実現できるのか、そのための個人と社会と国家の関係がどうあるべきなのかを理論的に模索し始めた。先述の三つのポイントが、実践的な思想課題として浮上したわけである。

一九五〇年代以降の張君勱は、一部の政治家や知識人にとって、特別な存在となった。というのも、中国分断という政治状況をうけて、香港には、国民党にも共産党にも与しない政治家や知識人が流れ着いたからである。たとえば、張が組織し運営してきた中国民主社会党や、同党とともに中華民国憲法の制定と施行に協力してきた中国青年党は、基本的に台湾へと移ったが、一部の有力な党員たちは香港で活動を続けた。また、儒教文化の継承と発展を信念とした銭穆、唐君毅、牟宗三、徐復観ら現代儒家とよばれた一群の知識人たちも、香港や台湾で横断的に活動を続けた。こうした人びとは、一九二〇年代から中国の思想や学術を牽引し、中華民国憲法の制定にも尽力するなど政治経験の豊富な張君勱を自らの思想的拠り所とした。

こうして香港や台湾では、儒家文化とリベラリズムを接合して、前者から後者を抽出しようとする動きが広がった(13)。その思想活動の主たる場となったのが、徐復観によって香港で創刊された『民主評論』(一九四九—一九六六年)だった。そして、その思想活動を国内外に広くアピールした歴史的文書が、「中国文化のために謹んで世界の人士に告げる宣言」だった。この宣言は、徐復観、張君勱、唐君毅、牟宗三の連名によって

(13) 謝暁東[二〇〇八]。

一九五八年に公表されたものである。宣言の趣旨は、儒家リベラリズムと反共産主義という大方針の下で、民主的な憲政を実現すべし、というものだった。

この文書で注目されるべきは、「個人の人格の尊厳」という表記が含まれていたことである。換言すれば、この文書には威厳や威信といった伝統的な尊厳概念は登場しない、ということである。

それは、何故だろうか。

その理由の一つは、一二項目で構成された同宣言のなかに「九、中国文化の発展と民主的な建国」と「一〇、我われの中国現代政治史に対する認識」が設定され、中国史に対する次のような解釈が施されているからである。すなわち、「民主憲政は、中国文化の道徳精神から自ずと導き出された要求でもあった」、「それ故に、民主政治以外のいかなる努力も、中国問題の解決にとっては一切効果をもたないのである」。

以上のような趣旨に賛同して尊厳に対する解釈を変更した張君勱は、その後、自身の政治思想を集大成するかのように、執筆活動を精力的におこなった。その代表的な成果が、『自由鐘』(*Liberty Bell*)——一九六五年三月にアメリカで創刊し香港でも発行した政論誌——で連載した長編論文である。この学術成果は、「新儒家の政治哲学」(第一巻第三期、一九六五年五月)を連載の事実上の出発点とし、第四巻第五期(一九六八年七月)の長編論文「民主政治の開始(上)」で全貌を露わにした。張は、これら一連の文章で、西洋の民主制が立憲主義と民主主義のいずれの面においても中国の専制よりも優れていることを論証しながら、その民主制は中国においては自らの文化にも根差すものだ、との立場を示した。

このような張君勱の立場を最も明瞭に示したのが、プラトン『国家』の一節を訳出した個所(「民主政治の開始(六)」『自由鐘』第四巻第一〇期、一九六八年一二月)と、それをうけての張の総括(「民主政治の開始(七)」『自由鐘』第四巻第一二期、一九六九年二月)だった。その訳出個所とは、「私には一つの前提がある。すなわち、我が国は、善にもとづく政治(「善治」)において、最も完全な国になるだろう、ということである。……〔中略〕

……いわゆる完全な国には、四元徳が備わっていなければならない。四元徳とは、すなわち、英知、勇気、節制、正義である」との個所である。そして、プラトンの四元徳が中国の古典にも表れていることを解説した上で、次のように総括した。

プラトンの『国家』は政治を論じたものであり、その立論は道徳に基づいている。〔ここから私たちは、『論語』の〕「政治とは正しい行いをすること」という考え方が、東洋と西洋を貫く道理であり、何ら異なるものではない、ということがわかるだろう。

要するに、古代ギリシア以来の近代西洋における四元徳（英知、勇気、節制、正義）を伝統中華の儒家倫理と結び付けながら、儒家の説く道徳を欧米の民主国家に備わっている憲法体制に融合させようとする新たなタイプの国家を構想したわけである。一言でいえば、徳治と法治の融合に基づく民主的な憲政の追求である。では、張君勱は、伝統中華の徳治を基盤にして近代西洋の法治を制度化するなかで、「人間の尊厳」をどのように論じたのだろうか。

実は、張君勱は、これら一連の文章において、尊厳という概念を使用していない。しかし、張は、一九二〇年代の「科学と人生観」論争の時と同じように、人権（人格）を重視し続けた。彼は、「民主政治の開始（八）」（『自由鐘』第五巻第一期、一九六九年三月）で、人民が国家の主体であること、その人民が「個人の集積」から成ることを指摘した上で、おおよそ次のように述べている。各個人には、それぞれの信仰や思想や表現方法があり、他人に影響を及ぼす力もある。これらはすべて、「天賦」の「良知良能」である。したがって、政府は「人がそれぞれ固有である」ことを承認すべきであり、それこそが君主の能力であり君主の権力である。このような状態こそが「自由であり、人権（Human Right）である」。

この文脈で「人がそれぞれ固有である」ことを認めよということは、「人間の尊厳」を認めよ、ということと同義である。実際、張君勱は、一九六〇年代頃に作成したと推測される手稿「なぜ民主と科学が我が国で発展しないのかという問題について」(政治大学達賢図書館特蔵組所蔵、請求番号：ma-0021-0001 ~ 0013)で尊厳概念を使用しており、「人間の尊厳」を間違いなく念頭に置いていた。

以上のように、張君勱は、「人間の尊厳」を定着させるような思想的基盤が過去の中国にも過去の西洋と同じようにあったことを「民主政治の開始(八)」で示したのだった。つまり、中国も西洋も同質である、と説いたわけである。張は、近代西洋の各国の憲法が「人民の権利」に関する章を必ず設定していると説明して、よりよい中国の未来を展望するかのように、次のように力説した。

これら〔の人権〕は、人が人であるために不可欠なものである。それらは、社会や他者によって認められ、国家の裁判所によって執行されなければならないものである。こうして、人が〔本来〕道徳的に持っていて当然とされていたものが法的効力を持つようになったのである。

ちなみに、「民主政治の開始(八)」は、張君勱がその生涯の最後に公表した論文である。徳治と法治を融合しようとした彼の民主的な憲政論は、未完のままとなった。

4. おわりに

本論は、中華民国憲法という政治制度の基盤を創り上げた張君勱の政治思想に注目して、その政治思想を

「人間の尊厳」という切り口から再整理した。本論の分析は簡潔過ぎたかもしれないが、それでも、次のような重要な歴史事実が紡ぎ出されるだろう。それは、二〇世紀半ばの中国――厳密にいえば二〇世紀前半の大陸中国と二〇世紀後半以降の香港・台湾――には、制度的には人権を保障し得る憲法が確かに存在し、それを思想的に支えようとした動きが広がっていた。つまり、「人間の尊厳」の制度的基盤は二〇世紀半ばまでに非欧米圏の一部である中国（あるいは中華圏）で整えられ、その思想的基盤が広がりつつあった、ということである。

「人間の尊厳」は、少なくとも東アジアにおいては、制度的にも思想的にも二〇世紀半ばには受容されつつあった。したがって、二〇世紀後半から現在にかけて、そして将来にわたり、東アジアで尊厳概念が運用面で開花し、理論面で世界に対して新たな貢献を果たしたとしても、何ら不思議なことではないだろう。

参考文献

【日本語】

朝倉友海『「東アジアに哲学はない」のか――京都学派と新儒家』、岩波書店、二〇一四年。

許紀霖〔中島隆博・王前監訳、及川淳子・徐行・藤井嘉章訳〕『普遍的価値を求める――中国現代思想の新潮流』、法政大学出版局、二〇二〇年。

小島毅「東アジア伝統思想の『尊厳』」、『思想』第一一一四号、二〇一七年。

中島隆博『中国哲学史――諸子百家から朱子学、現代の新儒家まで』、中央公論新社、二〇二二年。

中村元哉「張君勱」、趙景達ほか編『講座東アジアの知識人　五――さまざまな戦後』、有志舎、二〇一四年A。

――「戦時中国の憲法制定史」、久保亨ほか編『戦時期中国の経済発展と社会変容』慶應義塾大学出版会、二〇一四年B。＊中国語版あり：中村元哉「戦時中国的憲法制定史」、『抗日戦争研究』第九二期、二〇一四年C。

――『対立と共存の日中関係史　共和国としての中国』、講談社、二〇一七年。

――『中国、香港、台湾におけるリベラリズムの系譜』、有志舎、二〇一八年。

――「中国憲法史における尊厳概念――その背後にある政治思想」、加藤泰史ほか編『東アジアの尊厳概念』、法政大学出版局、二〇二一年。

――「中華民国における民主主義の模索」、永原陽子・吉澤誠一郎編『岩波講座世界歴史　二〇――二つの大戦と帝国主義Ⅰ　二〇世紀前半』、岩波書店、二〇二二年。

原正人『近代中国の知識人とメディア、権力――研究系の行動と思想、一九一二～一九二九』、研文出版、二〇一二年。

牧角悦子「中国近代の尊厳概念――魯迅の小説を通して」、加藤泰史・小島毅編『尊厳と社会』（上）法政大学出版局、二〇二〇年。

兪可平『中国は民主主義に向かう――共産党幹部学者の提言』、かもがわ出版、二〇〇九年。


【中国語】


侯宇『人的尊厳之法学思弁』、北京：法律出版社、二〇一八年。

謝暁東『現代新儒学与自由主義――徐復観殷海光政治哲学比較研究』、台北：東方出版社、二〇〇八年。

薛化元『民主憲政与民族主義的弁証発展――張君勱思想研究』、板橋：稲郷出版社、一九九三年。

――『「自由中国」与民主憲政――一九五〇年代台湾思想史的一個考察』、板橋：稲郷出版社、一九九六年。

張君勱先生遺著編輯委員会編輯『国憲議』、台北：台湾商務印書館、一九七〇年。

張君勱先生遺著編輯委員会編輯『中華民国民主憲法十講』、台北：台湾商務印書館、一九七一年　＊二〇一四年版（北京：商務印書館）あり。

鄭大華『張君勱伝』、北京：中華書局、一九九七年　＊二〇一二年版あり。

――『張君勱学術思想評伝』、北京：北京図書館出版社、一九九九年。

中村元哉「美蘇冷戦下的港台反共自由主義――解読人権思想的政治背景」、国立政治大学図書館特蔵管理組『未完結的戦争――戦後東亜人権問題』、台北：国立政治大学図書館、二〇一九年。


【英語】

Motoya Nakamura, "Modern Chinese History: The Entanglement of Constitutional Government and Revolution", *Chinese Studies in History, Vol. 55-4*, 2022.
Roger B. Jeans, Jr. (1997), *Democracy and socialism in Republican China : the politics of Zhang Junmai, 1906-1941*, Rowman & Littlefield Publishers, 1997.

5　周作人「人間の文学」に見る中国近代知識人の「人間」観

牧角悦子

1. はじめに

個別の人間というものを前提としない前近代的統治思想が、その揺らぎをみせる近代、中国の知識人たちは「人間」というものをどのように捉えたのか。租税のための資源としての人民から、一個の個体として他から区別される「人間」というものが、どのように認識されていったのか。ここでは、『新青年』に掲載された周作人（一八八五～一九六七）の「人間の文学（人的文学）」をサンプルとして、中国近代の人間観の一例を紹介し、東洋近代における人間観を考える一助としたい。

2. 中国近代における科玄論争の位置づけ

一九二三年に始まった「科学と人生観論争（科玄論争）」では、西洋の価値観を受容した知識人たちがそれぞれの議論を展開した。「科玄論争」という命名が示すように、それは西洋近代を支えた「科学」と、「玄学」すなわち形而上の精神論的あるいは道徳的価値がせめぎあった論争だったと言えよう。中国では六朝期[1]に盛んになった「玄学」は、『易』や『老子』『荘子』を重視しつつ、目には見えない「道」の真理を追究しようとするものであった。「形而上」という言葉が『周易』に由来することが端的に示すように[2]、それは現実性・政治性よりも人間内部の精神や志向を追究する学問であった。ただ、六朝の玄学が、たとえそれが老荘を重視したとはいえ最終的には儒教的価値を否定するものではなかったのに対して、近代の「科玄論争」における「玄学」は、科学という西洋近代の価値の揺らぎを発端としているように見える。また、現実から遊離した哲学談義が、結果として王朝の衰退と滅亡を導いたという「清談亡国論[3]」によって否定的にとらえられる六朝期の玄学を、語彙として含む近代の「科玄論争」は、もしかしたら命名にそのような含意を持つものだったのかもしれない。

近代の科玄論争における「科学」と「人間観」という二項対立の構図においては、まず「人間とは何か」という問題が前提されるであろう。その際、「人間」というものが、個と個人、社会と個人、人道主義、公私論などの視点から論じられる必要が生じる。今回論じたい周作人は、この科玄論争に直接関わった人物ではないが、「人間」および「個人」というものの認識を、非常に初期に中国に持ち込んだ一人であった。またその際に周作人は、「個」の前提として「情」を重視し、それを「文学」という分野において論じようとした。そこには、大きく言えば近代と前近代の価値転換の問題、人と社会の問題、そして近代と文学の問題などが複層的にからまり、一本の線では説明できない複雑さがある。また、「人間の文学」という一文は、周作人の非常に初期の論考であり、若書きの未熟さに満ちている。しかしむしろ、だからこそ見えてくる中国近代の知識青年の思想が浮き彫りにもなる。その後定着したとは言い難い近代独特の、そして青年期の理想に満ちた周作人の文学観は、中国の近代における「人間」観を知る上で重要な資料となるものだと考える。

3. 中国近代と文学および周作人

一般的に中国の近代文学は胡適（一八九一～一九六二）から始まると説明される。五・四新文化運動、文学革命を導いた陳独秀（一八七九～一九四二）と胡適は、新しい文学として白話と小説を提唱し、一方で雑誌『新青年』において近代の新しい思潮を紹介した。ただ、『新青年』に掲載された多くの文章が、白話ではなく文言に近い文体で書かれていたことが示すように、『新青年』はあくまでも読者層としては知識階級が主であり、またそこに掲載された魯迅の「狂人日記」や「阿Q正伝」を見ても分かるとおり、それは決して流暢な白話とは言えない文体であった。中国の近代文学は、胡適の主張の通りに、白話小説や『新青年』を中心に転換したわけではなかったのだ。

さて、その新文化運動のリーダーの一人だった胡適が、文言や儒教など旧来の価値を強烈に否定することによって求心力となりえたのに対して、周作人は少し異なるスタンスをとった。胡適の思想がアメリカ留学の経験から影響を受けたものであったのに対して、周作人は日本留学の経験が、その文人としての有り様に大きく影響している。日本趣味、親日的言動、それは良くも悪しくも周作人の為人の特性である。そしてそ

（1）六朝時代は中国の中世期。三国時代の呉および東晋、南朝の宋・斉・梁・陳と、建康（南京）に都を置いた六代の王朝を以て六朝と呼ぶ。二二二～五八九年。

（2）『周易』繋辞上伝に「形而上者謂之道、形而下者謂之器」と。

（3）清談亡国論については、渡邉義浩「『世説新語』における貴族的価値観の確立」（『中国文化』七十四　二〇一六年）等を参照。

れ故に過去の不幸な戦争の際には売国奴として批判され、更に兄魯迅（周樹人　一八八一～一九三六）との不仲などの理由で否定的な評価が続いてきた。近年ではそれらの非客観的な評価を乗り越えて、周作人の他の文人とは異なる思潮や文体に対する再評価が高まっている。

前近代と近代の境を生きた文人という立ち位置は、兄の魯迅も周作人も同様である。魯迅がその執筆を時事評論と小説とに展開したのに対して、周作人は「小品」と呼ばれる随筆的短文に優れた文才を見せた。また、民衆歌謡や文化人類学などへの視線は、西洋由来の新しい学術を導入すると同時に、感性・格調という文人趣味の伝統を引き継いだ。日本との関わりとして、武者小路実篤の「新しき村」に同調したり、柳宗悦（一八八九～一九六一）や柳田国男（一八七五～一九六二）の民俗学にも深い関心を示した。民歌や民謡、民芸への視点は、国家と個人を新しく捉え直す必要が生じた近代の問題として、日本と中国で同時に共有されたものである。またその共通する背景としてあったが、西洋の文化人類学、心理学、更に霊と肉という宗教的問題意識であり、それらはここで取り上げる「人間の文学」に大きく反映されることになる。

周作人の「人間の文学」は、一九一八年『新青年』第五巻第六号に発表された。周作人は当時三〇代前半、既に吸収した西洋的文化や学術、日本を経由した近代思潮を背景としつつ、「人間」の「文学」とは如何なるものであるべきか、という大問題を、明確に大胆に主張する。以下、数段に区切りつつ、その内容を紹介していきたい。

4.「人間の文学」の提唱

「人間の文学」の冒頭は以下のように始まる。

我々がいま提唱すべき新文学は、一言で簡単にいうと「人間の文学」である。そして排斥すべきは、その反対の「人間的でない文学」である。

まず、タイトルとして掲げる「人的文学」を定義することから論が始まる。ここで筆者は、「人間の文学」及び「人間的でない文学」と訳したが、原文は「人的文学」と「非人的文学」である。「人」については、後の説明からそれが生物学的ヒトではなく、ヒューマンビーイングを指すものであることが推されるので、「人間」の訳語を当てることにする。「非人的文学」については、「非人」の「文学」なのか、「非」「人的文学」なのか、すぐには不明であるが、ここでは「人」を否定するような文学、人道的でない文学という意味に捉えた。

続けて、「人間の文学」という「新文学」の主張が、新しい主張なのではなく、真理の発見であることを述べていく。

> 新とか旧とかいう言い方は、本来妥当ではない。実は「太陽の下に、一体新しいものはあるのか(4)」という考えは理に適っており、是か非かはあっても新か旧かなどは無いのだ。新しい、と言う場合も、それは新発見したという意味での新であるに過ぎず、新しいとは新しく発明するという新ではない。
>
> 新大陸は十五世紀になってコロンブスによって発見された。しかしこの土地は、古くから存在していた。電気は十八世紀にフランクリンによって発見された。しかし電気もまた古くから存在していたでは

（4）旧約聖書に見える言葉。

ないか。双方とも以前の人には知り得なかったものが、コロンブスやフランクリンによって、たまたま見いだされたのである。

真理の発見もまた同様だ。真理は永続的に存在しているが、時間の制約のせいだというよりは、我々が愚昧であり、「道を聞く」[5]のが遅すぎる故に、発見されるのがこんなにも遅くなってしまって、新しいと呼ばれるだけなのだ。しかし実は真理は、新大陸や電気と同様に、早くからこの宇宙に存在しており、それは新しい果物やモダンな衣裳と同様なものだと言っても大きくは間違わない。

我々がいま言う「人間の文学」も、それは何も流行のものではない。むしろ世の中に人が生まれれば、同時に人道も生まれることを理解しなかっただけである。それは世の中の人が無知であり人類の意志を考慮に入れることを拒み、この正しい道を歩きながら、鬼畜の道に迷い込み、長い年月をボンヤリと過ごしたのち、やっと出てきたのであり、それはあたかも人が白昼に目を閉じてむやみに騒ぎ、後に目を開いて、はじめて世の中にこんなにも素晴らしい太陽があったのだと気づくようなもので、実は太陽はもう何年も前からこのように地上を照らしていた、というのと同じなのだ。

新旧という対立項を否定して、思想や道理には「新旧」があるのではなく、本来存在している「真理」を発見するかどうかである、と言う。人は生まれたときから、「人道」を備え持っているが、それが白日のもとにあらわれただけなのだ、と。自ら「新文学」と言いながら、「新」という表現が妥当でないことの説明に言葉が費やされる。さらにそこに旧約聖書やコロンブスやフランクリンが登場する。現在から見れば、非常に冗長なこの説明は、この時期の『新青年』に掲載された言論に、多く見られる特徴である。批判的に言えば新知識のひけらかし、よく言えば啓蒙的論調である。「新」青年には「新知識」が必要なのだ。続けて、「人間」の真理の発見について、欧州の状況を紹介していく。

ヨーロッパにおける「人間」の真理の発見は、まずはじめは十五世紀であり、そこでは宗教改革と文芸復興の二つの結果を生み出した。二回目はフランスの大革命となり、三回目はおそらく、世界大戦以後にもたらされた未知の出来事であろう。

女性と子供の発見は、十九世紀にまで遅れてやっと萌芽した。古来女性の位置づけというものは、男性の道具か奴隷かに過ぎなかった。中古時代の教育では、女性には霊魂があるのかどうか、一個の人間として認められているかどうかが議論された。また、子供は父母の所有品に過ぎなかったし、未成熟の人間とも見なされず、具体にして微なる成人だとみなされた。これによってどれほどの家庭の教育に関する悲劇が生まれたことか。フローベルとゴッドウィン夫人以後になって始めて光が差し、今では児童学や女性問題というふたつの大きな研究分野が形成された。良い結果が生まれることを期待したい。

中国でこの種の問題を語ろうとするならば、そもそも根本からはじめなければならないのだが、人間の問題もまだ解決されておらず、女性や子供の問題は更に言うまでもない状態なのだ。そこで今、まずは人間について話し始めよう。四千年の歴史の中で、今になって人間の意味について語り、「人間」を再発見し、「人荒を鬮く」というのも可笑しな話だが、年取って学習を始めることは、学習しないことよりも少しはマシなのだ。まず文学についてから話し始め、人道主義を主張したいと思うのは、このような訳なのだ。

(5)『論語』里仁編に「朝に道を聞かば夕べに死すとも可なり(朝聞道、夕死可矣)」と。

欧州における人間の真理の発見を、十五世紀の宗教改革と文芸復興、フランス革命、そして欧州戦争以後の三回のできごとに見る。また、その中で、「女性と子供の発見」に言及する。女性は男性の奴隷であり、魂を持たない存在であり、一人の人間としては考えられていなかった。子供も、父母の所有物であり、未完の人間と見なされていた。結果多くの家庭教育において悲劇が起こった、との主張は、周作人の一つの大きな特質である。周作人は生涯に亘って、女性と子供に対して伝統的文人とは異質の視点をもっていた。フローベル（一八二一～一八八〇）、ゴッドウィン夫人（一七五七～一七九七）など児童学・女性問題への言及も同様である。「文学」の前提に「人間」を置き、「人間」を考えるに当たって、まず子供と女性に視点を向ける。子供の発見・女性観・教育史、これらへの視点と言及は、もちろん西洋からの、あるいは日本を経由してのものであったとしても、周作人の視点の「新しさ」と言えよう。

5．人間の文学とは

論は続いて「人間の文学」の具体的な説明に入る。

「人間の文学」について言うためには、まず「人」という一字についていささか説明しなければならないであろう。我々の言う「人」とは、世間でいう「天地の性のうち最も貴い」、あるいは「円顱方趾」の「人」ではなく、「動物から進化した人類」である。特に重要なのは「動物から」という点と「進化した」という点である。

「人間」の定義を伝統的な「人」の認識から、動物から進化して人間性を持つ特別な存在としての「人間」に転換する。この点こそ、近代の人間観の成立過程において画期となる重要な主張だと考える。文中にある「天地の性の最も貴きもの」というのは、後漢の許慎の『説文解字』にみえる説明であり、文字通り「人」の文字の古典における公式見解である。「円顱方趾」というのは、清代に編まれた『事物異名録』なる書物にみえる「人」の説明で、「丸い頭に四角い足」との義である。周作人はこれらの外的・内的「人間観」を否定し、科学と進化論に基づく新しい人間観を提示するのだ。

続く主張の要点を掲げると、以下の通りである。

・人間とは、生物学的に動物であるが、動物と同じではない。その本能は、美しく善なるものであるので、そのような人間の本性に反する不自然な習慣や制度は、排斥改定されねばならない。

・また同時に、人間は動物から進化したものである。その内面生活は他の動物より高次元であり、生活を改善する能力を持つ。この内面生活によって、動物から向上し、平和の境地に達した。その獣性の残滓が古代の礼法であり、人間の向上発展を妨げるこれらを排斥改正すべきである。

・つまり、人間は霊と肉の二重生活をもつもので、古代の思想はこの霊肉二元が同時に併存し、永久に衝突するので、肉体を滅して霊魂を救うか（宗教・禁欲）、霊魂を顧みない肉体の快楽を追求するか、といった両極端になり、それは人間の正しい人生ではない。近世になって霊と肉とが一物の両面であるという認識が登場したが、それは対立する二項として考えられた。獣性と神性が合体したのが人間である、というのが、イギリスの十八世紀の詩人ブレイクの「天国と地獄の結婚」なのだ。

ウイリアム・ブレイクは若き日の柳宗悦が心酔したイギリスの詩人である。柳宗悦には『ウイリアム・

ブレイク』の著書もあり、[6] 周作人は柳宗悦を通じてウイリアム・ブレイクを認識し、共感したと考えられる。霊と肉の一致や神秘主義といった宗教と芸術の狭間の往来と、日本を通じた西洋近代思潮の汲み取りは、この時期の周作人の特徴であり、それらは周作人の「人間観」の提唱に大きな影響を与えている

6. 人間の理想の生活とは

「人」すなわち人間の定義を終えたあと、論は人間としての理想の生き方について述べていく。

　このような「人間」としての理想的生き方というものは、どうあるべきなのか。まず行うべきは、人類の関係を改良することだ。お互いに人類ではあっても、それぞれ人類のなかの一個である。なので、ある種の利己であることが利他であり、利他であることが利己であるような生き方を営むべきだ。

　まず、物質生活においては、それぞれが力を尽くして、必要な物資を手に入れる、言い換えれば、それぞれが心と力の労作を、相応の衣食住と医療とに換え、健康な生活を維持する。次に、道徳生活においては、愛・智・信・勇をもって基本道徳とし、人道以下、人力以上の因習礼法を取り除き、各自が自由で真実な幸福な生活を送れるようにすること。このような人間としての理想の生活を実行すれば、世界には利益に預からない人は居なくなり、富める人も彼の所謂尊厳を失わざるを得なくなるとはいえ、「非人」の生活から救出され、完全な人間になるので、それは幸福なことなのだ。これが二十世紀の新しい福音となる。しかし、そのことを知る人はまだ少なく、着実な実行がかなわない状況である。だから、我々は文学の世界で提唱することで、我々の人類愛の意思を尽くしたいのだ。

ここでは、「利己」「利他」という人間社会の根本問題について述べられる。利己と利他が融合すれば人間としての理想の生活が出来る、物質生活においては過剰に利を求めず、道徳生活においては道徳を中心に置く、というような理想は、理想として語るのは良いが、現実的な思想としては余りに楽観的過ぎないだろうか。人類愛を世界に提唱する、というのも同様であり、五・四運動期の高揚が、その後の持続を欠いた事実を知っている現代の我々にとっては、「新しき村」の理想主義と同様の空疎感を禁じ得ない。

とはいえ、この時期に、「人」というものが「人間」として、また「人類」(この部分ではこの語が使用されている)」として認識され、そのあるべき姿が新しく提示されたことの意味は大きい。

またこの部分には「尊厳」という言葉が使用される。ここでいう「尊厳」は、富を多く持つ者の虚飾を言うものであり、いわゆる尊厳概念の「尊厳」とは内実を異にする。ただ、漢語を使用する我々の尊厳概念において、その語義と文字表記の齟齬の歴史は認識すべき一つの問題ではないかと思う。そもそも尊厳概念は、中国古典に現代的意味で見えることは無いし、「尊厳」という語も、古典には明確に現れない。周作人が、ここで富裕者の虚飾の意味で「尊厳」という表現を使ったことには、記憶に止めるべき意味があるのではないかと思う。

論はこのあと、人道主義と慈善主義・個人主義、あるいはそれらの墨子の兼愛との相違について説明する。『論語』『墨子』から韓愈、キリストや仏教故事までを事例として引きながら、人間としての道を中心に据えた人道主義の何たるかを説明する。人道主義の説明に中国の古典が使用されることは、これらの主張の読者

(6) 原題は『ヰリアム・ブレーク』。大正三(一九一四)年、柳宗悦二十五歳の著作。洛陽堂より刊行された。『柳宗悦全集』第四巻(筑摩書房、昭和五十六年)所収。

に古典の教養が備わっていることを意味する。人間観と人道主義は、因習礼法を乗り越える新しい価値として提唱されているのだ。

7. 人道主義から人間の文学へ

人間とは何か、人道主義とは何かを説明した後、論はここで「人間の文学」の内実の説明に向かう。

この人道主義を本とし、人生の諸問題に対して記録を加えるものが、人間の文学である。さらにそれは二項目に分けられる。一つは、正面から理想の生活、あるいは到達の可能性を描くものである。二つ目は、側面から人間の平常の生活、あるいは人間的でない生活を描くものである。これらはともに研究の材料を提供する。これらの著作は分量も多く、また最も重要である。なぜなら、我々はこれらから、人生の実際の状況と理想の生活と比較することで、その差異と改善方法を明白にすることができるからだ。

この中で、人間的でない生活を描く文学と、人間的でない文学とを、世の中の人々は誤解してごちゃ混ぜにしているが、実際はそれらは大いに異なるものだ。たとえば、フランスのモーパッサンの小説である「女の一生」は、人間の獣欲を描く「人間の文学」だが、中国の「肉布団」は「人間の文学」ではない。ロシアのクプリーンの「魔窟」は娼婦の人生を描いた「人間の文学」だが、中国の「九尾の亀」は「人間の文学」ではない。著作態度が異なるからだ。一方は厳粛であり、一方は遊びである。一方は人間的な人生を望むが故に人間的でない人生に対して悲哀と憤怒を抱いているのに対して、一方は人でなしの人生に甘んじているが故に、人間的でない人生に対して満足を感じ、さらには愚弄と挑発の跡さえ帯びている。

簡単に言ってしまえば、人間の文学と人間的でない文学の区別は、著者の態度が、人間の生活を是とするのか、人間的でない生活を是とするかという、この一点に在る。題材や方法は関係ないのだ。

女性の殉葬の提唱、即ち殉節を提唱するような文章は、表面上は「風教を維持する」とは言っているものの、人を自殺に強要するものであり、まさしく人間的でない道徳である。だからそれは人間的でない文学だ。中国文学の中には、人間の文学はもともと極めて少ない。儒教や道教から生まれた文章は、どれもほとんど不合格である。

人間の文学を説明するに当たって、周作人は「人的文学」「非人的文学」という表現と「人的生活」「非人的生活」という表現を用いる。「生活」は、文字通り生活を言う場合と、人生を指す場合がある。人間を描くことが新しい人間の文学だ、という主張なのだが、描かれる人間が人間的生活（人生）を送っているかどうか、ということとは別に、人間的理想の人生ではなくても、つまり「非人的生活」であっても、それを描くのが人間の文学であり、むしろそちらに多くの新しい文学があるのだ、という。その例としてモーパッサンとクプリーンが挙げられ、そこには悲惨な人生や人の動物的欲望が描かれているが、作者の態度が人生に対して「厳粛」であることを以て人間の文学であるとする。近代の所謂自然主義文学を評価するのだ。一方で、創作態度が真面目ではないという理由で人間の文学とは認めてもらえない中国の小説として「九尾の亀」が挙げられる。男を騙し続ける妓女を描いた小説として、魯迅も小説史の中に位置づけた「九尾の亀」は、「肉布団」とともに否定し去られているのだ。

清末の小説をどのように評価するのか、という問題は、近代と小説、近代と文学を考える上で大変興味深い内容を含む。この後ろの部分では、「純文学」という視点から中国の小説が批判排斥されるのだが、そこに触れる前に、この部分で最後に言及される儒教批判に目を向けたい。周作人は、儒教的理想の女性像を描いた文章を否定する。女性が「家」や「義」や「節」に殉じる美談は、多く列女伝に記され、中国の理想の女性像を作り上げてきた。それは「風教」つまり儒教的教化の美しき現れと評価されてきたものである。周作人はそれを「自殺を強要するものだ」というストレートな表現で、人道的でない否定されるべき「中国文学」だ、と断定する。

儒教的価値の否定は、五・四運動、『新青年』の眼目である。女性の殉節は、儒教的である上に、女性の人生の軽視という意味で、周作人にとっては罪状が二重に重かったであろう。この批判は、近代的視点からは評価できる。ただ、儒教的価値の文脈の中での風教や殉節、またそれを称揚した文章を、「儒教」「中国文学」という単純な線の上で一方的に否定することが出来るのか、という疑問を筆者は抱く。人道主義という一つの「真理」のみを掲げる「新文学」の主張に、一方的な宣揚の危険性を感じるのを禁じ得ないのだ。

さて、続けて周作人は人を束縛し、成長を妨害する「純文学」を列挙する。「純文学」の意味するものは、ここでは儒教的「風教」とは別の文章という程度の意味のようだ。

いま単純に純文学の中から例を挙げると、

(一)色情狂的淫書の類
(二)迷信的鬼神の書の類：封神伝・西遊記など
(三)神仙書の類：緑野仙蹤など
(四)妖怪書の類：聊斎志異・子不語など
(五)奴隷書の類：甲種　主題が皇帝・状元・宰相　乙種　主題が神聖な父と夫

（六）強盗書の類：水滸伝・七俠五義・施公案など
（七）才子佳人書：三笑縁姻など
（八）下品な諧謔書：笑林など
（九）黒幕書
（十）それらが合体した古い戯劇

これらの類はすべて人間性の成長を妨げ、人類の平和を破壊するものであり、すべて排斥しなければならない。これらの著作は、民族心理の研究上は、みな極めて価値があり、文芸批判の上でも許容すべきものは何種かある。しかし主義の上においては、一切をすべて排斥せねばならない。道理が分かり、知識の定まった人であるならば、もちろん読むのは構わない。仮に研究し批判するのであれば、それは有益であるので歓迎する。

この厳しい批判をどう解釈したらよいのかわからない。『西遊記』や『聊斎志異』が人類の平和を破壊する、というのは極論を超えて暴言だともいえよう。この主張は、同時代の胡適とも魯迅とも異なる。胡適は白話の主張とも重なる『水滸伝』を評価し、研究対象ともしていた。魯迅は『中国小説史略』において、小説独特の意味と価値を評価した。それらと並べたときに明らかになる周作人のこの小説類の否定は、次の文章にみえる「道徳」第一の文学観に基づくもののようである。

8．道徳に基づく「人間の文学」

周作人の提唱する人間の文学は、自律的価値をもつ文学ではなく、飽くまでも人道主義に基づく著作のようである。そしてそれは更に道徳を基本に据えるべきである、と主張が続いていく。

人間の文学は、常に人間の道徳を基本としなければならない。この道徳問題はとても広範囲にわたるので、詳細を一時に語ることはできない。いまは、文学関係についてのみ、いくつか項目を挙げたい。両性の愛を描くものについて言えば、二つの主張がある。一つは、男女の本来的な平等と、二つは、恋愛による結婚である。世の中の著作では、この意図を発揮したものが、絶好の人間の文学である。たとえば、ノルウェーのイプセンの戯曲「人形の家」「海の夫人」、ロシアのトルストイの小説「アンナカレーニナ」、イギリスのハーディーの小説「テス」などがそれである。

恋愛を描く小説は、真実の愛と両性の人生とが霊肉一致と自由意志から出たものであるべき云々というこれ以降の行論は、近代的人間関係が成り立つための人間の自律として、男女両性の結合である結婚と恋愛を解説していくのだが、論が拡散しているので省略する。男女の恋愛に続いて、親子の愛が語られる。親子の愛については、旧来それが「天性に基づくもの」と言われてきたのに対して、そこに更に生物学的な親子関係以上に、人間の場合は「恋愛による融合」と「自我の延長」による意識的な関係である、という方向に発展させる。儒教的な家族観の欠点を、イギリスの教育者ゴースト、日本の津田左右吉を引用しつつ批判する。

後半の主張の要点は下記の通りである。

・祖先は子孫のために存在するのであり、父母が子女を大事にし、子女が父母を敬愛するのは自然なこと。それは天性である。文学において、これを描いたのがギリシャのホメロスの史詩イリアスとエウリピデスの悲劇「トロイアの女」である。
・イプセンの「幽霊」、ドイツのスーダーマンの戯曲「故郷」、ロシアのツルゲーネフの小説「父と子」などは、参考になる。
・一方で、中国の「二十四孝」にある郭巨（母親のために息子を埋めようとした：訳者注　以下同じ）や丁蘭（母親の肖像を傷つけた妻を責めた）などの残忍な迷信行動や、股の肉を裂いて欲を満たすなどの魔術的食肉習俗は道徳ではない。これらを文学に混入させてはいけない。

ここまでが、周作人が人間の文学として提唱する新しい文学の内実の説明である。いま、文学史的評価を加えることは控えておきたい。

9．時代性によって変化する評価について

最後の部分は、まとめとして、評価は時代によって変化するが、同時代にあっては、中国と諸外国は概念を共有することを言う。翻訳によって時代精神を共有し、人間としての道徳を養い、人間としての生活を実現することを提唱して論を締める。

ここまで述べてきたことを参照して、我々が提唱すべき、あるいは排斥すべき文学というものが、大体明白になったのではないだろうか。しかし、最後に、昔と今、中国の中と諸外国という（時間空間の）差異という点について、ひとこと説明を加えることで誤解を避けたいと思う。我々は、主義の相反する文学に対して、胡致堂(7)やあるいは乾隆の史論のように、自分の考えのみに基づいて古今の人物を頭から罵倒するようなことはしない。我々は論を立てるにあたって、「時代」という観念を重視しており、また批評と主張とを異なるものだとみなしている。古人の著作を批評するには、彼らの時代を認識したうえで、彼らにふさわしい評価としかるべき位置づけを与える。我々の主張にしてみても、それは我々の時代のものだと考えるべきで、反対の意見に対して譲歩できないからと言って、それをただ排斥するというような一方的な態度はとらない。

たとえば、原始時代には原始時代の思想があったのであり、魔術を行い人肉を食らうのは当然のことだった。たからこのような風俗や歌謡故事に関して、我々は研究対象にすることで見識を増やすことができる。しかし現代の社会に、まだ魔術を行い人を食らうことを考えている者がいれば、その者を捕まえて精神病院に送る必要がある。

次に、中国の内外という問題についても、我々はやはり「時代」という観念を堅持すべきであり、それ以外の境界を引くべきではない。地理上、歴史上、もともと種々の相違があるとはいえ、世界の交通は便利になり、風潮の流通も早くなった。人類は段々と接近し、同時代人は、並列的に存在しうるようになった。単位は個我であり、総数は個人である。自ら衆人と同じでないと考える必要はなく、道徳が第一であり多くの境界線を引く必要はないのだ（多少意味不明）。なぜなら、人間はつねに人類と關係しているものであり、だから張さんちの三郎や李さんちの四郎、あるいはピーターやヨハンは、姓名は異なり出身は違っても、ともに人類の一人であり、ともに感覚と性情を具えているのだから。彼が苦しいと思うことは我にあってもまた苦しいのである。この苦しみは、彼の身に降りかかるかもしれないが、また我が身に降りかからないとは限らない。なぜなら人類の運命は同じなのだから。だから私は自分の運命を振り返ろうとするとき、同時に人類共同の運命を顧慮すべきなのだ。

とすれば、我々は時代ということを言うことができるだけであり、中国の内外を分けることはできない。我々に創作が生まれたとして、それは確かに見聞できる中国という場所に当然偏るとはいえ、その他の大多数は、外国の著述の訳述を待って、読者の精神を広げ、世界の人類を見据えて、人間の道徳を養成し、人間の生活を実現することになるだろう。

ここでも最終的に、人間の道徳を養う文学を提唱し、精神を涵養することが、文学創作の意味なのだと言う。

10. おわりに

周作人の「人間の文学」は、人道主義に基づく人間としての真実の生き方を理想とし、人の精神性と道徳性を養成する文学の提唱である。近代と前近代の狭間を生き、日本を通じて西洋の近代に共鳴した周作人が、「人間の道徳」「真実の愛」「自由意志」を高らかに唱う「新しい文学」の主張は、文学論としては精度を欠く。思潮としても現実からの遊離が激しく、成熟度に欠ける。しかしながら、この論の前半に繰り広げ

(7) 胡寅(一〇九八~一一五六)、南宋の儒者。

られる「人間（人）」をめぐる解説には、それまでの中国には見られなかった新しい人間観が提示されている。それは、「人」という語を古典的な語義から解放し、いま我々のいう「人間」を表す語として、再構築するものであった。いささかの限界を含みながらも、人間認識において近代への大きな一歩を踏み出した周作人の「人的文学」は、中国近代の人間観を考える上で豊富な材料を提供するものである。

6 「科学と人生観」論争とその綻び
一九二〇年代中国における尊厳の位置

石井剛

1. はじめに

個人がひとしなみに尊厳を有するという人間観がすぐれて近代立憲主義的な産物であることは、樋口陽一の指摘するとおりだ(1)。そうであるならば、個人の尊厳という一見普遍的な価値は、無前提に普遍的であるわけではなく、それが世界史的に普遍化していくプロセスには壮大な紆余曲折や、受容と抵抗をめぐる激しいぶつかり合いが繰り返されており、しかもそれは今日まで続いているのだと想像するべきだろう。まして、近代立憲主義なるものを普遍的な価値であると断定することができないことは事実として明白であるし、そうである以上、樋口の行論にしたがうならば、尊厳なる概念については、少なくとも国家体制によって憲法の位置づけが一様ではないという事実と同程度にはバリエーションがあると考えるべきであろう。

(1) 樋口陽一［一九九二］一〇～一九。この会議報告の存在は松平徳仁氏にご教示いただいた。

さて、本稿が扱うのは中国においておよそ百年前に巻き起こった「科学と人生観」論争である。論争の火付け役となったのは、人生観は科学によって支配できるものではないと主張した張君勱（一八八七〜一九六九）だった。彼はその後、現代新儒家の代表的思想家の一人として、中華民国憲法の起草に携わっている。一九四七年に施行されたこの憲法は、その後条文追加などの修正を経て、今日も台湾で効力を保ち続けている。それは、個々人が生まれながらに有する平等な人格の尊重や自由の諸権利などを明確に定め、人権を立憲主義の根本に置いている点でまさしく近代的な憲法だ。それを張君勱が起草したのだ。このことは、伝統的な儒家思想が近代的な「普遍価値」に接続することで中華民国憲法が成ったことを示している。これはまた、中国文化の内部から近代的価値を見出して、中国ならではの近代文明を構築しようとしてきた現代新儒家の達成点として、今日も台湾の政治文化を中華文化の一翼であると認識する知識人たちのレゾンデートルにもなっている。[2] そして、かかる接続のあり方は、決して順接的に成されるのではなく、樋口が言うように「普遍価値」に対して「ノー」を唱えて抵抗することによって初めて可能になる性質のものであり、[3] したがってまた強い近代批判的性格をも内包するものであったことは疎かにできない問題であるだけでなく、尊厳なる概念がいまもなお未完の課題であり続けていることを間接的に示している。

黄進興は、「科学と人生観」論争において優位に立ったのは張君勱の人生観派ではなく、対立する科学派のほうであり、それが近代の普遍的な傾向であったと認めたうえで、だからこそ張君勱の現代新儒家としての立場には、近代において蔑ろにされていった形而上学を、別の倫理に向かって再構築していくポテンシャルがあると示唆している。[4] まして、「科学と人生観」論争において生じた分岐のもう一方は、よりラディカルな近代批判の運動として中華人民共和国へと結実していく。その方向において尊厳概念の展開を観察し、思考していくことは不可欠であり、喫緊の課題であると言ってもよいほどである。[5]

本稿は以上のような展望を持ちながら、百年前の思想論争へのアプローチを試みようとする。その中では、科学派対人生観派という二項対立の枠組みの中に置かれてしまうことによって見えにくくなっている両派の思想内部の複雑性とねじれが明らかになるだろうし、また、論争が当時の世界史的状況に対する中国からの反応であったことも明かされる。その上で、中国哲学が「ノー」と抵抗しながら近代化を模索する激しいプロセスの一例としてのこの論争が、その行間において尊厳の問題に触れてしまっていることにわたしたちは想到することになる。それは、尊厳の普遍性について再考するための小さなヒントを提供してくれるにちがいない。

2. 「科学と人生観」論争——約百年前の中国における思想論争

「科学と人生観」論争は一九二三年に生じている。科学が人生観を統御しうると主張した科学派が、人生観は科学の範囲を逸脱していると主張する人生観派を批判して、彼らのことを「玄学の幽霊」に取り憑かれていると言ったことから、「科学と玄学」論争（科玄論争）と呼ばれることもある。「玄学」とは、当時メタフィジックスの訳として使われていたことばだ。

（2）例えば、楊儒賓は、「文化伝統に基づいた憲政民主」こそは儒家思想がたどり着いた唯一のプランであったと述べている。楊儒賓［二〇二三］一一四。

（3）こうした評価のモデルを提供したのは竹内好だ。竹内好［一九九三］一一～五七。

（4）黄進興［二〇二三］。

（5）ただし、本稿ではこの問題を展開するいとまがない。別の機会に検討されるべきである必要があることのみをここでは指摘したい。

論争の背景には、一九一〇年代後半から始まった思想運動で一九一九年の第一次世界大戦パリ講和会議に異議を唱える五四運動の推進力になったとされる新文化運動がある。一九一二年の中華民国成立は、長きにわたる王朝体制が終焉したことを示す画期的な事件であったはずだった。しかし、臨時大総統に就任した袁世凱（一八五九～一九一六）は帝政復活を企て、第二、第三の革命を招来する。最終的に「中華帝国」は倒れたが、王朝打倒後もこうして続く混乱の中で、政治改革だけではなく思想と文化の徹底的な改革が必要であるとする痛切な希求が高まる。これが新文化運動だ。これは一九二〇年代前半まで続くが、一連の運動の中でもとりわけ大きく叫ばれたスローガンの一つに「民主と科学」があった。来るべき新しい思想と政治は民主主義と科学精神によって支えられるべきだという強い信念が、運動を牽引する動力となっていた。

一方で、第一次世界大戦は、中国の知識人たちに「科学」なる観念に対する懐疑心を生む引き金となる。梁啓超（一八七三～一九二九）は、パリ講和会議を視察するためにヨーロッパを歴訪し、その帰国後まもなく著した『欧遊心影録』（一九二〇年）のなかで「科学万能の夢」が潰えたと述べている。[6]この発言は、「民主と科学」称揚のムードに微妙な影を与える。梁啓超にとっても、この見聞をそのまま中国に伝えることにはためらいがあった。同じ年に発表した『清代学術概論』で、梁啓超は中国の学問において必要なのは、西洋の近代が得意としていた科学精神や科学的方法であり、中国においては清代の学問のうちにそれが萌芽していると力説した。他の知識人たちと同様、梁啓超もまた中国では科学はまだ発展途上にあるという認識だった。しかし、『欧遊心影録』では、物質文明の破産を愁う西洋に代わって、中国が東洋の文明を称揚すべき時が来ており、自分たちはそれら固有の文化をもっと尊重しながら西洋の研究方法を応用してその実相を把握することによって新しい文化の体系を築き、人類全体の幸福に寄与すべきであるとも述べている。[7]五四運動で顕わになった伝統に対する全般的な破壊傾向は、このあと別の方向へ展開していく。

論争のはじまりは、一九二三年二月に張君勱が清華学校（後の清華大学）で、アメリカに留学する学生たちに向けて行ったものだった。この「人生観」というタイトルを冠した講演の中で、張君勱は科学との対比のもとで人生観とは何かを説いた。その要点は五点にまとめられる。

一、科学は客観的、人生観は主観的である。
二、科学は論理的方法に支配され、人生観は直観に由来する。
三、科学は分析的方法によるが、人生観は総合的である。
四、科学は因果律が支配するが、人生観は自由意志による。
五、科学は対象の同一性に由来するが、人生観は人格の独自性に始まる。(8)

総じて、人生観は科学によっては解決できないのだと張君勱は述べる。そして、「新文化」なるものが生成してくるならば、それは人生観によるほかないのであり、西洋と中国ではそれぞれ異なる人生観があることを心に留めた上でアメリカに行くべきであると学生たちを戒めたのだった。

この張君勱の主張に対しては、ほどなくして丁文江（一八八七～一九三六）が真っ向から反対する『玄学と科学――張君勱の「人生観」を評する』という文章を発表する（同年四月）。(9) 丁文江によれば、科学の外側に人生観を置こうとするのは張が「玄学の幽霊」に取り憑かれているからだ。上述のように、「玄学」はメタ

（6）梁啓超［一九八五］三四六。
（7）梁啓超［一九八五］三七三～三七四
（8）張君勱、「人生観」［二〇一〇］三五二～三五四。
（9）この丁文江の論文には日本語の抄訳がある。丁文江［二〇一〇］三五八～三七〇。ただし、「玄学」を「哲学」と訳しているのは、丁文江自身が玄学と哲学を明確に区別していることに鑑みても適切ではない。

フィジックスの翻訳であるとされるが、丁文江は西洋中世において形而上学が神学と不可分であったことを例に挙げて、張君勱が相変わらず、ガリレイを弾圧したような古い形而上学の亡霊に取り憑かれたまま、哲学の趨勢を見失っているのだと説く。丁文江に言わせれば、哲学は科学的方法を発展させながら形而上学から脱する歴史を歩んできたのであり、ヨーロッパで興りつつある物質文明破産論は、科学の結果ではなく、政治社会に根強く残る玄学的思考が誤った罪名を押しつけたに過ぎなかった。[10] したがって、だいじなのは科学的方法を人生の問いに応用すべきことでその逆ではない。丁文江はいう。

わたしたちがいう科学的方法とは、世界の事実を分類してそれらの秩序を求めること以外にない。分類と秩序がはっきりしたら、わたしたちはもうひとつ最も簡単で明瞭なことばを考えだして、それらたくさんの事実をまとめる。それを科学的公例という。[11]

複雑な事実を適切に分類してそれを秩序立てることは決して容易なことではない。しかしだからといってそこに科学的方法が適用できないということはない。つまり、人生観のような法則性や基準が見出しにくいことがらについて、容易に「公例」を見出すことはできないが、だからといってそれが永久にできないというこことにはならないと丁文江は主張する。

「人生観は科学によって支配されない」という命題をめぐる、およそ決着のつけようがなさそうな議論は、このあと多くの論者を巻き込みながら半年ほど続いていったん沈静化するが、科学派と人生観派の対立図式は、その後、科学主義的傾向を顕著にもつ啓蒙主義（そのうちの主な流れはマルクス主義に合流していく）と、文化保守主義的傾向を帯びる反啓蒙主義（その大きな流れは現代新儒家思想が引き受けていく）へと展開していく。[12]

3．科学と張君勱――ヨーロッパにおける科学論争への応答として

この論争を引き起こした張君勱と丁文江は、どちらも梁啓超の欧洲視察に随行したメンバーだった。梁啓超のもとでお互いのことをよく知った二人が真っ向から対立するような論戦を始めたという事実はそれ自体で興味深い。欧洲視察を経た梁啓超が見せた、科学をめぐる両義的な評価は、ほぼそのまま丁文江と張君勱の立場の相違に重なっている。梁啓超自身、彼らは「わたしが最も敬愛する友人」であるから、しばらくは「局外中立」の態度で論争の行方を見守ると同時に「徹底的に議論をして両方の意見をじゅうぶんに尽くす」ためにも「参戦する人が多ければ多いほどいい」と期待している[13]。論争がその後の歴史に与えた影響の大きさを思えば、梁啓超の目論見は彼自身が期待した以上の効果を持って達成されたと言えるのかもしれない。

丁文江は日本での短い留学を経てグラスゴー大学に進んでいる。中華民国成立後には中国にもどって地質学者として活躍していた丁文江は、ヴィクトリア時代の栄華をなぞるように、ダーウィン、スペンサー、ハックスリーらの学問を称揚していた。一方、張君勱は丁文江よりも遅れて日本に留学し、四年間という短く

（10）丁文江［二〇一〇］三六四～三六六。
（11）丁文江［二〇一〇］三六〇。但し、訳文は若干改めた。原文は、丁文江［一九二三］三。
（12）人生観派に代表される立場を「反啓蒙（counter-enlightenment）」と称するのは彭小妍の創見であるが、彭自身が明確に定義するように、ここでの「反啓蒙」は科学主義的啓蒙とは一線を画して「感情啓蒙」を構想しようとするもので、啓蒙に反対したり、それを否定するものではない。彭小妍［二〇一九］一八。なお、五四新文化運動期における科学主義的傾向については、Daniel W. Y. Kwok [1965] や汪暉［二〇〇四］（日本語抄訳版として汪暉［二〇一一］）などがある。
（13）梁啓超［一九二三］一～二。

はない時間を過ごした後に、ドイツに留学して政治経済学を学んでいる。梁啓超率いる視察団は一九一九年二月から一九二〇年一月までの間、主にパリを拠点としながらヨーロッパに滞在しているが、その終盤が近づいた一二月にドイツを訪れている（ただし、すでに丁文江は先に帰国しており、ドイツには同行していない）。

『欧遊心影録』の中で、梁啓超は科学とその庇護のもとで打ち立てられた物質的かつ機械的な人生観が、自由意志の成立する余地を奪い、善悪の責任を担う根拠が失われたと述べる。[14] 注目すべきなのは、『欧遊心影録』の中では「人生観」という術語がこうしてのちの張君勱と丁文江の論争を先取りする形でたびたび登場することである。この言葉は日本語経由で中国語に入ってきたらしいことを彭小妍が明らかにしている。彭によれば、この術語は、安倍能成（一八八三〜一九六六）が一九一二年にルドルフ・オイケン（一八四六〜一九二六）の著作を翻訳して『大思想家の人生観』と題したのを嚆矢としている。このオイケンこそは、欧洲視察の後に張君勱が師事することになる著名学者であった。ドイツ滞在中にオイケンとの会見を果たした張君勱は、その魅力に打たれて師事を決めてドイツに残り、一九二二年にはオイケンとの合作で『中国とヨーロッパの人生問題』（*Das Lebensproblem in China und in Europe*）をドイツ語で刊行している。

実際、張君勱の「人生観」講演は、ドイツで生起していた学術問題を引き受けていると見なすとわかりやすくなる。とりわけ注目したいのは、マックス・ウェーバー（一八六四〜一九二〇）が一九一九年一一月にミュンヘンで行った演説『職業としての学問』だ。

『職業としての学問』という標題は日本語ではじゅうぶんに定着しているが、「学問」を表すWissenschaftは「科学」と訳しても差し支えないものだ。むしろ、ウェーバーがこの講演の中で強調している、魔術から解放された世界において主知主義的合理化と共に専門化を遂げつつある学問は、まさに近代的な「分科の学」としての科学の姿そのままであると言えるだろう。したがって、この講演を「職業としての科学」と呼ぶことは可能であるし、むしろ、「科学」でなく「学問」の名で理解することは、丁文江が「玄学」と呼んで貶めたもの（張君勱の言う「人生観」）を学問の外側に追いやることにもつながりかねない。そこで、以下ではウェーバー講演において日本語では「学問」と呼び習わされていることばを一律「科学」と呼ぶことによって、この論争をより普遍的な地平の上においてみたいと思う。なお、文中では「学問」という言葉も用いるが、その場合には、ウェーバーの用語を離れて、前近代のものも含んだ広く知的探求全般のことを指す。

なお、ウェーバー講演の主題を「学問」でなく「科学」と翻訳するべきだというのは、北京大学の李猛が提唱するものだ。彼は講演の新訳と当時講演をめぐって生じた反響のいくつかや、それに対する今日の論評をまとめたアンソロジーの中で、こうした選択に至った経緯について次のように説明している。

ドイツ語学界のコンテクストにおいても、その後のワイマール・ドイツにおいて引き起こされた議論においても、このウェーバー講演はまさに近代科学の思考法、制度設計、倫理的要求があらゆる科学――「自然科学」（ダ・ヴィンチ、ガリレイ、スワンメルダム）であれ、「精神科学」や「歴史科学」（例えば古典語文学、「国家学」、または国民経済学）であれ――によってもたらされた合理化の結果に向けられていたのだった。文化的意味や価値に関わる歴史科学（各種人文学と社会科学）がより大きな挑戦にさらされることになったのは、それらが「科学」ではなかったからではなく、それらもまた「科学」に変換されてしまったからだった。[15]

さて、梁啓超の指摘を待つまでもなく、大戦がヨーロッパの人々にもたらした失望や動揺は、たしかにそ

（14）梁啓超［一九八五］三五。
（15）李猛［二〇一八］Ⅶ。

のまま既存の科学に対する懐疑を青年学生たちにもたらしている。ウェーバーは、今日の科学が何か役に立つとすれば、それはこの世界に「意味」があるなどという信仰を根本から除き去ることであり、したがって大学の教師に指導者たることを求めてはならず、そして、科学がなすべきことは、ただ「明確さ」の提示のみであるのだと言う。[16] また彼は、近代科学の特質を明らかにする一方で、科学を職業とする場合には主知化と合理化だけでは済まない、外部要素が支配的に作用していることを隠そうとはしない。例えばそれは、就職に至る途に不可欠な「僥倖」であり、新たな創見を得るきっかけとなる「霊感」だ。[17] しかし、それらはあくまでも仕事に仕えて知的廉直に徹底することの先にしか現れることのないものであり、科学を天職とする者はこうした状況に甘んじなければならない。したがって、教室の講義の中には必然的に「重大な人生の問題」が隠されているにもかかわらず、そこで行われる科学にはそれを片づける能力もなければ義務や権利もない。そして、この点については、「大学の教壇以外のところにある別の力が物をいう」とウェーバーは主張する。[18]

こうした「職業としての科学」観に対しては、その後多くの批判が起こる。ここでは、マックス・シェーラー（一八七四〜一九二八）の批判に触れておきたい。シェーラーによれば、ウェーバーは哲学を排斥してしまったことに大きな過ちがあった。シェーラーはウェーバーが科学と非理性的領域とを截然と区分することに異議を唱えつつ、それらの中間領域にあるはずの哲学こそは、「科学が精神と理念をまったくもたないパターン化した作業に陥り、宗教が暗黒の個人主義的熱狂に堕す」ことを防ぐのだと述べる。[19] ここでシェーラーは哲学という概念をソクラテスがフィロソフィア（智慧への愛）と呼んだ原義に遡って再定義しようとしている。シェーラーは、「人々がより真面目に、厳格に、無前提に科学を理解しそれに従事するほど、本質的には、科学は何らかの世界観を獲得したり確立するために何ら意味をもたなくなる」として、科学が世界観に寄与することはないとするウェーバーの立場に賛同を示す。[20] 一方で、だからこそ科学がそれ自体で世界観の基礎となるような価値と理念の体系を生み出すことはない以上、その導き手が必要であることをウェーバーは理解していなかったとする。シェーラーに言わせれば、その導き手になることこそが智慧の役割なのだった。[21] 科学はそれ以外に人間がおこなうあらゆる実践と並んで、人格創造のために必要な手段であるばかりでなく、どちらも智慧によって導かれ、智慧ある人として不断の成長を遂げる人格の発展に寄与する。科学は一個の人格として成長を遂げようとして人が自由な選択によって選び取る具体的な方法であり、その限りでは、ウェーバーの言うようにそこに価値の優劣を判断する余地はないだろう。

以上のことからおおよそ明らかなように、張君勱の「人生観」講演は、こうしたドイツにおける科学論争とかなり重なり合う関心のもとで行われている。張君勱によれば、科学には客観的な効力という最大の標準が具わっている。人生観はそれと対照的に主観的であり、したがって科学が介入できる領域ではない。しかし、当然のことながら、このように述べることによって張君勱は科学の価値を貶めたわけでも、まして否定したわけでもない。逆にあたかもウェーバーがそうであったように、科学の領分を厳格に規定しようとした上で、なおもウェーバーが禁欲し、シェーラーが批判的に補おうとした人生の問題にアプローチしたのだ。張君勱は決して科学を否定しても貶めてもいないのみならず、梁啓超と異なり科学と物質文明を直接結びつけてもいない。張君勱の行論にしたがうならば、文明の物質性と精神性いかんを決定するのは人生観のちがいであるにすぎない。

(16) マックス・ウェーバー［一九三六］四一～六二。
(17) マックス・ウェーバー［一九三六］一八～二三。
(18) マックス・ウェーバー［一九三六］五五。
(19) 李猛［二〇一八］一〇八。シェーラー原文のタイトルは、Max Scheler, "Max Weber Ausschaltung der Philosophie".
(20) 李猛［二〇一八］九九。シェーラー原文のタイトルは、Max Scheler, "Weltanschauungslehre, Soziologie und Weltanschauungsetzung".

いわゆる古今の大思想家とは、こうした人生観の問題に何らかの貢献をした人たちのことだ。たとえば、楊朱は為我主義、墨子は兼愛主義、そして孔子や孟子はそれらを折衷させた。孔孟から宋元明の理学家までは内心生活の修養を重んじ、その結果、精神文明をなした。三百年来のヨーロッパは人力によって自然界を支配することを重んじ、その結果、物質文明をなした。アダム・スミスは個人主義者であり、マルクスは社会主義者である。ショーペンハウエルやハルトマンは悲観主義者で、プラトンやヘーゲルは楽観主義者である。彼らはそれぞれ自らのことばにこだわっているが、言葉を用いているが、絶対的に是非の基準はない。(22)

西洋において近三百年来物質文明が隆盛したのは、アダム・スミスを筆頭とする「大思想家」たちの人生観がそれを求めたからだと張君勱は評価する。いずれにしても、科学そのものからは、価値の選択と判断は生じてこないのだ。そして彼は第一次世界大戦後に物質文明を厭う論調が現れたのは、商工業を偏重した人生観が正しいものであったのかどうかをヨーロッパ人自身が疑い始めたからだとする。(23)換言すれば、張君勱から見てヨーロッパで生じている問題は、商工業偏重の文化を生み出した物質文明に対する懐疑なのであって、科学に対する不信ではなかった。

4. 人生観と丁文江——伝統学術の継承者として

一方の丁文江はどうだろう。梁啓超は、論争に対する二度目の介入の中で、丁文江があたかも「専制宗教家」のように科学万能論に陥っていると指摘している。[24] たしかに、科学の領分を明確に定めて、その外側に人生観を置いた張君勱に比べて、人生観もまた科学的方法によって明らかにできると主張する丁文江は、ヨーロッパ近代文明が陥った（と梁啓超が評価する）科学万能論と同様の議論を展開しているように見える。その上、ウェーバーとシェーラーを経由することで張君勱の論旨が明確になったのに比べると、丁文江の行論には奇妙なところが多い。その中には、おそらくは意図せざるがゆえに興味深い論点が露呈していると言うべき箇所があり、見逃すことはできない。それは、中国の「精神文明」に関する批判部分だ。

上述のように、張君勱は、中国において形成された精神文明の成就者として、孔子や孟子から宋元明代の理学者たちをことさら挙げている。彼らは、「内心生活の修養」に重きを置くことによって中国独自の精神文明を築いたのだと張君勱は述べていた。張君勱自身はかかる精神文明の成就について西洋の近三百年とは異なる選択がおこなわれたと述べているだけで、その事実に対して何らかの評価を下しているわけではなかった。丁文江がこの点を適切に汲み取っていないのはこの論争をわかりにくくしている原因の一例であると言わねばならない。しかしそうであるとは言え、丁文江が理学者、とりわけ陸象山（一一三九～一一九三）、陳白沙（一四二八～一五〇〇）、王陽明（一四七二～一五二九）ら「心性を高らかに談ずる」一派の学問に反映されている人生観に対して厳しい批判を加え、[25] そのことによって、科学的方法によって人生観を支配することの

（21）李猛［二〇一八］一〇九。シェーラー原文のタイトルは、Max Scheler, "Max Weber Ausschaltung der Philosophie".
（22）張君勱［二〇一〇］三五五。ただし、訳文は原文にしたがって若干改めた。原文は、張君勱［一九二三a］九～一〇。
（23）張君勱［二〇一〇］三五六。
（24）梁啓超［一九二三］七。
（25）丁文江［一九二三］一七。

必要性を主張しようとしていることは明らかだ。

丁文江は、明代までにあのような精神文明が築かれたこと自体が、清代以降の中国文明が振るわなくなった原因を構成しているとする。張君勱がヨーロッパでは近三百年来物質文明を牽引する偉大な思想家が現れたとしているのに向こうをはるように、丁文江は中国における近三百年来の学問こそは科学的方法であるにもかかわらず、多くの人はそれに気づいていないとする。

多くの中国人は、科学的方法と近三百年の経学大師たちの研究方法が同じであることを知らない。彼らは西洋の科学が機械的、物質的、外向的、形而上学的であると誤解している。庚子年〔一九〇〇年〕以降、科学を用いる必要から、公然と科学を誹謗することはできなくなっていたが、ヨーロッパ戦争が発生すると、そうした人びとに機会が訪れた。科学を生み出したヨーロッパは破産しようとしている。急いでわたしたちの西洋文明を持ちだして物質文明を救おう。彼らのこうした学説はおのずとヨーロッパの玄学者たちの好みに合うものだった。(26)

「玄学の幽霊」に取り憑かれているのは張君勱だけではないし、中国の学者だけでもない。ヨーロッパで科学文明破綻論を唱えている多くの政治家や教育者はいずれもみなそれに取り憑かれていると丁文江は述べている。これは、教室の教師に指導者たることを求めてはならないと戒めるウェーバーの立場にも通じる意見であり、その限りで、丁文江もまた戦後ヨーロッパの精神的危機を張君勱やウェーバーと同様に受けとめていると言えるだろう。丁文江は玄学の迷妄に対するたたかいは、洋の東西を問わず続けられるべきであり、中国においてそのたたかいは、明朝の滅亡を機に始まったのだと主張する。そしてその原因をもたらしたのが、かかる精神文明の懦弱さだった。丁文江にして見れば、そもそも理学が登場した宋代は北方の異民族によって朝廷が南方に逃れた時代であり、それはやがてモンゴルによる元朝の統治をもたらす。その後明代には陳白沙や王陽明らが現れるが、彼らは宋代の陸象山の遺緒を継ぐように「内心生活の修養」に勤しむばかりで、しかも南宋の人びとよりも退化して読書することも政治に関心を持つこともなくなってしまった。その結果が明朝の滅亡であり、その後に訪れた満洲人による帝国支配であった。彼は顧炎武(一六一三〜一六八二)が「四海の困窮を放っておいて語ろうとせず終日危微精一の説ばかり講じている」と述べたのを引用しながら、宋代から明代に至るまで多くの学者が心性の学にかまけていたがために、中国が危機に陥ったのだと断言する。

しかし、清代になると様相は変化の兆しを見せる。それが丁文江の言う「近三百年の経学大師」たちの登場だった。彼は言う。

わたしたちは落ち着いて考えてみよう。このような精神文明にどんな価値があるだろうか。科学を攻撃する切り札に相応しいだろうか。その後、こうした信仰なき宗教や方法なき哲学は、前清の科学的経師たちの多大なる努力にもかかわらず、まだ完全に打ち倒されてはいない。(27)

顧炎武の王陽明批判から清代の新しい学問が拓かれるようになったという語りは梁啓超のほぼ引き写しであるといってよい。梁啓超は明末理学を「ヨーロッパ中世の暗黒時代におけるキリスト教」になぞらえ、(28)そ

(26) 丁文江[二〇一〇]三六〇。但し、訳文は若干改めた。原文は、丁文江[一九二三]二七。
(27) 丁文江[二〇一〇]三六七。但し、訳文は若干改めた。原文は、丁文江[一九二三]二八。
(28) 梁啓超[一九七四]一九。

の弊害を克服するために科学的方法を発明してルネサンスばりの思想解放をもたらそうとしたのが、清代の考証学であったとする。その嚆矢が顧炎武だった。丁文江の言う「前清の科学的経師たち」とは、清代の考証学者たちのことにほかならない。だが、この部分の丁文江の表現には注意が必要だ。彼は、明代までの心性の学を「信仰なき宗教」、「方法なき哲学」であると述べている。もしも清代考証学が、それらを打倒するために「多大なる努力」を行ったのだとするならば、彼らは「科学」という方法のもとで、「信仰」を再建しようとしたということにならないだろうか。ありうべき精神文明のためには、空虚に流れない宗教と哲学が必要であるという主張だと読まない限り、この部分の主張は一貫しない。だがそれでは科学的な人生観の提唱者としての主張としては矛盾を来すように思える。科学万能論に陥っていると梁啓超にたしなめられた丁文江の立場には、科学派としての単なる科学礼賛とは言い切れない微妙なニュアンスが含まれている。

人生観にも科学的方法が応用されるべきだとする丁文江のスタンスは、そのようなものを科学の場に持ち込んではならないと戒めたウェーバーや張君勱とは明らかに一線を画している。だが、丁は清朝考証学の努力を高く評価すると同時に、宗教と哲学と科学的方法との折り合いをつけようとしている点で、宋代以来の伝統を心性の学とは異なった方向で継承しているということもできるだろう。

梁啓超は清代考証学における科学精神と科学的方法をルネサンスに比定したが、それは暗黒の中世から啓蒙の近代へと向かう解放の転機であるということと同時に、かかる解放が復古的に行われたという評価でもあった。科学的方法とは、儒学の古典としての経書に対する文献学的研究における論証の手続きに対して言われるものであるが、それは、心性の学に傾いた宋代以降の内向的な学問から、それより以前の文献学的方法としての経学への復古というかたちによって得られたものであった。清代考証学の気風を切り拓いた顧炎武が「経学こそが理学なのだ」と言ったのは、そうした意味での方法論転換の宣言である。

つまり丁文江は、このような梁啓超による整理を受けて、この清代における経学復古に対して信仰（の宗教）と方法（の哲学）の両立を見出していたということになる。この場合、方法がいわゆる科学的方法であることはいうまでもないが、信仰とは何かが明示されているわけではない。明確なのは、心性の学が異民族の侵略を一度ならず招いたことを指して、「信仰なき宗教」と述べていることである。清代考証学が勃興した主観的動機に、異民族支配下での厳しい言論弾圧の中で、漢学＝漢代の学問（それは漢人の学問を意味してもいた）を文献学的手法によって整理しながら保存することによって消極的な抵抗を継続したのだという議論が、清代末期に現れている。そのように主張したのは、清朝打倒の革命に奔走していた章炳麟（一八六九～一九三六）を中心とする国粋主義者たちであった。梁啓超の『清代学術概論』が、明代に忠誠を尽くして清朝への協力を拒んだ顧炎武を清代学術の開祖の位置に置いたのもまた、そうした言説に影響されている。丁文江は、こうした反清革命以来の情緒を保ったまま、清代における科学的方法の萌芽をとらえている。

結果的に、丁文江は、講演における張君勱の意図を必ずしも精確に理解することがないままに、宋代以来の思想論争を二〇世紀的歴史的条件において継続することになった。すなわち、張君勱が王陽明から陸象山へと遡ることのできる心性の学を代表しているとするならば、丁文江はそれを批判することで登場した清代考証学の立場を担っている。さらにこの対立は、陸象山以来の心と理をめぐる争いにまで遡ることができるだろう。清朝考証学はいわゆる科学的方法によって古文献を整理し総合しようとしたが、それは経書の世界における理の探求であり、かかる探求は、つまるところ、朱熹（一一三〇～一二〇〇）によって体系化された格物致知の伝統を方法論として成り立つものであった。「格物致知」とは、『礼記』大学に見えることばだが、これは一九世紀になって西洋との交通が開けたあとに自然科学をあらわすことばとして、「格致学」のように広く使われるようになった。そして、格物致知の概念は、朱熹がこのテクストを四書に格上げしたうえでことさら補伝を挿入して以来、「物に即してその理を窮める」方法論として支配的な大きな影響を持つようになったものだった。清代考証学は朱熹の学問に対して対抗的な構えをしばしば尖鋭にしたが、経学における道の探求は理を窮めることによって行われるものにほかならないという前提が揺らぐことはなく、やがてこの前提が一九世紀になって西洋の新しい自然科学に接続していく[29]。

陸象山と朱熹の論争は心と理の二元論として図式化されるが、ことさらそうしたシェーマに固執することは、ためにする議論であって、実際には朱熹と陸象山の論争以来、両陣営が是非を争いながら儒家の哲学を共に発展させてきたというべきだろう。丁文江が張君勱に対して挑んでいったことは、そうした宋代以来の学問運動を継承したかたちでもあった。

おもしろいことに、本来ことさら心性の学を称揚するために議論を起こしたはずではなかった張君勱は、丁文江の批判に応じるかたちで宋明理学（心性の学）対清代考証学（格物致知の学）の対立構図を引き受けていく。彼は丁文江の批判に対する再批判の中で、丁文江が引き合いに出した顧炎武の明末思想批判に触れている。顧炎武は、心性の学にこだわる人々は、「四海の困窮を放っておいて語ろうとせず終日危微精一の説ばかり講じている」としていた。「危微精一」とは、『尚書』大禹謨に見える「人心惟危、道心惟微、惟精惟一、允執其中」という、いわゆる「十六字心伝」から四文字を取ったものだ。顧炎武は彼らがひたすらこればかりを論じて、「四海の困窮」、すなわち世界の困難に目を向けようとしなかったのだと難じたのだった。しかし、この十六字心伝を堯舜禹以来の道徳的命題であると認めたのは朱熹その人であった。張君勱は述べる。

〔心性の学と考証学の二派のうち〕一方は心を「危微精一、允執其中」のことだと考えて人の日常的な実践を大事にするが、他方は心を「危微精一、允執其中」ではないと考えたので、訓詁学や博物学の中にこたえを求めようとした。しかし、試みに考えてみたいのだが、もしこの「精微の心」がなかったとしたら、訓詁学や博物学は何にしたがって講究できるというのだろうか[30]。

ここでも張君勱の思考は一貫している。心が十六字心伝に尽くされるものであるかどうかを決めるのは科学の役割ではなく、自由意志の、したがって人生観の問題に過ぎない。しかし、心が主観となって導くことなしに、科学はそもそも行われることがない。張君勱は巧みに論点を整理しながら、しかも議論のかたちとして、丁文江の挑発にうまく乗っている。その後張君勱が現代新儒家として活躍していくことになることを思えば、この挑発もまた彼にとっては我が意を得たものであったということになるのだろう。

ここまでの分析によって明らかなことは、近代科学が（その具体的な理解においては一致していなかったものの）所与の時代的条件であることを承認したうえで、それを導いていく主体形成において、中国固有の文化伝統を継承しながら刷新していくことが不可欠であると認識していた点では、張君勱と丁文江が一致していたことである。特に丁文江は、張君勱の提示した中国の「精神文明」が空虚であることを痛烈に批判しながら、ありうべき「精神文明」とは何かに関する議論へと行論を収斂させていく。

怠惰な人びとは、歴史の実際を細かく研究しようとはせず、目を見開いていわゆる「精神文明」なるものが結局はどこにあるのかを見ようとはせず、世の中にただ内心の修養に頼るばかりで造られる「精神文明」がありえるのかを考えようともしない。彼らは、いわゆる「経済史観」を認めようとしないのは

(29) 経書に対する文献学的研究が西洋から流入してきた新しい格致学に接続していったという語りにはしかしやや飛躍がある。その飛躍を埋める議論を本稿で展開する余裕はないが、清代考証学における理の探求の方法論は、明代末期に中国を訪れたイエズス会宣教師たちによってもたらされたヨーロッパの数理科学、とりわけユークリッド幾何学の漢訳に負うところが多いというのは、梁啓超以来の通説でもある。なお、明末に部分訳されたユークリッドの『原論』は一九世紀になって初めて全訳されることになる。清代考証学と西洋科学の関係については、川原秀城［二〇一五］。

(30) 張君勱［一九二三b］九二。

まだいいとしよう。だが、まさか彼らは、あの「衣食足りて後礼節を知る、倉廩実りて後栄辱を知る」の古いことばすら忘れてしまったのだろうか。[31]

「経済史観」で意図されているのはマルクス主義の歴史観であろうが、丁文江はこれについては敢えて問題としていない。むしろ彼が問おうとしているのは、「衣食足りて後礼節を知る、倉廩実りて後栄辱を知る」(『管子』牧民篇)のほうだ。丁文江は、科学的方法を人生観に応用すべきだという主張の最後に礼節と栄辱の問題にたどり着くのだ。それは、心性の学が「内心生活の修養」という一見高潔な道徳的要求を笠に着ながら結局のところ人びとの「怠惰な心理」に迎合するだけであったことをあげつらっているのだが、丁文江にとって科学的方法とは何であったのかを考えるのに示唆的であるだけでなく、わたしたちの共通テーマである尊厳という概念について考えるためにはより重要な問題提起になっている。

5. 礼節と尊厳

異なる立論によりながら、中国固有の伝統文化に依拠してそれを変革し刷新していくための座標軸として科学について思考をめぐらした張君勱と丁文江にとって、科学が人間の尊厳に関わる営みであると観念されていたことはおそらくまちがいないだろう。マイケル・ローゼンはその著書『尊厳』(二〇一二年)の中で、近代的な尊厳概念はカント(一七二四〜一八〇四)において集大成されたのだとしたうえで、カントにとっての人間の尊厳とは、つまるところ「道徳性、そして道徳性をもちうる限りでの人間性」であったと紹介している。[32] このことは「人間性の定式」として定言命法化すると、「自分の人格の内にあるものであれ、他の誰かの人格の内にあるものであれ、人間性を、けっして単なる手段として扱うのではなく、常に同時に目的として扱うように行動せよ」となる。[33] だがこれは必ずしも自明で容易なことではない。ある者の人格を手段として扱うこともせず、同時に目的として扱うように行動するように促す道徳を定式化することはできないとローゼンは言うのだ。[34] ここで見落としてはならないのは、人間性を道徳において扱うことが、仮にカントの啓蒙のプロジェクトの一部をなしていることに異論はないとしても、理性の産物としての知識や科学がそれだけでは人間の尊厳を保証するものではないだろうということだ。

では、一方でウェーバーにおいて人間の尊厳と科学の関係はどうだったのだろうか。彼は、現代社会においては、科学に従事することを天職（ベルーフ）とする限り、それは打ち込むべき日々の仕事であるはずだと強調していた。その限りにおいて、科学はそれに従事する者の尊厳を構成する不可欠の要素になるはずだ。いたずらに指導者や預言者を求めようとしていた学生たちの気分は、やがて人間らしさの喪失につながるのではないかとウェーバーが考えていたであろうことは講演の中からも窺えるし、その後第二次世界大戦に至るドイツの歴史を振り返った場合にも、科学の有限性に耐えることを求めたウェーバーの主張が人間の尊厳を守ることにつながるものであったことはじゅうぶんに想像できる。丁文江の「信仰」や「方法」もこの線に沿って想像していくことによって、彼の考えていた科学のあり方にはやはり明確に尊厳の要素が潜んでいたであろうことが理解されてくる。そして、その端的な表現が、論文の末尾に近づいたところで登場した礼

（31）丁文江［二〇一〇］三六七。但し、訳文は若干改めた。原文は、丁文江［一九二三］二八。
（32）マイケル・ローゼン［二〇二一］三〇。
（33）マイケル・ローゼン［二〇二一］一〇四。
（34）マイケル・ローゼン［二〇二一］一一〇。

節と栄辱という概念なのであった。

カントにおいて、尊厳と言えばほぼ自動的に人間の尊厳であったが、それはローゼンによれば歴史的に形成されてきた尊厳概念の一つのパターンに過ぎない。そのような尊厳概念が成立するためには、人間の尊厳が他の動植物の尊厳とは異なる特別な意味をもつと認識される必要がある。ローゼンによれば、他の動植物の尊厳を不問にして、こと人間の尊厳を論じるようになった点でカントは重要な転換点だった。[35] そうであるならば、尊厳を承認するための第一歩は、人間を動物とは異なるものとして承認することになるだろう。実際ローゼンは、尊厳が貶められる瞬間には、人間が人間として振る舞うことを禁止されるのだと述べる。

> 人間の尊厳は、人間と動物を区別する振る舞い――たとえば、直立して歩く、衣服を着用する、テーブルマナーに沿って食事をとる、プライベートな空間で排泄し、性行為を行う――によって表現される。拷問者や殺人者は、ここに狙いをつける。[36]

「人間と動物を区別する振る舞い」が儒家的文化のなかで規範化された場合に、丁文江が述べる礼節と栄辱にたどり着くことは容易に想像できる。丁文江は礼節と栄辱が成立する条件を問うことによって、人間が人間的であり得る条件を問うているのだが、それはすなわち、人間としての尊厳が成立するための条件に対する問題提起になっている。そして、尊厳が成立するための条件とは、経済的に余裕を持つことができることであるとしているわけだが、それが具体的に意味しているのは、異民族による蹂躙やそれに先立って明朝が陥った統治の失敗だった。[37] すでに、丁文江にとっての関心事は、科学がいかに人生観を指導すべきかというところにはなく、いかなる「精神文明」が国家の安寧に寄与するのか、そしてその結果として人びとが礼節と栄辱を意識した尊厳ある生活を送ることができるかという問題に移っている。科学はそのための手段としての役割を期待されている。

張君勱は、丁文江に反論して、礼節と栄辱は経済的条件によって生まれるのではなく、その逆であると主張している。それは、中国を混乱に陥れている軍閥が巨大な財力と軍事力を有しているにもかかわらず国を治める道義心も能力もないことを根拠としている。[38]もはやこの段階に至っては、彼らの論争は本来の「科学と人生観」命題からほとんど逸脱しているが、逆にそのことによって、彼らが人生観と科学の関係をめぐって議論しなければならないと考えている事情を間接的に明かしている。つまり、科学的理性の追求がそれだけでは国家の強盛をもたらすわけではないことに張君勱はもちろん気づいていたし、丁文江も科学的精神が科学とは異なる次元の何かによって支えられていることを事実上認めていたということになる。そして、このことによって明らかになる彼らに共通の関心は、尊厳の文化的次元であったと言えば言いすぎだろうか。たしかに、この問題は彼らの議論において顕在化していたわけではないし、したがってまた積極的に意識されていたわけではないだろう。だが、丁文江が科学の人生観に対する優位を説きながら、はからずして精神文明の問題にたどり着き、礼節と栄辱の条件を問うようになったことによって、張君勱の論点もまた、科学とは別の道徳の次元へと転移していく。それはあたかも黄進興が中国における倫理学の近代的転換が「有意識の善志向」に向かう転回であると論じたことを思わせるものだ。

(35) ローゼン［二〇一二］三二〜三三。
(36) ローゼン［二〇一二］二〇六〜二〇七。
(37) 丁文江は明王朝を滅亡に至らしめた農民反乱を例に挙げ、その首領張献忠が四川で虐殺した民衆の総数は第一次世界大戦の死者数よりも多いと嘆いている。丁文江［二〇一〇］三六七。
(38) 張君勱［一九二三］九五。

思えば、五四新文化運動においては、礼節に関わる言説は往々にして守旧的な儒教道徳としての「礼教」であるとして排斥されていく傾向が強かった。それはおそらく中国だけの問題ではなかっただろう。宗教的軛から個人を解放するという近代啓蒙の趨勢のもとで礼の言説は追いやられていく。現代新儒家の代表的論客の一人唐君毅(一九〇九~一九七八)が『論語』顔淵篇の「仁を為すに己に由る(為仁由己)」を挙げて、自由概念を儒学経典から導き出したが、これはもともと「克己復礼して仁を為す」という命題に対する解釈であり、礼に復すことと一体のフレーズとして理解されるべきであった。しかし、両者を一体にして解釈しようとすると「己に克つ」という表現と個人の自由な権利とのあいだで生じるであろう齟齬をどのように処理するかが困難となる。

実際には、礼の問題は主題化することなく、近代国家の文化建設という課題のもとで、例えば一九三〇年代に国民政府が推進した新生活運動のようなかたちで発現していく。だが、本来はその手前で、すなわち、個人と国家の中間領域において尊厳の承認に関わる倫理として礼や礼節の問題が言説化される可能性はあったはずだ。ローゼンは『尊厳』の末尾において、次のようなエピソードを紹介している。

私がとても感動した(そして勇気づけられた)カントについての有名な話でこの本を締めくくりたい。それは彼の死の九日前のことだった。その偉大な男は年老いて、絶望的に衰弱していた。にもかかわらず、彼は客人(彼の医者)が先に席に着くまで、自分が座ることを拒んだ。最終的に座るよう説得されたとき、カントはこう言ったという。「人間性の感覚はまだ私を見捨てていない」、と。(39)

このエピソードをカントにおける尊厳と礼節の実践との関係を示す典型事例であると見なすことは可能だろう。もしそうであれば、尊厳の概念を近代的に基礎づけたカントにあって、礼は、明確に主題化されていなかったとしても、なおかつ人間性の感覚を維持するためになお不可欠な、具体的な行為規範であった。「科学と人生観」論争においても、礼節の問題はこうして局所的に前景化していた。それはあくまでも論争の主題から逸脱するようにして顕現したものにすぎない、その意味では意図せざる議論のほころびでしかないかもしれない。しかし、だからこそこの問題が近代的な尊厳観念を移植しながら豊かにしていくためにも不可欠な不協和音を為していたこと、そして、そのことによってわたしたちが尊厳概念を刷新していくための出発点になることを暗示しているのではないだろうか。

(39) ローゼン［二〇二一］二〇七。

参考文献（姓名のアルファベット順）

丁文江「玄学與科学——評張君勱的『人生観』——」、亜東図書館編、『科学與人生観』、亜東図書館、一九二三年。

丁文江「哲学と科学——張君勱の「人生観」を評する（抄）」、原正人訳、坂元ひろ子編『新編　原典中国近代思想史　四　世界大戦と国民形成　五四新文化運動』、岩波書店、二〇一〇年。

丁文江、趙豊田編『梁啓超年譜長編』、上海人民出版社、二〇〇九年。

樋口陽一「日本文化の雑種性と土着性」、国立台湾大学日本総合研究センター編『中日文化差異研討会論文集』、国立台湾大学日本総合研究センター、一九九二年。

黄進興『義理学から倫理学へ——清末民初の道徳意識の転化』、工藤卓司訳、東方書店、二〇二三年。

川原秀城編著、『西学東漸と東アジア』、岩波書店、二〇一五年。

Kwok, Daniel W. Y., *Scientism in Chinese Thought, 1900-1950*, New Haven: Yale University Press, 1965.

李猛編『科学作為天職：韋伯與我們時代的命運』（科学を天職とする：ウェーバーとわたしたちの時代の運命）、生活・読書・新知三聯書店、二〇一八年。

梁啓超「関於玄学科学論戦之『暫時国際公法』——暫時局外中立人梁啓超宣言」、亜東図書館編、『科学與人生観』、亜東図書館、一九二三年。

梁啓超「人生観與科学」（人生観と科学）、亜東図書館編、『科学與人生観』、亜東図書館、一九二三年。

梁啓超『清代学術概論　中国のルネッサンス』、小野和子訳注、平凡社、一九七四年。

梁啓超「欧遊心影録（節録）」、陳崧編『五四前後東西問題論戦文選』、中国社会科学出版社、一九八五年。

彭小妍『唯情與理性的辯証：五四的反啓蒙』、聯経出版事業股份有限公司、二〇一九年。

ローゼン、マイケル『尊厳——その歴史と意味』、内尾太一・峯陽一訳、岩波書店、二〇二一年。

竹内好「中国の近代と日本の近代」、同著『日本とアジア』、筑摩書房、一九九三年（初出は一九四八年）。

汪暉『現代中国思想的興起』、生活・読書・新知三聯書店、二〇〇四年。

汪暉『近代中国思想の生成』、石井剛訳、岩波書店、二〇一一年。

ウェーバー、マックス『職業としての学問』、尾高邦雄訳、岩波書店、一九三六年（一九八〇年改訳）。

楊儒賓『思考中華民国』、聯経出版事業股份有限公司、二〇二三年。

張君勱「人生観」、前掲亜東図書館編、『科学與人生観』、亜東図書館、一九二三年a。

張君勱「再論人生観與科学答丁在君」（人生観と科学について再び論じ丁在君に答える）、亜東図書館編、『科学與人生観』、亜東図書館、一九二三年。

張君勱「人生観」原正人訳、坂元ひろ子編『新編　原典中国近代思想史　四　世界大戦と国民形成　五四新文化運動』、岩波書店、二〇一〇年。

7　日本統治時代の台湾人の尊厳とは？

『台湾民報』系の言論を中心に

陳文松／原口直希＝訳

1．はじめに

一八九五年、清国政府と日本政府は日清戦争の結果として下関条約を結んだ。その条約により台湾島と澎湖諸島は正式に日本へ割譲され、明治維新以降、帝国主義へ向かう日本にとって最初の海外植民地になった。一八九五年から一八九七年にかけて、日本は台湾の住民に二年間の国籍選択権を与えたものの、少数の住民が中国本土へ戻っただけで、その大半は日本帝国の「新住民」になった。その後、日本は台湾に台湾総督府を設置して総督に「六三法」で立法権を与えた。

やがてアメリカのウィルソン大統領が第一次世界大戦後のパリ講和会議（一九一九年）で「植民地の独立」と「住民の自決」を唱えると、その影響は各地に及んだ。東京に留学した台湾人および台湾島内の知識人たちは、それに大きな衝撃を受けた。彼らは一九二〇年に東京で新民会を組織し、さらに台湾青年会を設立して雑誌『台湾青年』を刊行した。そして大日本帝国憲法が付与していた請願権に基づき、立憲政治体制の枠内で台湾議会設立請願運動を開始した[1]。

一九二〇年、東京に留学していた学生らを中心に台湾議会設置請願運動が初めて展開されると、一九二一年一〇月、新旧の知識人たちは台北の静修女学校において台湾文化協会を正式に発足させ、「文化啓蒙」・「政治教育」・「民族自決」を掲げた全島的な台湾議会設置請願運動を推進した。その間、この運動は総督府による離間・干渉・分断を受け、一九二七年には台湾文化協会の左派と右派に分裂した。さらに一九二八年には台湾民衆党が新たに組織されたが、この新組織も一九三〇年に階級闘争をめぐって分裂し、台湾地方自治連盟が新たに成立した。このように請願運動の担い手は分裂を繰り返した。しかしそれでもこの運動は、一九三四年に中止を余儀なくされるまで、計一五回にも及ぶことになった。

既存の研究では台湾総督が「六三法」によって専制政治を強化したことに対する台湾社会の一連の抵抗運動を、『台湾青年』の創刊や台湾文化協会の設立、そして一五年続いた台湾議会設置請願運動に注目しながら、一定程度解明してきた。もしこのような歴史の流れを「尊厳学の確立」という観点から捉え直すならば、それは日本の植民地統治下にあった台湾社会の新旧の知識人が起こした一連の絶え間ない政治的文化的社会的運動の表れだった、と言えるだろう。この歴史の流れは、一九三〇年代から一九四五年までに発生した様々な文学・言語・民俗運動にも共通するものだった。つまりこのような歴史は、日本の植民地統治下にあった台湾住民が約五〇年かけて「台湾人としての尊厳」を勝ち取るための道のりだった。

本論は『台湾民報』系——一九二〇年の雑誌『台湾青年』創刊以降、『台湾』や『台湾民報』と断続的に改称された一連の同系統の新聞・雑誌を総称した用語として使用する——を中心に、台湾の新旧の知識人や彼・彼女らの苦境に同情していた日本の知識人による尊厳論ないしそれに相当する言説を分析する。その際に清朝期の尊厳論にも射程を伸ばし、日本統治期の台湾における尊厳論を歴史的に深く理解できるようにしたい。あわせて、植民地統治者を代弁する政府系新聞『台湾日日新報』の尊厳論を取り上げることで、本論が主に分析する『台湾民報』系の尊厳論の特徴を統治者と被統治者という観点からも浮かび上がらせたい[2]。

2．尊厳とは何か？

尊厳という語は、英語の majesty および dignity と同義である。通常 majesty は威厳と訳され、主に王家の威厳を指す。一方、現代中国語において dignity は尊厳と訳され、たとえば、生命の尊厳などと用いる。本論で主に分析する尊厳はほぼ dignity と同等の意味であり、日本統治時代の台湾の知識人たちが目指した尊厳とも重複するものである。

もちろん majesty すなわち威厳という意味の尊厳も、日本統治時代の台湾の知識人たちによって意識され、それは批判されるべき対象となった。ちなみに威厳という意味の尊厳は、中国語で歴史的に長く使用されてきた。この事実は中国語と日本語の辞書を調べれば明らかである。

中国語の辞書によれば、尊厳は次のような意味だった。たとえば一九一五年に出版された『辞源』では、「尊厳：容貌が重厚で威厳がある様を言う。〔荀子〕尊厳にして憚《いかめ》しければ、以て師たるべし[3]」と解説されていた。また一九七三年に出版された『中文大辞典』では、「尊厳：尊く厳かである様[4]」と解説されていた。さらに日本語の辞書で最も権威のある諸橋徹次編『大漢和辞典』では、「尊厳（ソンゲン）：たっとくおごそ

（1）関連する主な研究成果としては、周婉窈〔一九八九〕、若林正丈（何義麟ほか訳）〔二〇二〇〕などが参考になる。
（2）漢文の「尊厳」には、しばしば「父親」の別称に相当する表現も見られる。だが本論が対象とする概念とは無関係なため、議論には含めない。
（3）『辞源』（台北：台湾商務印書館、一九六八年）四六六頁。なお初版は一九一五年である。
（4）『中文大辞典』（台北：華岡出版部、一九七三年）四一四九頁。

か」[5]とあり、中国語の辞書と大差ない説明になっている。

ところが現代に至ると、日本語の辞書の尊厳の解釈は変化している。たとえば小学館の『デジタル大辞泉』によれば、「尊厳：〔名・形動〕とうとくおごそかなこと。気高く犯しがたいこと。また、そのさま。『人間の―を守る』」[6]とある。ここで例文として示されている「人間の尊厳を守る」という用法は、明らかにdignity の意味であり、これは現代の尊厳と一致する。さらに日本語版ウィキペディアでは、尊厳が個人レベルの概念として扱われており、現在の尊厳に関する最も包括的な意味、つまり個人の尊厳という意味が示されている。

> 個人の尊厳（こじんのそんげん）あるいは、個人の尊重（こじんのそんちょう）とは、すべての個人が互いを人間として尊重する法原理をいう。英語では dignity と呼ばれる。日本法では最高の価値基準であり、各種基本的人権、中でも平等権を直接根拠づけるものとされる。世界的ないし歴史的には憲法制定権力に正当性を与える自然権として理解される。人格尊重主義や個人主義は原理が誕生する文化的背景であったが、より直接のきっかけは市民革命である。〔中略〕
>
> 一九四五年（昭和二〇年）に調印・発効した国際連合憲章は、「基本的人権と人間の尊厳及び価値と男女及び大小各国の同権とに関する信念をあらためて確認」するとして、人間の尊厳（個人の尊厳）を基本原理としている。[7]

上記のウィキペディアでの説明は、一部の専制国家を除いて現代における文明先進国の共通認識となっている。そして「〔個人の尊厳の〕より直接のきっかけは市民革命」とあり、ここでの市民革命は明らかにフランス革命を指している。

しかし台湾における近代的な意味での個人の尊厳は、一九一九年の第一次世界大戦後の風潮――世界の植民地独立の動き――とパリ講和会議に端を発するものだった。このような世界史的な動きは日本帝国のそれまでの植民地政策に衝撃を与え、日本帝国に「武力統治」から「文化（文官）統治」へと転換を強いることになった。

もっとも植民地状態に置かれ続けた台湾社会は、その後も有名無実な「内台共学」と偽の地方自治を維持しただけだった。だからこそこうした日本による台湾統治のあり様、つまり警察政治を中心にして構築された官僚政治――これを台湾の知識人たちは批判的に官僚の尊厳と呼んだ――は、台湾の知識人たちによって「台湾人の尊厳」を意識させる重要な契機となった。

そこで本論では、一九二〇年代において「台湾人にとっての唯一の世論機関」だった『台湾青年』・『台湾』・『台湾民報』からなる『台湾民報』系の定期刊行物が、植民地専制統治に反対する文章において、尊厳という語をどのように使用していたのかを分析していく。尊厳という語の背後で、台湾社会の植民地統治に対する批判と要求がどのように反映され、どのように時代の潮流と呼応していたのかを確認したい。

ところで、具体的な議論に入る前に、まず『台湾民報』系の定期刊行物について簡単に確認することにしたい。これら三誌（紙）の復刻出版が国立台湾歴史博物館で二〇一八年以降相次ぎ、その「編集説明」は次のように解説している。

（5）『大漢和辞典』（大修館、一九六〇年）三四頁。
（6）『デジタル大辞泉』（https://dictionary.goo.ne.jp/word/%E5%B0%8A%E5%8E%B3/ 二〇二四年五月一四日閲覧）。
（7）ウィキペディアの「個人の尊厳」（https://ja.wikipedia.org/wiki/ 個人の尊厳 二〇二四年五月一四日閲覧）。

『台湾民報』の起源は雑誌『台湾青年』で、『台湾青年』は大正九年（一九二〇年）に東京で創刊された。大正一一年（一九二二年）四月、雑誌名を『台湾』に改称し、編集・発行をおこなう「台湾雑誌社株式会社」を設立した。『台湾青年』と『台湾』は日本語と漢文の併記で、漢文の多くは文語文が用いられた。そのため「台湾雑誌社株式会社」は雑誌の更なる大衆化を図るために中国語白話文の刊行物を計画し、『台湾民報』が誕生した。大正一二年（一九二三年）四月一五日、半月刊の『台湾民報』は東京で創刊され、出版後に船便で台湾へ輸送され販売された。しかしこの時『台湾』は依然継続して発行されており、大正一三年（一九二四年）六月以降に『台湾』が休刊するまで、二誌は併存していた。〔中略〕大正一四年（一九二五年）七月一二日から『台湾民報』は週刊化され、昭和二年（一九二七年）七月二二日の第一六六号まで発行された後、一六七号以降は台北へ移転して発行された。(8)

これらに共通する時代的な意義は、呉叡人によって次のように指摘されている。

台湾のナショナリズムは、おおよそ一九二〇年前後、つまり第一次大戦の戦後初期に出現した。『台湾青年』と『台湾』（一九二〇～一九二四年）は、その萌芽期の思想を代表する二つの重要なメディアだった。思想史の観点から見ると、『台湾青年』と『台湾』は、本質的に密接に関連する一群のテクストを構成しており、全体として同時に読まれるべきであり、切り離して処理されるべきではない。『台湾』は『台湾青年』を改称したもので、本質的に同一の人間（日本本土への台湾人留学生）が、同一の時期に出版した雑誌であり、形式と内容のいずれの面においても高度な連続性を備え、後の『台湾民報』とは明確に区別されるものである。『台湾青年』と『台湾』は、形式面において首尾一貫して知的エリート向けの雑誌としての特徴を維持しており、『台湾民報』のマス・メディア（mass media）的性格とは鮮やかなコントラストをなしていた。また、内容面においては第一次世界大戦後の理想主義と国際主義の時代精神、および台湾民族運動初期の啓蒙的な楽観主義を体現しており、『台湾民報』が日増しに台湾の現実的方向へと回帰したのとは明確な違いを持っていた。(9)

もちろん、『台湾青年』と『台湾』が完全に一致していたわけではなかった。その微妙な差異について、呉叡人は次のように指摘している。

まず登場した『台湾青年』は、〔台湾〕ナショナリズム萌芽期の思想的特徴を備えていた。第一に、『台湾青年』は、若干の時間差があったものの、日本の大正デモクラシーを媒介として生まれた「ウィルソン的時間（Wilsonian moment）」の精神的末裔だった。したがって、その文章の裏側や行間は、戦後初期（一九一八年秋の終戦から一九一九年春のヴェルサイユ条約調印まで）における「ウィルソン＝大正リベラリズム」の影響を受けた自由・民主・世界平和に対する理想主義と楽観主義に満ち溢れていた。この「ウィルソン＝大正リベラリズム」は、まさに、台湾の初期の民族運動が分裂する以前の各派を繋ぐ共通の思想的基盤だった。第二に、『台湾青年』は、特定の政治的課題（台湾自治問題）を別にすれば、抽象的な議論がはびこり、教養主義的色彩が濃く、初期的な民族主義思想によく見られる啓蒙精神を示していた。第三に、台湾ナショナリズムの幾つかの重要な基本概念、たとえば、「台湾は台湾人の台湾である」、「台湾人の法的地位」、台湾自治（台湾議会設置の請願）路線、および、台湾文化の建設など〔の

（8）劉維瑛［二〇一八］の「編集説明」。
（9）呉叡人［二〇二〇］。

主張〕は、いずれも『台湾青年』で確立あるいは提唱されたものだった。このことは、〔台湾の〕ナショナリズム思想が形成された際に、この雑誌がいかに重要な役割を果たしていたのかを説明するものである。雑誌名を改称した後の『台湾』も、思想の変遷の過渡的な特質を示していた。『台湾』は、世界史的な時間軸でいうと、「ウィルソン的時間」が完全に終わった時期に誕生し、第一次世界大戦後に勃発したヨーロッパでの武力衝突の後半期（一九二二年のワシントン軍縮会議から一九二三年のローザンヌ会議まで）とちょうど重なっていた。この時期は、パリ講和会議の結果に対する幻滅が反植民地ナショナリズムを爆発させ、その波がアイルランド・中東・アジアの各地において猛烈な勢いで本格化した時期だった。

そのため『台湾』に掲載された文章は、この時期の時代精神の微妙な変化——ある種の戦後からポスト戦後への移行プロセスといえるかもしれない——を反映していた。まず戦後初期のナイーブな理想主義は、徐々に現実感覚に浸され、比較的冷静（sober）で実際的な理想主義へと変化した。「世界」の姿は依然として巨大だったが、その顔は日増しに鮮明になると同時に複雑かつ曖昧なものとなり、ウィルソンの後にレーニンが現れると、「民族」にかわって「階級」がやって来た。世界が複雑になり、解放への道程が多様になると、民族運動の内部でも新たな対立が醸成され、古い自由主義的な共同認識は崩れていった。[10]

以上のような三誌（紙）に関する説明と呉叡人による思想史的コンテクストに関する分析は、私たちがこれらの思想史的方向性と時代的意義を理解するのに有益である。とりわけ本論の、植民地台湾社会における尊厳という概念の発展と密接に関係していたのは、その理念と実践に関するものだった。

まず理念について確認すると、『台湾民報』系の定期刊行物が「個人の尊厳」という意味で尊厳を初めて使用したのは、蔡培火の一九二一年の使用例だった（後述）。つぎに実践について確認すると、『台湾民報』系の定期刊行物は、台湾総督府による権威主義的な統治における統治者の威厳（尊厳）を問題視し、被統治者の尊厳に向き合うように様々な要求を突き付けた。もちろんここで注意しなければならないことは、植民地統治に対する批判と要求が「台湾人の尊厳」を重視しそれを獲得するための闘争として機能したものの、それでも尊厳という語が直接使われていなかった、という点である。

3. 漢人社会の尊厳観

既述のように中国語であれ日本語であれ、その初期の辞書によれば、尊厳は君主や廟を崇敬し、それらの威厳を表したものだった。

中央研究院台湾史研究所の「台湾日記知識庫」に収録されているオランダ統治期の『熱蘭遮城日誌《ゼーランジャ》』を確認すると、一七世紀に使われた尊厳は、主に「会社〔オランダ東インド会社、VOC〕の尊厳」という意味だった。[11] また著者が中央研究院台湾史研究所の「台湾文献叢刊資料庫」で尊厳をキーワードにして調査したところ、計三〇件の史料が見つかった。

（10）同前。

（11）この用法は非常に一般的である。鄭成功が一六六二年に〔オランダ東インド会社の〕フレデリック・コイエットに宛てた手紙には、「高貴で、威厳があり、勇敢で、深い尊敬を受け、聡明で知慮に富み、極めて慎重で慎み深い閣下」とある（江樹生訳注「熱蘭遮城日誌 /IV-E/1662-02-04」、中央研究院台湾史研究所台湾日記知識庫（https://taco.ith.sinica.edu.tw/tdk/ 熱蘭遮城日誌 / IV-E/1662-02-04. 二〇二四年六月一八日閲覧）。

そこでそれらの尊厳の使用状況について確認すると、それらの多くは「体統の尊厳」、「廟の尊厳」、「天子〔皇帝〕の尊厳」などとして用いられていた。つまり中華世界の伝統的な「天地君親師」の倫理と家父長観を如実に反映していたのである。以下、幾つかの実例を挙げてみよう。

一、〔前略〕〔「皇帝万歳万万歳」と書かれた位牌を祭る地元の廟が多額のお金を費やして〕修理し終わると、ほとんどの人たちは廟に拝謁しに行った。このように皇帝の統治が尊厳される様は、上においては天の威光が間近にあることを意味し、下においては臣下が慎み深く穏やかに過ごしていることを意味する。誰もがささやかであれ皇帝の恩顧に応えようとしているのであり、皇帝を尊ぶ気持ちには何らやましいことはないのである。(12)

二、〔前略〕〔廟の〕柵を垣に代えて、煉瓦でこれを固くし、赤漆を塗った。以前は荒れていたが、ようやく綺麗になった。こうして〔廟の〕内外がすべて整備されたことで、廟は尊厳のあるものになった。昔に創建されたものが、今は堅固で緻密なものに変わって長く続いているのである。昔は素朴だったものが、今では錦雲のように艶やかになっているのである。(13)

三、〔前略〕まして、海軍を創設するのであれば、優秀な人材が必要である。臣は、勅令によって、その責任を負うように遠くから指示された。〔中略〕〔遠方にいながらも〕勅令を謹んで拝受することは、まるで天子の御顔を間近で見るような尊厳のある行為である。臣は、感激のあまりはしゃいでしまったが、国内〔台湾〕の平定のために全力を尽くす所存である。(14)

四、台湾は〔大陸からは〕海の外にあって孤立しているが、官僚制度には極めて尊厳がある。ほとんどの官吏は、その権勢を借りて、影響力を誇示していた。そのため、ずる賢い者は、権勢に依存するために、役人になろうとした〔後略〕。(15)

五、明の崇禎帝が首をくくった際、都は李自成に攻め落とされ、皇帝は柏木で首を吊った。黄承恩という皇帝から寵愛を受けた宦官がいたが、彼は明の皇帝の陵墓に埋葬されることを望んで、皇帝と共に縊死しようとした。しかし、他に首をくくることのできる柏木がなかった。そのため、彼は〔皇帝と〕同じ枝で首を吊ろうとしたが、〔皇帝の〕尊厳を冒瀆することを恐れ、やむを得ず、皇帝の足で首をくくって死んだ。[16]

台湾文献叢刊に収録された史料は、清朝時代の官吏が編集した台湾の地方史を中心としている。そのため一般大衆の意見はほとんど反映されていない。しかしたとえそうであったとしても、清朝が台湾を統治した二〇〇年以上の間、これらの地方史は次々に複製され、統治エリート階層の尊厳観――それは西洋の majesty が含意する威厳の意味だった――を台湾で広めていった。

それでは台湾が清朝から日本帝国へ割譲された一八九五年以降、どのような変化があったのだろうか。

---

(12) 梁文科［一九六一］五五二〜五五三。
(13) 康卓然［一九六一］二四七〜二四八。
(14) 劉銘伝［一九五八］一一二〜一一三。
(15) 鄭光策［一九六〇］二一九〜二二〇。
(16) 徐珂［一九六五］七四。

4. 植民地統治下における尊厳観の変化

植民地時代の台湾社会を詳細に確認すると、日本帝国の統治者は、天皇が定めた大日本帝国憲法や〔その憲法体制を支えた〕官僚に対する尊崇や威厳の意味として尊厳を用いていた。言い換えれば、この用法は中華帝国の伝統的な尊厳と完全に一致していた。他方で被統治者、とりわけ第一次世界大戦後に『台湾民報』系の定期刊行物を担った台湾社会の知識人たちは、統治者が示す尊厳（majesty）観を植民地専制独裁体制を強化するものとして痛烈に批判しながら、個人の自由や平等あるいは個人の人権や正義といった尊厳（dignity）を重視して、「台湾人としての尊厳」を確立しようとした。こうして尊厳という漢字には両者の意味が同時に込められるようになり、文脈に応じて使い分けがなされるようになった。

以下、筆者は、『台湾民報』系の定期刊行物で使用された尊厳を主に分析していく。

『台湾青年』と『台湾』は、いまだデジタル化されておらず、自力で尊厳の使用例を探すほかない。筆者が調べた限りでは、尊厳の使用例はかなり少ないようである。しかし、台湾の知識人たちが使用していた尊厳の用法を幾つか確認できた。一方、これら二誌とは対照的に、『台湾民報』はデジタル化されている。国立台湾歴史博物館の「近代台湾報刊資料庫」がそうである。このデータベースで調査すると、計二一件の尊厳の使用例が見つかった。なお、同データベースでは『台南新報』が尊厳を使用した計二七件も併せて確認できるが、同紙は官営刊行物であり『台湾日日新報』と同じ属性であるため――ただし完全に同じではない――、本論の分析対象からは外した。

ここで『台湾民報』系の定期刊行物を具体的に分析する前に、まず指摘しておかなければならないことがある。それは尊厳の最も早い使用例が官営刊行物の『台湾日日新報』のデータベースで発見できる、という[17]

ことである。その使用例は台湾の伝統的知識人が一九〇四年に発表した漢詩文で、「寺社の尊厳」[18]を称えるものだった。その次の使用例もやはり同紙の漢文版にあり、音楽演奏会を「ある種の国体の耳の尊厳」と形容した事例だった。[19]その後も同紙の使用例が続いた。たとえば日本帝国が、日露戦争と韓国併合にともない、「日本は韓国皇帝の安全と尊厳を保証し維持することを確約する」[20]とあり、また「〔児玉源太郎の〕功績と爵位は高く、その徳は賞賛に値するものである。その尊厳ある気概は万民を驚かせた」[21]とあった。

これらの威厳に近い意味の尊厳は、『台湾日日新報』に限らず、『台湾民報』系の定期刊行物でも確認できるものである。『台湾民報』系の定期刊行物は、当時、台湾議会設置請願運動を展開しており、天皇や国体や憲法の尊厳を必ずしも批判や攻撃の対象とはしていなかった。むしろ『台湾民報』系の定期刊行物が問題視したのは、台湾総督府や台湾総督が率いた官僚機構、とりわけ警察による人々の思想・言論統制および行動制限といった各種の威圧的な統治手法と、そこに見られた官僚の権威つまり官僚の尊厳だった。なお念のために補足すると、一九二〇年代の台湾人は日本帝国主義を必ずしも全面的に糾弾したわけではなかった。

(17)『台湾日日新報』のデータベースで「尊厳」をキーワードとして検索したところ、ヒット数は一三三件だった。しかし紙幅に限りがあるため、本論ではその詳細を議論できなかった。

(18)「詞林」には、台湾人の郭鏡蓉が詠んだ漢詩「台湾神社祭典〔台湾神社の祭典〕」が掲載されている。そこには「廟貌尊厳瞻北闕」という一節がある（『台湾日日新報』（漢文版）一九〇四年一〇月二八日）。

(19)「雑報」の「音楽会演奏之雅楽〔音楽会で演奏された雅楽〕」に「有一種尊厳之国体耳」とある（『台湾日日新報』（漢文版）一九〇五年七月一一日）。

(20)「電報」の「日韓之新協約〔日韓の新協約〕」の最後の一文に「日本確為保障維持韓帝之安全及尊厳」とある（『台湾日日新報』（漢文版）一九〇五年一一月二二日）。

(21)「芸苑」に掲載された「奉賀　児玉督帥凱旋〔祝賀　児玉将軍の凱旋〕」で、たとえば盧建詩は「功高爵厚徳堪称。気象尊厳万衆驚」と述べている（『台湾日日新報』（漢文版）一九〇六年一月一七日）。

そのような状況が生まれるのは、一九二七年以降に社会主義や共産主義が広まりマルクス・レーニン主義の階級闘争の思想が台湾社会に入ってからのことだった。(22)

当時、植民地の台湾人に対して最も同情し、最も台湾人の側に立った日本の知識人は、『台湾青年』主幹の泉哲だった。泉は『台湾青年』創刊号において「台湾島民に告ぐ」を発表し、台湾の住民に対する同情を隠さず、日本による台湾統治の二〇数年来の統治方針が「本国本位で植民地本位に非ず」ということを台湾人に気づかせた。同時に彼は台湾統治における日本の差別的な政策を批判して、「台湾島民が台湾の現状を自覚すること」を呼びかけた。(23)言い換えれば彼は、台湾人が自覚することによって日本の本国本位な植民統治が打破され、台湾の自治が達成されて台湾人が差別的な統治を受けない、いわば尊厳を実現可能な境地へ到達できる、と主張したのである。

このような主張を展開した泉哲の明治大学における指導学生が林呈禄だった。林は「新時代に処する台湾青年の覚悟」と題した文章で泉に呼応して、弱者の台湾人に声を上げるよう呼びかけた。すなわち、第一次世界大戦とは「世界を変革するための戦争であったばかりか、人類を解放するための戦争でもあったのであり」、「すべての人間が互いの完全なる人格を尊重できてこそ、真に自由かつ平和で文化的な幸福のある理想的な新しい社会を享受できる」と主張した。(24)彼の言う「すべての人間が互いの完全なる人格を尊重できる」とは、実のところ個人の尊厳と同義だった。

それでは植民地において被植民者の人格をどう保障するのか。そのためには台湾議会の設置と地方自治の実現によって、台湾総督の独裁専制体制と地方官僚による統治が打破されなければならなかった。それでは地方自治をどう実現するのか。それを真に実現するためには、地方自治団体が「財政的に独立した法人格」となり、「立憲国家が求める完全な地方自治」(25)〔を達成し得る組織〕にならなければならなかった。ナショナリズムの観点から現代風に言えば、それは一種の法哲学的な台湾ナショナリズムを形成することであり、この種の法人格が独立した自治を要求することは、尊厳を個人のレベル――この個人の尊厳は政治的には民意という概念で表された――から台湾本位のレベルへと引き上げることを意味した。

したがって台湾議会設置請願運動はすべての台湾人の民意を表出しようとしたものであり、台湾総督による力の限りの抑圧政策と離間政策にもかかわらず、約一五年間も続いたのだった。たとえば林呈禄は「六三法」が総督の立法権を事実上認めたことに対抗するために、一九二〇年の早い段階から台湾議会の設立を主張し、「いわゆる民意を政治化させることが政治のポイントであり、植民地統治の安全装置になる」[26]とした。また林宝誕は「すべての我が同胞が自立の精神を持ち、自由の大権を享受することで、完全な人格を得られるように全力を尽くす」[27]と述べて、「台湾は帝国の台湾であると同時に、私たち台湾人の台湾でもある」[28]と主張した。

このような台湾の動きは、当時の世界において孤立したものではなかった。国際連盟は人道の正義と世界平和の追求を提唱し、世界は「奴隷制の時代から人権を尊重する時代へ、さらに人権を尊重する時代から自由・平等・人権を保障する時代」へと進みつつあった。[29]

(22) この個所は本論の対象外となるため省略するが、厳瑋泓［二〇一六］が参考になる。
(23) 泉哲「台湾島民に告ぐ」、『台湾青年』第一巻第一号、一九二〇年七月二四日。
(24) 林呈禄（慈舟）「新時代に処する台湾青年の覚悟」、『台湾青年』第一巻第一号、一九二〇年七月二四日。
(25) 林呈禄「改正台湾地方制度概論」、『台湾青年』第一巻第四号、一九二〇年一〇月一五日。
(26) 林呈禄「六三問題之命運」、『台湾青年』第一巻第五号、一九二〇年一二月一五日。
(27) 林宝誕「述希望」、『台湾青年』第一巻第五号、一九二〇年一二月一五日。
(28) 蔡培火「我島与我等」、『台湾青年』第一巻第五号、一九二〇年一二月一五日。
(29) 林呈禄「近世植民地統治に関する対人政策」、『台湾青年』第二巻第一号、一九二一年一月一五日。

林呈禄をはじめとする台湾の知識人たちは、独立した完全な人格と民意の政治化を要求した。これは呉叡人が「ウィルソン的時間」と呼んだ思想史的な影響を明らかに受けたものだった。つまりこのような主張は、台湾人としての尊厳を日本帝国統治下で純粋かつ情熱的に追求したものだった。台湾の知識人たちは実現の困難さを自覚しながらも、絶えず世論を通して台湾社会に影響を与えることで台湾人を覚醒させ、台湾人が台湾議会設置請願運動を支持することを期待した。

ところが台湾総督府は、こうした島外からの危険思想の流入を防ぐために官僚や警察を使って強力な取締りをおこなった。『台湾青年』はたびたび発禁処分となり、一九二三年には「治警事件」が引き起こされて、台湾議会設置請願運動を推進していた新旧の知識人たちが逮捕・起訴され、さらに一般の人々も警察から非人道的な差別を受けた。こうして植民地社会で暮らす多くの人々は官僚の尊厳による差別をいやというほど感じ、個人として尊厳ある扱いを受けてこなかった。だからこそ、この時期に尊厳を論じた文章は官僚の尊厳に対する不満を爆発させたのだった。

たとえば久しぶりに台湾に戻った蔡培火は、台湾人に対する警察の態度に話が及んだ際に次のような具体例を示した。

嘉義の国語学校を卒業したある青年が、料理店で中国大陸の民謡『列干荘之曲』を歌って、平民平等（デモクラシー）という一節を挿入した。ところがその場に居合わせた巡査は、平民平等と言うな、と叱りつけた。そこで青年は、「平民平等は現代の流行語なのに、なぜあなたは私が言うのを禁じようとするのですか」と尋ねた。すると私服だった巡査は憤然として、「私が巡査だからだ」と言い放った。それでも青年が本当に巡査なのかどうか疑っていたことから警官は制服に着替え、手にロープを持って、「貴様らが再度平民平等と言ったら、このロープで縛り上げるぞ」と厳しく威嚇した。(30)

ちなみに、鄭雪嶺という知識人は「警察行政と警官の態度」という文章で、台湾の警察が様々な特権を享受する「全能警察」と化しており、台湾人の人格や名誉をまったく尊重していない、と批判した。つまり警察は欲するままに人々を殴り罵っており、その行為は横暴で不法極まりなく、このような警察の振る舞いが内地人（日本人）と台湾人の融合を妨げる最大の障壁になっている、と批判した。[31]ある人は植民地で権威を乱用する警察を「生ける閻魔」とさえ呼んだ。[32]

「全能警察」による専制に直面していた台湾の知識人は、人々の台湾人としての自己認識を高めさせるために教育を充実させるしかない、とも考えるようになった。そのため彼らは台湾議会の設置に加えて六年間の義務教育の実施も政治目標とした。これは社会の様々な階層を越えて、台湾人にとっての最大のコンセンサスとなった。たとえば蔡培火は「台湾教育に関する根本主張」という日本語の論文において、個人の尊厳と社会の結びつきに関する議論を全面的に展開した。[33]さらに蔡はその中国語版も数か月後に公表した。この二編の論文に共通する主張で本論にとって重要な点に絞ると、下記の引用箇所が注目に値する。

人が営む社会生活は、連帯的なものであり孤立したものではない。かつ、天下国家は万人の天下国家であって、一人や二人に占有されるものではない。そのため「国家の興亡、匹夫に責有り」と言われて

（30）蔡培火「隔二年後之帰台」、『台湾青年』第三巻第二号、一九二一年八月一五日。
（31）鄭雪嶺「警察行政と警官の態度」、『台湾青年』第三巻第三号、一九二一年九月一五日。
（32）火中生「人間の活閻羅」、『台湾』第四年第二号、一九二三年二月一日。
（33）蔡培火「台湾教育に関する根本主張」、『台湾青年』第三巻第三号、一九二一年九月一五日。

きたのである。約一世紀前まで、洋の東西を問わず、英雄が崇拝された時代だった。その時代には、少数の俊傑さえいれば凡庸な衆愚を顧《かえり》みる必要はなかった。すべてが数人の俊傑に委ねられさえすれば、衆愚は、ただその命令を聴くのみで怪しむことはなかった。

しかし、その後、人々の知恵は次第に開かれていった。人々の心は変わり、人々は世の中に尊厳があることを知って、社会の真意を知るようになった。こうして従来の専制的な国家社会は民衆的なものへと変化し、自由平等の主張が至る所に広がって、人々はそれぞれの目標へと自ら歩み始め、他人の操り人形になることを二度と望まなくなった。その結果、誰もが自分の人格を完成させたいと望むようになり、そのためには集団で助け合わなければならないと認識するようになった。つまり人々は、他者を尊ぶと同時に自身をも尊び始めて、多くの人々に奉仕して社会に貢献する精神をすべての人々の脳裏に浸透させていったのである。

このような考えは、まさに現代文化の本質である。このような考えが発達したところでは、国家と社会は必ず繁栄する。人類は社会と国家に対する連帯責任をすでに自覚しており、諸制度を刷新し、それに合わせて教育制度も刷新して、従来のあり方を改革してきた(34)。

『台湾』は一九二四年に早稲田大学教授帆足理一郎(35)の「民衆文化の哲学的根拠」を掲載した。この論文は大衆文化に根差した、いわば社会を改造しようとする人生観や宇宙観に照らして、各個人の独自性と知識人の個性化とそれらの個性の社会化を分析したものだった。このなかで帆足は個人と社会の関係に言及した際に、個性の尊厳はその社会化の度合いによって発揮されるべきであり、もし人々が社会関係を無視したとすれば、それらの孤立した個人は自らを原始化させるだけであり太古の昔に生きた化石のようになってしまう、と論じた。だからこそ彼にとっての、「人格とは、個性を社会化させること」だった(36)。

尊厳に関するこれら二つの有機的な議論からは、共通点が見いだされる。それは人格を重視することである。そしてそのためには操り人形や生きた化石となることなく個性を社会化させ、各個人が社会と繋がることで双方が相互に尊重――他者を尊重し自身をも尊重することがここから始まる――して社会を変革し、集団で助け合いながら社会に貢献し、個性の尊厳を認め合いながらこの世を生きていくことである。

以上が、『台湾青年』と『台湾』から確認できたことである。この二誌の尊厳は、知識人を中心とする議論のなかで理解し難く直接運用されることのなかった概念から、理念化されながら同時に社会化・個人化された概念となって、その全貌をより明確に現すようになった。

ところがこの二誌に続く『台湾民報』――マス・メディアと見なされ、中国語の白話文によって発行された――の尊厳に関する議論は、より多元的になったばかりか、当時の世界的潮流に反するような台湾総督府による官僚の尊厳を直接批判して、日常生活のリアリズムに基づく批判精神に満ち溢れるものとなった。以下、紙幅の都合上、二つの議論に絞って説明したい。

一つ目は醒民（黄周）[37]による「官僚政治の弊害」（一九二三年一一月）という文章である。黄は世界の大勢を論じた際に、次のように主張した。すなわち、「官僚政治の第一の弊害は、形式を過度に重んじるあまり、

（34）蔡培火「関於台湾教育之一二私見」、『台湾青年』第三巻第六号、一九二一年一二月一五日。
（36）日本の福岡の人（一八八一～一九六三年）で、大正・昭和期の哲学者兼評論家。詳細は、https://kotobank.jp/word/ 帆足理一郎-1107417（二〇二四年六月一八日閲覧）を参照のこと。
（36）帆足理一郎「民衆文化の哲学的根拠」、『台湾』第五年第二号、一九二四年五月一〇日。
（37）醒民とは、黄周（一八九九～一九五七年）を指し、彰化和美の人である。国語学校および早稲田大学政治経済学科を卒業し、「新民会」と台湾文化協会などに加入したほか、『台湾民報』の幹事・記者などを歴任した。詳細は、https://tm.ncl.edu.tw/article?u=016_002_0000295896（二〇二四年六月一八日閲覧）を参照のこと。

何事に対しても教条主義に陥り、自らを熟練者と勘違いして自己満足に浸ってしまうことである。つまり人々を機械のように見なして臨機応変に対応する術を欠き、〔何事も〕強制的に実行して煩わしい礼儀作法を重んじるあまり業務が現実にそぐわなくなり、そうなると人々が無能だということを口実にして多くの人員を用いるようになる。こうした事態が官僚の尊厳と形容されるような事態なのである」[38]、と。

二つ目は「官威と民権」（一九二六年）という論評で、官僚政治の尊厳と民権を直接比較したものである。この論評はさきに引用した文章から三年を経っているが、両者の主張には強い連続性があった。そのため官権が縮小するどころか、ますます肥大化していたことが分かる。この論評は官僚政治の尊厳を全面的に糾弾した。

官僚は官僚政治において尊厳を維持しようとするため、押しなべて官僚の権威を過剰にさせるという悪癖を患っている。そのため何ごとに対しても理の是非を問わず、間違いを犯したとしても、それを知りながらもそのまま押し通して自らの権威を保とうとする。このような事実は日本本国においても多い。〔中略〕台湾における官僚の権威は日本本国よりも過剰で、現在ではもはや救いようのない状態である。〔中略〕官僚の権威が過剰なところでは、人々は民権を委縮させる病に罹っている。なぜなら、すべての役所の法律が官僚の威信を保つことだけを求めており、民権が抑圧され委縮するという病を発症せざるを得ないからである。この実例は、台湾において最も顕著である。憲法で保障された人民の一切の権利は、官僚の権威を前にすると雲散霧消して存在しないものとなってしまう。言論出版の自由、集会結社の自由、通信の秘密、家庭の自由は、実際には蹂躙されざるを得ないのである。

たとえば請願権は憲法第三〇条で明確に保障されている。しかし従来のあからさまな干渉と裏の手口での圧迫によって、民権はすでに委縮してしまった。いや、委縮しただけでなく奪われさえしてしまった。自らの幸福のための請願も大逆と見なされるため、〔多くの人々は〕敢えて〔請願運動に〕参加しようとしない。こうした事態が発生したのは人々が解放を求めていないからではない。それは、官僚の権威が過剰なために民権が萎縮してしまっているからである。

しかし私たちは立憲政治の下で、とりわけ民本主義的傾向のある今日においては、官僚の権威が過剰な事態を改めなければならない。そうしなければ人々が覚醒して民権を回復させることなどできない。つまり、官僚の権威過剰という悪癖を取り除き、民権委縮という病を治すためには、努力と犠牲が必要であることを知らねばならない。[39]

文中にある「官僚の権威が過剰なところでは、人々は民権を委縮させる病に罹っている」との記述は、医師出身であり「臨床講義」で人口に膾炙した蔣渭水の文体によく見られるものである。憲法が保障する人々の一切の権利は、すべて官僚の権威によって取り上げられているため、人々が覚醒して民権を拡張するほかない。このように平易で分かりやすい表現は、『台湾民報』のマス・メディアとしての特徴に合致しており、台湾社会で多くの人々に理解され、その琴線に触れることになった。

（38）醒民「官僚政治的弊害」、『台湾民報』、一九二三年一一月二一日、第一面。
（39）「官威与民権」、『台湾民報』、一九二六年一二月一二日。

5. おわりに

近代台湾の尊厳は以上のように推移した。それは、元々は中華帝国の伝統的な尊厳（majesty）だった。台湾は一八九五年に日本帝国の植民地となり、その後、台湾総督府の「六三法」に基づく特別統治によって差別的な植民地専制統治が押し進められると、台湾人は複数回にわたって武装蜂起（抗日運動）を試みたものの、いずれも日本の近代的な軍隊によって鎮圧されてしまった。こうした抑圧的な状況のなかで、台湾の知識人たちは大正デモクラシーと第一次大戦の民族自決の影響を受けて、一九二〇年代を中心に『台湾民報』系定期刊行物で活動を展開した。海外の思想を受容した彼らは、台湾人の意志を担っていることを内外に示しながら、個人の尊厳（dignity）を打ち出した。彼らは自由と平等を求め、官僚政治を官僚の尊厳――この尊厳は権威と同義――だとして厳しく批判した。

一九二〇年代以降、台湾では二種類の尊厳概念が混ざり合い、またそのそれぞれがが対立しあいながら併存することになった。統治された台湾人は統治者の前、とりわけ警察を核とする官僚体制の前においては、その貴賤に関係なくいずれも人格のない尊厳のない存在だった。

現在、台湾は国際的に様々な面の不平等に直面している。私たち台湾人は過去を現在の鏡として、一〇〇年前の先人たちがこのような険しい境遇のなかで「台湾人としての尊厳」を守り、それを堅持したことを忘れてはならないのである。

付記

本論は二〇二四年五月三一日に東京大学駒場キャンパスで発表したものである。招聘してくださった「尊厳学の確立」プロジェクトの小島毅教授（東京大学）・中村元哉教授（東京大学）および当日のシンポジウムにご参加くださった村田雄二郎教授（同志社大学）・山本真教授（筑波大学）らの貴重なご指摘に感謝したい。そのすべてにはお答えできていないものの、今後の研究の進展に期待していただければ幸いである。

参考文献

【中国語】

康卓然「台湾県学文廟記」、陳文達『台湾県志』、台北：台湾銀行経済研究室、一九六一年。

梁文科「重修万寿亭碑記」、劉良璧（改訂編集）『福建台湾府志』、台北：台湾銀行経済研究室、一九六一年。

劉銘伝「幇弁海軍謝摺（一六年四月一六日）」、『劉壮粛公奏議』、台北：台湾銀行経済研究室、一九五八年。

劉維瑛（策画・執行）『現存台湾民報復刻』、台南：台湾史博物館、二〇一八年。

若林正丈（何義麟ほか訳）『台湾抗日運動史研究（増補新訂版）』、台北：大家出版、二〇二〇年。

徐珂『清稗類鈔選録』、台北：台湾銀行経済研究室、一九六五年。

呉叡人「世界与我們之間――《台湾》的思想史定位初探」、劉維瑛（策画）『現存台湾復刻』、台南：台湾史博物館、二〇二〇年。

厳瑋泓「従「階級闘争」到「現世浄土」――論林秋梧批判早期台湾佛教的方法与目的」、洪子偉主編『存在交渉――日治時期的台湾哲学』、新北：聯経出版事業股份有限公司、二〇一六年。

鄭光策「台湾善後事宜書」、『福建通志台湾府』、台北：台湾銀行経済研究室、一九六〇年。

周婉窈『日拠時代的台湾議会設置請願運動』、台北：自立晩報、一九八九年。

8　戦後台湾における尊厳の概念史

陳建守／古谷創＝訳

1．はじめに

尊厳（dignity）とは、『オックスフォード現代英英辞典』（第一〇版）によれば、「人々から栄誉や尊敬を受けること（the fact being given honour and respect by people）」を表す語である。『広辞苑』（第七版）は、尊厳を「とうとくおごそかで、おかしがたいこと」と解説している。『日本国語大辞典』（精選版）は、「尊くおごそかなこと、重々しくいかめしいこと。また、そのさま」と解説している。『新和英大辞典』（第五版）は尊厳を「dignity; majesty; prestige」と訳し、『リーダーズ英和辞典』（第三版）は dignity に「威厳、尊厳、気高さ、名誉」などの語をあてている。(1)

ここで、中央研究院近代史研究所で公開されている「英華字典資料庫〔データベース〕」を検索してみよう。すると、尊厳は、一三の見出し語のなかから二〇件の検索結果を得られる。最も早い事例は一八二二年の『馬礼遜〔モリソン〕英華字典』〔の見出し語“serious”〕で、全文は以下の通りである。

彼有求道之誠則尊厳，而道可伝（He that sincerely seeks to know good principles, is respectful and serious; and in that case right principles may be propagated〔善の道を心から知りたいと思う者は、謹厳実直な者であり、そうであってこそ正しい道は広まるだろう〕）。

尊厳に対応しているのは「respectful and serious〔謹厳実直〕」の箇所であり、dignity という概念は使用されていない。

尊厳は、一九一二年に出版された『翟理斯〔ジャイルズ〕華英字典』で、ようやく dignity に対応する語とされた。この『翟理斯華英字典』以前の辞書では、井上哲次郎の『訂増英華字典』（一八八四年）が尊厳を「dignified」と翻訳していたが、「英華字典資料庫」のなかで最も多くの検索結果がヒットした顔恵慶の『英華大辞典』（一九〇八年）では[2]、尊厳の訳語として直接 dignity をあてた事例はなかった。

Dignity は、その他の見出し語——「regally」・「respectability」・「rank」など——に付属する訳語のなかでは使用されていた。たとえば、顔恵慶『英華大辞典』の説明から尊厳を探すと、相手の父親に対する尊称（your father）、威風堂々としたたたずまいや容貌、雄大で荘厳であること、王者としての責任や品位、恥ずかしくない体面や振る舞いといった意味を確認できる。これらは、いずれも、dignity の語源である「品位」や

（1）北和樹［二〇一七］二九。

（2）顔恵慶は、『英華大辞典』を編集した際、この辞典が「一大叢書」であり、「具体的で詳細な百科全書」であると認識していた。この辞典は、イギリスの『*Nuttall's Standard Dictionary of the English Language*』を底本とし、単語の意味（definition）に中国語の語釈を付ける形式だった。英米の主要な辞典を参照し収録している上に、様々な分野の書籍も参照しており、「華英合璧辞書の集大成である」と評価するに相応しい辞典だった（蔡祝青［二〇一二］三〇四～三〇五）。

「自尊心」を意味する古フランス語の「dignete」の意味にとどまるものだった。(3)

尊厳がdignityに対応する語となった現代中国語のなかで、最も一般的に言及されるのが人間の尊厳（the dignity of manあるいはhuman dignity）であろう。人間の尊厳という概念の歴史は、一般に古代ローマの哲学者であるキケロ（Cicero）にさかのぼると言われている。彼は、古代ギリシャ流の尊厳に関する理解を普及させ、本来はローマの貴族のみに適用されていた「dignitas」を、自然界における人間の超越した位置付けを表す概念へと転化させた。西洋で初めて人間の尊厳という概念が現れたのは、この時である。中世のキリスト教神学〔スコラ学〕では、人間の尊厳は、人間そのものに基づく価値ではなく、人間と神との間の特殊なつながりに基づく価値だと考えられた。だが、ルネサンスや啓蒙時代を経て、人間の尊厳は、次第に神の支配から脱して世俗化された概念となった。こうした世俗化の過程にともない、尊厳はある種の絶対的な価値を含むようになった。そして、人類の道徳的地位と、それに相応しい規範の要求を正当化する根拠と考えられるようになった。(4)

一七七六年のアメリカ独立宣言には、「すべての人間は生まれながらにして平等であり、その創造主によって、生命、自由、および幸福の追求を含む不可侵の権利を与えられている〔American Center Japan の訳文より抜粋〕」とある。人間は理性があるため、すべての個人は自由で平等なのである。これは人権概念と人間の尊厳とが密接に結び付く要点だ、と考えられている。また、人間の理性と近代の自然法の発展にも密接な結び付きがある、と考えられている。自然法は、古代や中世では、絶対的かつ普遍的な歴史を超越したものであり、神が創造した自然のなかに存在するもの、とされた。しかし、近代の自然法は、伝統思想の基本に沿って発展しつつも、神の存在を否定した。そのため、近代の自然法は、まず人間の本質を問い、そのなかから人間の様々な自然権や義務を導き出しながら「正しい法」が現れる、と解釈した。つまり、この自然法が依拠しているのは個人の自由意志だった。こうして自然法は、普遍的な性格を持ち、すべての人間とすべての時代に適用されるべき法秩序だと考えられるようになった。[5]

自然法の重要な概念は、人間の尊厳を人間の活動の中心に位置付けたことである。そのターニングポイントとなったのがフランス革命だった。一七八九年の「人間および市民の権利の宣言」〔フランス人権宣言〕は、個人の自由について、身分制のなかから解放される自由ではなく、一人の人間として解放される自由だ、と明確に定めた。これ以降、人権と自由は人間から自然に生まれ出るものと考えられるようになった。また、人間の尊厳という理念は、法の原則という規範の役割を担うようになった。この変化は、一九世紀以来、各国の近代法の体系化と法典化がすすんだ過程と合致している。この過程で、人間の尊厳に対する尊重と保障は、単なる曖昧な理念や概念にとどまらず、人権をより正確に定義することと密接に結び付けられた。こうして人間の尊厳は、人権哲学の基盤を形成した。

第二次世界大戦終結後、尊厳は、憲法や国際条約の条文に続々と組み込まれるようになり、尊厳の理論は、法律分野で大きく発展した。現代の諸国家および国際社会は、憲法・法律あるいは国際法・条約などを通じて、人間の尊厳と人権を現行法のなかに組み込んでいった。一九四五年の国連憲章の前文では、国際組織を設立する目的〔の一つ〕が、「人間の尊厳及び価値」を確認することにあるとされた。同様に、一九四八年の世界人権宣言でも、その前文で「人間の尊厳及び価値」が再度強調された。欧州連合（ＥＵ）条約では、人間の尊厳がＥＵの「基本的な価値」〔の一つ〕と見なされ〔第二条〕、ＥＵの国際舞台での行動に関しても、人間の尊厳の尊重が明記されている〔第二一条〕。第二次大戦後に成立した国際組織や締結された国際条約は、

（３）「dignete」はラテン語の「dignitas」に由来し、「価値あるもの」を意味している（北和樹［二〇一七］二九）。
（４）朱穎嬌［二〇二四］一四〜二五。
（５）北和樹［二〇一七］三一。

そのほとんどが人間の尊厳の価値とその尊重を強調し、個人の保護や禁止行為に関する国家の施策を規定した。これらの組織や条約では、人間の尊厳が人種差別や性差別によって容易に侵害されることを指摘するとともに、子どもや障害者などの社会的弱者の権利を保護することも求めている[6]。

本論における尊厳の定義は、これらの事例と異なるところはない。本論の主要な関心は、人間の尊厳および尊厳と人権との関係である。そこで本論では、次の二つの側面について議論を展開したい。第一は、戦後台湾における人権の発展史を概説することである。第二は、新聞・雑誌に現れた尊厳の語義や用法を分析することである。

2. 戦後台湾の人権発展史

第二次大戦後の台湾では、組織的な国家暴力を主因とする長期的な人権侵害（一九四七～一九八七年）が続いた。呉叡人の研究によれば、この現象の背景には、相互に重なり合う三つの歴史的コンテクストが存在した。第一のコンテクストは、中国大陸の国家建設プロジェクトに関連する政治的な暴力である。その期間は、一九四五年の終戦から一九五四年の中国共産党台湾省工作委員会の消滅までである。第二のコンテクストは、中国国民党が「党国体制」を台湾で構築しようとしたことである。その期間は、一九四九年から一九八七年までである。第三のコンテクストは、世界規模の冷戦である。その期間は、一九四七年から一九八九年までである。これらのなかでも、とりわけ一九五〇年の朝鮮戦争勃発後の国民党による国家的暴力がポイントとなった[7]。

第一のコンテクストから言えば、日本の統治を受けてきた台湾人は、近代の立憲主義や法治・人権といった概念をある程度身に付けていた。台湾人が経験した最初の近代国家は、中国ではなく明治期の日本だった。そして、台湾人は、日本の敗戦後に台湾にやってきた中華民国国民政府〔一九四八年からは中華民国政府〕の統治を受けることになったが、自分たちの人権を弾圧されてしまった。その最初の事件が、一九四七年の二二八事件だった。台湾人の生存権・財産権・自由権は、のちに戒厳令の制限を受けることになったため、すっかり無くなってしまった。そのため、台湾人は、戦後初期において、これらの権利の保障を主に求めるようになった。ちなみに、二二八事件から始まった統制は、一九八七年七月一五日に戒厳令が解除されたことで、ようやく緩和されることになった。(8)

これと同時に、国民党は、一九四九年から五〇年代半ばにかけて、大規模な左翼分子の粛清運動を台湾で展開した。いわゆる「五〇年代の白色テロ」である。これは国共内戦の影響が台湾にまで及んだ結果だった。一九四八年五月一〇日に反乱鎮定動員時期臨時条項〔動員戡乱時期臨時条款〕が施行され、一九四九年五月一九日には台湾省で戒厳令が布告されて、同年六月二一日に懲治叛乱条例が施行された。これらが組み合わさった結果、憲法で保障されるべき一切の身体・言論・出版・結社・通信・行動などの自由が政府の命令によって恣意的に侵害されたり制限されたりするようになり、〔一九四六年に制定された中華民国憲法は〕空文と化した。(9)この過程で、多くの台湾人と〔戦後台湾に渡った〕中国人が「共産党のスパイ」という口実で逮捕された。白色テロの犠牲になった中国人は、一九五五年五月に失脚した孫立人をはじめ、その多くが軍人だった。(10)一方、台湾人の犠牲者の多くは、中国共産党台湾省工作委員会の台湾での活動と何らかの関わりを持っ

(6) 北和樹〔二〇一七〕三三～三四。
(7) 呉叡人〔二〇一六〕四五～四六、陳翠蓮〔二〇二三〕一七七～一七九。
(8) 薛化元ほか〔二〇〇三〕六一～七四。
(9) 薛化元ほか〔二〇〇三〕一〇三、陳翠蓮〔二〇二三〕一八六。
(10) 薛化元ほか〔二〇〇三〕一一〇～一一一。

た人たちだった。中国共産党台湾省工作委員会は、二二八事件後に、台湾社会の国民党政権に対する不満を利用しながら組織の拡大をはかった。そして、台湾社会の国民党政権に対する不満を左右の階級対立や民主と独裁という対立構図のなかに落とし込んでいった。[11]

第二のコンテクストは、国民党が一九四九年に国共内戦に敗れ、台湾へ正式に撤退したことで生じた。国民党政権は、上述の白色テロによる粛清をすすめつつ、同時に、「党国体制」および社会基盤の改造と創建というプロジェクトに着手した。国民党は、一九五四年に、中国共産党台湾省工作委員会を壊滅させたと宣言すると、粛清の矛先を内戦の敵対者である共産党から島内の反体制派へと転じた。つまり、国民党は、戒厳令を継続して、〔共産党という〕外部の敵に名を借りながら台湾内部を制圧するという国家暴力を発動したわけである。たとえば、一九七二年一二月から一九七五年六月にかけて発生した台湾大学哲学系事件〔「系」は学科に相当〕は、反共に名を借りながら、実際には、台湾内部の思想・学術・言論の自由を弾圧するという人権侵害だった。この事件の被害者は、共産党の支持者と見なされ、国民党によって粛清された。[12]この時、第一のコンテクストで触れた左翼に対する粛清も続いていた。一九五〇年代中盤以降、「共産党のスパイ」の疑いをかけられた人物は、ほとんどが〔国民党政権に反対する〕外省人の反体制派だった。たとえば、作家の柏楊は、一九六八年に『中華日報』で連載した漫画〔ポパイ〕のセリフの翻訳を理由として逮捕された。そして、警備総司令部の軍事法廷で「違法な方法により、政府転覆の実行を企んだ」という理由によって、懲役一二年の判決を受けた。さらに、柏楊の供述により、友人の孫建章も共産党の組織で訓練を受けたという濡れ衣を着せられ、三年間の思想矯正教育を受けさせられた。[13]

第三のコンテクストは、一九四七年に始まった冷戦体制に由来した。国民党政権は、アメリカの支援を受けたため、台湾内部において権力の強化をじっくりとすすめることができた。冷戦期のアメリカが台湾に与えた影響は、「外来政権の本土化」を経由した国民国家形成のモデルを創出したことである。[14]

国民党は、戒厳令体制を利用しながら、「自由主義陣営の中国」と認定された台湾を長期間にわたって統治した。朝鮮戦争が勃発してアメリカが第七艦隊を台湾に派遣すると、国民党政権は共産党の軍事侵攻の危機を当面は回避できたため、蔣介石は個人独裁と権力掌握を段階的にすすめていった。ところが、このような政治過程のなかで、自由と人権の重要性を訴えかけた政論誌『自由中国』(一九四九〜一九六〇年)が〔駐米大使を務めた〕胡適を発行人として創刊され、アメリカの支持を得ながら自由や人権を拡大しようとする勢力も現れた。このようにして国民党政権と『自由中国』およびその責任者だった雷震との主張がかけ離れていったため、両者の間で以下のような摩擦が引き起こされた。

まず『自由中国』は、一九五一年六月の社説で政府当局〔国民党政権〕の人権侵害を批判した。一九五六年から『自由中国』で健筆を振るった殷海光は、蔣介石の古希を祝う特集号で〔当時は非合法だった〕野党の結集を呼びかけ、この主張が国民党当局の怒りを買った。(15) 雷震は、一九五七年から一九六〇年にかけて、在野の政治勢力が組織する党外〔非合法の野党〕活動に積極的に参加したため、国民党はそのような動きを極めて警戒した。一九六〇年九月四日、警備総司令部は、ついに雷震・馬子驌・傅正・劉子英の四人を逮捕し、劉子英をスパイとして摘発し、雷震を「反逆者隠避」罪で起訴した。(16) 雷震らは軍事法廷でそれぞれ三年から一二年の懲役刑の判決を下され、『自由中国』の人権擁護の訴えは失敗に終わった。一九六四年、謝聡敏が

(11) 呉叡人［二〇一六］四七〜四八。
(12) 薛化元ほか［二〇〇三］一五七〜一六〇。
(13) 薛化元ほか［二〇〇三］一五〇。
(14) 呉叡人［二〇一六］三二八〜三二九。
(15) 何卓恩［二〇〇四］一二二。
(16) 薛化元ほか［二〇〇三］一一五〜一一六。

起草し、彭明敏が修正し、魏廷朝が格調高い中国語で台湾人民自救運動宣言を書き上げた。残念ながら、彼ら三人は、この宣言が配布される直前に検挙されてしまい、いずれも重い実刑判決を受けた。(17)

この台湾人民自救運動宣言には、次のようにあった。

我々は、社会の目的が個人の尊厳を守り、人々の福利を増進することにあると確信している。したがって、蔣介石政権の恐怖〔政治〕と人々の連帯と発展を妨げるその欲望まみれの数々の施策に反対する。我々は、互いに信じ合い助け合いながら友愛の社会を建設し、すべての個人が満ち足りた前向きで幸せな生活を送れるよう希望する。

戦後台湾で人権に関する言説が芽吹き出し、暗闇に一筋の光が射すには、楊国枢が中心となって発行した『大学雑誌』(一九七一年以降)まで待たなければならなかった。『大学雑誌』は、一九六八年に創刊されたが、その最初の三年間は文芸・教育を主たる内容とし、政治色の薄い雑誌だった。しかし、同誌は、一九七〇年代の台湾の時代環境――経済が発展し、〔蔣介石から〕蔣経国への権力委譲が改革ムードを醸成したことから、柔軟な言論空間が生じつつあった――を背景に、活発な言論活動を展開するようになった。この頃、〔沖縄返還にともない尖閣諸島の施政権が日本に返還されることになったため〕釣魚台学生運動が発生し、一九七一年には、中華人民共和国が国際連合の中国代表権を中華民国から奪取するという国際政治の変化も発生した。これらの外部からの衝撃が、当時の知識人を『大学雑誌』の周辺に引き寄せ、人権を主張するグループの形成につながった。(18)さらに、一九七五年には、党外雑誌の先駆けである『台湾政論』――反国民党の在野勢力が初めて結集した刊行物だった――が創刊された。これは、戒厳令下で続いていた言論と出版の自由の統制に対する挑戦を意味した。同誌は創刊後一年も経たないうちに出版法に違反したかどで停刊を余儀なくされたが、自由と民主化を求める社会の動きはここから加速した[19]。

一九七八年、台湾党外人士助選団は、国民大会〔中華民国の最高意思決定機関で二〇〇五年に事実上廃止された〕の増員選挙に際して、党外候補者の共同政見〔一二大政治建設〕を発表し、「我々の政治的人権・経済的人権・社会的人権を追求すること」を強調した。そのなかには「人格の尊厳を尊重し、自白の強制、非合法な逮捕・拘留、不当な家宅捜索およびプライバシーの破壊を禁止する」という内容が盛り込まれた[20]。この時の国民大会代表増員選挙は、アメリカのカーター大統領が中華人民共和国との国交樹立〔すなわち台湾との断交〕を宣言したことによって延期されたが、党外の活動家グループは、国是声明を発表して、「民主と憲政を断乎として守り抜き、暴力に反対し、平和を切実に希求する」との基本的な立場を重ねて示した。併せて、さきの共同政見を発展させた一〇項目の呼びかけを同時に公開した。そのなかにもやはり、「人格の尊厳を尊重し、人身の自由を保障し、自白の強制、非合法な逮捕・拘留、不当な家宅捜索およびプライバシーの破壊を禁止する」という文言が含まれていた[21]。

これらの訴えは、決して唐突なものではなかった。なぜなら、台湾基督長老教会が一九七〇年代に三大宣言〔国是声明・私たちの呼びかけ・人権宣言〕を発表した後、それらが党外の民主化運動へと転化していったとも言えるからである[22]。中華民国総統選挙が一九七八年三月に実施されると、人権外交を掲げたカーター大統領

(17) 陳翠蓮［二〇二三］二二五～二二六。
(18) 薛化元ほか［二〇〇三］二二三～二二六。
(19) 薛化元ほか［二〇〇三］二三七～二四一。
(20) 薛化元ほか［二〇〇三］二四五。
(21) 薛化元ほか［二〇〇三］二四七。
(22) 台湾基督長老教会の人権宣言に関する議論については、鄭睦群［二〇一七］二五～一三三を参照のこと。ただし、ここでは

は、選挙後に台湾関係法の制定を推進して、台湾に人権をより重視するように迫った。米下院議会も、台湾関係法の修正案に盛り込まれた人権条項〔第二条C項〕を可決した[23]。さらに、一九七九年一二月、美麗島事件――党外の活動家グループが高雄で世界人権デーを記念する無許可のデモを決行すると、当局がそれを弾圧した――が発生して国民党による白色テロのピークを象徴するものとして人々に認識されると、この事件は台湾の人権の発展にとってターニングポイントになった。政府当局は国外からの圧力によって公開審理の方法を採らざるを得なくなったことから、被告人の人権は多少なりとも保障されるようになった。さらに、公開審理がおこなわれたことで、美麗島事件の政治理念はかえってメディアを通じて広まり、その後の党外運動が大いに発展する契機になった[24]。

一九八三年一二月、立法委員の増員選挙が実施されると、党外の活動グループは、候補者の推薦を決議した際に、「民国七二〔一九八三〕年党外人士競選後援会」の名義で以下の文言を含む政見〔一〇カ条の「全国共同政見」〕を公開した。

> 人間の尊厳を守る。学術研究や政治上の主張に異なる意見を持つ者がいたとしても、これらを尊重すべきである。自白の強要や非合法な逮捕・拘留および政治的迫害を禁止し、良心の囚人に対する大赦をおこなう[25]。

〔以上のような過程を経て、〕一九八六年九月二八日、民主進歩党〔民進党〕が正式に結成された。同党の結成によって、一党独裁という台湾政治の根幹が揺らぎ始めた。一九八七年のメーデーの前夜には、三〇名以上の議員・学者・専門家らが、台湾大学教授の張暁春によって起草された労働人権宣言を共同で発表した。ここには一二項目の労働者の人権に関する主張が盛り込まれ、第一項の主張は、「最低賃金により、人間の尊

厳を維持できる生活が確保されなければならない」だった。(26)

その後、台湾は、戒厳令の解除を正式に宣言し（一九八七年七月一五日）、法的には民主化への第一歩を踏み出し始めた。

一九八八年一月、蔣経国が病没して蔣家二代にわたる台湾統治の時代が終焉を迎えると、台湾人で初めて総統になった李登輝が権力の座に就いた。さらに、一九九一年五月一七日の「独台会事件」が発生して、「知識界反政治迫害聯盟」と学生たちが座り込みをした結果、懲治叛乱条例が立法院で廃止された――刑法第一〇〇条には内乱予備罪が残っていたが、立法院が一九九二年五月一五日に刑法第一〇〇条の修正案を可決してことで、内乱予備罪はようやく廃止された――。こうして、逮捕・起訴された反体制派やブラックリストに掲載された海外逃亡犯はついに自由を取り戻した。(27)

一九九〇年代の台湾は、李登輝の時代となった。国民党の李登輝は、中華民国憲法がカバーする範囲を自由地区と大陸地区に分け、憲法の実効領域を自由地区である台湾に限定し、人権の実践範囲も台湾に限定した。二〇〇〇年に政権交代が台湾で初めて実現すると、民進党の陳水扁は、総統就任後に「人権立国」という理念を打ち出し、台湾の人権を国際社会の人権に接続させて、台湾の人権が世界の普遍的な人権の一部であることをアピールした。これは、台湾が「普通の」主権国家ないしは国民国家になることを目標にするよ

尊厳という語は使われていない。
(23) 陳翠蓮［二〇二三］三三〇〜三三六。
(24) 薛化元ほか［二〇〇三］二五二〜二五六。
(25) 薛化元ほか［二〇〇三］二五九〜二六〇。
(26) 薛化元ほか［二〇〇三］二七六。
(27) 薛化元ほか［二〇〇三］一〇二・一六六。

うなった、ということである。[28]これ以降、台湾の民主化は「下から」おこなうものだという自己認識が強まり、社会的自律性（social autonomy）も台湾で広がっていった。[29]

3．尊厳という語彙の歴史

中村元哉が指摘するように、「近現代中国の尊厳概念は威厳、威信、権威などと近い意味で用いられ、それらが儒家の伝統思想と結びついていた」。また、中国憲法史の文脈から言えば、人権の保障を出発点とする尊厳が最初に登場したのは一九八二年制定の中華人民共和国憲法であり、一九四六年制定の中華民国憲法ではなかった。中華民国憲法に尊厳概念が登場するのは、一九九〇年代前半の憲法修正条項においてだった。しかし、たとえそうだったとしても、一九四五年の国連憲章の英語版で使われたdignityはその時点で尊厳と翻訳され、一九四八年の世界人権宣言でもdignityは尊厳と訳された。「ここから読み取れることは、dignityの訳語が、すでに二〇世紀半ばには、日本語のみならず中国語においても尊厳で確定していた、ということである。つまり、尊厳概念が人権と併記して使われるようになったのは、〔中略〕少なくとも一九四〇年代後半にさかのぼれる、ということである」。[30]

そこで本節では、戦後台湾の幾つかの重要な新聞・雑誌のデータベースを用いて、尊厳の語彙史について分析をおこないたい。今回利用したのは、『自由中国』（一九四九〜一九六〇年）・『公論報』（一九四七〜一九六五年）・『自立晩報』（一九四七〜一九八七年）・『大陸雑誌』（一九六八〜一九八七年）のデータベースおよび「台湾経典民論雑誌」というデータベースである。これらのうち、『自由中国』と『大陸雑誌』は前節で述べた通りであるため、それら以外の新聞・雑誌について簡単に紹介しておきたい。

『公論報』は、戦後初期の台湾において最も独立性の高かった新聞である。李万居が創刊した『公論報』は、リベラリズムが後に政治的影響力を持つ上で、貴重な言論空間を確保した。[31]『自立晩報』は、台湾の言論の自由が戒厳令によって制限されたなかで民主主義と独立不羈のために奮闘した新聞であり、台湾初の繁体字による中国語の夕刊紙を創刊して、今でも発行されている老舗の民間新聞である。「台湾経典民論雑誌」データベースには、次の雑誌が含まれている。徐復観が香港で創刊した反全体主義の『民主評論』（一九四九～一九六六年）、『自由中国』停刊以降にとりわけ大きな影響力を持った『文星雑誌』（一九五七～一九八八年）、齊世英が創刊した『時与潮』（一九五九～一九六七年）、一九七〇年に香港で創刊され一九九〇年に台湾版も発行された『七十年代』（のちに『九十年代』と改称、一九七〇～一九九八年）、党外活動家の黄信介・康寧祥が創刊した『台湾政論』（一九七五年）、中国との統一に賛同した左派グループおよび社会主義路線を支持した人々が創刊した『夏潮』（一九七六～一九七八年）、台湾で最も知名度の高い党外雑誌の『美麗島』（一九七九年）、学術的な傾向を併せ持つ社論や政論や文化評論を掲載する『思与言』（一九六三年～）・『当代』（一九八六～二〇一〇年）・『澄社導報』（一九九二～一九九九年）である。

本節では主に民間の感覚を重点的に取り上げたいと考えるため、本節が対象とする刊行物は、必然的に非政府系のものとなる。そのため、出版期間が格段に長い中国国民党の機関紙『中央日報』（一九二八～二〇〇六年）は、考察の範囲から外すことにしたい。

（28）呉叡人［二〇一六］六三。
（29）呉叡人［二〇一六］三三七。
（30）中村元哉［二〇二一］二〇一・二〇四・二〇九～二一〇。
（31）薛化元ほか［二〇〇三］一四九。

以下、本節では、戦後台湾の尊厳の発展史を便宜的に一〇年ごとに区切って観察する。これは、一〇年ごとの尊厳の発展史が旧いものから新しいものへと単線的に置き換えられていく過程だと考えられるからではなく、それぞれの段階における発展の特徴が明瞭に示されていると考えられるためである。もちろん、尊厳の発展史には互いに重複する現象が見られるため、それらについても適宜補足したい。

〈一九四七〜一九六〇年〉

尊厳の語が最も早く登場したのは、一九四七年一〇月三〇日の『公論報』だった。ここでは、当時の国民政府が全国の普通選挙の実施を延期する見込みであったことに対して使われている。

> 政府は共産党が憲法に反対するのを、全国国民の総意に背くことだと非難している。だが、万が一政府が期日通りに憲法を施行し、憲法の尊厳を守り、憲法を施行する誠意を見せることができないとするならば、共産党が影で笑ったり不服を唱えたりすることを制止する道理が、どうして政府の側にあるだろうか。(32)

この引用箇所の尊厳は、威信という意味であり、人権の側面には触れていない。

その『公論報』が、アメリカ国務院が発表した人権宣言の草案を同年一二月二日に論評した際に、初めて「人間の尊厳と価値という信念」という言い回しを使って、個人と尊厳を結び付けた。(33) また、一九四八年一月八日の外電ニュースで、アメリカのトルーマン大統領のヨーロッパ支援計画〔マーシャルプラン〕を紹介した際に、個人の尊厳について言及した。(34) さらに、同年一〇月二四日のニュースで、「主権は近代政治学で最も重要な立論の根拠である。〔中略〕それは、人権が個人の自由と尊厳を抽象的に保障することと同義である[35]」と述べて、尊厳を人権と結び付けた。

一九五〇年代になると、『自由中国』が尊厳という言葉で初めて台湾の状況を解説した。『自由中国』は、蔣介石が中華民国の総統として再選を果たすと、彼が権力を乱用することなく民主的な憲法を遵守するためにも、「個人と人格の尊厳ならびに真実を追求する精神を守る」よう力説したのだった[36]。ちなみに、類似の用例は、一九五七年の中国国民党第八次全国代表大会で頒布された政治綱領にも見られた。「個人および人格の尊厳と個性の発達を擁護し、共匪〔共産党ゲリラ〕どもの奴隷化教育である『思想改造』、そして、知識人や青年学生に対するあらゆる侮辱や迫害といった暴政を消滅させる[37]」。

それでは、一九四七年から一九六〇年の約一〇年間で、尊厳は個人や人権とどの程度まで結び付けられたのだろうか。この時期の尊厳の用法を整理すると、その用法は以下の三種類に区分できそうである。

一つ目は、海外、とりわけアメリカの人権宣言や関連政策、あるいは、そのリベラリズムの発展史を紹介する際に、「個体の尊厳」・「個人の尊厳」・「人間の尊厳」・「人民の尊厳」・「人格の尊厳」などと記された用法である。たとえば、『自由中国』が基本的人権を論じた際に、次のような文章が掲載されている。

(32) 社論「大選不能延期」『公論報』一九四七年一〇月三〇日、第二面。
(33) 美新華盛頓卅日電「人権宣言 美国務院発表草案提請人権委会討論」『公論報』一九四七年一二月二日、第二面。
(34) 本報收聯合社華盛頓七日電「杜魯門在国会致詞 要求援欧、計画援華 還要尽力解決徳、奥、日問題」『公論報』一九四八年一月八日、第二面。
(35) 「聯合国日感言」『公論報』一九四八年一〇月二四日、第二面。
(36) 社論「敬以諍言慶祝蔣総統当選連任」『自由中国』第一〇巻第七期、一九五四年四月一日、二二〇頁。
(37) 「国民党政綱全文」『公論報』一九五七年一〇月二二日、第二面。

近代の初期、人々は既存の制度に抑圧されていると感じていた。人々は、既存の制度が個人の自覚や個性の発達や人格の尊厳を抑圧し、ある種の足かせになっている、と感じていた。そこで、既存の制度と権威に深い憎しみを抱き、これを改革または除去しようとした。(38)

二つ目は、台湾の情勢に関わる文脈において、「人間の尊厳」や「民族の尊厳」という用法が登場した。これらは、反共抗ソの理念を議論したり、中国大陸の人権のあり方との違いを述べたりする際に用いられた。たとえば、『自由中国』が一九五五年に発表した文章には、次のようにある。

我々は、共産党と対決する過程で、生存と自由のために反共を主張し、人間の尊厳を守るために反共を主張し、子々孫々に「人間」らしい生活を残すために反共を主張する。我々は、このことを人々に知らしめなければならない。(39)

三つ目は、「憲法の尊厳」・「司法の尊厳」・「法律の尊厳」などといった用法であり、言論と出版の自由を議論する文脈のなかで使われたものである。たとえば、台湾大学教授の薩孟武が一九五八年に出版法の「黄色〔ポルノ〕」出版物の認定について論評した際に、その認定基準が恣意的に運用される危険があると批判して、「司法の独立の尊厳を侵すもの」だと述べた。(40) 当時の台湾の報業公会〔新聞協会〕も、本来ならば個人の言論や出版の自由の問題に属するはずの出版法が「司法の神聖と尊厳を損ない、人々の信頼を揺るがせる」可能性があることを理由に、自らの主張を展開した。(41) これらに見られる尊厳は、司法や法律の威信ないしは権威を守るという意味であり、個人の人権を議論する段階には至っていない。

このように、この時期の尊厳概念は、伝統的な意味と近代的な意味を混在させていた。しかし、その概念が緩やかに個人や人権の方向へと向かい始めていたことも事実だった。

〈一九六一～一九七〇年〉

一九六一年から一九七〇年までの一〇年間の尊厳概念の発展状態は、その前の一〇年間とさほど変わらなかった。司法の尊厳や法律の尊厳といった集合名詞的な用法が多く、デモクラシー思潮やそれに関連する人物の言動を紹介する際に、個人の尊厳が僅かに触れられる程度だった。[42]また、個人の尊厳という意味で尊厳概念を使うにしても、それはデモクラシーという基本的な価値に背く共産党を批判するためのものだった。つまり、人権は最も基本的で重要な要求であるにもかかわらず、毛匪〔毛沢東一味〕は「個人の自由と人間の尊厳」を踏みにじっており、共産主義は「デモクラシーの真髄である、人間の尊厳の価値や人間の基本的な自由の意義」についてまったく理解を示さず、二〇世紀の人類にとって真の敵となっている、と。[43]

(38) 李祥麟「基本人権遡源」『自由中国』第一〇巻第三期、一九五四年二月一日、九六頁。
(39) 魏書翰「由「一窩風」現象談到新聞自由」『自由中国』第一三巻第一一期、一九五五年一二月一日、三三六頁。
(40) 本報訳英文中国日報一三日訊「出版法新修訂条文 顕然侵犯司法尊厳 薩孟武教授特提出批評 並認評論政治自由将遭受抑制」『公論報』一九五八年六月一四日、第三面。
(41)「台北市報業公会請願書全文」『公論報』一九五八年五月五日、第四面、「報業公会提両願望 向立院緊急請願籲廃除出版法或合理修改 以保障人権維護憲法尊厳」『自立晩報』一九五八年五月五日、第一面。
(42) たとえば、以下を参照。「艾森豪論世界大勢」『時与潮』第九一期、一九六一年九月、一〇～一一頁。陳立峯「胡適死了、「胡適思想」仍然活着！」『文星雑誌』第五三期、一九六二年三月、三頁。どちらの記事も、個人の尊厳、人間の尊厳、人格の尊厳を強調している。
(43)「人類真正的敵人是共産主義思想 聯合国真正敵人也是共産党」『公論報』一九六五年一〇月一〇日、第一〇面。「目前国際形勢対我絶対有利 毛匪是全体人類之公敵 全世界都已有清楚認識」『公論報』一九六五年一〇月一〇日、第一面。

こうした時代状況のなかにあって、もちろん、尊厳概念を個人や人権と結び付けた用法も存在した。たとえば、『時与潮』は、警備総司令部による犯人の取り調べについて論評した際に、尊厳をデモクラシーと同列に論じた。

民主的な法治と王朝的な法治が異なる点は、非常に明らかである。前者は国民によって法が作られ、後者は朝廷によって法が作られる。国民による立法は、国民の権益や自由、人間の尊厳（たとえば相手のほしいままに殴られない、罵られない、捕らわれないこと）を保障し、社会の安寧を保つためにおこなわれる。朝廷による法令は、人々の権利や自由を統制し、王朝を永続させるために出される。〔中略〕民主政治の下では、法治の尊厳は、政府の尊厳と同質ではなく、社会の人々が共有する尊厳のことである。言い換えれば、人権が十分に保障された状態の尊厳である。(44)

そして、この文章——人権と尊厳の両方にまたがった主張——が公表されると、裁判所が違法に入手した証拠は、判決を下す際の証拠にはできず、被告や証人を脅して罪を認めさせることもできないと主張する文章が、『文星雑誌』に掲載された。その理由は、「人間の尊厳あるいはその自由権を侵害して得た証拠は、たとえその手段に違法な点がなかったとしても、有罪判決を下す際の根拠とはできない」からだった。(45) あるいは、『自立晩報』の記者が受刑者の戸籍を調べたところ、当時の戸籍法では、受刑者の戸籍を服役中の刑務所の所在地にしなければならないことが判明した。この記者は、こうした措置は「人権を保障し、受刑者の更生を励ますという大原則」に反しているため、「人権と人間の尊厳を侵害する」疑いのある戸籍法は廃止されなければならない、と主張した。(46)

あるいは、国民大会第一期第四次会議で最も重要な決議となった反乱鎮定動員時期臨時条項の改正は、総統の職権の拡大を認めるものだったが――この時に第四期の総統・副総統選挙も実施され、蔣介石と厳家淦がそれぞれ当選した――、この会議の開催直前に、新聞に投書したある読者は、「個人の尊厳と生存の機会〔の保障〕が実現されること」を期待したい、と述べていた。(47)

あるいは、刑事訴訟法の改正が一九六七年に立法院で可決されると、この改正は裁判のすすめ方にかなり大きな影響をもたらした。その最も重要な変更点は、証拠に関する特別規則が追加され、証拠を調査する方法やその手順が詳細に規定されたことだった。英米法の当事者主義の精神に基づく規定が採用され、検察官の立証責任、反対尋問の手順、当事者の証拠調査に関する請求権、証拠能力を争う機会が明文化された。このほかにも、公判中の強制弁護制度〔国選弁護制度〕を適用する範囲が拡大され、勾留期間延長の回数も制限された。従来の刑事訴訟法（一九三五年）は、一部の規定が職権主義的であるという欠点を含んでいたが、この改正によって、この欠点を克服する当事者主義が採用された。これは、証拠を調査する手順を法制化し、当事者の権益を保護することにかなり貢献した。(48)

ここで、もう一つ言及しておきたい事実がある。それは、人権と尊厳のあり方に少なからずインパクトを与えた弁護士の発言だった。弁護士の梁肅戎――『自由中国』事件で投獄された雷震と彭明敏を弁護した――は、中華民国憲法が一九四七年に施行されて以来、この改正された刑事訴訟法は最も開明的で進歩的な

(44) 路孟華「法治的考験和改善」『時与潮』第一七二期、一九六三年五月、二頁。
(45) 李聲庭「被告的人権応不応受保護？」『文星雑誌』第七一期、一九六三年九月、一〇頁。
(46)「司法春秋監所人犯戸籍登記辦法 応否修改引起各方争議坐牢紀録・多少影響人的尊厳 内法両・所持意見尚未統一」『自立晩報』一九六八年一月一四日、第二面。
(47) 詹文海「献給我們的国大代表」『時与潮』第二〇七期、一九六六年二月、一四頁。
(48) 張麗卿［二〇〇九］五〜六。

ものであり、「人間および人格の尊厳」を守る社会的基盤を築いた、とマスコミに対して発言した。と同時に、彼は、人権を尊重し保障することが民主主義と共産主義とを制度的に分かつ最大の違いだ、とも述べた[49]。

〈一九七一～一九八〇年〉

人権と尊厳を結び付けて議論する機運は一九七〇年代に一気に高まったが、その理由は一九六〇年代後半までにある程度の基盤が整えられていたからだった。たとえば、『時与潮』は、周徳偉・楼桐孫・王作栄・王洪鈞という四名の専門家に対して国家の近代化運動をいかに推進すべきかとインタビューをした際に、彼らは、個人の尊厳を尊重し人間の尊厳を保障する社会が建設されなければならないと回答した[50]。

刑事訴訟法が改正されたことにより、尊厳に関する議論は百花繚乱の様相を呈し始めた[51]。加えて、『夏潮』は、精神疾患の治療の実態について議論を開始した。当時、台湾の精神疾患の治療施設では人間の尊厳がまったく顧みられておらず、そのため同誌は、患者の生命や人格の尊厳を尊重する方向へと改善されなければならない、と主張した[52]。さらにある論者は、労働と経済発展の観点から、人格の尊厳を確立することが重要だと指摘した。労働者の権利は「職業の尊厳」が確立されることによって保障されるものであり、基本的な労働観念を軽視する台湾社会が現状を克服することで、労働者により多くの労働権を与えよう、と訴えかけた[53]。これに関連して、外資系の多国籍企業が台湾で引き起こした労働問題に対して、「現地の人々は人間の最も基本的な尊厳すら失っている」との指摘もなされるようになった[54]。外資系の工場で働く労働者は、台湾の官製スローガン――経済発展を加速せよ――を達成するために、職業上の基本的な安全すら保障されておらず、「人格の尊厳で汚辱をこうむっている」とされた[55]。

特殊な職業に従事する女性の権利についても議論されるようになった。たとえば、後に総統選挙に出馬した民進党の陳水扁とともに副総統選挙に出馬することになった呂秀蓮――二期八年副総統を務めることになった――は、自らの意思によることなく脅されたり騙されたりして性産業に従事するほかない妓女について、「彼女たちが踏みにじられているのは、女性の肉体や尊厳だけではなく、さらに根本的で重要な彼女たちの人権である」と主張した。[56] また、『夏潮』には、アメリカの黒人の権利に関する文章も掲載された。この文章は、黒人の公民権運動の歴史は「種族の尊厳」を獲得するための歴史だった、という観点を示した。[57]

もちろん、この時期の尊厳概念史を語る際に、一九七九年に発生した美麗島事件を忘れてはならない。美麗島事件を一つの転機として、尊厳に関する議論は様々に展開されたが、その際に、法や司法の尊厳を巡っ

(49) 梁肅戎「応貫徹保障人権的立法政策」『時与潮』第二三九期、一九六七年五月、八頁。
(50) 「専訪実録：如何加速国家現代化運動」『時与潮』第二二二期、一九六六年九月、四頁。
(51) 例を挙げて言えば、一九七七年におおよそ次のような報道があった。理髪店を経営する一般人が警官に不当に殴打されると、警察局長は、法規に基づいて答弁した際、「人権と尊厳」を守るために徹底的に調査する、と述べた。また、別の警官が犯人を殴打して罪を認めさせたのではないかという疑惑が浮上すると、この時にも「人権と尊厳」という表現を用いて、警察官による人権侵害が形容された。なお、以下の記事も併せて参照のこと。「理髪庁老闆黃文庭挨揍 警察局長秉公処理北市議員質詢、酈俊厚依法簽覆 維護人権尊厳、決査査個水落石出」『自立晩報』一九七七年四月二八日、第二面、「林三蔭案鬧得満城風雨 可知人権尊厳不容侵犯所謂抓人犯如提不出証拠対方勢得平反 此案可做殷鑑今後警察辦案草率不得了」『自立晩報』一九七八年四月一二日、第二面。
(52) 鄭漢民「台湾的精神治療実況」『夏潮』第一巻第四期、一九七六年七月、七〜九頁。
(53) 王杏慶「台湾地区的労工権利問題――一種嘗試分析」『夏潮』第一巻第五期、一九七六年八月、三九頁、柯夢「保障労工権益的執行問題」『夏潮』第三巻第三期、一九七七年九月、五頁。
(54) 醒恩「跨国公司在台湾的実力与影響」『九十年代』第八八期（通号）、一九七七年五月、七六頁。
(55) 龍城「台中外資工廠的一件事」『九十年代』第四三期（通号）、一九七三年八月、六九頁。
(56) 呂秀蓮「新女性看娼妓問題」『夏潮』第二巻第三期、一九七七年三月、四四〜四五頁。
(57) 黃潮洲「黒色的怒吼――美国黒人民権運動史（三）」『夏潮』第三巻第二期、一九七七年八月、六四〜六五頁。

て二つの異なる議論が展開されたことは注目に値する。一方の立場は、美麗島事件の暴徒は法の尊厳を破壊したトラブルメーカーであり、厳罰を与えるべきだと主張して、法の尊厳を肯定的に捉えた[58]。もう一方の立場は、美麗島事件よりも前に戒厳令の権威に挑戦した「中壢事件」（一九七七年）――桃園の県長選挙で国民党による得票数の捏造疑惑が浮上し、抗議行動や街頭デモが引き起こされた――に際して、不正選挙を理由にした訴えは民主主義と法治主義を重視する人々の意識の表れであり、〔この訴訟に対して〕司法の尊厳を理由に政治的圧力をかけてはならないと主張して、司法の尊厳を否定的に捉えた[59]。

一九七一年から一九八〇年の尊厳概念の発展史は、以上の通りだった。関心の幅が法的側面から社会的・文化的側面に広がり、社会から疎外された人々やマイノリティも注目され始めた。尊厳に関する議論はこうして多様化していき、現在の人権論と重なり始めた。

〈一九八一年～一九九〇年代〉

一九八〇年代に入ると、尊厳に関する議論は人権や政治というテーマから切り離せなくなった。もちろん、それまでのように、集合名詞に付された尊厳概念も依然として存在した。たとえば、〔中華民国の実効支配領域と台湾省の領域がほぼ重なることから〕台湾省政府の存在の合法性を論じた『大学雑誌』の記事には憲法の尊厳という表現が依然としてあった[60]。しかし、そうではない用法も多くなりつつあった。たとえば、国民党員で立法委員だった林炳森は、刑務所の狭さ、受刑者の食糧不足、雑居房の不衛生さなどの問題を列挙して、「受刑者の基本的な人権および人間の尊厳」のために、刑務所の管理運営システムを見直すべきだ、と主張した[61]。当時の省議会議員も、美麗島事件後に共同声明を発して、政府当局が美麗島事件で入獄した受刑者の「人格と尊厳」に関心を強め、刑務所の運営を改善するように訴えた。また同時に、政府当局に対して、自分たちと異なる政治理念にも耳を傾けて、速やかに受刑者を釈放せよ、とも主張した[62]。

こうして個人の尊厳や人格の尊厳に対する意識が確実に高まっていった。ただし、これらの概念も、使う立場の人によっては異なる意味で用いられ、必ずしも順調に発展したわけではなかった。

当時、党外政論誌が政府当局の指導者や役人に対して批評をおこなうと、行政院新聞局は、「言論の自由の範囲を超えている」としばしば反論した。そこで、ある立法委員がこれを問題視したところ、新聞局は、「個人および人格の尊厳」を保障するために出版法の改正を検討している、と回答した。[63] つまり、本来の個人の尊厳や人格の尊厳は人々の言論や出版の自由を守るための権利であるはずなのに、ここでの個人の尊厳や人格の尊厳は、政府当局に従わない者を攻撃するための手段を示す文脈で使われてしまっている。すでに一般的な用語になりつつあった個人の尊厳や人格の尊厳が、権力者によって恣意的に解釈される危険性が依然として残されていた。

こうした政治状況のなか、民進党が一九八六年に結成された。民進党の精神的指導者だった黄信介は、人々に民進党に加入するように呼びかけた。また、美麗島事件のリーダーだった張俊雄は、「人格および人

(58)「全国各地怒潮澎湃一致声討暴力事件要求厳懲暴徒以維法紀尊厳」『自立晩報』一九七九年一二月一三日、第二面。
(59) 司馬文武〔江春南〕「民主国家 首重法治精神 司法尊厳 不容外力干預審判独立与否選訟案件可見端倪 如失公正勢将使政府威信受損」『自立晩報』一九七八年三月二日、第二面。
(60) 陳希文「請尊重憲政法治的尊厳：省政府合法性問題不容規避」『大学雑誌』第一八八期、一九八五年一二月、二八〜二九頁。
(61)「牢房狭窄。囚犯們宛如沙丁魚 設備簡陋。更損人性基本尊厳立委林炳森今天呼籲有関方面検討改善当前獄政管理措施」『自立晩報』一九八二年一〇月一二日、第二面。
(62)「無党籍省議員今簽署共同声明籲改善受刑人待遇尊重其人格与尊厳」『自立晩報』一九八四年五月一五日、第二面。
(63)「新聞局称若干言論逾法 決訂辦法維護人格尊厳」『自立晩報』一九八五年四月二九日、第一面、「行使言論自由応重社会責任政院籲勿逾越法律範囲 維護人格尊厳和諧安定」『自立晩報』一九八五年六月二四日、第一面。

間の尊厳を尊重する社会を築き、抑圧される事態を二度と起こさない」というテーマで講演をおこなった。[64]当時の読者のなかには、この一九八六年の歴史的意義はジョージ・オーウェル（George Orwell）の『一九八四年』を上回るものだと考える者もいた。[65]

この時期、人道的関心とも結び付いた尊厳の議題も盛んになりつつあった。一九八六年に発行された『大学雑誌』には、「障害者同胞の人権問題」という討論に参加した、台湾の著名な身体障害者作家である劉俠の見解が紹介されている。劉俠は、心身障害者を台湾で早くから支援してきた法人「伊甸〔エデン〕社会福利基金会」を創設した人物である。彼女は、この記事で、次のように述べた。

人間の尊厳は、外部の条件の違いによって格差を生じさせてはなりません。〔中略〕私たちは、私たち自身の生活環境をより良いものとし、周囲の人々の生き方をより良いものとし、尊厳と価値のある人生を送る権利を持っています。[66]

一九九〇年代に入ると、尊厳の発展史にとって極めて重要な出来事が相次いで起きた。一九九一年の反乱鎮定動員時期臨時条項の廃止、国民大会の全面的な改選、台湾内部からの民主化、[67]憲法改正プロジェクトである。

当時、『澄社報導』は、真に進歩的で民主的な国家の基礎を築くためには憲法改正が重要だ、と訴えた。そして、「人間の尊厳、社会と文化の活気、経済の発展と公平性」について「将来を見据えた計画」が必要だ、と指摘した。[68]この時、澄社は、人間の尊厳を最優先に掲げた。

一九九一年五月一日、憲法追加修正条文（全一〇条）が制定された。確かに、ここには尊厳に関する内容は含まれていなかった。しかし、一九九二年五月二八日に追加制定された第一一条から第一八条では、「国家は女性の尊厳を擁護し、その身体の安全を保障し、性差別を除去し、両性の地位の実質的平等を促進しなければならない」と明記された。まさしく識者が指摘するように、戒厳令が解除された後、人権の適用範囲は拡大したのである。つまり、思想の自由や身体の自由や信教の自由から、プライバシーや男女平等や勤労の権利や生存権、さらには、人格の尊厳・訴訟権・参政権・通信の秘密と自由・国家賠償請求権……まで、極めて多彩な権利が保障されるようになった。[69] 尊厳の議論も、当然に、これらの問題と密接に関係していたわけである。

尊厳概念が一九九一年以降に再び盛り上がったのは、一九九六年、つまり台湾で初めて総統の直接選挙が実施された年だった。この時の総統選挙で、民進党の中央執行委員会と彭明敏を責任者とした選挙対策本部は、「平和の尊厳、台湾総統」というキャッチフレーズを採用した。つまり、一九九〇年代後半の尊厳という概念は、総統選挙で採用されるほどにポピュラーな概念になったのである。

(64)「黃信介在中和巡回演講 再度鼓励民衆加入民進党 張俊宏提倡建立人性尊厳的社会」『自立晩報』一九八七年八月一六日、第二面。
(65) 彭文逸「一九八六」『九十年代』第二〇四期（通号）、一九八七年一月、八二〜八四頁。
(66) 劉俠「「残障同胞人権座談会」引言報告」『大学雑誌』第一九七期、一九八六年九月、二九頁。
(67) 陳儀深「関鍵的一九九一——論「中華民国在台湾」的誕生」『思与言』第五〇巻第二期、二〇一二年六月、三三〜五八頁。
(68)「澄社対憲改的建議」『澄社報導』第二期、一九九二年三月、二頁。
(69) 李念祖「逆水行舟的憲政——台湾解厳二〇年回顧憲法来時路」『思与言』第四六巻第三期、二〇〇八年九月、三〇頁。

4. おわりに

台湾は、〔オランダ・清朝・日本という〕三度にわたる外来の植民者による支配を経験した。そのうちの三度目に当たる日本の植民地支配が最も長く（一八九五〜一九四五年）、台湾に与えた影響が最も大きかった。一九四五年に第二次大戦が終わりを告げると、植民者の日本は、敗戦によって台湾から引き揚げていった。ただ、植民者の日本は、台湾人に敗れて台湾を離れたわけではなかった。そのため台湾人は、ポスト植民地的な状況にいきなり放り込まれたということに気づいていなかった。[70]

台湾人が自ら統治をおこなう前に、国民党政権という新たな植民者が、中国大陸から突然やって来た。専制的で保守的で前近代的な国民党政権は、遙かかなたの水平線から静かに姿を現したのだった。台湾島の人々はこの植民者を受け入れるほかなく、新たな植民者は台湾島民のアイデンティティを変えるように迫った。日中両国の植民地支配を経験した台湾人は、前者と後者の植民者の共通点と相違点について真剣に思いを巡らせた。日本にせよ中国にせよ、台湾を不平等な形で統治していた（いる）、というのが台湾人の共通認識だった。このため、台湾人と中国人とを区別して台湾人の特殊性を確立することが、反植民地に関する最初の文化的プロジェクトになった。こうして台湾人は、現在の植民者〔中国〕に抵抗する有力な拠り所を得るために、自らをかつての植民者〔日本〕の文化と同一化しようとした。つまり、かつての植民者の文化と同一化しながら独自のアイデンティティを形成することで、中国という文化的属性から距離を置こうとしたのである。[71]

既述したように、台湾人が初めて知った近代国家は明治期の日本であり、台湾人は、その日本の植民地支配に抵抗したことによって、台湾人の人格と尊厳を自覚するようになった。[72] これが台湾人と尊厳との最初の出会いであり、台湾における尊厳の萌芽だった。そして、国連憲章と世界人権宣言が台湾に伝えられると、戦後台湾における尊厳イメージはさらに明瞭なものとなった。

その後の台湾は、一九四七年から一九六〇年にかけて、それまでの尊厳概念を発展させた。この時期、尊厳概念の発展に影響を与えたのはアメリカだった。続いて、一九六一年から一九七〇年は、尊厳概念が成長した時期だった。台湾政治が内部から少しずつ変化し、法規制の緩和が少しずつすすんだことによって、尊厳概念が発展する余地が生まれた。その次の一〇年、すなわち、一九七一年から一九八〇年は、尊厳概念が多様化した時期だった。個人の人権や尊厳を論じた議論が続々と登場した。その次の一〇年である一九八一年から一九九〇年代は、尊厳概念が成熟した時期だった。戒厳令が解除され、党外運動が盛り上がりを見せたことで、尊厳に関する議論はピークを迎えた。一九九一年には、反乱鎮定動員時期臨時条項が廃止され、国民大会の全面的な改選がおこなわれ、憲法改正プロジェクトが始動したため、これらの動きがそれまでの尊厳を巡る人道的な議論と合流した。この時期に、女性の尊厳が憲法のアジェンダに組み込まれたのも自然なことだった。そして尊厳は、台湾で初めて総統を直接選出（一九九六年）した際に選挙のキャッチフレーズとしても使われるようになった。

(70) 日本の植民地支配を脱した台湾が中国を新たな植民地支配者として迎え入れ、その政治・経済・文化がいずれもかつての日本よりも遅れていたことから、この二度目の植民地化の危機的な状況をポスト植民地的状況と呼ぶことがある（盧建栄［二〇〇三］八頁）。
(71) 盧建栄［二〇〇三］一七九。
(72) 呉叡人［二〇〇七］六七。

参考文献

・日本語（五十音順）

北和樹「人間の尊厳の歴史的変遷と法規範化」、『立命館国際関係論集』第一六号、二〇一七年。

朱穎嬌『尊厳の法理論——ケアと共感に基づく人権のあり方』、弘文堂、二〇二四年。

中村元哉「中国憲法史における尊厳概念——その背後にある政治思想」、加藤泰史・小倉紀蔵・小島毅編『東アジアの尊厳概念』法政大学出版局、二〇二一年。

・中国語（ピンイン順）

蔡祝青「文学観念流通的現代化進程——以近代英華／華英辞典編纂"literature"詞条為中心」、『東亜観念史研究』第三期、二〇一二年。

陳翠蓮『重探戦後台湾政治史——美国、国民党政府与台湾社会的三方角力』、台北：春山出版、二〇二三年。

何卓恩『殷海光与近代中国自由主義』、上海：上海三聯書店、二〇〇四年。

盧建栄『台湾後殖民国族認同』、台北：麦田出版社、二〇〇三年。

呉叡人「自由的両個概念——戦前台湾民族運動与戦後『自由中国』集団政治論述」、殷海光基金会編『自由主義与新世紀台湾』、台北：允晨、二〇〇七年。

呉叡人『受困的思想』、台北：衛城出版、二〇一六年。

薛化元ほか『戦後台湾人権史』、台北：国家人権紀念館籌備処、二〇〇三年。

張麗卿『験証刑訴改革脈動』、台北：五南図書出版股份有限公司、二〇〇九年。

鄭睦群『従大中華到台湾国——台湾基督長老教会的国家認同及其論述転換』、台北：政大出版社、二〇一七年。

9　教育学者張彭春の思想過程とその「世界人権宣言」に対する影響（一九二三～一九四八）

劉蔚之／胡華喩＝訳

1．序論

張彭春（一八九二～一九五七）は一九二四年にアメリカのコロンビア大学ティーチャーズ・カレッジ（Teachers College, Columbia University. 以下ＴＣと称す）で博士号を取得して卒業した。帰国後は清華大学や南開大学などで約二〇年間教鞭をとり学者として活動していたが、あまり目立った存在ではなかった。彼は校内のコース改革を担当しつつ、自身が本当に興味を持っていた演劇活動に積極的に参加した。長い間、兄であり南開学校の創立者である著名な張伯苓の影の下で過ごし、あまり世間の注目を浴びていなかった。彼が残した教育に関する著作のほとんどは講演の記録であり、質もそれほど高くなく、内容も比較的散漫である。したがってこれらは人の注目を浴びるのが難しく、その思想の要点を明確に把握することも非常に困難である。[1]しかしな

（1）崔国良・崔紅［二〇〇四］によって編纂された著述を見ると、張彭春は一九二三年に学業を終えて帰国してから一九三七年に抗日宣伝のために海外へ出るまでに、合計五八篇の記事を執筆した。その中には演説記録が四九篇あって全体の八五・四％を

がらこの平凡に見えた学者は、日中戦争が始まった後、外交の世界に足を踏み入れたのである。特に第二次世界大戦後、彼は国際連合（United Nations）に所属する経済社会理事会（Economic and Social Council, ECOSOC）で中華民国の常任代表を務め、世界保健機関の推進や、経済の発展と協力、信託統治地域における人権問題などに積極的に取り組んだ。さらに、彼は「世界人権宣言」（Universal Declaration of Human Rights, UDHR）の制定を直接主導した。この文書は良知と理性を人権の基盤とし、世俗原理を堅持して西洋の神学的な色合いを排除するなどの特徴を持ち、人類が共有する人権世界の理想を代表している。張彭春はその作成に非常に重要な影響力を持っていた。今日から振り返ってみると、彼はかなり高い成果を上げながらも教育界であまり評価されてこなかった学者だといえよう。

実際、海外では早くから張彭春の「宣言」への貢献に注目した人たちがいた。その最初は彼とともに「宣言」の制定過程に参加した何人かの歴史的人物だった。例えば、ローズヴェルト大統領夫人（Roosevelt 1949a; 1949b; 1958; 1992）や国連人権部局（Division of Human Rights）初代長官だったハンフリー（Humphrey 1983; 1984; 1994）が日記や回想録などの著作において張彭春に言及している。だいたい二〇〇〇年頃から張彭春は海外の人権法学・国際法学・法学史・中国研究・比較言語学の研究対象となり、例えばグレンドン（Glendon 2001）、リウ（Liu 2014）、モーシンク（Morsink1984,1999）、スヴェンソン（Svensson 2002）、トゥイス（Twiss 1998; 2007; 2009; 2011）、ウィル（Will 2008; 2012）ら多くの研究者が彼について探究し始めた。張彭春の「国連に及ぼした影響」が次第に明確になってきたのである。

中国語圏の先行研究では、台湾では張彭春に関する伝記報道や学術研究はこれまで存在しなかった。中国大陸では早期には張彭春に関する研究の作品は極めて少なかった。彼の名前は兄の張伯苓に付随するか（崔国良［一九九七］、龍飛・孔延庚［一九九七］）、または彼を「北方話劇の礎を築いた人物の一人」とみなすか（黄殿祺［一九九五］）、あるいは彼を「中国の演劇の現代化を導いた者」と見なすか（崔国良［二〇一五］）だった。にもかかわらず二〇一〇年以降、張彭春に関する研究が脚光を浴びるようになる。例えば鞠成偉［二〇一二］、黄建武［二〇一二］、化国宇［二〇一五］、孫平華［二〇一七a・b］があり、彼のイメージも急に「傑出した中国の人権活動家」と見なされるようになり（盧建平・王堅・趙駿［二〇一三］一八）、また「世界人権の体系において重要なデザイナー」とも評されるようになった（孫平華［二〇一七a］「前言」四）。これらの先行研究は主に張彭春が儒家の精神を「宣言」に入れ込み、儒家文化の優位性と世界的な価値を強調したことに焦点を当てている。

全体的に見ればこれらの研究の多くは過去数十年にわたる張彭春に関する研究の不足を補完し、彼の本来の歴史上の位置を回復させている。けれどもほとんどの研究は、張彭春が生涯を通じて努力を積み重ねて最後に国連の舞台に立ったという「結果」に焦点を当てている。しかし彼がなぜこのように平凡な教育学者からこのすばらしい達成ぶりへと変化できたのか、彼の学問の背景として中西文化を跨ぐ思想の形成や転向といった「過程」が一体どのように進んだのかについては、まだ研究の余地が十分にある。例えばこの「過程」という課題は、トゥイス（Twiss 2007; 2009; 2011）、化国宇［二〇一五］、孫平華［二〇一七a・b］の研究によって試みられたが、まだ多くの要点が欠けている。

（1）これら三人の学者は、張がデューイ（J. Dewey）の影響を深く受けたと考えている。[2] しかし張が若い頃に主張した「教育は即ち制御と制約である」や「西洋の開拓の経験を複製すること」といった発言は、実際にはデューイの主張と完全に矛盾していることを共に無視している。さらに彼らはデューイの思想につい

占めている。純粋な教育学の研究や翻訳、教科書については一切関わらなかった。

（2）本論文では外国人の名前の使用に関しては、原則としてAPAのフォーマットに従う。ただし、公式な中国語の名前が存在する場合や中国語の学界で長い間使用され広く知られている中国語の訳名がある場合には、その中国語の訳名に従うこととする（……原文の注であり、この日本語訳には当てはまらない）。

ても十分に理解しておらず、文章の前後には多くの矛盾が見られる。(3)

（2）これら三人の学者によって示される張の思想の特徴は、断片的であり「平面的」に過ぎる。いくつかの思想の特徴の間には一貫した構造や文脈、そしてつながりが欠けており、そのため張の思想の形成や変化の過程の中で、一貫したことと変わったことを説明することができないし、また矛盾を合理的に解釈することもできない。(4) また、「宣言」を制定する過程を説明する際にも、彼の重要性を過剰に称揚し、実際には共同で努力した結果によって完成された「宣言」の側面を見過ごしている。(5) さらに重要な点は、張は儒家思想について深く専門的な研究を行ったことが一度もないということである。もし彼を儒家思想の研鑽を積んだ偉大な代弁者として描くならば、おそらく誇張の恐れがある。

厄介な問題は、現在張彭春に対しては天地の差のほど異なる歴史的な解釈が二つ存在することにある。彼がトゥイス（Twiss 2009）・孫平華［二〇一七ａ］・化国宇［二〇一五］に描かれるような儒家文化の代弁者なのか、それともモーシンク（Morsink,1984）・ウィル（Will,2012）が述べるように北大西洋文化圏の代弁者なのか。また、現在張彭春の思想には多くの解釈が存在する。多元主義（pluralism）（孫平華［二〇一七ａ］;Humphrey1983,Roosevelt 1992）、実用主義（Humphrey1983）及び世俗でのヒューマニズム（Liu 2014, Morsink 1984）などが含まれる。では、どれが最も適切な位置付けなのであろうか。

上記の問題に関しては現在に至っても、より合理的で時系列的な文脈や論理的な一致による措置を得ることができないため、本論文では教育学者張彭春を通じて彼の思想の展開の過程を理解することに取り組むこととする。問われているのは以下のことである。なぜ張彭春という若い頃には急速に西洋の経験を借りて複製することで中国の近代化を推進することに務めていた一人の平凡な留米教育学者が、国際連合の「宣言」という人類の歴史における重要な場面で、人道精神と世界大同の理念に基づき、比較の素養をもって折衷を行い、「宣言」の制定を積極的に主導し、驚くべき貢献を果たすことができたのか。張彭春は中西文化を跨ぐ知識の背景や能力をどのように形成したのか。思想の変化の過程は具体的にどのようなものであったのか。「宣言」に対して彼が果たした貢献の歴史的な意義はどのように解釈され、それが妥当であると思われるのか。本論文では、こうした学術思考の「過程」を明確にすることによって、張彭春の歴史的な意義と位置づけを明らかにできると考える。

本論文は、張彭春の全ての中英文著作と重要なスピーチ記録を含む文書と史料を使用する。(6)「宣言」の部

（3）例えば、孫平華は張彭春の思想を紹介する際に、まずデューイが二元対立に反対したことを強調する（孫平華［二〇一七a］一六八～一七三）。しかし、他の章では張彭春が「デューイの二元論の影響を受けた」とか「博士論文で指導教官であるデューイの二元論を紹介している」と述べる（孫平華［二〇一七a］二三七）。またトゥイス（Twiss 2011）は、張彭春が中国文化を保存する主張や、教育の目的とプロセスが人文化成の実現にどれほど至るかどうかが、いずれもデューイの影響を受けていると考えている。化国宇は、デューイが張に与えた影響は「全方位」であると述べており、教育・演劇・民主と人権思想など、すべてがデューイの思想を引き継いでいると考える（化国宇［二〇一五］四九）。

（4）例えば、孫平華［二〇一七a］の第四章のタイトルは、「現代教育の研究、中国文化の伝播、人類の運命への関心」となっており、第六章の第三節では張彭春の人権思想の八つの特徴が列挙されている。化国宇［二〇一五］は第二章で、五つの小節に分けて張の人権教養の源を説明している。しかし、どちらの論文においても各争点間の総合的な論理の関わりについては触れない。

（5）一例を挙げると、孫平華［二〇一七a］六六頁によると、マリクが国連第三委員会で張の貢献を特に高く評価したと述べる。しかし、これにより張が唯一の感謝や称賛の対象であったかのように誤解される可能性がある。実際には、会議ではマリクは張を称えただけでなく、他に少なくとも一五人の国家代表も称賛していた（A/C.3/SR.180）。

（6）現在張彭春が残した著作の中で、ごく一部の文章を除いて彼の早期の読書体験についての論述は完全に欠けているので、彼の「中国知識」の形成過程に十分な説明を提供するには不十分である。したがって、これは彼が子供の頃に伝統的な私塾の教育を受けた時に形成されたと推定される。以下はそのわずかな関連ある文章である。私塾に入ると、「塾師は詰め込みの教え方によって、古典書を熟読する長い年月に浸すようにしていた」（崔国良・崔紅［二〇〇四］三二四頁）。しかし彼の経験は次のようなものだった。「古書を暗記するだけでは、人々が直面するさまざまな生存の問題に対応することができない。特に複雑で

分では、国連での公式発言の会議記録などの一次史料・文書に重点を置いており、特に張彭春の思想の特性と貢献を具体的に細かくしめしている第一条の条文制定過程に焦点を当てる。本論文では、張の「宣言」への貢献を彼の思想の進展の結果と捉えることで、彼の思想の進展と折衷の過程に焦点を当てて研究の軸足として行いたい。そして「宣言」の制定から七〇年以上が経過した今日、張彭春という個別の歴史のケースを通じて新世代の留学生や帰国した学者が学習と転移に努め、先人を超える新たな功績を作り出すことを願っている。

2. 張彭春の前期思想の展開

張彭春が「宣言」の制定過程で示した影響力は、具体的にどのように形成されたのか。彼の思想にはどのような特徴があり、そして時系列的にどのように進展してきたのか。全ての著作の内容を分析した後、ここでは一九三〇年を境にして、彼の思想を前期と後期に分けて説明する。一九三〇年を境とする主な理由は、張彭春がそれ以前は成長と学習を進め、学位を取得した後に母国に帰り、教育界で勤務していた時期だからである。そしてその後、頻繁に海外との交流や宣伝活動、及び駐在を行い始め、思想的にも新たな段階に入った。本節では前期の思想を探求したいと考える。この時期には、(1)科学と効率を重視した現実に向く教育観、(2)「西洋の開拓経験の複製」を方法として中国の教育を近代化させる、(3)西洋の近代化の歴史を徹底的に比較研究の方法として活用する、という三つの特徴がある。まずこの時期の張の経験を簡単に述べる。

2・1 本時期の経歴

張彭春は幼年時代に私塾に通い、一九〇四年に兄張伯苓が創立した私立敬業中学堂（南開中学の前身）に進学した。[7] 一九〇八年に南開中学を卒業し、一九〇八年から一九一〇年まで保定高等学堂に在学した。同年、「庚款遊美生」の資格試験に合格し、アメリカへ留学した（崔国良・崔紅［二〇〇四］、Chen & Chen 1995）。一九一〇年から一九一三年までクラーク大学（Clark University）で心理学と社会学を専攻し、文学学士号（ＢＡ）を取得した。一九一三年から一九一五年まではＴＣで学び、文学修士号（ＭＡ）を取得した。帰国後は南開中学で教鞭をとった。また一九一九年から一九二一年にかけて再びＴＣに戻り、博士課程を修了、一九二三年に博士論文を提出してから帰国した。そして一九二四年に正式に哲学博士（ＰｈＤ）の学位を取得した。[8]

変わりやすい現代の世界については」（張彭春［一九五六］三二五）。これは彼が逝去する前年に書かれたものであり、彼が若い頃に受けた中国の伝統的な教育方法と内容に対して、ほとんど肯定的（appreciate）な見方をしていないように見える。

（7）中学校に入学すると、「英語・算学・理化・史地・体育など現代化された西洋式の教育を学び始めた」（崔国良・崔紅［二〇〇四］六一七）。

（8）張彭春の修士号と博士号に関して、比較的正確な情報は遊米同窓録（北京清華学校［一九一七］一二〇）及び中国名人録（Powell 1936, p. 13）に含まれる。どちらでも張の修士号が文学の修士号（ＭＡ）であることを明記しているが、教育学の修士号（ＭＥｄ）については言及されない。しかし、張の子孫であるChen & Chen (1995) また崔国良・崔紅［二〇〇四］は、張の年譜に一九一三年にコロンビア大学に入学し、一九一五年に「コロンビア大学の文学修士」と「ＴＣの教育学修士」の両方を同時に取得したと記している。また、化国宇［二〇一五］と孫平華［二〇一七ａ］も同じ情報を信じており、化国宇はより詳細に議論している。しかし、いくつかの誤解が存在していて、これらを明確にする必要がある。まず本文に関する張のＴＣでの学位の情報は、その学校の登録オフィス（Registrar Office, TC, 2012）から提供されたものであり、したがって、張が確かにＭＡおよびＰｈＤの学位を取得したことが確認できる。化国宇は、張がコロンビア大学に進学して教育学と文学の二つの修士号を取得したことは「疑いの余地がない」としている。ただし、張が在籍したのはコロンビア大学そのものではなく、ＴＣである（コロンビア大学とＴＣとは名義上は同校のように見えるが、実際には厳密に区別されている。具体的には、Change on 120th

一九二三年に清華学校の教務主任（大学再編後は教務長）に任じられ、一九二六年に清華の教職を辞して南開の中学と大学に戻った。南開で勤めた時期には、英語や基礎論理学の講義を開設した他、主に教育学のカリキュラムに重点を置き、哲学の授業は開講していない。[9] また、彼は積極的に演劇活動にも関わり、外国の演劇を翻訳して演出したり自ら話劇の脚本を書いたりして京劇の普及にも努めた。一九三〇年と一九三五年には梅蘭芳劇団を率いてそれぞれアメリカとソ連を訪れた。それらの大活躍をあげて、ウィルは彼の主な関心事は哲学ではなく演劇にあると考える（Will 2008; 2012）。[10]

総じて見ると、張彭春は幼年時代に私塾で伝統的な教育を受けたが、一二歳で中学校に進学してからは西洋式の教育を受け始めた。一八歳の時にアメリカに渡り、学士から博士に至るまでの全ての高等教育の過程をアメリカで受けて完成した。彼が儒教的な薫陶を受けた証拠はあまり無いが、彼の思想の根底にはそれが形成されていたと考えられる。また、彼は進歩的な思想、キリスト教信仰、そして外国の諸事に対して開放的な態度を育んだ家庭で成長した。彼は南開学校の「王族」出身で、張伯苓がその「国王」であった（Chen & Chen 1995, Foreword, pp. 2-3. Will 2012, p. 312）。張彭春は幼い頃から兄の影に隠れ、一生を通じて兄に憧れ、成し遂げた功績や名声もほぼ兄のものとなり彼には属さなかった。彼は演劇の領域で才能と情熱を発揮したが、思考は止まることなく、中国の近代化の問題に対して常に関心を持ち続けた。以下それを説明しよう。

2・2　前期の思想の特徴

2・2・1　科学と効率を重視する現実志向の教育観

科学と効率を重視する現実志向の態度は、張彭春の前期思想の最も重要な特徴と言える。この態度は彼が修士課程を修了した後に最初に現れ、具体的には一九二三年の博士論文と一九三〇年に国外で講義を行う前に現れた。

まず、張彭春は非常に早くから演繹や思弁的な学術探究にはあまり興味を持っていなかった。逆に実験や分析・帰納などの学術研究に熱中した。彼は「実験的倫理学」を主張し、新しい道徳が事実に基づいて研究され、実験と帰納によって得られるべきだと考えた（張彭春［一九一八］、四一）。つまり、まず現在の社会にお

Street 1954; Null, 2003, p. 281 を参照）。またTCは一八九八年にコロンビア大学と合併して以来、伝統的な学術的輝きを持つ文学修士及び博士を含む高級学位を自ら授与する資格を持たなかった。これらの学位はすべてコロンビア大学が管理及び授与していた（Teachers College Announcement 1915-1916）。一九三五年までTCが自ら授与できた新しい専門学位は教育学博士であって、TCの学生が哲学博士を取得するためには依然としてコロンビア大学の規定に従い、コロンビア大学から授与される必要があった。つまり、TCの博士号は一九三五年以降に哲学博士と教育学博士に分かれるようになった。TCの中国人学生の中で最初に教育学博士が授与されたのは一九三六年の沈褘（亦珍）であった。また、一九五〇年まで、TCには教育学修士の学位が設置されなかった（Cremin,Shannon & Townsend 1954; Kao 1951, p. 47）。したがって上記の歴史的事実に基づいて張はTCにおいて教育学修士の学位を持つことは不可能であり、文学修士の学位しか持っていないことがわかる。また、張が教育学博士を取得した可能性もない。当時は教育学博士の学位が存在しなかったからである。したがって、化国宇が指摘した「張が取ったのは教育学博士よりも学術性が高い哲学博士の学位だった」という事実も存在しえない。

（9）張彭春が開設した教育課程には、以下のものが含まれる。一九二六年に開設された「中学教育」（師範課程）、一九三三年に哲学教育系で開設された「中国の教育問題」、「西洋教育と近代化」、一九三四年には「中国文化の変遷と教育の方向」、「中学の英語教材と教授法」（崔国良・崔紅［二〇〇四］）。当時、南開大学の哲学教育系では哲学教育プログラムは湯用彤が担当しており、教育学プログラムは張彭春が担当した（南開大学校史ウェブサイト、日付なし）。

（10）張の性格は非常に積極的で、活発で、外向的と考えられる。彼はアメリカに留学している時、北米中国キリスト教学生会の書記を務め、新しい演劇を三つ編集し、ニューヨークなどで留学生たちに上演させた。彼は学校のディベートチームのメンバーであり、また『留美学生月報』と『留美青年』の編集者でもあった（北京清華学校［一九一七］一二〇）。彼の演劇への情熱と才能は確かに非凡であり、実際には彼は「花木蘭」をアメリカに紹介した最初の人物である。彼は「木蘭詩」をもとに一一幕の英語脚本を書き、一九二一年にニューヨークのブロードウェイのコートシアターで上演し、『ニューヨーク・タイムズ』などのメディアから評価と報道を受けた（Chen & Chen 1995）。

いて実際の需要を観察し、次に古人によって演繹された倫理学をもって参照し、そして新しい倫理学を帰納することができる。一九二〇年代には、彼は学生に社会を観察する際に分析と帰納の方法をより多く利用するように勧めた（張彭春［一九二七b］二二三）、そして清華で直接に講義の開設を通じてこれらの試みを実施した（張彭春［一九二三］）。これはまた彼がクラーク大学やＴＣで学んだ際に実用主義的な認識論の影響を強く受けたことを示す。(11)

次に、上述した科学的態度はさらに転化して行動主義心理学と社会効率主義の目立つ特徴を持つ教育思想へと拡大した。彼は教育を「意識的なコントロール」と捉えた（Chang1923, p. 17）。つまり最も効率的な方法で自然のプロセスを短縮してコントロールの効果を達成することである。そして中国の教育が現代化するためには、まずは西洋の近代化が達成された背後にある制約環境（conditioning circumstances）を明確にし、学校でも意識的に「教育代替品」（educational substitutes）を配置することが求められる。このようなコントロールは、中国の青年の近代的な能力を最も経済的かつ効率的に発展させる方法であり、無駄を避けることである（Chang 1923, p. 15）。上記の主張は当時のアメリカにおいて科学的で効率的であり、教育を本当の科学にする最も有効な行動主義心理学と社会効率主義の考え方を反映している（Kliebard 1986; Lagemann 2000）。この考え方は大変「非デューイ的」であり、さらにデューイ自身が反対したものである。

注目すべき点として、張彭春の思想には非常に現実志向の特質がある。彼は深い理論への関心がなく、野心もそれほど大きくなく、「中国の教育問題に確実に取り組みたいだけだ」と何度も強調している。研究の興味も「歴史的思弁ではない」「極度に現実志向」であるとする（Chang 1923, pp. 17, 26）。以上のことから、張彭春の前期思想が科学と効率を重視したことが示される。彼の思想には、新しい倫理学を帰納と実験に基づいて構築し、効率とコントロールを重視する教育観も含まれる。また彼は理論を語ることは好まず、問題を実際的に解決することのみを重視した。後にはこの思想のいくつかの側面が少し緩和された。例えば実験と帰納によって導き出された人文科学をもはや標榜せず、教育がコントロールと制約であることも標榜しなくなった。ただし「効率的かつ現実志向で問題を解決する」ということは常に彼の思想の主旋律であった。

2・2・2　「西洋の開拓経験を複製する」という手段を用い、中国の教育を近代化する

（1）「開拓経験」は西洋の近代化をもたらした鍵である

張彭春の博士論文は『中国の近代化のために施す教育』（Chang 1923）である。中国の近代化問題は、張が一生関心を寄せる軸足であった（張彭春［一九四六］）。博士課程を履修する際、彼は西洋近代文明の特徴が科学と民主主義、そして個人の自由と権利であることを理解した（Chang 1923, pp. 15-16）。ただし、彼はこれらが西洋の近代化の結果であって過程ではないことを十分に認識しており、過程の方が結果よりも重要であると考えた（Chang1 923, p. 54）。したがって、張は西洋の民主と科学の発展の背後に存在した歴史的なプロセスを詳しく研究し、西洋が何をきっかけに近代文明へ進化したのかを探求した。例えば、彼はかつてルネッサンス、宗教改革、産業革命、フランス革命、民族主義の台頭といった、近代の科学と民主主義の興隆に大きな影響を与えた事象について研究を行った（張彭春 1923、pp. 17-23）。また、張はコロンビア大学の歴史学の教授シェファード（W.R. Shepherd）からの影響を大きく受け[12]、ヨーロッパ文明の「開拓経験」（Expansion of Europe）、つまり地理上の大発見とそれに伴う征服・貿易・植民などの活動が、ヨーロッパで科学・民主及び個体へ

（11）実用主義は、観察と帰納によってさまざまな仮説を検討し、真実を判断することを主張する考え方である。哲学よりも方法に焦点を当て、結果よりもプロセスを重視する。また、知識は仮説が継続的に検証される必要がある（楼継中［二〇〇〇］）。張の主張はまさに実用主義の具体例である。

（12）シェファード（W. R. Shepherd, 1871-1934）は、ラテンアメリカの歴史とヨーロッパの拡大史を専門としていた。彼はまた、各民族と文化の歴史を包括的に取り入れた世界史の学者であった（Peake 1934）。

の尊重といった近代的な特徴が育まれた最も重要な活動であると考えた。張によって得られた啓発は、この「開拓経験」を中国の教育の近代化に応用すべきであるということだった。科学や民主は、近代ヨーロッパにおける海外開拓の経験による制約から生まれたものであったから、このような「教育の代替物」を中国の学校に導入するならば、近代化のプロセスの「主要な制約環境」を作り出し、それに触発されて科学と民主の態度を育むことができる（Chang 1923, pp. 24-25）。

帰国後、張彭春は多方面から開拓経験ということについて述べる。開拓経験は、科学と民主という二つの近代化の精神的特徴を生み出す主要な環境である。科学を生み出したのは、それによって観察と比較の範囲を広げ、客観的な証拠への信頼を高め、科学的な仮説への勇気を養うからである。また、民主を生み出したのは、それが機会均等の実現を促し、個人の独自の創造に自信を深め、グループ間の協力を非常に強固にするからである（張彭春［一九二七d］二三六〜二三八）。西洋の開拓経験が中国人にとって最も重要な意義を持つのは、単に西洋の近代化の固有の結果を学ぶだけでなく、その過程や方法、そして精神に焦点を当てるべきだということである。これこそが近代化の元来の目的である（張彭春［一九二七ａｃｄ］）。以上のことは彼が西洋の歴史的経験において重要な転換点を独自の方法でしっかりと把握したことを示す。

（2）「西洋の開拓経験を中国の学校に複製する」ことによって、教育の近代化が実現できる

さて、西洋の開拓経験をどのように中国の学校に複製するかについて、張は大きな圧力によって西洋における民主と科学の進展経験を極小の体積に圧縮し、その精粋を取り出して煉丹術のように中国の学校に導入することで西洋の成果を相応に育むことができ、近代化に進むためのあらゆる問題にも対処することができると考える（張彭春［一九二七ａ］二四八）。もちろん肯定されるべきこととして、一般の人々は単に西洋の近代化の結果を直接的に移植または複製することを考える。しかし張は環境や条件を複製することを望んでお

り、より深くて長期的な視点を持つ。ただしこの「煉丹」のような圧縮複製はあまりにも純真であり、問題はこの圧縮複製という虚構が実際に学校内で作られて実現する可能性があるかどうかである。

本研究では、張彭春がリーダーシップ能力を育成するための中学校のカリキュラムを構想するのを試みていたことを明示したい（Chang 1923, pp. 56-80）。彼は清華と南開で開拓経験を中心に構成したカリキュラムの開設を力強く推進した。この開拓経験に基づく教育を、個人の訓練・グループ活動・生産技術の三つに分け、活動（彼は「動作」と呼ぶ）を主として学科知識を副次的なものと位置づける。彼の教育方法には、野外での生活、長期及び短期の旅行、生活訓練への取り組み、リーダーシップの練習、外交問題の研究会、生産技術の実習、社会への考察、職業の実習、消費協同組合の活動などが含まれる（張彭春［一九二七d］二三九）。これにより、張がかつて力強く開拓経験の教育を推進したことが明らかになろう。[13] さらに、この時期に張彭春本人によって退学処分を受けた著名な歴史学者何炳棣（Ping-ti Ho）も、当校が「現代教育史上において不朽の栄光を勝ち得た」と賞賛している（何炳棣［二〇〇四］四六）。このことからも明らかなように、張は約一〇年間（一九二六年～一九三七年）にわたりこの学校を担当して大きな成果を上げた。注目すべきことに、これらの活動のカリキュラムは確かにデューイやキルパトリック（W.H.Kilpatrick）が、学生の活動を主体とし、実際の行動による学び（learning by doing）を重視し、個人と社会を兼ね備える教育の精神を具えていた。けれども張彭春の教育の根本的な原点は、教育環境の制御と学生の学びの制約、そして圧縮複製などの仮説に基づく

（13）張は南開の中学部主任を勤めていたとき、全力で「制約性のある環境」の中で繁栄する学校生活を創り上げた。このことは、何炳棣［二〇〇四］の回想録に詳細に記されている。何によると、学校の生徒たちは血気が盛んであり、行動と心理のバランスを保つために「憎しみや反抗」の対象が必要である。張彭春は学生たちに「冷淡で傲慢な」印象を与え、まさに「感情的に必要な権威に対する反抗の対象」となった（何炳棣［二〇〇四］四五）。ただし何はずっとこの学校の教育成果をとても肯定していた。

点である。この根本的な精神は、デューイやキルパトリックの理論とは大きく異なる。

（3）比較法をうまく活用し、西洋の近代化の歴史を徹底的に研究する教育学者としての張彭春の特筆すべき点は、若い頃から「比較」の方法に関心を持ち、その本当の精神を正確に把握したことである。①比較は古今内外で「是非が是非とされる理由」を理解するための手法である。是非は場所や時間によって変わるため、個人・国家・時代ごとに価値観や道徳の基準は異なるものである。したがって、是非が是非とされる理由を研究するためには、比較倫理学が必要である（張彭春［一九一八］、三九〜四〇）。②比較では「沿革」と「方法」に焦点を当てるべきである。一般には、最新または固有の結論や発明に焦点が当てられ、その歴史的な変遷やそのような結論に至るまでの方法が研究されてこなかったが、それは不十分なことだった。「沿革」と「方法」はキーポイントである（張彭春［一九二五］、二二三）。上述した張の見方は、比較の本当の精神を非常に精確に把握していたと考えられる。

より注目に値するのは、西洋の「是非が是非とされる理由」、そして「近代化の沿革と方法」を理解するために、張彭春がかつて博士論文で比較の方法を使って西洋の近代化の歴史を徹底的に研究したことである。彼は西洋の歴史文化を深く理解する礎を建て、その後も一生かけて続ける中西比較の重要な始まりとなった。張の論文には「西洋の近代化の過程における主要な制約的環境に関する参考文献」が含まれており、それには三つの主要なカテゴリがあり、合計で六三冊の書籍が挙げられる（Chang1923, pp. 87-92）。[14] 各カテゴリの研究テーマと著者の背景は非常に多様であり、まずは「拡張と進歩の歴史と理論」というカテゴリを例に挙げる。

①「歴史発展」の部分には一三冊の書籍が含まれる。主な内容は、ヨーロッパの概念史と制度史、現代ヨーロッパの政治・社会史、ヨーロッパ拡大の歴史（ルネサンスからフランス革命まで）、アメリカ大陸発見以降の商業・航海・科学・宗教・政治に触発された歴史の結果、イギリスの海上権力拡大の影響、海外植民地拡大

と海上権力拡大の歴史、帝国主義の意義・動機と思想史である。

②「理論」の部分には一五冊の本が含まれる。主な内容は、社会進歩の理論、文明の興亡に関する歴史法則、進歩の理念史、人類の進化史（民主にとっての生物学基礎）、社会学（進歩と革新の理論、発展の循環の法則、社会力学を含む）、数学物理学（mathematical physics）の観点からの歴史理論、気候変遷と文明の進化史、文化と人類学、マルサスの人口理論、社会発展の歴史、地理環境と文明の発展、文化と民族誌などのテーマが含まれる。

次に、「個体性と民主」のカテゴリを例に挙げる。

①個体性の部分には九冊の書籍が含まれる。テーマには、人間性とその再構築（ハーバードの観念論学者であるホッキング（W.E.Hocking）が著したもので、現代文明の解放者であるルソー・ニーチェ・フロイトに対する批判的な解釈が含まれる）、倫理学（実用主義学者デューイとタフト（J.H. Tuft）の共著で、近代の個人主義の起源と展開が張にとって最も重要なテーマである）、個人主義（進化・原則・自然権理論・個人主義と社会主義との関係も含まれる）、進化中の道徳、イギリスの政治思想（ロックからベンサムまで、特にアダム＝スミスと個人主義に焦点を当てたもの）、革命心理学、思想の自由史。そして、一九世紀半ばの功利主義の名著であるミルの『自由論』、ニーチェの『善悪の彼岸』及び『権力への意志』、G・ウォーラスの『社会的遺産（*Our Social Heritage*）』が含まれる。

（14）現在の研究者の中で、化国宇［二〇一五］だけがこの書籍リストに注目したが、この書籍リストの本当の意味を十分に理解できていないようである。例えば、この書籍のタイトルである *The chief conditioning circumstance of modern progress* は「近代化の発展のための主な訓練課程について」と訳され、ミルの『自由論』(*On Liberty*) を「特権について」、「民主の意象」(image of democracy) を「民主の偶像」と訳している（化国宇［二〇一五］、二四三・二四九）ことなどにより、この書籍リストには言及されるものの、肝心な意味が見過ごされている。

②民主に関しては一一冊の書籍が含まれる。テーマには、アメリカの民主の実験（特に開拓経験と民主との関係に焦点を当てたもの）、『民主と教育』（デューイ著）、近代民主の理論（特に民主の歴史の歩みとその理論の基礎）、ヨーロッパにおける共和主義の伝統（特にプロテスタントの精神とフランス革命の台頭に焦点を当てたもの）、『民主と帝国』（Giddings 著）、心理学的視点から群衆の行動を考察すること、そして人間はなんのために奮闘するのか（自由の道に辿るまでのアドバイス）などが含まれる。

次は「科学と工業」のカテゴリである。

①科学の部分には七冊の書籍がある。テーマには、近代文明における科学の位置づけ、近代科学への想像力、ダーウィンの哲学への影響、近代社会組織に必要な科学的態度、科学の基礎、科学と仮説などが含まれる。

②工業に関しては八冊の書籍が含まれる。テーマには、イギリス・ドイツ・アメリカにおける産業革命、ヨーロッパの拡大が工業と財政改革に与えた影響、商業史（近代の拡大がビジネス・製造業・交通手段などに与えた影響）、金銭と文明の関係、植民主義と植民地貿易及び資本輸出の関連性、帝国主義の経済学、新大陸がヨーロッパに与えた影響などが含まれる。

興味深いことに、張は各書に簡単なコメントを添え、彼が最も啓発を受けた篇章を示した。例えば、彼はギディングスの『民主と帝国』について次のようなコメントを残した。「本書は背景環境と開拓経験の意義を見逃している」（Chang 1923, p. 92）。これにより、この時点で彼が最も関心を抱いたのは、西洋の近代化のプロセスにおける重要な突破であり、開拓経験の背景条件であることが示される。さらに、張のコメントでは、彼はウォラスが「ミルは個人の幸福からスタートする自由観を重視した」と評したことを支持している。また、ウォラスが指摘したように、未来には生存のためには世界の協力が不可避であり、その協力を実現するためには合理的な計算や合理的な行動の努力などが必要であることも述べられる。

また、張は特に『進化中の道徳』という本において、現代倫理学の中で「権利」と「責任」の二項対立・相互依存の命題を探究することを指摘した。なお『ヨーロッパにおける共和の伝統』という本ではプロテスタントの精神とフランス革命の起こりなどが、彼にも非常に大きな啓発を与えたのであった。さらに彼はデューイの指摘にも注目した。デューイは、民主の価値を測る基準はメンバー全員が利益を共有する程度や他のグループとのやり取りの完全度と自由度であることを指摘した。書籍リストには、また後に「宣言」を制定する際に多くの論争を引き起こした自然権理論などの問題について、張はこの時点から理解していたことが示されている。

上記の書籍リストに含まれるテーマと範囲は非常に幅広く、彼が専攻した教育学の領域を遥かに超えている。本研究では、張彭春が西洋の知識に学んで転向が起きた重要な原点は、彼が博士課程を履修する際に比較の方法を使って西洋の近代化の歴史プロセスを徹底的に研究したことだったと考える。当時、彼は理論的思考にはあまり興味を持っていなかったが、視野や意図は大きく、教育の領域に見られる西洋の近代化の「結果」に学びたいということだけでなく、その背後にある歴史や文化などの環境・原因・沿革に伴う本当の影響と意義を理解したいと思った。そうすることで、西洋の近代化の歴史を深く探究し、中西比較の第一歩を踏み出した。西洋文化を理解することで張彭春は優位性を築き上げ、後に中西文化の比較の基礎となり、また「宣言」の制定時に共感と賛同を呼び起こした。そのため、なぜ張彭春が歴史的な影響力と貢献をもたらしたのかを探究する上で、最も良くかつ適切な出発点は、彼の中国に関する知識ではなく、アメリカで博士課程を修めた時期に、西洋の近代化の歴史を比較の方法を通じて獲得した西洋理解であると思われる。

以上は、張の前期の思想の三つの特徴を説明する。まず、現実志向であり、制御と効率を重視する点である。この特徴は、彼の後期の思想においてはそれほど急進的ではなくなった。ただし、「現実志向」という要素は依然として存在し続け、彼の「宣言」制定への参与においても非常に重要である。次に、西洋の開拓経験を複製して、中国の教育を近代化させるという彼の素朴な主張が挙げられる。しかし、彼は後期において教育の領域から離れ、アメリカで学んだほとんどの教育理論と共にこの主張は消え去った。そして三つ目は、比較の方法をうまく使いながら、西洋の近代化の歴史プロセスを探究したことである。これによって、彼は豊かな能力を身につけ、西洋についての知識の基礎を築き上げただけでなく、異なる文化の間で比較・折衷・調和をする能力と素養を持ち、それによる影響力も生み出した。最後に説明すべきは、この時点で彼が行った「比較」はほぼ中国の視点から始まり、一方的に西洋を認識・比較・学習するということである。このようにすれば中国の教育を近代化させることができるが、まだ相互平等の文化交流という意義は存在していない。

3. 張彭春の後期の思想の進展

3・1　この時期の経歴

張彭春の思想の後期は、海外での講義を行った一九三〇年代に始まる。彼は一九三一年にシカゴ大学とシカゴ美術館で中国の哲学と文芸について講義し、その後、一九三三年にハワイ大学で中国の文芸を教えた。また、その内容は翌年、『中国――いずこからいずこへ』(*China: Whence and Whither*)として出版された。さらに一九三五年にはイギリスで講義を行い、一九三六年には『交差点上の中国』(*China at the Crossroads*)という本を出版した(この本は一九三四年の本の改訂版である)。これらの文化交流や講義、そして著述の経験は、彼の思想の内容に重要な変化をもたらした可能性がある。

一九三七年に日本との戦争が始まると、国民政府は積極的に対外宣伝政策を展開した。その中で張は政府を代表して欧米で抗日の立場を宣伝し、外部からの支援を獲得するための活動を始めた。一九三九年にワシントンで「日本の侵略に参加しない委員会」を創設し、米国連邦議会で「対日経済制裁法案」を通過させる運動を推進した。その後、彼は専業外交官として活動し、一九四〇年から一九四二年までトルコ公使、一九四二年から一九四四年までチリ公使を務めた（外交部檔案資訊処［一九六九］二八、石源華［一九九六］三五六）。五年間の海外駐在経験を通じて、彼はこれらの地域の人々が西洋帝国主義列強諸国による経済的な搾取に苦しむ深刻な状況を深く理解し、人道的な考えもそれによってさらに強まった。また彼はこの経験から対処能力もますます向上させた。張彭春はかつて当時の駐米大使胡適に対して自分自身について語った際、個人でも群衆でも対応できる能力を十分に持っており、話すこと、演説すること、組織を運営することにおいては最も優れ、「特に非常時にはその才能が発揮される」と述べていた（胡適［二〇〇四］五三三）。以上から、彼は後に「宣言」を制定するために必要な能力と資質をすでに具えていたことがわかる。

第二次世界大戦後、彼は国際連合の設立に関与する中華民国代表の一人となった。一九四六年から一九五二年までは経済社会理事会の中華民国常任代表を務めた。その間、一九四七年から一九四八年まで人権委員会（Commission on Human Rights）の副委員長であり、「宣言」の起草チームのメンバーでもあった。彼は一九四七年に中華民国代表として国際難民組織の章程に署名し、また世界保健機関（World Health Organization）の設立の発起と推進に貢献した。一九四八年にはジュネーブで開催された報道自由会議で中華民国代表団の団長を務めた。彼は一九五二年に引退し、一九五七年にアメリカで逝去した。

3・2　本時期の思想の特徴

張彭春の後期思想には、主に二つの特徴がある。（1）「比較」すなわち一方的な西洋への学習から中西間の対等な交流へと移行したこと。（2）人道主義と人文化成に基づく大同世界を理想とし、国連の業務に参加したこと。以下で詳しく説明する。

（1）「比較」によって、一方的な西洋への学習から転じて中西間の対等な交流を志した

①中西間の文化交流と中国の西洋への貢献がもともとの歴史的常態である

張は前期には一方向的に「比較」を行い、要するに中国の近代化を目指して西洋の精神的な価値観や科学的な方法を学んだ。しかし一九三〇年代には双方向の比較と交流を重視するように変化し、具体的には『中国――いずこからいずこへ』と『交差点上の中国』という二冊の本を著した。

この二冊は張彭春が外国人からの一般的な固定観念に対するレスポンスとして書かれた。例えば中国の文化が古くて、安定的で、変化がほとんどなく、精神的な文明だけであり、三〇〇〇年にわたり世界から隔離されたというような固定観念である。張はそれらの見方に同意せず、一九世紀以前の中国の歴史や文化を徹底的に研究した。その結果、中国は古代から物質的な文明が非常に発達しており、そしてヨーロッパとの交流も頻繁に行われており、隔絶されてないと主張した。例えば、一三世紀のマルコ・ポーロや一六世紀のイエズス会宣教師らは、中国の高度な文明、快適な生活、社会制度や風俗、文化の形態を高く評価しており、さらには一八世紀の「新しい理論と思想の偉大な時代」のヨーロッパの思想家たちにも影響を与え、彼らが儒教文化と社会秩序の優越性を理解し、それによって彼らの想像力が刺激されたといったようなことである（Chang 1936, p. 30）。中国が相対的に遅れてしまったのは、一九世紀にヨーロッパに工業文明と資本主義の急速な発展が起こり、世界に大きな衝撃を与えてからである。ただし張は現在のヨーロッパの進歩の論理は、変遷を進歩と見なし、急速な変化をする国家を進歩した民族と見なしているとした。けれども彼らの盲点は急速な変化が近代の工業主義の特徴であり、人種の優劣の特徴ではないことを見逃していると指摘する（Chang 1934, pp. 74-75）。この批評は、この時期に張が西洋の思考上の盲点を謙虚に指摘できたことを示している。

②中国文化の世界への貢献に自信を持つ

彼は頻繁な文化交流の経験を通じて中国文化に自信を持つようになった。彼は「中国を深く理解せずに本当の人文主義教育を理解することは不可能である」と述べており（Chang 1934, pp. 122-123）、また、「中国文化は西洋が新しい世界を理解する鍵であり、新たな魂を得る手段であり、新しい人文主義の時代に向かう重要なステップである」とも述べる（Chang 1934, pp. 123）。

張は中国の近代化の過程について、同時に自給自足、慌ただしい借用、創造的な適応の三つの段階を提案した（Chang 1934; Chen & Chen 1995）。その中でも「創造的な適応」は彼の思想の重要な突破口であり、東西洋それぞれが努力して成果を創造した後、互いに創造的な影響が進むことを示す（Chang 1934）。一九四〇年代には、彼は「中国の文化の良さを保存する」ことが単に「中国のためだけでなく」、さらに「世界のニーズのためにも」行われるべきだと主張した（張彭春［一九四六］五頁）。このことは彼の思想がますます成熟していき、単に中国中心の現代化の学習に限定されることだけではなく、世界のレベルで各国が互いに学び合う視野と意図を示している。このように見ると、張は国連に参与する前に中国文化への自信を築いたことがわかる。この時、彼は中国の歴史と文化を紹介する際には完全に交流史の手法を用いており、中西両方とも自己に欠けているところはあるものの文化的価値は同じくしており、それによって交流が続き、互いに恵みを受けることが可能になるとする。これは張の「比較」の視点が実に進化し続けており、後に「宣言」を策定する際に中西文化の間を繋ぐ架け橋として役割を果たすために、「建設的な比較倫理学」（Twiss 2009, p. 63）の進展を準備したことが示されている。

（2）人道精神と世界大同の理念に基づき、国連の活動に参与する

①常識的で博雅的に偏る儒家の素養

人文価値と人道精神は、張の思想が成熟期に入ってから非常に重要な要素となった。もちろん、この思想は彼が成熟した後に急に現れたものではなかった。実際、彼の博士論文では人間の価値への関心が早くも現れていたが、全体としては前期の段階では明らかではなかった。

彼はかつて「学校の活動が現代の生活の目標と過程を促進する人文化成（humanization）かどうか(15)」を近代化カリキュラムの基準の一つとして提案していた（Chang 1923, p. 53）。彼が言う「人文化成」とは中国の伝統的な人文主義を指し、科学技術と物質生産の不足を補完するものである。そのため若者は人文的な価値を深く考え、現代の物質的世界の拡張に立ち向かうべきである（Chang 1923, pp. 54-55）。

前期段階では関連する議論はほとんどなく上記の数文だけだったが、それでも彼の当時の思想では科学や効率に過剰に注目する欠点を補うことができ、若干の均衡を取っていたように思える。彼の帰国後の著作でもこれらの人文的価値はまだ明確ではなかった。彼はかつて『論語』述而篇や『孟子』滕文公章句などを引用して学生を奮起させた（張彭春［一九二三］一八四～一八五）。一九三〇年代には孔子や孟子の学説が「人間」の重要性に非常に重点を置くことを紹介している（Chang1936, pp. 43-52）。一九四二年の講演でも孔子が社会的・政治的な強い関心と責任感を持つことを強調し、「まさに人文主義者」であると述べた（Chen & Chen 1995, pp. 146-147）。

以上の張の主張の重点は、儒家が現実社会と人文化成に常に重点を置くことである。ただし上記の儒家に関する引用と紹介は、彼が残した著作全てで言及される内容である。その回数と頻度から見ると、約一〇年に一度現れている。紹介した内容は非常に浅いものであり、専門的な哲学研究の色合いはなく、風格としても常識的である。当時の良好な教育を受けた人と比較して突出したものではない。

②国連において人道精神で大同世界の構築に貢献する

張彭春は特に儒家の学説に精通したわけではないけれども、彼が前述した儒家における人文的価値について提起し、外国駐在後に発展させてきた人道思想は、国連に参与した後に新たな高みに到達した。張彭春は、国連が世界の平和と秩序を確立する最も重要な機関であるだけでなく、人類の希望の総合体であると考え、建設的かつ協力的な行動を通じて、人道的理想に忠実であることを育む必要があると考えた（張彭春［一九四八］一、Chen & Chen 1995, p. 150）。彼は一九四六年に「世界保健会議を開催し、世界保健機関及び協力に関する準備事項を検討する」という議案を推進し、国際協力の強化を通じて偏見や国境の障壁、民族の誇りや差別意識をなくし、病気と戦うことを目指し、「細菌に宣戦した」と述べた（Chen & Chen1995, p. 151）。

同年、彼はさらに経済面において低開発地域を支援するために、国際連合が世界を一体として見なし、速やかに法案を制定して南米・中東・極東などの低開発地域への十分な関心を持つ必要があると訴えた。彼は国際開発と投資に関する規制、経済と雇用の問題を解決するための国際融資を提供するための法律の制定が行われるべきだと主張した（Chen & Chen 1995, pp. 151-152）。彼の演説では問題の緊急性や切迫性を何度も鋭く指摘した。「無視できないほど切迫している」（too pressing to be overlooked）、「実行せざるを得ない」（imperative）、「絶対に必要である」（absolutely necessary）、「世界の良知」（conscience of the world）、「義務」（duty）と表現した。演説の終わりで張は『礼記』礼運篇の大同の箇所を朗読した（Chen & Chen 1995, p. 153）。

（15）本研究では、中国の儒家伝統における人文主義を表す際に「人文化成」という用語を多く使用する。人文主義と人文化成はどちらも英語で humanism と表記されているものである。人文主義の意味については、形而上学や神学に基づくのではなく、広く人間中心の思考による考え方を指す。一方、「人道主義」については蘇永明［二〇〇〇］の定義に基づく。人道主義（humane）とは、人類と他の動物との違いを指し、したがって強者が弱者を助け、弱者に多くの資源を提供し、彼らが同等に生存の機会を有することができるようにするということである。

大いなる道が行われていた時代、天下は人々が公有していた。賢者と能者を選び、信義を重んじ、親和を修めた。自分にとって親しい者だけでなく、他人の親しい人も大切にし、他人の子供も大切にする。老人はきちんと終える場所があり、若者は役に立つ場所があり、子供たちは成長の機会が与えられる。鰥夫や寡婦、孤児や独居老人、障害者全てが十分に介護される。男性には役割があり、女性には帰る場所がある。（大道之行也、天下為公。選賢与能、講信修睦。故人不独親其親、不独子其子。使老有所終、壮有所用、幼有所長。鰥寡孤独廃疾者皆有所養。男有分、女有器。）

彼らは財貨が地に捨てられ、無駄になっているのを見るのは嫌いだけれど、それを自己の満足のために保持しない。彼らは怠惰を軽蔑し、自分自身の力で働き、それが行使されないことを嫌ったものの、自分自身の利益のためにする必要もない（論文の原文「注：この文は特に二度繰り返される」）。これによって陰謀は抑制され、盗みや乱暴な泥棒が現れず、そのため、外の扉も閉めないままで、これが大同と言われることである。（貨悪其棄於地也、不必蔵於己。力悪其不出於己身也、不必為己。是故謀閉而不興、盗竊乱賊而不作。故外戸而不閉。是謂大同。）

張は国連で、この美しく人々の心を震わせる、典雅な大同思想を朗読した。これは彼自身の人道的な思考と世界の理想に対する自己分析であったものとして見なすことができるであろう。張の思考は年齢や経験と共に成長したことを示しており、アメリカ留学前後の「急いで借用する」段階にあった過剰に科学と効率を重んじたり薬剤を複製したりというような考えはもはや存在しないことを示す。彼は一九三〇年代にはすでに「創造的な適応」という平等に交流し合う段階に進んでおり、さらに一九四〇年代には外国での駐在を通じて国連に参加することで、人道主義の精神に基づいて人文化成・大同世界を築くための考えに取り組んだ。彼の思考の境界はすでに大いに向上していた。

以上は、張彭春の後期思想の特徴を説明する。その中で「比較」という概念は、一方的な西洋への学習から、中西間の対等な比較と交流に変わった。また人道精神と人文化成の大同世界の理想が、この時期の最も重要な思想的内容となった。「宣言」の制定過程での具体的な表現については次節で詳しく述べる。

4. 現実的な態度と比較の素養にもとづき折衷して「宣言」を制定する

4・1 背景の概要

一九四七年に経済社会理事会に人権委員会が設立され、人権に関する法案の起草の一翼を担った（各部門間の関係や「宣言」制定の各段階の流れについては、図1を参照）。委員会は初めての会議（図1の第①段階）で、アメリカのローズヴェルト大統領夫人を委員長に選び、副委員長に張彭春が就任し、レバノン出身のC・マリクを委員会の書記として選んだ。さらに、人権部会主任であるハンフリーも加わり、宣言の起草において中心的な役割を果たした一員となった。一年以上にわたる反復的な議論と修正を経て（図1の第②から第⑤段階）、最終版がついに一九四八年六月に提案され、所属する経済社会理事会で審議された。その後、国連総会の第三委員会（Third Committee）でさらなる議論と採決が行われ（図1の第⑥段階）、最終的に国連総会全体会議（General Assembly）で一九四八年十二月十日に採択された（図1の第⑦段階）。[16]

「人権宣言」を策定していたさなか、国際政治において冷戦が始まり、困難さと不確定性がますます増した。そのため、異なる政治的イデオロギーや、東西の文明など様々な社会経済的権利観、そしてラテンアメ

（16）「宣言」の詳細な制定過程については、国際連合の公式ウェブサイト（United Nations, n.d.a）の説明を参照。

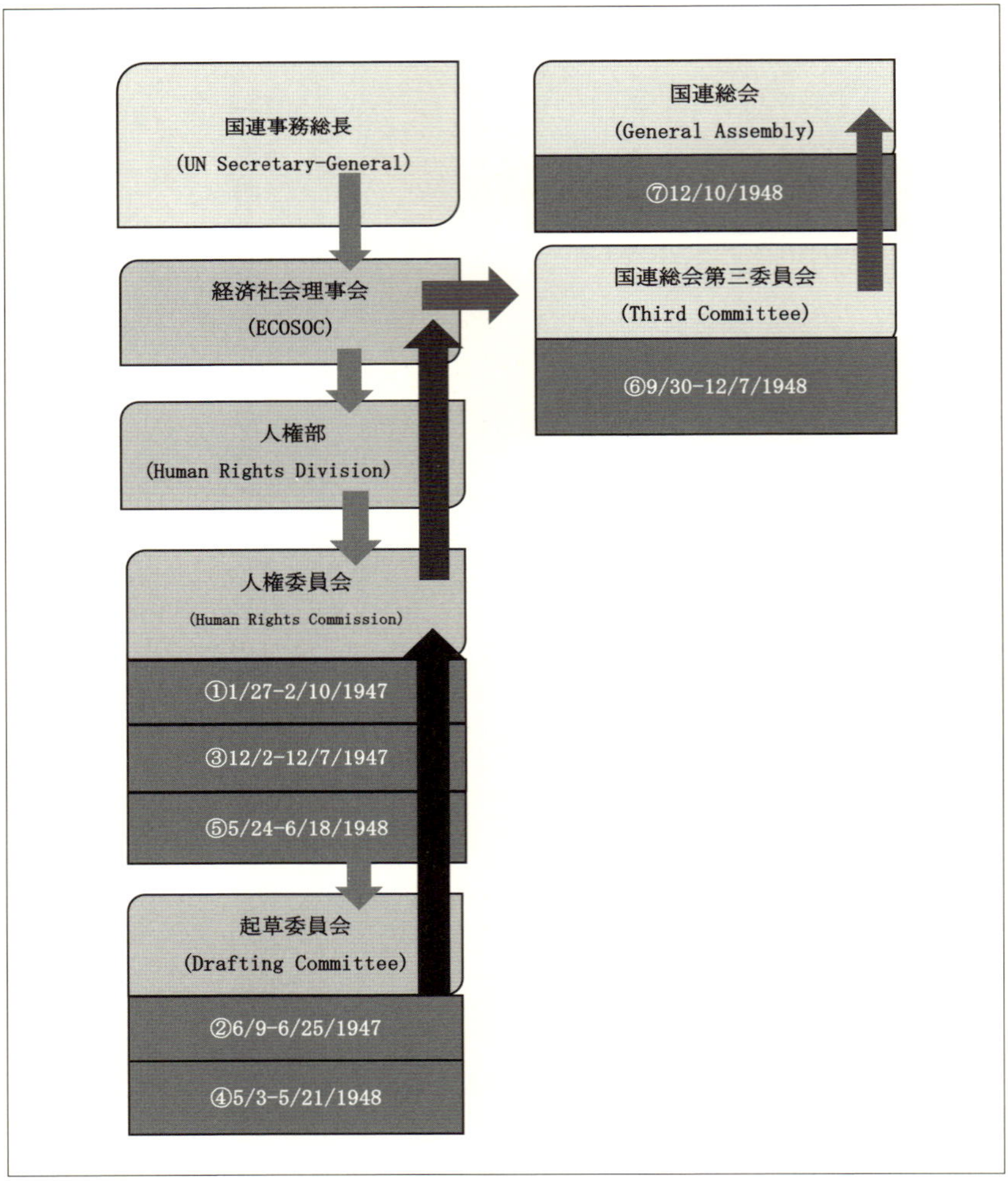

図 1　国際連合人権宣言の制定過程。
図表内の①〜⑦は、時間順によって異なる段階を表している。
データソース："The Chinese Contribution to the Universal Declaration of Human Rights," by P.E. Will, 2012, in D. M. Mireille & P.E. Will (Eds.), *China, Democracy and Law: A Historical and Contemporary Approach* (pp. 299-374), Leiden, Holland: Brill. から引用。

リカとアングロサクソン国家の異なる法体系など、妥協策（Humphrey 1983, pp. 398-399; Will 2012, p. 303; A/C.3/SR.91 p. 49）を見つけることがしばしば求められた。これは非常に大きな挑戦であった。

人権委員会（図1の第①、③、⑤の段階）には、多くの国家の代表者が重い役を果たした人物がいた。例えば、レバノン出身のマリクや、フィリピン出身のC・ロムロ（C. Romulo）は後に国連総会議長を務め、フランスのR・カサン（R. Cassin）は一九六八年にノーベル平和賞を受賞した（Humphrey 1983, p. 431）。主席のローズヴェルト夫人は、人道主義者であり自由主義者でもある。彼女は道徳的なイメージを持ち、問題を明確に分析し、争点を中立化させる能力を持っていた（Will 2012, p. 301）。[17] マリクは外交官であり哲学者でもある。彼は自由主義と個人の価値を守る者であり、西洋啓蒙運動以来の形而上学的な自然法（law of nature）を深く信じ、実用主義的な主張を受け入れることができなかった。一方、カナダの法学者であるハンフリーは、最初は張の率直で遠慮ない批判的な態度に保留する態度を取っていたが、すぐに張の人格の大器ぶりを楽しむようになり、張が妥協という技術を深く理解していることに気づいた。張はしばしば論争が間違った道や方向に陥っている状態から救い出し、明るい解決策を見つけるために貢献した（Humphrey 1983, p. 396）。[18] ハンフリーは、

（17）啓蒙時代以来、自然の概念はしだいに世俗化されてきたが、自然法は依然として神から与えられた規則を意味し、形而上学的な法則の色合いを持ち続ける。そして、人権は自然権の一種としても、神から与えられた、人々が平等に享受する理性や自然などの概念と密接に関連していた（Morsink 1999, pp. 282-284）。「人権」の概念の史的な展開に関して、例えば、先天性・平等性・普遍性という三つの特徴がどのように徐々に備わるようになったのか、そしてそれが「アメリカ独立宣言」、「フランス革命宣言」、「世界人権宣言」などの重要な文書の中で示した歴史的意味については、Hunt（2007）を参照。

（18）強烈な対比をなすのは、何名かの中国人の教師や友人たちが張彭春に対して否定的な評価をしたという事実である。例えば、胡適の日記一九三九年六月二八日には「この人は常に自己中心的（self-centered）だ」と記されている（胡適［二〇〇四］六七〇）。また、文学者の呉宓は、清華研究院の主任だった時に、教務長の張彭春が嘲りを含んだ発言をすることがしばしばあ

人権委員会が張とマリクによって主導されたと考えており、「知識の面では、張はほかの委員会のメンバーを大きく超えていた。私は彼の哲学を絶賛する」(Humphrey 1994, p. 88) と言う。

率直に言えば、「宣言」に関する議論は基本的に欧米諸国が主導した。しかし、この中華民国代表は非常に活躍し高い見識を持っていた。これは、中華民国が戦後の四強国の一つであり、代表団が文化的な名声の高い非西洋文明の国々から出自したため、欧米に質疑するのに有利な立場に立つことができたからである。張は、この「他者性」(otherness) を躊躇せずに利用し、本当の普遍性にある重要さを再確認するために努めた (Will 2012, pp. 306-309)。

4・2 張彭春の参与と貢献——「宣言」第一条の条文を中心に

「宣言」の背景を説明した後、次に、国連の檔案の中の公式な会議記録を主要な文献として、張の参与について探究する。本稿は「宣言」に関する専門研究ではなく、また紙幅の制限もあるので、張の全ての発言を詳しく紹介することはできない。以上のことから、張の思想と貢献を具体的に反映する第一条の条文に関する発言についてのみ説明する。

第一条の条文は「宣言」の最も重要な基礎である (Lindholm 1999, pp. 52-53)。この条文は最初の草案 (カサンが起草したもの) では人権の起源について一切言及していなかった。そして、「理性」のみを人権の基礎として提案した (E/CN.4/AC.1/W.1, p. 2)。その後、張彭春が「良知」と「理性」を並列すべきことを提案し、人権の起源とその基盤が定められた (E/CN.4/21)。さらに、この条文は神学や形而上学的な基礎を排除し、現在見られる形に落ち着いてから、分割や移動を一度もされていない。これにより、「宣言」の構造が完全かつ明確になったについては、張にはやはりとても大きな功績がある。以下これについて説明しよう。

（1）良知によって理性が支えられる

人権の根源に関して、張彭春（図1第②階段）は「理性」に加えて「仁」の概念を基礎として追加することを提案した。彼はこの概念を「two-man-mindness」と訳し、同情（sympathy）や同胞意識（consciousness of his fellowmen）と類似した意味を持ち、道徳と共感心の発展の基礎となるものだと主張した。彼は「仁」の概念が「理性」と共に人間性の基本的特質や人権を享受するための基礎を形成すると主張した。レバノンと英国の代表は張の提案に賛同したが、「two-man-mindness」の代わりに、より一般的に理解される「良知」（conscience）[19]という用語を提案した。このテクストの初期草案の作成者であるカサンも賛同し、結果として

り、人との交流で波乱を引き起こすことがあると考えていた（一九二五年十月二二日と一九二六年二月三日の日記に記されている。呉宓［一九九八］を参照）。

（19）注意すべきことは、現在の研究者の中で、化国宇だけが張彭春の指摘が「良心」ではなく「良知」であることに気付いているということである。劉（Liu）やウィル（Will）、またはリンドーム（Lindholm）などの研究者たちは、おそらく現在の国連の公式ウェブサイトの中国語版に基づいて皆 conscience を「良心」としているが、これは張彭春が会議中に指摘した内容ではなく、しばらくして中国語訳を主導した時際にも、また国連総会決議（A/RES/217(III)）として採択されたテクストでも用いられているの「良知」だった。

　この点は非常に重要であり、「良知」（「良心」ではなく）が儒家の心性論の伝統で重要な概念であり、「四端」とともに、儒家の内聖学の礎であり、善と仁を実践するための必然性として存在していた（姜允明［二〇〇四］）。以下に、中国語の二つのテクストの第一条を対比する：

・張が主導した翻訳、国連決議版：人は皆生まれながらにして自由であり、尊厳と権利において等しく各自が平等である。人は各々理性と良知を授けられており、まことに睦まじくて、自分の手足のように親しまなければならない（A/RES/217(III)）（人皆生而自由。在尊厳及権利上均各平等。人各賦有理性良知、誠応和睦相処、情同手足）。

・現在の公式ウェブサイト全文：人々は生まれながらにして自由であり、尊厳と権利において一律平等である。彼らは理性と良

「良知」が共通の認識となった（E/CN.4/AC.1/SR.8, pp. 2-3)。

良知が加わった後の第一条の条文は以下のとおりである（E/CN.4/21, p. 73）：

> すべての人間は兄弟である。理性と良知を授けられて、彼らは一つの家族の構成員である。彼らは自由であり、平等な権利と尊厳とを持つ。（All men are brothers. *Being endowed with reason and conscience*, they are members of one family. They are free, and possess equal dignity and rights.）[20]

「良知」を加えただけで、張は「宣言」の第一条に永遠に残る影響を生んだ。トゥウィス（Twiss）によれば、張は「人権」と儒家の「人文化成」の理想を一つに結びつけたが、抵抗に遭うことはほとんど無かった（Twiss 2011, p. 110）。本研究では、儒家思想の中の「良知」が広く認められた理由は、その普遍的な価値にあると考えられ、儒家思想であるからではないと考える。そのため、多くの初期草案の作成者たちの心を動かし、「宣言」の重要な内容となったのである。

（2）神学や形而上学の基礎を排除し、世俗的な視点を重要視する

「宣言」制定の各段階は、神学的・形而上学的な激しい論争や攻防に直面した。第一条はその中でも重要な場だった。第二回人権委員会（図1の第③段階）では、カサンらによってキリスト教の神学的・形而上学的な色合いを持つ「生まれながら」（born）と「本然的に」（by nature）が追加された（E/600、p. 15）。第二回草案委員会（図1の第④段階）では、マリクがさらに「造物主」（the Creator）の概念を取り入れようとしたが、なし遂げられなかった。これら二つの段階の会議には張彭春は一切出席せず、呉経熊や呉耀徳などが代理を務めていた。第三回人権委員会（図1の第⑤段階）において、張は再び出席し、「生まれながら」とか「本然的に」

といった、「自然」が理性と道徳の源であることを意味する言葉を削除することを提案して、議論を避けようとした。しかし、マリクは保留するように働きかけ、張は成功しなかった。

国連総会の第三委員会に参加する際（図1第⑥階段）、審議と議論を待つ第一条の条文の内容は下記のようになる（E/800、p. 10）。

すべての人間存在は、尊厳と権利において自由で平等に生まれついている。（All human beings are *born* free and equal in dignity and rights.）

彼らは本然的に理性と良知を授けられ、同胞意識によって互いに行動すべきである。（They are endowed *by nature* with reason and conscience, and should act towards one another in a spirit of brotherhood.）

しかしながらその際、別の新たな状況が生じた。ブラジルからの提案では、第二文の冒頭に「人は神の似姿として作られる」という言葉を追加することが提案された（A/C.3/215, p. 1）。これに対し、ベルギー代表のカルトン・ドゥ・ヴィアール（Carton De Wiart）は、直ちに「本然的に」という表現を削除し、ブラジルの「人は神の似姿として作られる」という提案を徹底的に避けるための提案を行った（A/C.3/SR.96, pp. 96-97）。

さらに、多くの代表者が第一条の構成と位置について異論を唱えた。例えば、ギリシャ代表は第一条の最初の文章が厳格で総括的な宣言としての意味を持つと考えた。注意が薄まるのを避けるために、二番目の文

知を授けられており、兄弟の間柄のような精神で互いに接すべきである（United Nations, n.d.b）（人人生而自由、在尊厳和権利上一律平等。他們賦有理性和良知、並応以兄弟関係的精神相対待）。

（20）傍点は本論文において付加したもの。以下同じ。

をここから割いて序文に配置するとともに、もっぱら「責任」を扱う第二七条の条文にも入れるべきだと主張した。一方、キューバとグアテマラは第一条の全文を序文の位置に配置することを提案していた。（A/C.3/SR.96, p. 98）

多くの突発的な混乱状況に対し、張彭春が発言する。彼はまず、ギリシャなどの提案について次のように指摘した（A/C.3/SR.96, p. 98）。第一条の二つの文は分けて置くべきではなく、どちらも第一条に配置されるべきである。その理由は、今のこの条文の構成によれば、第一文で権利を取り扱い、第二文で責任を取り扱っているからである。今のままなら人を快適にする均衡が達成されている。もし分割や変更を行うならば、しかるべき注意を惹かなくなってしまう。また、後の条文で付与されるさまざまな権利も、博愛精神の先導を欠くために自分勝手なものになってしまう。そのため、現状を維持するべきである。

張は続けて「本然的に」を直ちに削除することというドゥ・ヴィアールの提案に賛成し、これによって神学論争を回避することを主張する。彼はこの普遍的に適用される「宣言」の中にこうした論争は存在できないし存在すべきではないと主張する。この宣言は間違いなく可決されるであろう。張は中華民国代表として、人権の範囲で多くの人々を忘れてはならないと、参会の代表たちに注意を促している。中国人民は人類の中で大きな部分を占めており、彼らには西洋のキリスト教文明とは異なる理念と伝統が具わっている。たとえば、礼儀正しさ（decorum）、適切な行動（propriety）、他者への配慮（consideration）などである。このように「礼」を強調して倫理の重要な部分だとみなしてはいるけれども、しかしこの中国代表は自制心を持ち、それを宣言に含めることを提案しなかった。彼はほかの同僚（ブラジル代表を指している）も互いに思いやる心を持ち、形而上学的な論争を引き起こす修正案（A/C.3/SR.96, p. 98）を撤回することを望んだ。張は、この宣言を制定するためには万人が四海の内は皆兄弟という博愛精神を持つことが必要であると強く求めたのだ。このような姿勢は中国での礼儀を重んじることや思いやりのある態度と完全に一致しており、人の行動がこの実践に到達するとき、はじめて自己を向上させ、より高貴になることができるのである（A/C.3/SR.96, p. 99）。

この有名な演説は、張彭春が胡適に向かって、彼自身の特長は「話すこと、演説すること、組織を運営することに巧みであり、特に非常時にはその才能が発揮される」と言ったという前述のことがたわごとではなく、実に深い自己理解に基づいていたことを証明している。その日のハンフリーの日記にも記されている。「張は今日、非常に素晴らしい演説を行い、他者の立場に立つという儒家の概念を説明した。それを説明する能力は彼にしかなかった。彼は自然法などの特殊哲学の考えを押し付けようとしていた他の代表者たちの注意を引き付け、「宣言」は世界の全ての人々のために書かれるべきだということを示した。特殊な哲学観は数億の人々にとって見慣れないものかもしれない。だが彼らも「宣言」の精神を理解する平等な権利を持っているのだ。それは本当に素晴らしい演説であった」（Humphrey 1994, pp. 55-56）。

二日後に第一条についての議論が続いた。多くの国の代表は、ブラジルによる修正案である、神の概念が「論争のある神学的問題ではなく、確実な事実である」を支持する発言をした（A/C.3/SR.98, p. 113）。これは人間の心の平和と静けさに神聖な息吹をもたらすであろう（A/C.3/SR.98, p. 109）。この時、張は再び発言をし（A/C.3/SR.98, p. 113-114）、ベルギーの「本然的に」を削除する修正案を支持し、またブラジルの代表が提案した「人は神の似姿として作られる」を撤回するよう提案した。これにより形而上学的論争を完全に回避し、第一条の精神を共有するために皆が同じ哲学的基礎に立つようになれると指摘した。さらに張は、一八世紀の「人間性は本来善である」という哲学を共通の理解の基盤として主張した。彼は、この哲学がかつてフランス革命の自由・平等・博愛の精神や「アメリカ独立宣言」にも取り入れられたことを説明した。この哲学は、人間性の本質の大部分が動物性であるとしながらも、動物とは大きく異なる部分があり、それが本当の「善」の部分であり、より顕彰されるべきだと強調した。

張は、さらに鍵となるのは一八世紀における人の本性は善であるという考えと、ブラジルの提案との間に矛盾はない、なぜなら神や創造された人間という概念も、動物性ではない人間性の一面を強調しているからであると表明した。これによって張は大会が人間の本質に関する問題を議論することをやめ、条文を一八世紀の人の本性は善であるとする哲学の基盤に立つことに同意するよう強く要請した。その精神に基づいて、彼はベルギー代表の提案に同意して「本然的に」を削除すべきだというのだ。一方で、ブラジル代表はやはり彼らの提案を撤回すべきだとする。このようにすると良いのは、神を信じる者は依然として神の概念を見いだすことができるし、同時にまた異なる信仰を持つ人々もこのテクストを受け入れることができるからである。

張の発言の後、ブラジル代表は（別の戦場を開く示唆をしたものの）自らの提案を取り下げた。そして大会もベルギーの提案を可決した。これにより、現行の第一条の条文に人権の起源についての神学的・形而上学的な指針はなくなった（A/RES/217 (III)）。

> すべての人間は、尊厳と権利とにおいて自由で平等に生まれる。（All human beings are born free and equal in dignity and rights.）
> 彼らは理性と良心を授けられ、互いに兄弟愛の精神で行動すべきである。（They are endowed with reason and conscience and should act towards one another in a spirit of brotherhood.）

リンドーム（Lindholm 1999）は、第一条の条文の内容を最も主導したのは、ベルギー代表ドゥ・ヴィアールと張彭春の二人であると述べている。彼らはこの条文が神や自然、または人の自然的な本性などの問題を回避し、同時に何らかの基礎を主張・暗示・拒否することもなかったと指摘する。そして、この条文に対する最も精緻で合理的な理解は、張彭春によるものだと彼は述べている。ウィル（Will 2008）は、「中国代表は自制心を持つ」という言葉が張の姿勢を完全に表しており、それは宣言が普遍的である必要があり、非西洋の多数の人の意見を考慮に入れることを堅く守るということである。ただし張は新たな対立を引き起こすのを避けるために細心の注意をしている。ウィル（Will 2012）によれば、張が儒家の性善説を引用したとしても、「宣言」の基本的な目的に合致する。けれども彼はそうすることなく、一八世紀の啓蒙思想を共通の基盤として選択し、最も根本的な精神と原則を守るために行動した。そのため、彼は張の論述戦略を「保守的な態度、洗練された言い回し、どの派閥にも意識的に偏るのを避けたことがわかる」と評価している。

本研究は、張が第一条の条文に関して「良知によって理性を補完する」と「神学的な色合いを除去して世俗原則を堅持する」という重要な発言をしたことによって、その普遍的価値を守りたいと考えたのであって、儒家思想を「宣言」に込めて強化しようと考えたわけではないことがわかる、と主張するものである。また、張が影響力を持った理由は、彼が中国に詳しいだけでなく、西洋にも詳しいからであり、特に啓蒙運動以降の西洋思想とその価値、自然法によって代表される形而上学的意味とその限界を理解していたからである。これらには、彼の比較素養の高さが示されており、重要なのは優劣を競うことではなく、相互理解の下で妥協の技術を運用し、異なる陣営がそれぞれ一歩を引くことで、より高い価値を守ることにある。彼がアメリカ留学中に、西洋近代化の歴史プロセスに対する理解と中西文化の比較の素養を築いたことが花開いてこの良い結果を挙げることができたのである。

「宣言」は、精神的には「アメリカ独立宣言」・「フランス革命宣言」と一脈をなしているが、神や自然などの形而上的な概念は全くない（Morsink 1984; Morsink 1999; Will 2008）。これは、起草に主導的な役割を果たした重要な委員、特に張彭春とカサンの二人が、一八世紀の哲学における人権の根源が神や国家からの恵みではなく、人間の理性と良知に由来することを重ねて説明したからである。彼らは一八世紀の自然神論に代わり、二〇世紀の世俗的人文主義を用いた。彼らは以前のいくつかの宣言を超越しようと意識していた（Morsink

1984, pp. 333-334. Morsink 1999, p. 290)。本論文の分析によって、張彭春の貢献が見えてきたであろう。

以上の説明により、張彭春の現実的な態度と比較の素養の養成が、「宣言」の第一条の条文において「良知によって理性を補完する」と「神学的な色合いを除去して世俗原則を堅持する」という重要な影響をもたらしていることがわかる。

5．張彭春の思想発展の特徴及びその歴史的意義

本研究は、張彭春の思想の進行と変遷を探究することを通じて、この平凡な教育学者がどのように無邪気に西洋の開拓経験を複製し、中国の教育の近代化を実現する者から、人道精神に満ちた大同世界を理想とし、比較の素養に基づく折衷を通じて国連の「宣言」に深い影響を与えたのかを理解しようとしている。そこで、（1）デューイの影響は張彭春の思想の源の一つにすぎず、一方的に強調すべきではないこと、（2）張彭春の歴史的意義を評価する起点はその西洋知識から始めるべきであること、（3）張彭春の比較方法と素養は「宣言」に影響を与える重要な要素であったこと、（4）張彭春の「宣言」への貢献はそれをより普遍的なものにした点であり、それこそが「「宣言」の儒家化」よりも重要であること、を述べる。

5・1　デューイの影響は張彭春思想の源の一つに過ぎず、一方的に強調すべきではない

まず、これまでの研究者（例えば、化国宇［二〇一五］、孫平華［二〇一七］、Twiss 2009; 2011）や張の子孫（Chen & Chen 1995, p. 3）は、デューイが張の指導教授であり、張がデューイの影響を強く受けたと考えている。しかし本研究では、デューイが張彭春を指導した可能性は非常に低く、影響も想像されたほど深刻ではないとする。

まず、デューイは一九〇四年にコロンビア大学に着任して以降もTCでの授業をごくたまに行っていた（John Dewey Faculty File, n.d.）。だがデューイは一九一九年五月に中国で講義を行い、一九二一年十月にコロンビア大学に戻った（Martin 2002, p. 237）。張は一九一九年の夏にTCに到着し、一九二二年四月に学業を終了した。二人が重なる学校生活は最後の半年間のみであった。

次に、張は純粋な思弁には興味がなく、博士論文も純粋な教育哲学についてではなく、教育史や比較教育、中等学校のカリキュラムの設計などを含んでいる。これらは、デューイの実用主義に基づいたキルパトリック（William Heard Kilpatrick）の専門領域である児童を中心にするカリキュラムと教授法である。また、張は論文の謝辞の冒頭で、最初にキルパトリック、次にデューイ、モンロー（Paul Monroe）、カンデル（I. Kandel）の順に謝意を述べているものの、その後もデューイではなく、ことさらキルパトリックに感謝の意を示している（Chang, 1923, Preface）。したがってキルパトリックが指導教授であったと推測される[21]。

もちろん、デューイとキルパトリックの若干の影響は確かにあったが、精確に言えば、彼ら二人は張の多くの影響源の一つにすぎず、しかもその影響は短期間であった。デューイからの影響は、張が論文でデューイを称揚し、そのうちの一章を割いてデューイの二元対立反対や連続性哲学観念及び教育思想の主張を扱い、さらにデューイの民主の価値への解釈を受け入れている。それは、先述した研究者たちが、張がデューイの影響を受けたとする主な理由と考えられる。興味深いことに、トゥイスはかつて曖昧な注釈で、張の帰国後の作品にはデューイの思想がほとんど見られないと指摘している（Twiss 2011 pp. 350-351）。それにもかかわら

（21）筆者が特にこうしたことを明確に説明しようとするのは、多くの先行研究（例えば、王穎［二〇〇七］、陳競蓉［二〇一一］、盧浩［二〇〇七］など）が、TCの留学生を「デューイの影響を受けた者」とひたすら捉えるからである。実際には、これは厳密な研究結果ではない。

ず、彼はそのあとで張がデューイから持続的な影響を受けていたと主張する。しかし実際には張はデューイを正式に引用しないだけでなく、二度までもデューイを批判しているのだ[22]。これらの批判的な記述は、いずれも非常に簡潔な講演記録であるものの、デューイの思想に対して明らかに不満を抱いており、デューイの彼への影響は恐らく限定的であったと思われる。一方、キルパトリックは学生活動と実践知とに重点を置くことを強調し、さらに認知的・技能的・感情的な目標を持つカリキュラム設計に関する考え方に注力していた。これに関しては、張が論文の中でカリキュラムの計画や、南開と清華で実際に教育方法として実践していたことが示されている。ただし、張の著作にはキルパトリックの児童中心の極端なプロジェクト・メソッド（project method）という方法は一度も登場せず、また彼が教育の仕事から離れた後にはこれらの教育思想も姿を消した。

さらに重要なのは、本研究で指摘しているように、一九二三年の論文ではデューイを称揚しながらもキルパトリックを学び、一方で張が提案する教育の定義と相関する史的仮説がデューイと全く矛盾することが明らかである。いずれにせよ、「教育は制御または制約である」、「西洋の経験を複製すること」で中国の近代性を刺激するといった主張、或いは教育とは意識的に制御し、経済的に効率的であり、無駄を省き、極度に現実的であるべきといった主張は、子供の主体性への尊重が欠けており、子供の主動的な探求を肯定する教育の哲学とは相克がある。これは、張が確かにデューイの影響を受けていたことを示す可能性もあるが、彼の早期の教育思想は実際には「急いで借用したもの」であり、戦後のＴＣで流行した相互に矛盾する教育研究の典範を「一つの炉に溶かす」のを示していて、デューイの影響だけではないことを意味している。張が「デューイの影響を強く受ける」と強調する今の研究は、この点に気付けないでいるようである。

5・2　張彭春の史的意義を評価する起点は、彼の西洋の知識から始めるべきである

本研究では、張彭春の幼少期には古代の経典を暗記して、伝統的な私塾教育を受け、一二歳以降は西洋式の現代教育を受け始め、一八歳からはアメリカに留学し、アメリカで学部から大学院までの完全な高等教育を受けたことが明らかになった。彼の思想の前後期の変化は、おおよそ以下の軸線で示される。

（1）幼少期の儒家の薫陶はあまり顕著ではなく、ただ彼の思想の基盤を構成していたに過ぎなかった。アメリカ留学で滞在するうちに、相容れない複数の教育思想に影響を受け始めた。しかし帰国後、教育は制御や西洋の経験の複製であるといった極端で過激な考えが、彼が教育の道から離れると、段々と消えていった。彼が転向や向上を遂げたのは、「比較」を方法として使い、西洋の近代化の歴史と文化の進展を把握し、それによって中西文化の間を行き来しながら比較をし続けて、対等な文化交流に自信を築くようになったからである。

（2）早期における深い哲学的思考に興味を持たず、実用的で具体的な事実に重点を置く傾向は、常に張彭春の思想の重要な特徴であった。後期になると、彼の際立った思想の内容は、人道精神と人文化成の大同世界観であった。さらに重要なのは、彼が現実的な態度と比較の教養を持ち、折衷を試みて調整を行ったことが、最終には「宣言」の制定に重要な影響を与えたことである。

上述した思想の進化の過程で、彼が本当に西洋文明を全体的かつ時系列的にその文脈を把握する基盤を築き、後に中国の近代化と中西文化比較を考える際の重要な起点となったのは、留学時代において西洋の近代化の歴史の進展に関する考察を行ったことである。この考察は、ヨーロッパとアメリカの近代文明の歴史・政治・経済・社会・哲学・心理学・社会学・人類学といったさまざまな展開の側面を横断し、経験主義・功

（22）例えば、張はそれぞれ一九二七年と一九三六年に、教育は経済的制約を受けるが、デューイが教育学においてこの点を無視したと指摘している（崔国良・崔紅［二〇〇四］六六一、張彭春［一九三六］二九〇）。

利主義・実用主義・観念論などの哲学的観点による分析や議論もしている。彼が「宣言」を制定する過程で行った、一八世紀以降の啓蒙思想、現実的で理性的な計算に基づく国際協力、個人の権利と責任の均衡、そして西洋文明のイデオロギーによる制約などに関連する発言は、全て彼のアメリカ留学時代の意欲的な学習に遡ることができる。したがって本研究では張彭春の思想を解釈し、その歴史的な貢献を評価するためには、彼の西洋知識が伝統中国についての知識よりも一層重要であったことを明らかにした。この結論は、彼の思想を儒家に緊密に結びつけようとする従来の解釈（例えば、化国宇［二〇一五］、孫平華［二〇一七a］、Twiss 2009; 2011）とは大きく異なっている。

5・3　張彭春の比較方法と素養は、「宣言」に影響力を与えた重要な要素である

本研究では、教育学によって学術的背景が育まれた張彭春に対して、比較教育と比較方法が非常に深い影響を与えることが明らかになった。その分野の重要な創始者であるシュナイダー（F. Schneider）によれば、比較教育は単に異なる国の間で関連する教育のテーマを対比させるだけではなく、各国の教育システムの背後にある動機、決定的な要因、および変化の傾向などを分析する必要がある。つまり、民族の典型的な特性にまで遡って探求する必要がある（Schneider 1931a; 1931b; 1931c; 1932）。かつて張彭春の口頭試問の委員を務めたモンローとカンデルは、世界的に有名な比較教育学者であり、そのうちカンデルは「比較教育とは教育制度がもともと基づいている精神面である社会的理想と文化的動機を理解する必要があるため、学校の外部の動機がむしろ学校内の動機よりも重要である」（Kandel 1933, p. xix）と主張している。

以上の説明と張の比較思想と比べると、彼は確かに早くも一九一八年から、比較における「文脈」の重要性を把握しており、中国と西洋を単に並べてみせたり、既存の成果を直接に移植したりしてはいないことがわかる。さらに重要なのは、後に彼の比較対象が、教育や倫理学という範疇から、歴史や文化などのレベル

にまで引き上げられたことである。ただし、彼の早期の比較思想は背後にある社会的な条件に重点を置いていたが、関連する歴史の考え方はあまりにも直線的で素朴な側面があった。それにしても、一九三〇年代までに、中国と西洋の文化の間で平等な交流が確立され、そして「事実、張彭春は中西両文化を理解していた」(Power 1936; Foreword, p. 6) という評価を得た。したがって、もし一九二三年の博士論文が欧米を中心とする西洋の進歩史であるならば、一九三四年と一九三六年の著作は中国を主軸とした中西文化交流と比較史であり、さらにはヨーロッパ中心の思想や進歩の考え方に挑戦し始めていることを意味する。これらの二冊は互いに補完し、彼の中西文化を跨ぐ基盤を共に構築している。

彼が「宣言」の制定に参与した際、比較方法と素養がなぜ重要な要素となったのか。張は以前「世の中で、ある地域のある物事が、他の地域の同じ物事よりも優れているのか、劣っているのか」という質問を議論することが好きではないと述べていた。なぜなら、それは結論を出すことができないからである。できることは、比較の態度によってこれらの物事がどのように初期の状況で自然に形成されたのかを探求するだけであり、そうでなければ無用の混乱を引き起こすだけである (Chen & Chen 1995, pp. 148-149)。またこのような比較の視点により、彼は完全に異なる国情や文化、政治体制、価値観を持つ各国の代表者たちとの間で、現実的で妥協的な解決策を見つけることができた。焦点は優劣や正誤ではなく、共通の目的や理想を実現するために異なる側面で互いに共感し理解し、適切な時に互いに譲り合うことである。そのため、ハンフリーは張を「随時に現実的な解決策を提案する準備ができていたように思われる」と称えている (Humphrey 1983, p. 400)。

5・4　張彭春の「宣言」への貢献は、それをより普遍的なものにすることにあり、儒家化するよりもむしろこれが重要である

ここで、まずは張彭春の「主義」に関する問題について述べる。現在、張の思想には多くさまざまな解釈

がある。それには多元論や実用主義、あるいは世俗的人文主義などが含まれている。本研究では、これらの三つの要素が確かに存在すると考えられるが、儒家の人文化成の大同世界が、彼が高度に成熟した後の思想に最も近づく可能性があると考える。

ハンフリーやローズヴェルトらは、張が自らを多元論者と称したと述べる。孫平華［二〇一七a］もまた「張の多元主義人権思想」というタイトルで張の思想内容を分析する。しかし多元論は究極の真理（ultimate reality）が一つだけではないという意味以外に、深い理論的内容がほとんどない。また張は単なる多元論者ではない。彼は「多」の中で「一」を求め、さらに「一」の中で「多」を求める必要があると述べる（崔国良・崔紅［二〇〇四］六九二）。したがって「多」は張の思想の全てではない。多元論は、もしかすると張彭春の思想を最も精確に説明する言葉ではないのかもしれない。

さて、ハンフリーは張を実用主義者と考える。本研究によって、張が確かにこの傾向を持ち続けたことが明らかになった。例えば、彼は早期には結果よりもプロセスを重視し、推論と演繹よりも観察と帰納を重視していた。常に現実的であり、真理がただ一つだけ存在するという主張を固持することはなく、かなり実用的なスタイルを持つ。しかし張はずっと実用主義者にはとどまらない。時間の経過とともに、人文化成が形成された世界の中で人道的な配慮を持つことが、張の思想の核心をより的確に指し示す可能性がある。特に、張が国連経済社会委員会で礼運篇の大同の箇所を朗読し、「人は自分の親だけを愛し、自分の子供だけを大切にすべきではない」、「老人には安らぎを与える場所が必要であり、若者は生きがいを見出すべきであり、幼児は適切な教育を受けるべきであり、独身者や孤児・疾病者も支援されるべきである」と述べた。また「貨が地に捨てられることは悪であるが、自らに隠す必要はなく、力が自身から現れないことは悪であるが、自らのためにする必要はない」などと、天下は公であるという内容が繰り返し強調されていて、彼の人道思想が表現された。

彼は「宣言」制定の過程で、良知や人の本性の善、人々が享有する権利を強調した一方で、他者の完全な価値と他者への責任も認める必要があることを述べた。これらは人類の人文化成（humanization of man）の境域の基盤（A/C.3 SR.91, pp. 47-48）であり、すべてはこの世界の理想に基づくものである。したがって、モーシンク（Morsink 1984）とリウ（Liu 2014）が指摘する世俗的人道主義（secular humanism）が、より適切な位置づけであると言える。本研究ではさらに一歩進めて世俗的人道主義が人文化成の大同世界を具体的な理想としていたことを説明した。

次は張の「宣言」への貢献がさらなる普遍性を持たせたか、それともそれを儒家化させたかという問題である。率直に言えば「宣言」は主に西洋文化の視点に基づいており、東洋の国々の文化的価値観としばしば異なる点がある（A/C.3/SR.91, p. 49）。ちなみに人権委員会にはアジアやラテンアメリカの非西洋の列国からも何名かのメンバーが入っており、彼ら全員が重要な貢献をした（Liu 2014, p. 405）。したがって、「宣言」が普遍性を持つ場合、それは多くの参加者が共同で努力した結果である。

ウィル（Will 2012）は、張が「宣言」の中で儒家化の色彩を発揮させた明確な点として、第一条の条文の中で、理性に良知（＝仁）を加えたことを挙げている。しかし張の発言内容には儒家よりも現代の人権に関連した論述とより強い関わりがある。そのため張彭春の「儒家の概念」が「宣言」に与えた影響を過度に大げさにすべきではない。さらに、モーシンク（Morsink 1948）は、張が自由・平等・博愛というフランス革命宣言の精神を通じて「宣言」を解釈する姿を見て、それによって張とカサンが共に「北大西洋国家の主要代弁者」だと評価を下す。そしてウィル（Will 2012, p. 364）もモーシンクの主張に同意し、張が北大西洋文化圏に対して高い感受性を持ったと指摘する。

本研究は、張彭春の思想の形成と変遷を追跡することで、彼の儒家的素養はごく一般的なものであり、張の西洋への理解こそが彼の思想の最も重要な起点であることを明らかにした。したがってトゥイス・孫平華・化国宇などの研究と比べた場合、ウィルとモーシンクが張を「西洋文化の伝統に高度に敏感だった」とする評価のほうが比較的適切だと考える。たしかに張彭春は国連で儒家の人文化成に基づく大同世界を理想としており、儒家の重要な概念（すなわち良知）を「宣言」に取り入れ、発言にはしばしば儒家思想の特徴が見られる。しかし彼が影響力を発揮した鍵は、彼の西洋文化への認識と敏感さ、そして両文化の間を行き来し、比較し、現実的に調停を行う能力にあった。したがって、客観的な結果から見ると、彼の「宣言」への貢献は、儒家的なものにしたのではなく、「普遍的な」性質を持たせたことにあった。もし張彭春という「人」を「儒家思想全体」として「宣言」への影響と同等視するならば、それは恐らく歴史の真実ではないと思われる。

したがって張本人は一九二〇年代の留学前後の急速な借用段階を経て、一九三〇年代に国際的な交流と講学の段階から創造的な適応の段階に移り、一九四〇年代に国連で本当の思想の頂点に達した。そうして人道主義の精神に基づく人文化成の大同世界を築くために尽したのである。彼が持っていた多元論と実用主義は目的ではなく、むしろ道具やプロセスといった性質であり、人道精神の大同世界の理想を実現するためにより必要なものであった。おそらくこの「道具とプロセス」そして「目的と理想」の合理的な組み合わせが、平凡な教育学者である張彭春が「宣言」に重要な影響を与える結果をもたらし、「非常時にはその才能が発揮される」という彼の特長が示されたのである。

謝辞

本論文は、科技部（MOST 104-2410-H-003-006、NSC 101-2410-H-003-026-MY2）の研究成果の一部であり、一部の内容は二〇一八年五月に上海復旦大学の「近代中国人と公文資料研究センター（近代中国人与檔案文献研究中心）」とニューヨーク聖ヨハネ大学のアジア研究所（Institute of Asian Studies）との共催で行われた「留米学生と現代中国の財政と外交に関する学術セミナー

（留美学生与近代中国的財経与外交学術研討会）」で発表した。修正提案をくださった全ての研究者と査読者に感謝する。
・原載：『教育研究集刊』六五輯三期（二〇一九年）
・DOI：10.3966/102887082019096503001

参考文献

・一、公文書と史料
1、国連文書

United Nations. (1947). Draft International Declaration of Rights (Preamble and Articles 1-6). Submitted by Working Group of Drafting Committee, New York, 16 June 1947. GAOR E/CN.4/AC.1/W.1, New York, NY.

United Nations. (1947). Drafting Committee on an International Bill of Rights, 1st Session: Report of the Drafting Committee to the Commission on Human Rights: 01/07/1947. GAOR E/CN.4/21, New York, NY.

United Nations. (1947). Report of the Commission on Human Rights, 2nd session. Geneva, 2. December to 17 December 1947. GAOR E/600, New York, NY.

United Nations. (1947). Summary record of the 1st Meeting, held at Lake Success, 27 January 1947. GAOR E/CN.4/SR.1, New York, NY.

United Nations. (1947). Summary record of the 8th meeting. Lake Success, 17 June 1947. E/CN.4/21. GAOR E/CN.4/AC.1/SR.8, New York, NY.

United Nations. (1948). Draft International Declararion of Human Rights. Paris, 2 October. 1948. GAOR A/C.3/215, New York, NY.

United Nations. (1948). Hundred and eightieth meeting. Paris, 8 December 1948. GAOR A/C.3/SR.180, New York, NY.

United Nations. (1948). International Bill of Human Rights: a Universal Declaration of Human Rights, 10 December, 1948. GAOR A/RES/217(III), New York, NY.

United Nations. (1948). Ninety-eighth meeting. Paris, 9 October 1948. GAOR A/C.3/SR.98, New York, NY.

United Nations. (1948). Ninety-first meeting. Paris, 2 October 1948. GAOR/C.3/SR.91, New York, NY.

United Nations. (1948). Ninety-sixth meeting. Paris, 7 October 1948. GAOR A/C.3/SR.96, New York, NY.

United Nations. (1948). Report of the 3rd session of the Commission on Human Rights, Lake Success, 24 May to 18 June 1948. GAOR E/800, New

York, NY.

2、コロンビア大学文書

Teachers College. (2012). *Chinese doctoral students' information.* Unpublished material.

・二、一般著作

Powell, J.B.『中国名人録』（五版）、上海市：密勒氏評論報、一九三六年。

化国宇「国際人権事業的中国貢献：張彭春與「世界人権宣言」」、北京市：中国政法大学出版社、二〇一五年。

王穎「杜威教育学派与中国教育」、北京市：北京理工大学、二〇〇七年。

外交部檔案資訊処『中国駐外各公大使館歴任館長銜名年表』（増訂本）、台北市：台湾商務印書館、一九六九年。

石源華（編）『中華民国外交史辞典』、上海市：古籍出版社、一九九六年。

北京清華学校（編）『游美同学録』、北京市：北京清華学校、一九一七年。

南開大学「守正創新礪賢哲——南開哲学学科的歴程」、発行年未詳・http://news.nankai.edu.cn/xs/system/2013/10/20/000147355.shtml.

何炳棣『読史閲世六十年』、台北市：允晨文化出版社、二〇〇四年。

呉宓『呉宓日記』（第三冊）、北京市：三聯出版社、一九九八年。

姜允明「儒家心性之学与良知教的現代反思」、『哲学与文化』三一（八）、一一一～一二五頁、二〇〇四年。

胡適『胡適日記全集』（第七冊）、台北市：聯経出版社、二〇〇四年。

孫平華『張彭春：世界人権体系的重要設計師』、北京市：社会科学文献出版社、二〇一七年a。

孫平華「論張彭春与国際人権体系的建構」、『浙江工商大学学報』四、三〇～四〇頁、二〇一七年b。

崔国良（編）『張伯苓教育論著選』、北京市：人民教育出版社、一九九七年。

崔国良「張彭春：中国戯劇現代化的引領者与国際化的推動者」、『戯劇芸術』三、四九～五九頁、二〇一五年。

崔国良、崔紅（編）『張彭春論教育与戯劇芸術』、天津市：南開大学、二〇〇四年。

張彭春「別道徳之旧新」、崔國良・崔紅（編）『張彭春論教育与戯劇芸術』、三九～四一頁、天津市：南開大学、一九一八年。

張彭春「清華新課程的編制」、崔国良・崔紅（編）『張彭春論教育与戯劇芸術』、二〇四～二〇六頁、天津市：南開大学、一九二三年。

張彭春「出国留学請多注意比較観察」、崔国良・崔紅（編）『張彭春論教育与戯劇芸術』、二二三頁、天津市：南開大学、一九二五年。

張彭春「如何可以使学校工作得較高的効率」、崔国良・崔紅（編）『張彭春論教育与戯劇芸術』二四六～二四八頁、天津市：南開大学、一九二七年a。

張彭春「社会視察之方法」、崔国良・崔紅（編）『張彭春論教育与戲劇芸術』二三三頁、天津市：南開大学、一九二七年b。

張彭春「南開教育的一個新方向」、崔国良・崔紅（編）『張彭春論教育与戲劇芸術』二五二～二五四頁、天津市：南開大学、一九二七年c。

張彭春「開闢的経験的教育」、崔国良・崔紅（編）『張彭春論教育与戲劇芸術』二三四～二四一頁、天津市：南開大学、一九二七年d。

張彭春「新教育応注意経済情形」、崔国良・崔紅（編）『張彭春論教育与戲劇芸術』二九〇頁、天津市：南開大学、一九三六年。

張彭春「什麼是現代化」、『光明旬刊』一（三）、四～五頁、一九四六年。

張彭春「我看聯合国」、『中央日報週刊』三（三）、一、一九四八年。

張彭春「南開是怎麼創建的」、崔国良・崔紅（編）『張彭春論教育与戲劇芸術』三二四～三二八頁、天津市：南開大学、一九五六年。

陳競蓉『教育交流与社会変遷：哥倫比亜大学与現代中国教育』、武漢市：華中科技大学、二〇一一年。

黄殿祺『話劇在北方奠基人之一、張彭春』、北京市：中国戲劇、一九九五年。

黄建武「儒家思想与伝統人権建設：以張彭春対「世界人権宣言」的形成的貢献為視角」、『中山大学学報（社会科学版）』五二（六）、一六七～一七六頁、二〇一二年。

樓継中「実用主義」、二〇〇〇年　http://terms.naer.edu.tw/detail/1313020/?index=7 から引用。

盧建平・王堅・趙駿「中国代表張彭春与「世界人権宣言」」、『人権』六、一八～二四頁、二〇〇三年。

盧浩「特約編輯前言」、郭秉文（著）、瞿葆奎・鄭金洲（主編）『中国教育制度沿革史』（二〇〇七年再版）、一～八頁、福州市：福建教育出版社、二〇〇七年。

龍飛・孔延庚『張伯苓与張彭春』、天津市：百花文芸、一九九七年。

鞠成偉「儒家思想対世界新人権理論的貢献：従張彭春対「世界人権宣言」的貢献出発」、『環球法律評論』一、一四一～一四九頁、二〇一一年。

蘇永明「人道主義」、二〇〇〇年・http://terms.naer.edu.tw/detail/1301602/? Index=4 から引用。

Chang, P.-C. (1923). *Education for modernization in China: A search for criteria of curriculum construction in view of the transition in national life, with special reference to secondary education* (Contributions to Education, No. 137). New York, NY: Teachers College, Columbia University.

Chang, P.-C. (1934). *China: Whence and Whither.* Honolulu: Institute of Pacific Relations.

Chang, P.-C. (1926). *China at the crossroads: The Chinese situation in perspective.* London, UK: Evans Brothers.

Change on 120th Street.(1954). *Time*, 63(18), 65.

Chen, R. H. -C., & Chen, S. -C. (Ed.). (1995). *Peng Chun Chang (1892-1957), Biography & collected works*. New York, NY: Author.

Glendon, M. A. (2001). *A world made new: Eleanor Roosevelt and the Universal Declaration of Human Rights*. New York, NY: Random House.

Humphrey, J. P. (1983). Memoirs of John P. Humphrey: The first director of the United Nations Division of Human Rights. *Human Rights Quarterly*, 5(4), 387-439.

Humphrey, J. P. (1984). *Human rights and the United Nations: A great adventure*. Dobbs Ferry, NY: Transnational.

Humphrey, J. P. (1994). *The Diaries of John Humphrey, first director of the United Nations Division of Human Rights. Vol. 1. 1948-49*. Montreal, CA: McGill University Libraries.

Hunt, L. (2007). *The Invention of human rights: A history*. New York, NY: W.W.Norton.

Kandel, I. L. (1933). *Comparative education*. Boston, MA: Houghton Mifflin.

Kao, L. Y. (1951). *Academic and professional attainments of native Chinese students graduating from Teachers College, Columbia University, 1909-1950* (Unpublished doctoral dissertation). Columbia University, New York, NY.

Kliebard, H. M. (1986). *The struggle for the American curriculum, 1893-1958*. New York, NY: Routledge.

Lagemann, E. (2000). *An elusive science: The troubling history of education research*. Chicago, IL: University of Chicago.

Lindholm, T. (1999). Article 1. In G. Alfredsson & A. Eide (Eds.), *The Universal Declaration of Human Rights: A common standard of achievement* (pp. 41-73). Boston, MA: Martinus Nijhoff.

Liu, H. (2014). Shadows of universalism: The untold story of human rights around 1948. *Critical Inquiry*, 40 (4), 385-417.

Martin, J. (2002). *The education of John Dewey: A biography*. New York, NY: Columbia University Press.

Morsink, J. (1984). The philosophy of the Universal Declaration. *Human Rights Quarterly*, 6 (3), 309-334.

Morsink, J. (1999). *The Universal Declaration of Human Rights: Origins, drafting and intent*. Philadelphia, PA: University of Pennsylvania.

Null, W. (2003). A disciplined progressive educator: The life and career of William Chandler Bagley. New York, NY: Peter Lang.

Peake, C. H. (1934). William Robert Shepherd. The Open Court, 48 (4), 193-195.

Power, E. (1936). Foreword. In P. -C. Chang (Ed.), China at the crossroads: The Chinese situation in perspective (pp. 1-6). London, UK: Evans Brothers.

Roosevelt, E. (1949a). Making human rights come alive. The Phi Delta Kappan, 31 (1), 23-33.

Roosevelt, E. (1949b). This I remember. New York, NY: Harper.

Roosevelt, E. (1958). On my own. New York, NY: Harper.

Roosevelt, E. (1992). The Autobiography of Eleanor Roosevelt. New York, NY: Da Capo.

Schneider, F. (1931a). Internationale Pädagogik, Auslandspädagogik und Vergleichende Erziehungswissenschaft. Wesen, Geschichte, Methode, Ergebnisse. Internationale Zeitschrift für Erziehungswissenschaft, 1 (3), 392-407.

Schneider, F. (1932). Internationale Pädagogik, Auslandspädagogik und Vergleichende Erziehungswissenschaft. Wesen, Geschichte, Methode, Ergebnisse. Internationale Zeitschrift für Erziehungswissenschaft, 2 (1), 79-89.

Svensson, M. (2002). Debating human rights in China: A conceptual and political history. Lanham, MD: Rowman & Littlefield.

Twiss, S. B. (1998). A constructive framework for discussing Confucianism and human rights. In W. de Bary & W. Tu (Eds.), Confucianism and human rights (pp. 27-53). New York, NY: Columbia University Press.

Twiss, S. B. (2007). Confucian ethics, concept-clusters and human rights. In M. Chandler & R. Littlejohn (Eds.), Polishing the Chinese mirror: Essays in honor of Henry Rosemont, Jr. (pp. 50-67). New York, NY: Global Scholarly.

Twiss, S. B. (2009). P. C. Chang, Freedom of conscience and religion, and the Universal Declaration of Human Rights. In A. Sharma (Ed.), The world's religions after September 11 (pp. 175-183). Westport, CT: Praeger.

Twiss, S. B. (2011). Confucian contributions to the Universal Declaration of Human Rights: A historical and philosophical perspective. In A. Sharma (Ed.), The world's religions: A contemporary reader (pp. 120-114). Minneapolis, MN: Fortress.

United Nations. (n.d.a). Drafting of the Universal Declaration of Human Rights. Retrieved from http://research.un.org/en/undhr/introduction

United Nations. (n.d.a.) Universal Declaration of Human Rights. Retrieved from http://www.un.org/zh/universal-declaration-human-rights/index.html

Will, P. E. (2008). The Chinese contribution to the Universal Declaration of Human Rights, 1947-1948: A re-examination. The Academia Historica Newsletter, 1, 2-29.

Will, P. E. (2012). The Chinese contribution to the Universal Declaration of Human Rights, In D. M. Mireille & P. E. Will (Eds.), China, democracy and law: A historical and contemporary approach (pp. 299-374). Leiden, Holland: Brill.

編者後書き

「尊厳学」の中の非欧米圏

加藤泰史

1．学術変革領域研究（A）「尊厳学の確立」について

本論文集は学術変革領域研究（A）「尊厳学の確立」の非欧米圏班（A03班：研究代表者・小島毅）の研究成果の一部であり、この学術変革領域全体としては最初の研究成果として江湖に問うことになる。ここでまず「学術変革領域」に関して文部科学省のHPから簡単に引用してみたい。

「学術変革領域研究（A）」は、多様な研究者の共創と融合により提案された研究領域において、これまでの学術の体系や方向を大きく変革・転換させるとともに、我が国の学術水準の向上・強化や若手研究者の育成につながる研究領域の創成を目指し、共同研究や設備の共有化等の取組を通じて提案研究領域を発展させる研究です。（https://www.mext.go.jp/a_menu/shinkou/hojyo/1412385_00006.htm）

こうした枠組に応じてわれわれは、「尊厳学の確立——尊厳概念に基づく社会統合の学際的パラダイムの構築に向けて」を提案して幸にも採択されたわけである。その申請の際にわれわれは、次の三点を特に意識した。

（一） 尊厳概念はキケロ以来の伝統の上に成立した概念であるが、しかし近年スイス憲法に「被造物の尊厳」という新たな概念が導入されたことにより、その欧米圏の尊厳概念史がゆらぎ始めており、「人間の尊厳」という概念そのものが「人間中心主義的」であるとして批判の対象にさえなりつつある（加藤泰史「現代日本の生命倫理学と尊厳の問題・序説」（加藤泰史／小島毅編『尊厳と社会（上）』、法政大学出版局、二〇二〇年、二六八頁以下）を参照のこと。Cf. Lohmer, Achim, *Falsches moralisches Bewußtsein*, Hamburg, 2017, 81f.）。これまでの伝統的な尊厳理解にうまくこの概念を位置づけることができないからである。こうした批判には「少子化社会対策基本法」で発信された「生命の尊厳」という日本固有の尊厳概念も棹さしている。この概念の内実の確定や正当化の可能性に関してはいまだ途上にあると言わざるをえないにせよ、欧米圏でのゆらぎを一層ゆさぶりつつ、これまでの尊厳研究で排除されたり等閑にされたりしてきた非欧米圏の尊厳理解あるいはその基盤となる思想を繰り込んで、真に普遍的な概念として尊厳概念を鍛えるためにはこの「生命の尊厳」という概念は、実に有益であり有効でもある。われわれはこうした非欧米圏の観点を組み込んだ比較研究を重視してゆく。その際には、哲学や倫理学だけではなく、思想史・文学・法学・政治学・法制史など多種多様な研究領域の共同研究が不可欠となる。

（二） 尊厳概念は概念史的に大きな転換点に立つ一方で、国際的には重要性は増すばかりである。例えば、第二次世界大戦後の「国連憲章」や「世界人権宣言」を嚆矢として、「女性差別撤廃条約」や「障害者権利条約」に至るまで現代世界の国際条約等には「人権」とともに「人間の尊厳」の尊重が明記されている。これらに「日本国憲法」・「ドイツ連邦共和国基本法」・「スイス連邦憲法」・「中華人民共和国憲法」等をさらに加えることもできる。現代は「人権」の時代であるとともに、「尊厳」の時代でもあると言えよう。現代ではそれに加えて、先端科学技術や先端医療技術の急速な進展が尊厳概念を必要としている。生成AI、AGIやロボット、さらにiPS細胞研究からゲノム編集等に至るまでこれらの先端研究をわれわれの社会がどのように受容すべきであるのかは、まさに喫緊の課題であると言ってよい。しかもこの問題は、「何が社会を新たな統合へともたらすのか」、これを別言すれば、「現代社会において統合の新たな理念はそもそも何であるのか」という問いとも密接に連関する（加藤泰史「思想の言葉」（『思想』、一一一四号、岩波書店、二〇一七年、二頁）を参照のこと）。改めて指摘するまでもなく、この問いには、高齢者介護・尊厳死・トリアージ・ヘイトスピーチ等の社会的問題も含まれる。われわれのプロジェクトではそうした理念が尊厳概念に定位されることになる。

（三）尊厳概念史を再検討するためにも多くの学問領域が共同しなければならないことは、すでに（一）で述べた通りである。尊厳研究も学際的でなければならない。そして実際にさまざまな学問領域で尊厳研究は遂行されてきた。われわれはそれらを学問的に突き合わせて比較するつもりである。しかし今回は「学術変革領域研究（A）」の理念に対応してそれ以上を模索したい。すなわちそれは、この学問横断的な比較研究の地平を踏まえてさらにそれ以上にこの比較研究の成果を一つの学問領域へと鍛え上げて「尊厳学」という新たな学問を確立するという目標にほかならない。それぞれの分野ではそれぞれの学問方法論に従って尊厳概念が研究されてきた。そして現在まさに研究されつつある。とはいえ個々別々に相互連関を欠いたままでは、特に尊厳概念を社会実装する際に多大な困難が生じることは予想に難くない。それは場合によっては社会に混乱を生じさせかねない。したがって、学問横断的な比較研究の地平を越え出ていかにして一つの学問領域を確立できるのかが隠れたもう一つの課題となる。そこでこの研究プロジェクトでは、個別の領域で行われていたジェンダー研究がどのような議論といかなるプロセスを経ていわば「ジェンダー学」として形成されていったのかを一つの先駆的な事例と位置づけて参照することにした。「ジェンダー学」を参照基準としようというわけである。「ジェンダー学」という論点に関してはジェンダー研究の中でもさまざまな見解に分かれることが想定されたが、われわれはとりわけ舘かおるの構想、つまりジェンダー概念によって「知」の組み換えをはかり、「ジェンダーの問題を「知」の問題と捉えた」構想（舘かおる『女性学・ジェンダー研究の創成と展開』（世織書房、二〇一四年、二一三頁）。なお、舘かおる「女性学・男性学・ジェンダー研究からの問題提起」（原ひろ子他編『ジェンダー問題と学術研究』、ドメス出版、二〇〇四年）も参照のこと）とそれに連なるジェンダー研究を参照することにした。さらに学問としての「尊厳学」を制度的に支える組織として「国際尊厳学協会（International Society of Dignity Studies）」の設立も視野に入れて、二〇二四年八月にローマで開催される世界哲学会議でこの研究プロジェクトに関するワークショップを開催してその設立を提案することを企図した。

以上のような観点を基盤に据えてこのプロジェクトを申請したわけであるが、本論文集は（一）の観点を具体化する試みとして小島毅を中心に企画され編集された。

2.「尊厳学」の中の非欧米圏の意義について

ここでウォルドロンの議論をいわば反面教師として、（一）の観点の学問的重要性の事例研究としてみよう。周知のように、現在では二つの系譜の尊厳理解が確認できる。一つは尊厳を「地位」ないし「身分」として理解する伝統的な立場であり、もう一つはカントに由来する「絶対的価値」と理解する立場である。ジェレミー・ウォルドロンは前者の立場を代表する英米系の法哲学者であり、とりわけ尊厳概念の研究では中心的な存在である。その影響はドイツでも顕著であり、それはとりわけカント解釈に関しても当てはまる。

したがって、尊厳を「地位」または「身分」として理解する方向性はドイツでも強まりつつあると言えよう。

ウォルドロンの基本的な問題意識は次のように確認できる。

> 尊厳はかつて地位（rank）と結び付けられたということをわれわれは教えられる。例えば、王の尊厳は聖職者の尊厳と同じではなかった。人間の尊厳というわれわれの現代的概念が、古代の地位概念と少しでも歴史的つながりを持っている――私はそう考える。すなわち、尊厳はすべての人間の高く平等な地位という観念を表現していると考える――ならば、われわれは身分（status）を地位（さらに権利および特権）と関係づける法の本体にまず目を向けて、尊厳が現代の新たな平等主義的なコンテクストの中に置かれたときに古代の地位概念から何かが保持されるとしたら、それは何であるのかを確認すべきである（Waldron, Jeremy, *Dignity, Rank & Rights*, Oxford, Oxford University Press, 2012, p.14）。

> おそらく法が道徳から学ぶことよりも、道徳が法から学ぶことの方が多いであろう。そこで、尊厳概念が法の中でどのように機能しているのかを分析することから始める（Waldron, 2012, p.14）。

すなわち、ウォルドロンの場合は尊厳研究を遂行する上で、古代ギリシア・ローマ以来の概念史研究に大きな比重を置くと同時に、法ないし制度（特に貴族的特権）に定位することで、尊厳概念の内実を法哲学的考察および歴史的分析を通して規定するという方途を取ることになる。したがって、「尊厳とは何か」に肉薄するためには概念史研究が不可欠なわけである。その意味でキケロの尊厳理解は重要な意味を持つ。キケロはプラトンの「*ἀξία*」ないし「*ἀξίωμα*」の訳語として「dignitas」を当てた。この訳語についてその特徴を二点指摘しておくと、第一に「dignitas」は、「動物に対して人間本性が持つ卓越性を言い表すとともに、ある特定の人たちがその人格的卓越性のゆえに他者から尊敬される品位を保ったりそれに相応しい社会的地位を占めたりすることを意味する」のであり、次に「このラテン語が本来はローマの貴族にのみ適用される言葉であることを考え合わせるならば、尊厳が貴族階級を際立たせるために使用されることで世襲の高貴な地位や威信さらに名誉と結び付いた社会的で政治的な概念でもあった…」（加藤泰史、二〇一七年、一〇頁）ということになる。つまり、キケロにあって尊厳概念は、増大したり減少したりする段階的概念であるばかりか、失われることさえあるという段階化可能性といった特徴を含み、さらに尊厳は言動の卓越性や品位と結び付いて地位や名誉などによって外面的に表示されるとともに、まさにそのことを通して線引きのために規範的に機能するといった、もう一つの特徴も含むわけである。伝統的にキケロ以来の尊厳概念の内実は、実質的に高貴な貴族の権利ないし特権によって構成されており、ウォルドロンはまさにこの点に着目したと言えよう。ウォルドロンが尊厳概念の内実を規定する上で概念史研究の重要性を強調した所以でもある。

こうした伝統的な概念史を踏まえながらウォルドロンは、尊厳概念の内実に関して次のような仮説を提示する。

そこで私の仮説は次の通りである。人間の尊厳の近現代的観念は、地位の上向きの同等化を含み、その結果としてわれわれは何らかの尊厳・地位・以前は貴族に承認されていた尊敬の期待をあらゆる人間に承認するのである（Waldron, 2012, p.33）。

あらゆる人が最高位にある。あらゆる人が伯爵であり、あらゆる女性が女王であり、あらゆる人が尊敬と尊重に値し、貴族が尊敬に値するのと同じ仕方で、あるいは王の身体または人格への攻撃が不敬に当たるのと同じ仕方で、あらゆる人の人格および身体が神聖である（Waldron, 2012, p.34）。

このようにウォルドロンは、尊厳の概念史を構築しながら、その過程で同時に貴族的な特権の内容でもって尊厳概念の内実を構成して規定する、という方法論を採用する。これを尊厳概念の「経験的思想史的解明」と名付けるとすれば、尊厳概念の内実は貴族的特権の経験的で思想史的な分析の進捗に応じて豊かに規定されてゆくことになろう。この方法論では尊厳の概念史的研究がいかに重要であり、それがいかに大きな比重をもってウォルドロンの尊厳研究の核心を構成しているのかが分かろうというものである。

しかしながら、この方法論は直ちに重大な困難に直面する。それはすなわち、すべての特権が必ずしも尊厳概念の内実を構成するわけではない、という問題である。それゆえにキケロ以来のさまざまな特権のうちでどの特権が尊厳概念の内実を構成し、どの特権はそうではないのか、という問題を解決する必要がある。しかもこのとき、どの特権が普遍化可能であるのに対して、どの特権が普遍化不可能であるのかを確定するための体系的な規準が必要不可欠となるはずである。これを尊厳概念の「超越論的解明」と名付けるとすると、この解明は尊厳概念の二階の正当化であり、前述した「経験的思想史的解明」は一階の正当化ということになろう。たしかにウォルドロンはこの二階の正当化の問題に気が付いていないわけではない。例えば、伯爵のいかなる権利や特権も、さらにまた女王のいかなる権利や特権もすべて尊厳概念の内実を構成するのか、と問い詰められれば、ウォルドロンは直ちに「否」と回答するであろう。というのも、ウォルドロンもあらゆる人に向けて普遍化できるわけではない貴族的特権があることを適切に理解しており、その具体例として「初夜権」をあげているからである（cf. Waldron, 2012, p.35）。とはいえ、ウォルドロンは二階の正当化を自ら実行しているわけでもなければ、そのための理論を展開しているわけでもない。その意味では一階の正当化だけで十分だと考えていたのであろう。しかし理論的には前述した体系的な規準は不可欠であり、われわれはそれをシェーンリッヒなどの「価値の態度適合理論（A Fitting Attitude Theory of Value）」に求めている

（この理論に関しては、A01班の高木駿がすでに優れた論考を公表しているので、それを参照されたい。高木駿「絶対的価値としての尊厳概念の探究――価値の態度適合理論からのアプローチとその問題」（『北九州市立大学基礎教育センター紀要』第四二号、二〇二四年））。

いずれにしても、現在大きな影響力を持つウォルドロンの尊厳研究には「超越論的解明」が欠如している、という重大な難点を指摘することができよう。そうすると、ウォルドロンに残るのは「経験的思想史的解明」だけとなる。しかしかえって最大の問題はまさにそこに見出される。それは、この解明が欧米圏に限定されているからである。欧米圏の特権の「経験的思想史的解明」だけからは当然のことながら尊厳概念一般は欧米的内容のみで構成されることとなる。これでは明らかに尊厳概念として担うべき普遍性が欠けるだけでなく、スイス憲法に加えられた「被造物の尊厳」にアプローチする方途さえ示すことはできないであろう。このように欧米圏に限定したとしてもウォルドロンの議論は不十分なのである。もちろんそればかりではない。非欧米圏の尊厳理解に関しても直接的な妥当性を原理的に欠いている。それゆえに、伝統的特権の分析に依拠したウォルドロンの尊厳研究について敢えて辛口に評価するとすれば、それはたしかにきわめて上質で有益な議論を提供はしているものの、しかしこうした見立てからすると、せいぜいのところ比較研究のための資料提示にとどまるのではないだろうか。したがってむしろ、ここからが真正なスタートなのである。尊厳概念の「経験的思想史的解明」の重要性は疑うべくもない。そうだとすれば、ウォルドロンの尊厳研究はその差し当たりの第一歩を示したにほかならず、これは非欧米圏の「経験的思想史的解明」と比較されて統合されなければならない。こうした比較と統合とを欠けば、一階の正当化さえ完了できないであろう。本論文集はそれに貢献するために企画された。もちろん欧米圏には、Marcus Düwell, et al (eds.), *The Cambridge Handbook of Human Dignity*, Cambridge, Cambridge University Press, 2014という優れた論文集もすでに刊行されているが、非欧米圏に関する論文の多くは内容的に不十分であり、本論文集はすでに刊行した『東アジアの尊厳概念』（加藤泰史／小倉紀蔵／小島毅、法政大学出版局、二〇二一年）などとともにその欠陥を補って余りある論文集となったと自負している。その意味で国際的にはようやく「経験的思想史的解明」の本格的な第一歩が本論文集によって踏み出されたと言えよう。『東アジアの尊厳概念』と比較しても、より多様な領域での深掘りができたのではないかと思う。それは例えば、イスラームであったり、中江兆民であったり、さらに張彭春などであったりする。間接的にせよ、中江兆民にもカント哲学の影響があったという分析はまさに近代日本思想の地下水脈の豊かさを掘り当てたとも評価できようし、張彭春が「dignity」に象徴される議論の盲点について「仁」を提案して問題提起をしたことも東アジアの尊厳理解を考察する上で重要なヒントとなろう。さらにまた、尊厳研究の国際的な学術的ネットワークも従来と比較して格段に拡大した。本論文集に収録されたすべての優れた論考は今後の非欧米圏の尊厳研究の基礎文献となるであろう。いずれ近代日本哲学の尊厳理解の概念史に焦点を当ててそれをさらにひだに分け入って分析したいと考えている。

最後に、今回も法政大学出版局の前田晃一氏には企画の段階から大変お世話になった。この場を借りてお礼を申し上げたい。法政大学出版局から刊行された論文集のおかげで尊厳研究の重要性が少しずつ社会に受容されて、厚生労働省やさまざまな学会から講演の依頼が届くようになってきた。そしてそうした依頼に際して適切に対応してくださっている科研費秘書の横山浩子と宮前祐子の両氏にもここで感謝申し上げたいと思う。さらにまた、A０３班を中心にしているとはいえ、この学術変革領域研究内の他班とのコラボレーションのあり方に先鞭をつけてくださった点でも共同編者の小島毅氏（ここでは「氏」を付けておきたい）には心から感謝したい。

二〇二四年十一月　トランプ当選の一報を尾張中村の寓居で聞きながら

執筆者・訳者紹介

小島 毅（コジマ・ツヨシ） **編者**
1962年生まれ。東京大学大学院人文科学研究科修士課程修了。東京大学大学院人文社会系研究科教授。中国思想史。『近代日本の陽明学』（講談社学術文庫、2024年）、『儒教の歴史』（山川出版社、2017年）、『朱子学と陽明学』（ちくま学芸文庫、2013年）、ほか。　［担当］編者前書き、第Ⅲ部第3章

加藤泰史（カトウ・ヤスシ） **編者**
1956年生まれ。名古屋大学大学院文学研究科博士後期課程単位取得退学。椙山女学園大学外国語学部教授、一橋大学名誉教授。哲学・倫理学。『人文学・社会科学の社会的インパクト』（共編著、法政大学出版局、2023年）、『スピノザと近代――ドイツ思想史の虚軸』（編著、岩波書店、2022年）、*Kant's Concept of Dignity*, Berlin/Boston: De Gruyter, 2019（Gerhard Schönrichとの共編著）、ほか。
［担当］編者後書き

小倉紀蔵（オグラ・キゾウ）
1959年生まれ。ソウル大学哲学科博士課程単位取得退学。ソウル大学修士（文学）。京都大学大学院人間・環境学研究科教授。東アジア哲学、日韓関係。『弱いニーチェ』（筑摩書房、2022年）、『朝鮮思想全史』（筑摩書房、2017年）、『朱子学化する日本近代』（藤原書店、2012年）、ほか。
［担当］第Ⅰ部第1章

清水正之（シミズ・マサユキ）
1947年生まれ。東京大学大学院人文科学研究科博士後期課程単位所得退学。博士（人文科学）。聖学院大学名誉教授。倫理学・日本思想史。『尊厳と社会（上）』（分担執筆、法政大学大学出版局、2020年）、『日本思想全史』（筑摩書房、2014年、日本版・台湾版・中国版）、『国学の他者像――誠実と虚偽』（ぺりかん社、2005年）、ほか。　［担当］第Ⅰ部第2章

土屋宣之（ツチヤ・ノブユキ）
1951年生まれ。岡山大学医学部卒業。京都大学医学博士。京都医療センター緩和ケア科診療科長、がん診療部長を経て、2017年から稲荷山武田病院（ホスピス）院長。同病院は京都で初めての独立型ホスピスである。現在までに約3500人の患者を看取った。一般外科医（肝胆膵・胃・大腸・乳腺・血管外科）。緩和ケア医。　［担当］第Ⅰ部第3章

金光来（キム・グァンネ）
東京大学大学院人文社会系研究科博士課程単位取得退学。博士（文学）。東京大学次世代人文学開発センター特任研究員。朝鮮思想史。『東アジアの尊厳概念』（分担執筆、法政大学出版局、2021年）、『朝鮮朝後期の社会と思想』（共著、勉誠出版、2015年）、『高橋亨朝鮮儒学論集』（共編、知泉書館、2011年）、ほか。　［担当］第Ⅰ部第4章

菊地達也（キクチ・タツヤ）
1969年生まれ。東京大学大学院人文社会系研究科博士課程修了。博士（文学）。東京大学大学院人文社会系研究科教授。イスラム思想史。『ドゥルーズ派の誕生――聖典『英知の書簡集』の思想史的研究』（刀水書房、2021年）、『イスラーム教――「異端」と「正統」の思想史』（講談社、2009年）、『イスマーイール派の神話と哲学――イスラーム少数派の思想史的研究』（岩波書店、2005年）、ほか。

［担当］第I部第5章

青柳かおる（アオヤギ・カオル）
東京大学大学院人文社会系研究科博士課程修了。博士（文学）。新潟大学人文社会科学系（人文学部）教授。宗教学・イスラーム思想。『ガザーリー――古典スンナ派思想の完成者』（山川出版社、2014年）、『イスラームの世界観――ガザーリーとラーズィー』（明石書店、2005年）、『イスラームの生命倫理――いのちに関する聖典解釈』（新潟日報メディアネット、2025年出版予定）、ほか。

［担当］第I部第6章

エディ・デュフルモン（Eddy Dufourmont）
1976年生まれ。Inalco（フランス国立東洋言語文化学院）卒業。ボルドー・モンテーニュ大学教授。近・現代日本政治思想史。*Nakae Chômin, La mise en politique d'une philosophie rousseauiste au Japon (1874-1890)*, Classiques Garnier, coll. Constitution de la modernité, 2024 ; *Rousseau et la première philosophie de la liberté en Asie (1874-1890). Nakae Chômin*, Le Bord de l'eau, 2021 ; *Rousseau au Japon, Nakae Chômin et le républicanisme français (1874-1890)*, Presses Universitaires de Bordeaux, coll. Histoire des pensées, 2018.

［担当］第II部第1章

前川健一（マエガワ・ケンイチ）
1968年生まれ。東京大学大学院人文社会系研究科博士課程修了。博士（文学、東京大学）。創価大学大学院文学研究科教授。仏教学・日本仏教思想史。『明恵の思想史的研究――思想構造と諸実践の展開』（法藏館、2012年）、『仏伝と教学（近世仏教資料叢書第2巻）』（共編著、2024年、臨川書店）、『現代語訳　顕戒論』（東洋哲学研究所、2021年）、ほか。［担当］第II部第2章

ギブソン松井佳子（ギブソン・マツイ・ケイコ）
インディアナ大学比較文学部Ph.D.取得。神田外語大学外国語学部名誉教授。「感染症文学・生命・尊厳」（『尊厳と生存』法政大学出版局、2022年）、「翻訳学と脱構築のはざまで考える「社会正義」」（『〈翻訳〉のさなかにある社会正義』、東京大学出版会、2018年）、“Re-examining Human Dignity in Literary Texts: In Seeking for a Continuous Dialogue Between the Conceptual and the Empirical Approaches”, *Dialog: A Journal of Theology*, volume 56, Number 1, 2017, ほか。［担当］第II部第3章

犬塚悠（イヌツカ・ユウ）
1987年生まれ。東京大学大学院学際情報学府博士課程単位取得退学。博士（学際情報学）。名古屋工業大学大学院工学研究科准教授。哲学・倫理学。「ゲノム編集作物――自然における突然変異と同じなのか」（『技術哲学（3STEPシリーズ）』、昭和堂、2024年）、「日本における教養史――大正教養主義を中心に」（『工科系学生のための〈リベラルアーツ〉』、知泉書館、2023年）、“A Moral Ground for Technology: Heidegger, Postphenomenology, and Watsuji” (*Tetsugaku Companion to Japanese Ethics and Technology*, Springer, 2019)、ほか。

［担当］第II部第4章

商兆琦（ショウ・チョウキ）
1985年生まれ。東京大学大学院人文社会系研究科修了。博士。復旦大学歴史学部副教授。日本近代史・思想史。『無責任的帝国：近代日本的拡張与毀滅（1895-1945）』（上海三聯書店、2023年)、『鉱毒問題と明治知識人』（東京大学出版会、2020年)、ほか。　［担当］第Ⅱ部第5章

趙晟桓（チョ・ソンファン）
西江大学大学院博士（哲学）。圓光大学哲学科教授。朝鮮思想史。『한국의 철학자들』（모시는사람들、2023年)、『키워드로 읽는 한국철학』（모시는사람들、2022年)、『하늘을 그리는 사람들』（소나무、2022年)、ほか。　［担当］第Ⅲ部第1章

郭旼錫（カク・ミンソク）
1990年生まれ。京都大学大学院人間・環境学研究科博士後期課程修了。京都大学大学院人間・環境学研究科講師。東アジア哲学。『自己否定する主体――一九三〇年代「日本」と「朝鮮」の思想的媒介』（京都大学学術出版会、2024年)、「日韓における戦後的主体の創出――田辺元の〈懺悔の主体〉と朴鍾鴻の〈創造の主体〉」（『比較思想研究』第50号、2024年)、The Time of Crisis and the Question of Ethnicity in Colonial Korea: Miki Kiyoshi and Pak Chong-hong (*MIKI KIYOSHI AND THE CRISIS OF THOUGHT*, Chisokudō Publications, 2024), ほか。　［担当］第Ⅲ部第2章

中村元哉（ナカムラ・モトヤ）
1973年生まれ。東京大学大学院総合文化研究科博士課程修了。博士（学術)。東京大学大学院総合文化研究科・教養学部教授。中国近現代史・日中関係史。『中国、香港、台湾におけるリベラリズムの系譜』（単著、有志舎、2018年)、『概説　中華圏の戦後史』（共著、東京大学出版会、2022年)、『改革開放萌芽期の中国――ソ連観・東欧観から読み解く』（編著、晃洋書房、2023年)、ほか。
［担当］第Ⅲ部第4章

牧角悦子（マキズミ・エツコ）
1958年生まれ。九州大学大学院文学研究科博士後期課程中退。京都大学博士（文学)。二松学舎大学文学部教授。中国古典学。『経国と文章――漢魏六朝文学論』（汲古書院、2018年)、『中国古代の祭祀と文学』（創文社、2006年)、ほか。　［担当］第Ⅲ部第5章

石井剛（イシイ・ツヨシ）
1968年生まれ。東京大学大学院人文社会系研究科博士課程単位取得退学。博士（文学)。東京大学大学院総合文化研究科教授。東京大学東アジア藝文書院院長。中国近代哲学・思想史。『斉物的哲学：章太炎与現代中国思想的東亜経験』（華東師範大学出版社、2016年)、『戴震と中国近代哲学――漢学から哲学へ』（知泉書館、2014年)、ほか。　［担当］第Ⅲ部第6章

陳文松（チン・ブンショウ）
1969年生まれ。東京大学大学院総合文化研究科博士課程修了。博士（学術)。成功大学歴史学系教授。台湾近代史・植民地政策史。『白頭殻仔洪元煌（1883-1958）的人生組曲：植民統治与草屯洪家』（単著、成功大学出版社、2022年)、『来去府城透透気：1930-1960年代文青医生呉新栄的日常娯楽三部曲』（単著、蔚藍文化出版社、2019年)、『植民統治与「青年」：台湾総督府的「青年」教化政策』（単著、台大出版中心、2015年)、ほか。　［担当］第Ⅲ部第7章

原口直希（ハラグチ・ナオキ）
東京大学大学院総合文化研究科博士後期課程在学／日本学術振興会特別研究員（DC1）。台湾・中国地域研究（歴史社会学）、映画学、表象文化論。「台湾映画『海角七号』（2008）の《野ばら》に見る「融和」――ライトモチーフに示される非優位的日本表象」（『人間・環境学』第32号、2023年）。
［担当］翻訳：第Ⅲ部第7章

陳建守（チン・ケンシュ）
1981年生まれ。台湾大学歴史系博士課程修了。博士（学術）。中央研究院近代史研究所副研究員。中国近現代思想文化史・概念史。『如何啓蒙，怎様運動：近代中国「啓蒙運動」的概念史』（単著、中央研究院近代史研究所、2023年）、『燕京大学与現代中国史学発展（1919–1952）』（単著、台湾師範大学歴史学系、2009年）、『時代的先行者：改変歴史観念的十種視野』（編著、独立作家、2014年）、ほか。
［担当］第Ⅲ部第8章

古谷創（フルヤ・ハジメ）
1983年生まれ。東京大学大学院総合文化研究科博士後期課程単位取得退学。日中学院非常勤講師。中国近代思想史、日中語彙交渉史。「清末知識人の歴史観と公羊学――康有為と蘇輿を中心に」（『アジア遊学』第185号、2015年）、「陳天華の思想変化に関する試論――「要求救亡意見書」「絶命書」を中心に」（『信大史学』第39号、2014年）、ほか。
［担当］翻訳：第Ⅲ部第8章

劉蔚之（リュウ・イシ）
マンハイム大学（Universität Mannheim）社会科学博士（教育学）。国立台湾師範大学教育学系教授。教育史（中米教育学交流史・中独教育学交流史・中国近現代教育学発展史）。「美国社会効率派教育研究典範的崛起：以芝加哥大学教育系早期的課程角逐為例」（『課程与教学季刊』第23巻第2期、2020年）、「1922年中国新学制的社会効率思維探析」（『課程与教学季刊』第22巻第4期、2019年）、「以教育実現人格自由：教育学者瞿世英在近代中国教育史上的意義（1917–1949）」（『教育研究集刊』第64輯第2期、2018年）、ほか。
［担当］第Ⅲ部第9章

胡華喩（コ・カユ）
1989年生まれ。東京大学大学院人文社会系研究科博士課程。「経学における文体――「集伝」の多角的・通時的検討」（『研究東洋』第13号、2023年）、「明代春秋学における「改元」説――熊過の「元年」注釈を中心に」（『日本儒教学会報』第5号、2021年）、ほか。
［担当］翻訳：第Ⅲ部第9章

尊厳概念の転移

2024年12月31日　初版第1刷発行

編　者　小島毅＋加藤泰史
発行所　一般財団法人　法政大学出版局
〒102-0071 東京都千代田区富士見 2-17-1
電話 03(5214)5540／振替 00160-6-95814
組版：HUP
印刷：みなと企画
製本：誠製本
装幀：奥定泰之

ISBN978-4-588-15141-5　Printed in Japan